全国司法职业教育"十三五"规划教材

侦查措施与策略

全国司法职业教育教学指导委员会　审定

主　编◎张德全

副主编◎何源渊　廖习华

撰稿人◎张德全　何源渊　廖习华

　　　　陈加养　刘海雄　陈荣刚

　　　　蔡　薇　薛冬妮　黄条平

　　　　宋玉立　郑芳芳　崔盼盼

中国政法大学出版社

2020·北京

图书在版编目（ＣＩＰ）数据

侦查措施与策略/张德全主编.—北京：中国政法大学出版社,2020.8（2025.7重印）
ISBN 978-7-5620-8537-9

Ⅰ.①侦…　Ⅱ.①张…　Ⅲ.①侦查—教材　Ⅳ.①D918

中国版本图书馆CIP数据核字(2020)第129577号

书　　名	侦查措施与策略 ZHENCHA CUOSHI YU CELUE
出 版 者	中国政法大学出版社
地　　址	北京市海淀区西土城路 25 号
邮　　箱	fadapress@163.com
网　　址	http://www.cuplpress.com (网络实名：中国政法大学出版社)
电　　话	010-58908435(第一编辑部) 58908334(邮购部)
承　　印	北京鑫海金澳胶印有限公司
开　　本	720mm×960mm　1/16
印　　张	30.25
字　　数	576 千字
版　　次	2020 年 8 月第 1 版
印　　次	2025 年 7 月第 2 次印刷
印　　数	5001～7000 册
定　　价	69.00 元

出 版 说 明

为贯彻落实党的十九大精神和习近平总书记关于教育的系列重要讲话要求，充分发挥教材建设在提高人才培养质量中的基础性作用，促进现代司法职业教育改革与发展，全面提高司法职业教育教学质量，全国司法职业教育教学指导委员会于 2017 年 11 月正式启动了司法职业教育"十三五"规划教材的编写工作。

本次规划教材编写以习近平新时代中国特色社会主义思想为指导，以司法类专业教学标准为基本依据，以更深入地实施司教融合、校局联盟、校监所（企）合作、德技双修、工学结合为根本途径，强化需求导向和问题导向。在坚持实战、实用、实效原则的基础上，继续完善实行行业指导、双主体团队开发、多方人员参与、院校支持、主编负责、行指委统筹审定、分批次出版的编写工作机制，适时更新教材内容和结构，大力开发大类（专业群）专业基础课程、专业核心课程教材，倡导编写典型案例化、任务项目化教材，并运用现代信息技术创新教材呈现形式，着力加强实训教材和数字化教学资源建设，逐步建立符合我国国情、具有时代特征和行业特色的现代司法职业教育教材体系。本规划教材包括已有规划教材的全新修订、新增专业课程教材和司法类国控专业更新课程教材的编写。在编写内容上，必须顺应新时代、新要求，回应全面深化依法治国，尤其是深入推进司法体制改革的新需求、新期盼，力争符合司法类专业人才培养目标达成需要和相关课程标准要求，与司法职业一线岗位任职标准（岗位技能要求）相衔接，体现"原理与实务相结合"的特点，注重培养学生应用理论、规则解决实际问题的能力。

经过全体编写人员的共同努力和出版社编辑们的辛勤付出，现在首批教材已陆续出版，欢迎大家选用，并敬请各使用单位和广大师生在选用过程中提出意见和建议，行指委将及时根据教材评价和使用情况，丰富教材内容，优化教材结构，促进教材质量不断提高。

全国司法职业教育教学指导委员会
2019 年 6 月

编 写 说 明

　　侦查措施与策略的运用是狱内侦查岗位职业素质的重要组成部分,亦是刑事侦查技术专业专业技能教学的重要内容。为适应司法职业教育改革,积极构建体现中国特色、符合司法行政行业需求的司法警官教育学科体系和教材体系,在全国司法职业教育教学指导委员会和中国政法大学出版社的组织下,我们按照全国司法职业教育刑事侦查技术专业教学标准的要求,结合多年的侦查措施与策略的理论研究和教学实践,通过深入实际业务部门的调研,编写了这本教材。

　　本教材立足和体现司法警官职业教育理念,紧扣狱内侦查人员岗位职业核心能力的需要,本着法律性与实务性融合、理论与实践并重的要求,总结了狱内侦查实践、狱内侦查科研和教学的最新成果,以满足司法警官院校刑事侦查技术专业的教学使用的同时,也可供其他相关专业涉及侦查类课程的教学使用,还可供实践部门的在职民警培训和学习使用。为体现教材的实用性与前沿性、服务行业与面向社会的有机结合,我们以涵盖狱内侦查工作中预防和打击狱内犯罪所必须掌握的和可能运用的侦查措施与策略为主线,适度兼顾普通刑事侦查中常用的侦查措施与策略为思路来选择教材内容。为方便读者使用教材,本教材紧扣狱内侦查实践,以体现狱内侦查工作的重要任务和狱内案件处置进程中完成任务时先使用的侦查措施为主线,兼顾法定性侦查措施靠前、常用性侦查措施优先的逻辑与原则,形成了预防狱内犯罪的基础性措施、接受狱内案件的紧急性侦查措施、侦破狱内案件的常用措施、查缉犯罪嫌疑人与涉案物品的查控性侦查措施、缉捕和控制犯罪嫌疑人的强制性侦查措施、讯问犯罪嫌疑人的正面审查性侦查措施、综合性侦查措施的有序组合来安排教材内容次序。为彰显本教材理论知识适度、重在业务技能与运用能力培养的高等职业教育特色，体现教材的针对性和可操作性的特点，我们按照司法警官高等职业教育的理论知识适度、职业技能为主、学生可持续发展的人才培养要求，以帮助学生掌握侦查措施与策略运用所必需的基础知识，学会运用各侦查措施的具体操作或实施，借鉴实际案例进行提升能力为思路，参照任务教学法体系，采用每个学习任务对应侦查措施与策略的具体运用来安排教材内容体系和体例。每个学习任务的主要内容包括任务基础、任务实施或操作、任务实例或呈现等三个部分。任务基础部分的主要内容是运用侦查措施与策略所必须掌握的、适度的基础知识，以帮助学生掌握运用侦查措施与策略的基础原理和知识要点，为运用侦查策略与措施奠定理论基础；任务实施或操作部分的主要内容是运用侦查措施与策略的操作程序、步骤或实施进程，以培养学生运用侦查措施与策略的实际业务技能和应用能力，彰显高等司法警官职业教育教学的特色；任务实例或呈现部分的主要内容是侦查实践中的相关材料或案例，以辅助学生加深对所学知识点的理解和认识，进一步促进读者提升运用侦查措施与策略的业务技能和运用能力。为保证教材的时代性和可读性，我们还在每个学习任务中以任务概述的形式对学习任务进行描述，以帮助学生对学习任务形成初步的认识和理解；安排任务训练内容进一步创设师生互动情景，以巩固学生所学的知识，培养学生的实际业务技能、应用能力和学习能力；适当以小贴士、二维码等形式关联、拓展相关知识，以扩大学生的视野，激发学生的学习兴趣和动力。

本教材由张德全任主编，何源渊、廖习华任副主编。由张德全拟定编写大纲和体例、形式，并征求、参考了何源渊、廖习华的建议和意见。全书经张德全全面负责审查、修改定稿，何源渊、廖习华协助了统稿工作。

本教材参加编写人员分工如下（以编写学习任务先后为序）：

张德全（云南司法警官职业学院）：学习任务一、八

何源渊（四川司法警官职业学院）：学习任务二、二十三、二十四

廖习华（河南司法警官职业学院）：学习任务三、九、三十

陈加养（浙江警官职业学院）：学习任务四、五、六

黄条平（江西司法警官职业学院）：学习任务七、二十九、三十三

薛冬妮（陕西警官职业学院）：学习任务十、十八、三十四

崔盼盼（安徽警官职业学院）：学习任务十一、十二、二十五

陈荣刚（新疆兵团警官高等专科学校）：学习任务十三、二十、二十七

宋玉立（黑龙江司法警官职业学院）：学习任务十四、十五、十七

郑芳芳（河北司法警官职业学院）：学习任务十六、二十六、三十一

蔡薇（武汉警官职业学院）：学习任务十九、二十一、二十二

刘海雄（云南省第二监狱）：学习任务二十八、三十二、三十五

在本教材的编写过程中，我们汲取了我国刑事诉讼法学、侦查学、侦查措施与策略等学界的一些专家、学者的相关著作和文献，收录、改编了部分侦查实战部门的实际案例，摘录了部分著作、文章的实例材料。在此，对受篇幅所限，不能对上述涉及的专家、学者和侦查实战部门的工作人员逐一注解深表歉意并致以由衷的感谢！

由于编者水平有限，行文风格不一，教材中的缺点与疏漏之处在所难免，敬请各位同仁和读者批评、指正。

《侦查措施与策略》编写组

2019 年 10 月

图书总码

目录CONTENTS

学习任务一 侦查措施与策略基础

任务目标

　　知识目标：通过本学习任务的学习，培养学生知道什么是侦查措施与侦查策略，掌握侦查措施与策略的特点、种类和运用原则，能正确处理侦查措施与侦查策略的关系，理解侦查措施与策略在（狱内）侦查活动中能解决的问题，掌握侦查措施与策略运用必需的相关知识和要求。

　　能力目标：通过本学习任务的学习、训练，培养学生在司法实践中树立侦查措施与策略意识，具备运用所学的知识、技能和能力实施侦查措施与策略的业务技能和运用能力。

　　侦查措施与策略，是侦查活动中应对和处理各种侦查问题的专门性工作和思维、理念，是同犯罪作斗争不可缺少的重要内容。侦查活动实践中，侦查活动的开展、推进，侦查问题的解决，进而实现预防、控制犯罪和侦查破案，必须充分运用各种侦查措施与策略。这需要知道什么是侦查措施与策略，正确处理侦查措施与策略的关系，明确侦查措施与策略在侦查实践中能解决的问题，遵循侦查措施与策略运用的原则，按要求、按步骤地运用侦查措施与策略来解决侦查实践中的问题。

 任务基础

一、认识侦查措施与策略

（一）认识侦查措施

1. 什么是侦查措施？侦查措施是指侦查机关在预防、控制犯罪和侦查破案活动中，依照法律法规的规定采取的各种活动内容、方式与方法。侦查活动是侦查主体为履行法律所赋予的职责，与犯罪作斗争的一项专门性工作。而这项专门性工作的实现，离不开法律法规所规定的活动内容、方式与方法，侦查措施就是法律法规规定的这些活动内容、方式与方法的重要组成部分。

2. 认识侦查措施需要把握的要点。

（1）侦查措施的主体。侦查措施的主体是侦查机关，具体由侦查人员实施。只有侦查机关才有侦查权，才可以采取和运用各项侦查措施。依照刑事诉讼法的规定，我国的侦查机关包括公安机关、人民检察院、国家安全机关、海警局、军队保卫部门和监狱。侦查人员是指按照国家法律法规的有关规定，通过一定的形式和程序，获得侦查机关授权并代表其开展侦查活动的工作人员。

（2）侦查措施的对象。侦查措施的对象，是指侦查机关运用侦查措施指向的具体对象。侦查措施的对象主要是涉及刑事案件或可能与刑事案件有关联的人、事、物、场所等。有关联的人，如：犯罪嫌疑人、被害人、知情人、证人、鉴定人等；有关联的事，如：犯罪事实或情节，与案件有关联的事件、事实，等等；有关联的物，如：作案工具、凶器，涉案赃款、赃物，现场遗留物，等等；有关联的场所，如：实施犯罪行为的场所，窝藏赃款、赃物的场所，隐匿犯罪人员的场所，等等。

（3）侦查措施的内容。侦查措施的内容是各种侦查活动的内容、方式与方法。侦查活动中，为实现侦查目标，侦查机关针对侦查工作中存在的问题通过发挥主观能动性，积极创造了各种活动内容、方式与方法。例如：为了解、认识现场情况，收集证据与线索而进行现场勘查；为获取犯罪嫌疑人供述或辩解而进行侦查讯问。这些取得良好效果的活动内容、方式与方法，在侦查实践中被反复使用和不断修正，并被理性提炼，逐渐被认可，形成了可以解决同类或相似问题的相对稳定的活动内容、方式与方法，从而导致侦查措施的产生。同时，随着政治、经济、文化等建设的发展和变迁，侦查措施的内容体系不断得到充实、创新和发展，形成了内容丰富，方式、方法多种多样的内容体系，既包括传统意义上的调查访问、现场勘查、摸底排队、侦查讯问、侦查实验、并案侦查等，也包括具有新时代特征的视频侦查、网络侦查等。

（4）侦查措施的目的。侦查措施是侦查机关应对犯罪活动的措施，其运用目的总的来说是收集信息、发现犯罪、查获犯罪嫌疑人、证实犯罪，进而实现预防、控制犯罪和侦查破案；但由于侦查措施本身多种多样，每项侦查措施都有自身的特点和作用，因而每项具体的侦查措施的目的会呈现出一定的个体性。例如：有的侦查措施是收集侦查信息，有的侦查措施是为了发现或拓展侦查线索，有的侦查措施是为了收集或核实证据，有的侦查措施是为了查获犯罪嫌疑人，等等。

（5）侦查措施的依据。侦查措施的依据是法律、法规、规章、司法解释及相关规范性文件。侦查措施必须严格依照法律法规等规定进行，或者不违背法律法规等相关规定。法律主要是指《中华人民共和国刑事诉讼法》（以下简称《刑事诉讼法》）、《中华人民共和国人民警察法》（以下简称《人民警察法》）、《中华人民共和国国家安全法》（以下简称《国家安全法》）、《中华人民共和国监狱法》（以下简称《监狱法》）等。法规、规章、司法解释及规范性文件是侦查机关为适应侦查工作的需要，根据国家所赋予侦查机关的权力而制定的，如：《公安机关办理刑事案件程序规定》《人民检察院刑事诉讼规则》《狱内侦查工作规定》等。

3. 侦查措施是什么样的措施。

（1）侦查措施是具有法律性的措施。侦查措施的主体、活动内容和实施程序均由我国相关法律法规严格规范。这就要求侦查机关在运用侦查措施时，必须严格遵守法律法规的要求和规范，不得滥用。否则，要承担相应的法律责任。

（2）侦查措施是具有强制性的措施。侦查措施是一种以国家强制力作为保障的法的行为。侦查机关依法适用侦查措施时，各机关、团体、个人均予以配合或协助，不得妨碍。否则，侦查机关可以依法对其采取相应的强制措施，排除妨碍。需要指出的是，侦查措施的强制性的表现力度取决于侦查措施适用对象对侦查措施的配合或协助程度，侦查措施适用对象的配合或协助程度越高，侦查措施的强制性表现的力度越弱；反之，侦查措施适用对象的配合或协助程度越低，侦查措施的强制性表现的力度则越强。

（3）侦查措施是具有实践性的措施。犯罪发生并存在于特定社会环境中，犯罪发生后犯罪人也隐匿在一定的社会环境中。对犯罪及犯罪人的各项侦查措施的选择是否合理、设计是否周密、操作是否规范、实际效果如何，以及能否适应我国法治化建设进程中出现的新理念、新要求，只有经过侦查实践才能得到检验，并在此基础上进一步总结、修正、升华，方能对其作出科学的社会评价及效果审视，进而才能确保侦查措施旺盛的生命力。

（4）侦查措施是具有科学性的措施。任何事物只有符合客观实际，反映出事物的本质和内在规律，才能得以存在和发展，侦查措施也不例外。首先，侦查措施不是侦查机关和侦查人员随意臆想出来的，也不是随意制定的，它是以侦查学的一般原理为指导，以相关的哲学、犯罪心理学、法学、法医学等为依据，建立在侦查活动实践中对客观存在的侦查问题的反复探索，寻求科学合理的解决途径并获得成功的基础上形成和发展起来的。其次，侦查措施的具体运用，以科学的侦查思维为引导。脱离了科学的辩证思维、抽象思维、直觉思维、灵感思维、逻辑思维、创造思维等侦查思维的引导，就没有各种有效的侦查措施的产生和发展。最后，侦查措施的具体运用，也离不开对刑事犯罪涉及的各种主、客观条件的科学合理的认识。缺乏对刑事犯罪所涉及的主、客观条件的科学合理的认识和把握，侦查措施的运用必将盲目，导致侦查工作陷入被动，甚至误入歧途。

（5）侦查措施是具有对抗性的措施。犯罪是犯罪人实施的为法律法规所不允许的危害社会最严重的行为，应当予以预防、控制和打击。侦查活动是预防、控制犯罪和打击犯罪的活动，犯罪活动与侦查活动两者之间的对抗也就成为必然。侦查措施是侦查活动的主要内容和体现形式，这也决定了侦查措施具有对抗犯罪的特性。这种对抗性体现在各项侦查措施的运用过程中。例如：犯罪人事先策划，作案过程中精心伪装或破坏，作案后想方设法毁灭证据、逃避打击或减轻罪责；而侦查机关及侦查人员采取有效措施识破伪装，揭露、证实犯罪，惩罚犯罪。这种对抗是多层次和多方面的，有集体性的对抗，也有个体的对抗，如：团伙或集团性犯罪活动，个人单独实施犯罪；有明目张胆的公开对抗，也有隐晦秘密的较量，如对缉捕行为公开拒捕，对侦查讯问的谎供、狡辩，调查访问中影响或干扰证人作证，搜查中的隐匿赃款、赃物。总的来说，对抗双方中，侦查机关处于优势，犯罪人处于劣势。但也应看到，对抗双方的优势与劣势在具体侦查活动中并不是固定不变的。随着与犯罪作斗争的条件、情势的不断变换，对抗双方也有可能随时会发生此消彼长的转换。所以，在侦查活动及侦查措施运用中，侦查机关要尽可能创造条件、把握情势，力争掌握对抗的主导权。

（二）认识侦查策略

1. 什么是侦查策略。策略，也称谋略、计谋，一般是指人们在具有对抗性的活动中，为了取得胜利或创造主动条件，灵活运用知识、经验的创造性思维活动或斗争艺术。一般来说，策略主要集中体现在军事、外交的对抗中，也适用于政治、经济、文化、社会活动等具有对抗性的领域中。而侦查策略，简言之，就是侦查人员在侦查活动中所运用的计谋、策略。具体而言，侦查策略是指为了预防、控制犯罪和打击犯罪，侦查人员在侦查活动中根据实际形势及变化，充分运用知识、经验针对某一具体对象的一种创造性思维活动或斗争艺术。可以说，整个侦查活动过程均是侦查人员与犯罪人、涉案人员用计谋、讲策略、比智力的较量过程。在这个过程中，无论是侦查人员进行侦查决策，还是合理使用侦查措施，都应在侦查策略的统帅下，才能形成高效率、快节奏、科学化的有机体系，确保主动进攻、积极防御的整体战斗力。

2. 认识侦查措施需要把握的几个要点。

（1）侦查策略运用的主体。侦查策略运用的主体是侦查机关，具体由侦查人员负责并自行设计运用。侦查策略是一种高智力的对抗艺术，其设计水平的高低、执行效果如何，取决于侦查人员对形势、敌我条件、可利用资源的把握和对自身智慧、知识结构、胆识、心理素质、业务能力等方面的把控。因此，运用侦查策略对侦查人员自身的素质有较高的要求。

（2）侦查策略运用的对象。侦查策略运用的对象十分复杂，可能是某一区域、某一单位的人员，也可能是某一类型的人员；可能是某一时期较为突出的某类共同犯罪人员，也可能是共同犯罪中的某个人员，还可能是某个具体的犯罪可疑/嫌疑人员，甚至还有可能是相关的社会人员。因此，侦查策略运用要根据对象予以区别对待。对于不同的对象，应采取不同的策略。即便侦查策略对象是同一个或同类对象，随着形势、条件的变化也应作出调整或修正。

（3）侦查策略的目标。侦查策略的目标，即运用侦查策略所要解决的问题或达到的预期效果。在实践中，明确的侦查策略目标是侦查策略运用的基础和前提。侦查策略的目标可以是宏观的，可以是局部的，可以是具体的，还可以是微观的。这取决于侦查策略要解决的问题或达到的预期效果的定位。宏观性目标是站在侦查工作的全局性来思考如何预防、控制犯罪和打击犯罪的目标，局部性目标是为解决区域性问题或某类问题的目标，具体性目标是解决侦查活动中某个具体问题的目标，微观性目标是为解决调节性或适应性问题以保证侦查活动顺利进行的目标。

（4）侦查策略的焦点。侦查措施的焦点，是指影响或制约侦查策略顺利实施并达到预期效果的关键问题或要害环节。侦查策略的焦点是侦查策略成败的关键，也是侦查活动中运用普通的思维方式难以解决的关键问题或要害情节。对侦查策略的焦点的考虑和解决影响着侦查策略实施的实际效果和收益。

（5）侦查策略的形式。所谓侦查策略的形式，是指侦查策略的结构或表现方式，它是侦查策略思维活动的外化形式。要保证侦查策略对侦查活动具有指导意义，到达应有的对抗艺术效果，侦查策略必须通过一定的形式表现出来。只有这样，侦查策略才会为人所知，进而发挥作用。例如："调虎离山"策略的运用，就要采取一定的方式让"虎"（侦查活动对象）离开其依附的"山"（侦查活动对象能够利用且对其对抗侦查活动的有利条件），从而才能形成"虎落平阳"之效果，进而为"打虎"创造有利条件或因素。至于具体在侦查活动中采取何种形式更能实现侦查策略的效果，取决于侦查人员对侦查策略的目标、焦点、主客观条件及情势等的认知、把握的能力和水平。

3. 侦查策略是什么样的策略。侦查策略是策略原理和方法运用于侦查实践的产物，与其他策略具有共性的同时又有所区别。

（1）侦查策略具有法律性。这是侦查策略区别于其他策略的根本所在。其他策略往往适用于残酷的敌人或竞争对手，使用策略的意图是消灭或战胜对手。因此，其他策略为实现策略目标可采取各种有效的方法、手段，甚至是不择手段。侦查策略的作用对象是犯罪人或犯罪嫌疑人、被害人、知情人和其他社会人员，使用侦查策略的意图是保障刑事诉讼的顺利进行。因此，侦查策略无论对哪种对象适用，必须在内容、方法与手段上合法，并将其纳入法律的范畴来考虑。

（2）侦查策略具有智能性。任何策略的成功制定和运用，均充分体现出策略主体的智慧和才能。侦查策略也不例外，其制定和运用与侦查人员的智慧和才能密切相关，受侦查人员的思想水平、知识结构、认识能力、工作经验等若干因素的影响和制约。面对当前犯罪手段日趋智能化的形势下，侦查人员必须有相应的智慧和才能，才能把握形势，充分利用各种条件，进而及时制定和运用恰当的侦查策略，顺利完成侦查活动任务。从侦查实践中也不难看出，不同的侦查人员对侦查策略的设计、选择和运用，也存在着效果上的实质差异。

（3）侦查策略具有条件性。有道是"眉头一皱，计上心来"，这让人感觉似乎侦查策略只是侦查人员主观能动思维的结果。侦查策略固然是侦查人员自觉努力、积极能动思维的结果，但侦查策略也不是凭空而来的。它是建立在侦查人员对主、客观条件及其变化的阅读和把握的基础上，恰当地选择运用策略的时机、途径和方式，并运用策略原理和方法解决问题的过程。这就要求在运用侦查策略的过程中：一是要考虑侦查策略对象。要分析各种可能影响侦查策略对象决策的各方条件或因素，合理使用或转化这些条件或因素，对症下药，使侦查策略起到应有的效果。二是要考虑侦查人员自身因素。通过对侦查人员自身因素的研究，准确把握自己的资源、条件或因素，清楚自身优势与劣势，扬长避短，进而确保侦查策略能够得以执行。三是要考虑社会环境。侦查策略是在具体的社会环境下实施的，社会环境中条件或因素对侦查策略的成功实施均有一定的作用，甚至具有决定性的作用，千万不可忽视。在侦查策略的运用过程中，当各种条件或因素发生变化时，侦查人员要审时度势，及时对侦查策略予以调整、修正，甚至果断放弃。只有这样才能始终掌握侦查策略运用的主动权。

（4）侦查策略具有迷惑性。侦查策略是灵活多变、富有创造性、对未来事态发展有预见性的一种攻心斗智的高级思维活动，是一项巧妙而高明的斗争艺术。侦查策略的成功是建立在对对方的调度或对方的失误、缺陷、心理错觉和认识偏颇等因素的把握的基础上的。因此，侦查人员要达成侦查策略目标，必须运用自己的知识和智慧，采用虚虚实实、真真假假、随机应变、灵活多样的战略战术、方法手段来迷惑、调动侦查策略对象，从而使其在不明真相或错误的判断情形下行动失误或被调动，进而达成侦查策略的效果。而要做到这一点，需要侦查策略在外在形式上有较强的迷惑性，这样才能发挥效果。如果仅仅直来直去地摆事实、讲道理，那是双方实力的较量，不能称之为侦查策略。

（5）侦查策略具有隐蔽性。保守秘密是侦查策略的灵魂。侦查策略要想达到预期效果，获得最大成功，必须做到示假隐真、隐机藏略，其意图、谋划以及实施的对象、时机、方式、方法、过程等均要绝对保密，不能暴露。并且在侦查策略实施过程中，不但不能引起侦查策略对象的警觉，就是周围的人员也不能有所察觉。否则，再好的侦查策略，一旦泄密，注定会失效，甚至失败，侦查策略在侦查中也就失去了意义和作用。如果再被侦查策略对象将计就计，那很有可能导致更大的损失或造成更加被动的局面，后果不堪设想。所以说，侦查人员无论在什么时候，都应严守秘密，并注意自己的言行举止，以免侦查策略泄密。如果在实施过程中发现侦查策略有所泄露，对方已有所察觉，应果断放弃，另找战机。

二、侦查策略与侦查措施的联系

侦查策略与侦查措施是侦查活动的两种表现形式，任何侦查活动需要在侦查策略思想的指导下，运用具体的侦查措施来完成侦查任务。侦查策略与侦查措施是有机结合的，科学运用这两者，才能展示侦查活动的艺术性，但侦查策略与侦查措施又有明显的区别。侦查策略是一种理念，一种讲求艺术的思维活动，是侦查人员在对案情认识的基础上创造性思维的产物，具有较强的主观能动性。侦查措施是具体的活动内容、方式与方法，每种侦查措施都具有明确的内容、作用、适用条件和规范化操作程序，具有较强的客观稳定性。两者的联系表现为：

（一）侦查策略指导侦查措施实践

在侦查活动中，侦查策略与侦查措施是处于不同层次的。侦查策略是一种思维形式、行动方案、斗争艺术；侦查措施是实现侦查策略的具体办法和有效载体，受侦查策略的支配、制约和统率。可以说，每个侦查措施的运用与实施都受到侦查策略的指导，其中都包含一定的侦查策略思维内容。侦查策略的指导使得侦查措施的实践有了灵魂，使侦查措施真正成为有目标、有计划、有步骤的侦查活动内容、方式与方法，并能发挥其本身应用的功能，保证侦查活动的效益。在侦查实践中，有侦查策略明确指导的侦查措施，更能够明确侦查活动的目标，更能把握资源利用的状况及优化，推进侦查活动顺利有效地进行；缺乏侦查策略指导的侦查措施，往往会无的放矢，盲目实施，难以保证侦查活动顺利有效进行。

（二）侦查策略的实现依赖于侦查措施

侦查策略是创造性思维的产物，是一种思想体系和思维成果，必须通过一定的活动内容、方式与方法来实现。没有具体的侦查措施为载体，再好的侦查策略也只能是主观思维或艺术，难以在侦查活动中对侦查对象产生影响。同时，侦查策略是否落实到侦查活动中、是否对侦查对象产生作用、是否引导侦查对象向有利于侦查的趋势发展、是否达成侦查目标、是否体现侦查策略自身的价值，需要通过侦查措施实践的实际效果来评判。可见，没有侦查措施的具体运用，侦查策略就是纸上谈兵，难以产生实际效果和意义。

（三）侦查策略与侦查措施有机结合、互相促进

任何事物都是由内在实质和外在表现形式共同构成的统一体，内在实质和外在表现形式有机结合、相互促进。侦查活动也不例外，其内在实质就是侦查策略，外在表现形式就是侦查措施。在侦查实践中，任何侦查目标总是以一定的策略思想为指导，形成一定的侦查决策，采取一定的侦查措施来实现的。这一过程或推进侦查活动，进而验证侦查策略与侦查措施的有效性，并在积累成功经验的基础上丰富、发展侦查策略与措施的内容和体系；或发现问题，在经验总结的基础上找出侦查策略或侦查措施存在的漏洞或不足，进而对侦查策略或侦查措施进行调整、修正，并在调整、修正中使侦查策略与侦查措施的内容和体系得到改进和发展。侦查措施与侦查策略之间这种互为因果、互相促进的关系把侦查活动逐步引向深入，最终实现侦查目标。

三、侦查措施与侦查策略解决的问题

侦查活动的实质是根据案情和形势，不断运用侦查策略进行决策，综合运用侦查措施，预防、控制犯罪和打击犯罪的过程。

（一）预防、控制犯罪

在犯罪活动日益复杂、智能化、专业化和危害加剧化的发展趋势下，一旦有犯罪发生，尤其是狱内犯罪发生，后果极其严重。因此，预防、控制犯罪是侦查机关同犯罪作斗争、维护社会秩序及监管改造秩序的一项重要任务。预防、控制犯罪，减少犯罪，又可以为侦查机关及时提供犯罪线索和侦破案件创造条件。这需要侦查机关通过侦查措施与策略的运用，先发制敌、主动进攻，积极发现、研究犯罪的规律、特点与发展趋势，提前进行决策，采取合理、恰当的措施堵塞犯罪漏洞，控制犯罪活动的时间、空间，将案件控制在萌芽阶段，避免或减少其社会危害性。同时，教育违法犯罪人员，引导公民自觉遵守国家法律法规，积极主动协助相关部门做好预防、控制犯罪工作。例如：狱内耳目、刑事情报、重点控制等侦查措施均在预防、控制犯罪中发挥着重要作用。

（二）揭露和证实犯罪

侦查活动是一种由果溯因的回溯性认识活动。只有准确揭露和证实犯罪，才能为刑事诉讼顺利进行创造条件，进而使犯罪人接受法律的追究和刑事惩罚，有效打击犯罪，震慑犯罪或潜在的犯罪。因此，大多数侦查措施与策略的运用均围绕着如何收集破案线索、发现犯罪、查清犯罪、证实犯罪来设计和运用，如讯问犯罪嫌疑人、现场勘验、侦查实验、调查访问、搜查、查询冻结等侦查措施是揭露和证实犯罪常用的措施。

（三）捕获、控制犯罪嫌疑人

犯罪嫌疑人为逃避罪责，有的采取各种方法与手段毁灭证据，干扰侦查，制造假象，掩盖犯罪；有的栽赃陷害，嫁祸他人；有的东躲西藏，逃避打击；有的串供联络，订立攻守同盟；有的继续实施犯罪。为保障侦查活动顺利进行，排除妨碍，有必要恰当运用策略斗智斗勇，对犯罪嫌疑人予以抓捕并采取相应的控制措施，防止他们逃避刑事诉讼和继续进行犯罪活动。例如：追击堵截、通缉通报、隔离管理、逮捕等侦查措施是捕获、控制犯罪嫌疑人的重要措施。

四、常见的侦查策略与措施种类

（一）常见的侦查措施种类

侦查活动的复杂性、多样性决定了侦查措施的内容、种类的多样性。按照不同的角度和标准，侦查措施可以划分为多种类型。

1. 公开性侦查措施和秘密性侦查措施。以侦查机关及侦查人员采取侦查措施时是否公开自己的身份或意图为标准，侦查措施可以分为公开性侦查措施和秘密性侦查措施。公开性侦查措施是指侦查机关及侦查人员通过公开的身份或意图进行的侦查措施，如实地勘验、技术鉴定、调查访问、侦查讯问、侦查实验、搜查扣押、查询冻结、追缉堵截、巡逻盘查、通缉通报及各种强制措施等。秘密性侦查措施是指侦查机关及侦查人员在不暴露身份或意图的情况下所采取的侦查措施，如跟踪守候、秘密搜查、秘密拘捕、密拍密录等各种侦查措施。侦查实践中，秘密侦查措施通常又分为三类：内线侦查、外线侦查和技术侦查。

2. 法律性侦查措施和业务性侦查措施。以侦查措施实施时是否以国家法律规定为依据，侦查措施可分为法律性侦查措施和业务性侦查措施。法律性侦查措施就是以国家法律法规的规定为依据，严格按照法律法规规定实施的侦查措施，如询问证人、讯问犯罪嫌疑人、勘验与检查、搜查、鉴定以及强制措施等。业务性侦查措施是根据侦查机关侦查实践总结形成的，并要求实施时不违反法律法规相关规定的侦查措施，如摸底排队、涉案物品控制、盘查、车辆查控、跟踪、守候等。

3. 线索性侦查措施、证据性侦查措施和查缉性侦查措施。以采用侦查措施的直接目的为标准，可将侦查措施区分为线索性侦查措施、证据性侦查措施和查缉性侦查措施。线索性侦查措施是指以获取侦查信息为直接目的的侦查措施，如摸底排队、密搜密取、阵地控制、狱内耳目等。证据性侦查措施是指以获取证据为直接目的的侦查措施，如讯问犯罪嫌疑人、勘验、检查、询问证人、公开搜查、查封、扣押、鉴定等。查缉性侦查措施是指以查获和缉捕犯罪嫌疑人为直接目的的侦查措施，如追缉堵截、通缉、网上追逃、缉捕行动等。

4. 综合性侦查措施和单一性侦查措施。按照侦查措施包含的内容，侦查措施可分为综合性侦查措施和单一性侦查措施。综合性侦查措施就是针对某一类型的案件或侦查工作的需要将多项侦查措施综合运用的措施，其本身具有两个以上内容或本身包括两个以上子侦查措施，如现场勘查、并案侦查、专项斗争、侦查协作等。单一性侦查措施是相对综合侦查措施而单独运用的各项侦查措施，是指本身的内容单一或本身不包括子侦查措施的侦查措施，如搜查、讯问犯罪嫌疑人，拘留，跟踪，守候，等等。

5. 基础性侦查措施、常规性侦查措施和紧急性侦查措施。按照侦查措施的状态、地位和作用，侦查措施可分为基础性侦查措施、常规性侦查措施和紧急性侦查措施。基础性侦查措施又称"侦查基础业务""战略性侦查措施""宏观性侦查措施"，是指侦查机关为了适应同刑事犯罪作斗争的宏观需要，夯实预防犯罪、打击犯罪的基础，以刑事犯罪的规律、特点和趋势为基础而制定实施的、制约侦查根本方向的，具有全局性、长期性、进攻性、预防性的侦查措施，如刑事特情、狱内耳目、阵地控制、侦查情报等。常规性侦查措施，亦称"一般性侦查措施""经常性侦查措施"，是指侦查机关在预防、控制犯罪和侦查破案过程中，为了搜集信息、预防犯罪、查明案情、收集证据、证实犯罪而经常使用的侦查措施，如清监、盘查、通信查控、现场勘查、摸底排队、调查访问、询问证人、询问被害人、讯问犯罪嫌疑人、搜查、侦查实验、公开辨认、扣押、查询冻结等。正确运用常规性侦查措施是侦查人员必备的基本技能，侦查人员必须在侦查实践中认真学习、掌握这些技能，并根据侦查工作的实际需要灵活运用这些技能，同时，要随着犯罪情况的发展变化，与时俱进，更新观念，不断探索常规性侦查措施的运用方法。紧急性侦查措施是指侦查机关在侦查过程中，为迅速查获犯罪嫌疑人、查明有关案情以及保护人民群众的安全而紧急采取的侦查措施，如通缉、通报、追击堵截、人质解救等。

(二) 常见的侦查策略种类

按照侦查策略实施的方式，常见的侦查策略有以下几种：

1. 调动类侦查策略。调动类侦查策略，是指在对抗性侦查活动中，侦查人员利用各种条件、因素，采取某种方式，以施加信息影响、情报误导、暗示、投其所欲、制造错觉等方式、方法与手段，调动对方，从而使其受制或有利于侦查的侦查策略。调动类侦查策略主要有：调虎离山、引蛇出洞、打草惊蛇、上屋抽梯、张网以待等。

2. 迷惑类侦查策略。迷惑类侦查策略，是指侦查人员通过一定的方式分散、转移侦查对象的注意力，使其在关键问题上失去警觉或放松防御，产生一种安全感和错觉，使其在不知不觉中暴露出蛛丝马迹，并被侦查人员所制服的侦查策略。迷惑类侦查策略主要有：声东击西、出其不意，明修栈道、暗度陈仓，内紧外松、明撤暗攻，以虚击实、制造错觉，瞒天过海、示假隐真，改头换面、乔装贴靠，出其不意、攻其不备，等等。

3. 利用类侦查策略。利用类侦查策略，是指侦查人员在充分研究侦查对象情况的基础上，巧借侦查对象的力量或利用其弱点、矛盾、特殊需求等，以达到侦查目的或实现某种目标的侦查谋略。利用类侦查策略主要有：顺水推舟、顺手牵羊，坐观虎斗、以逸待劳，隔岸观火、趁火打劫，将计就计、因势利导，利用矛盾、各个击破，投其所好、得制其命，等等。

4. 诱导类侦查策略。诱导类侦查策略，是指侦查人员通过创设情境、设置诱饵等方法，利而诱之，因势利导，诱导侦查对象产生判断上的失误，从而使其暴露自己、陷入被动的侦查策略。迷惑类侦查策略主要有：欲取故予、欲擒故纵，巧施香饵、吞饵上钩，围三阙一、虚留生路，李代桃僵、偷梁换柱，以迂为直、奇正相生，等等。

5. 攻心类侦查策略。攻心类侦查策略，是指通过法律、政策、思想、前途等教育，施加或减少压力，亲情感化，晓之以理、动之以情等各种方法与手段，对侦查对象施加心理影响，从而达到从心理上制服、疏导侦查对象的侦查策略。攻心类侦查策略主要有：以柔克刚、感化攻心，以势挫锐、攻心夺气，刚柔相济、恩威并施，政策攻心、亲情感化，敲山震虎、赶鸟出笼，等等。

6. 控制类侦查策略。控制类侦查策略，是指侦查人员在充分研究侦查对象情况的基础上，采用某种方式、方法掌控侦查对象，使其不得任意活动或超出范围的侦查策略。控制类侦查策略主要有：有的放矢、一箭双雕，擒贼擒王、拔树寻根，立足未稳、先发制人，缓兵之计、后发制人，循序渐进、顺藤摸瓜，快速反应、先遣应敌，等等。

五、侦查措施与策略的运用原则

侦查措施与策略的运用过程中，除了贯彻执行刑事侦查工作相关的方针、原则外，还应遵守以下原则：

（一）依法运用

侦查活动是一项法律活动，受相应的法律法规的调节和制约。因此，侦查机关在运用侦查措施与策略时，必须严格依法进行，绝不被允许脱离法律法规的规范自行其是。任何违法运用的侦查措施与策略都是无效的，并且通过违法运用的侦查措施与策略获取的证据也会因非法而予以排除，严重的还要追究侦查机关及侦查人员的法律责任。为保证侦查机关及其侦查人员依法运用侦查措施与策略，应当完善规范执法的管理，不断强化规范执法的意识，加强对法律法规的学习，培养规范执法习惯，提高规范执法的水平。与此同时，还应注意把握以下几个关键点：在选择或制定侦查措施与策略阶段，需要把握好所采取的侦查措施与策略的内容、实施的步骤和方法等是否符合法律法规的规定；在侦查措施与策略的具体运用阶段，应当严格按照既定的方案行动，杜绝各种不符合法律法规规范的行为或情节发生，如：美人计、引供、刑讯逼供等；当侦查人员在遭遇挫折，被误解或冤枉时，更需理智对待并严格依法进行侦查活动。

（二）把握战机

侦查活动中的战机，是指在侦查措施与策略运用过程中，一切有利于实现侦查目标、不利于侦查对象对抗侦查的各种时机。战机对于侦查措施与策略运用来说是转变态势的机遇。尤其是在侦查工作的决胜阶段，适时恰当把握住战机，可以及时扭转局势，化不利条件为有利条件，变被动局面为主动局面。例如：犯罪嫌疑人员脱逃后，如果侦查机关在其尚来不及喘息、潜逃、销毁踪迹，心理尚未平静，甚至对如何实施下一步行为尚未考虑成熟时，就周密部署，快速出击，部署抓捕、讯问，就会致其难以抗拒，陷入被动，从而使抓捕和审讯犯罪嫌疑人更为主动。需要注意的是，战机还具有两面性，如果没有把握或把握不好，都有可能会导致侦查工作陷入被动，甚至流血牺牲。因此，既要切忌急躁、盲目利用战机，匆忙出击；又要忌讳优柔寡断，当断不断，坐失良机。

（三）优化运用

侦查措施与策略运用实践中，总有不同的方案。不同的方案适用的条件不同，效果也各不相同，各有优劣。但相比较而言，总有一种方案的运用成效是最佳的。因此，为实现运用侦查措施与策略的成效最佳化，就要求在侦查措施与侦查运用中应尽可能形成多个运用方案，并通过对这些运用方案的比较和权衡，选择最适合的运用方案，或优化、整合各个运用方案的优点形成最佳方案。可以说，优化选择或整合侦查措施与策略的运用方案的过程实际上是对其运用的主、客观条件和态势进一步了解和掌握的过程，也是发现问题和不足，完善和丰富侦查措施与策略的过程。

（四）全面谋划

侦查活动中，即便是其中的一个细节考虑不周全，也有可能导致侦查活动受挫，甚至导致全局性被动。这就要求侦查人员在运用侦查措施与策略时进行全面谋划：既要纵观全局，又要注意各个具体问题的细节；既要注意对运用侦查措施与策略有利的因素和条件，又要考虑对运用侦查措施与策略不利的因素和条件。为此，侦查人员应当思维缜密，胆大心细，有较强的预测、研判能力，要多对侦查措施与策略运用的相关条件和情势，尤其是侦查措施与策略运用过程中可能出现的变数或不利因素进行认真推敲，尽可能把困难考虑在前面。这样，即使在侦查措施与策略运用过程中活动暂时受挫，或是出现意想不到的情形，也可从容应对，化被动为主动。

（五）注重实效

从侦查效益的角度来说，侦查措施与策略运用必然要考虑侦查资源投入与收益的问题，并要求以最低的投入获得最高的收益，同时兼顾正当权益的保障。具体来说，就是要求侦查措施与策略运用过程中：一是尽可能节约侦查资源。要求侦查措施与策略运用中，要客观、准确判断案情，进行全面谋划、周密部署与安排，努力降低或减少人力、物力、时间等侦查资源的投入。二是减少社会成本。要求侦查措施与策略运用过程中，应尽量减少对社会公共秩序和社会公民日常生活、工作和学习造成的不利影响或带来不必要的损失。三是融入现代科学技术。现代科学技术的更新及融合到侦查措施与策略的运用中，可以促进决策和实施水平的提高，进而节约侦查资源和降低社会成本。因此，应不断提高现代科学技术在侦查措施与策略运用过程中的融合度。

（六）综合运用

每个具体的侦查措施与策略均有自身的独特功能和作用，均有不同程度的适用范围和局限性。这导致在侦查活动中不可能依靠单个的侦查措施与策略来解决侦查活动中出现的所有问题。在侦查实践中，往往需要多个、多种侦查措施与策略的综合运用或者演化运用，形成合力，才能解决侦查活动中的各种问题，从而完成侦查任务。而且，侦查措施与策略的运用本身是一个多方面、多角度、多层次的复杂多变的系统工程，涉及方方面面的内容和关系。因此，侦查人员在具体运用侦查措施与策略来解决侦查问题时，应当从全局出发，有机组合侦查措施与策略，并加以综合运用，以实现侦查措施与策略综合运用的整体效应。

 任务实施/操作

侦查措施与策略的运用，是一种相关联的系列性决策与组织实施的过程，它包括如何尽可能发挥各项侦查措施与策略的作用，又包含如何按一定的步骤和方法组织开展侦查活动，以保证侦查活动目标的实现，因而它是科学而严密的系统工程。一般来说，侦查措施与策略的运用可分为五个步骤：发现问题、明确目标、拟订方案、部署落实、总结评价。这些步骤相互联系、相互制约，完整地反映了侦查活动的过程。掌握侦查措施与策略的运用步骤，除了可以帮助侦查主体更深刻地认识侦查措施与策略运用过程中的客观规律，充分激发其执行行动方案的自觉性与主观能动性外，还可以更好地保证侦查措施与策略运用的准确、到位，提高侦查效益，保障人权。

一、发现问题

发现问题是运用侦查措施与策略的前提，侦查机关应通过各种途径和方法，收集到必要的信息资料并分析研究，从中发现矛盾或冲突所在，梳理出侦查中存在的问题，进而确定侦查目标和侦查任务。常见的侦查问题主要包括：一是引导侦查破案或侦查终结目标实现的侦查问题，一般从现场勘查开始，如侦查破案过程中如何发现侦查线索，如何获取犯罪嫌疑人的真实口供；二是存在的影响社会秩序安全与稳定、带有苗头性的某些迹象或现象的侦查问题，如减刑、假释制度变化的不适应带来监狱内的不稳定因素；三是存在于阻碍侦查效益提升的社会变迁因素中的侦查问题，如在监狱信息化建设的背景下，如何运用信息化建设成果服务于狱内侦查，将传统狱内侦查思维与手段和信息化思维与手段融合的问题。需要指出的是，任何侦查活动离不开侦查措施与策略的运用；发现问题的过程，本身也是一个侦查措施与策略运用的过程。例如：通过狱内侦查情报信息的收集发现狱内罪犯预谋实施犯罪的问题，重点防控发现危害监管安全的问题。

二、明确目标

侦查目标是通过运用侦查措施与策略，侦查活动意图达到的效果。这是侦查决策中首要的、关键的步骤，也是运用侦查措施与策略的前提。侦查活动就是在发现侦查活动中的问题的基础上，确定侦查目标，并运用侦查措施与策略来实现侦查目标的过程。例如：犯罪嫌疑人归案后，要进一步正面查证案件事实，收集证据，进而确定获取犯罪嫌疑人真实供述与辩解的侦查目标，然后通过侦查讯问与其他调查取证的措施与策略的具体运用，来获取犯罪嫌疑人真实的供述与辩解。需要指出的是，侦查目标既有全局性的、基础性的、先导性的，如狱内侦查工作侧重于预防、控制犯罪，一定时期针对某一类犯罪进行的预防、打击的专项行动部署；也有局部性、微小性并直接指向或作用于具体人、事、物或情节的，如审讯犯罪嫌疑人获取其真实的供述与辩解，在调查访问中转变被询问人的思想顾虑，促使其原意陈述。不同的侦查目标定位对侦查措施与策略运用的具体情况和要求是不同的。

三、拟订方案

在明确侦查目标的基础上，应在侦查策略的指导下，从有利于侦查目标实现的要求出发，结合侦查人员自身条件和设备、设施情况，考量侦查活动的现实情势来进行认真谋划，选择恰当、合适的侦查措施并形成具体的方案。具体的方案可能只运用一项侦查措施与策略，也有可能综合运用多种侦查措施与策略。实践中，可行的方案或许不止一个，应论证选择或优化组合，即便有且仅有一个解决问题的方案，也应进行论证完善，从而尽可能保证方案的可行性和效益性。论证具体方案是否可行，一般从以下几个方面来考量：①能否有效保证侦查目标的实现；②是否依据侦查措施与策略的适用条件来进行设计；③对方案的预期效果及存在风险的预测与应对措施的考虑；④侦查措施与策略运用的效益是否能达到预期效果。在方案论证过程中，侦查经验对方案中的可行性及利弊得失的权衡，乃至方案的抉择、完善起着关键作用。经过论证，侦查人员或者择一方案执行，或者将多个方案优化整合为一个完整的方案。

四、部署落实

部署落实是侦查措施与策略运用的实质阶段，也是侦查措施与策略产生实际效益的过程，同时也是承载风险的阶段。一般来说，各种方案的实施关键在于参与人员的有效组织。故应合理组织参与人员，根据每个参与人员的能力和素质确定其承担的任务，坚持责任负责制，明确每个参与人自身的任务以及任务在整个方案中的作用、地位和具体要求，以便个人、团队之间配合协调，发挥整体功效。侦查措施与策略的运用是建立在信息支持的基础上的，信息的获取取决于侦查措施与策略方案执行人敏锐的洞察、挖掘、感知和判断能力。侦查措施与策略在运用过程中还应注意发现新的信息，并根据新的信息反馈适时地、有针对性地调整侦查措施与策略实施方案，确保侦查措施与策略的运用达到预期效果。信息的更新、反馈还受信息交换机制影响，再重要有效的信息，如不能在指挥人员和具体任务执行人员之间及时传递、交流，也难以发挥其应有的价值。要注意建立有效的信息交换机制，保持信息沟通畅通。在侦查措施与策略方案执行过程中，要注意发现方案本身存在的不足并及时予以弥补或采取补救措施。还应注意把握整体推进和个体、局部进展之间的协调，个体或局部的延缓或失误可能会影响或制约全局的局势，甚至决定成败。

五、总结评价

侦查措施与策略运用、实施后，可能会出现三种结果：一是顺利完成任务，实现侦查目标；二是运用、实施中遇到妨碍，只完成部分任务，实现部分侦查目标；三是没有完成任务，侦查目标停滞不前，甚至造成更大损失或陷入被动局面。无论哪一种情形，均需要总结评价其运用、实施的经验教训，以不断提高侦查措施与策略的运用、实施水平。对侦查措施与策略运用、实施的评价一般有两种方式：一是在具体的侦查措施与策略运用、实施结束后，对其运用、实施情况及时进行评价，包括从信息收集到措施与策略运用、实施结束的整个过程中各个环节的评价，总结其中的成败得失；二是在侦查目标实现后，对侦查目标实现过程中主要侦查措施与策略运用、实施本身以及其在侦查活动整体的效应进行回顾、评价。通过对侦查措施与策略运用、实施情况的总结，肯定其成功之处，发现其中不足、失误的地方，为以后更好地运用、实施侦查措施与策略提供借鉴和参考，从而促使侦查措施与策略的运用、实施在质量上实现飞跃。

 任务实例/呈现 ••

　　20××年××月××日9时，××省××市××珠宝店发生持枪抢劫案件。案发后，××市公安局迅速组织公安民警赶到案发现场。到达现场后，立即建立指挥系统，指挥部迅速启动突发事件处置预案，部署各警种，开展围追堵截工作，并安排人员将受伤人员送往医院救治，随后封锁现场，展开现场勘查工作。

　　经现场勘验，在现场提取到足迹2枚，弹壳2枚，发现珠宝店柜台被砸坏，原放在柜里价值三十多万元的金银首饰不见。通过现场访问，1名工作人员反映，××日上午9时许，她们开始营业不久，冲进来2个人，其中1人朝天花板开了1枪，商店安保人员李某某听到枪声后冲上前去时被歹徒开枪打伤。当时大家被吓坏了，就没敢动弹。随后另外1个歹徒将柜台砸坏，将金银首饰掳走后迅速逃离现场。当时该工作人员非常害怕，也十分紧张，故没看清楚2人的长相，好像2名歹徒中等身材。珠宝店对面的小卖部店主贾某某反映，当时他正在店里忙活，听到2声枪响，过了一会，看见2个头戴黑色遮阳帽、戴着墨镜的男子冲出来，其中1人拎着1个手提包，2人跳上1辆黑色的桑塔纳轿车。随后汽车顺着××路向东南方向开走。2名劫匪中等身材，1人穿着蓝色上衣，1人穿着浅灰色上衣。2人头戴黑色遮阳帽，戴着墨镜。贾某某看不清劫匪的脸部特征，也没有看清楚车牌，只是看清楚尾数是"9"。

　　随后，指挥部安排公安民警在劫匪消失的××路东南方向辐射铺开，分片开展调查走访工作，并调动各种力量布控和收集信息。同时，调取××路周边的视频监控，查看有无嫌疑车辆通过。经过查看视频，发现在10时15分左右，有辆疑似劫匪所乘坐的黑色桑塔纳轿车从××路驶出××市，在城郊的××社区消失后未再从该社区驶出，牌照为×C×××89。指挥部遂决定派出公安民警在该社区进行地毯式走访和布控。当调查走访到位于××社区的××汽车修理厂时，获得1条线索：有人看到1辆黑色轿车进入××汽车修理厂，随后见2个神色慌张的人走出来，将修理车间门锁好后每人手里拎着1个手提包离开修理厂，2人头戴遮阳帽，戴着墨镜。公安民警随后到达该汽车修理厂，经采取技术措施进入该厂的修理车间，发现里面停着 1 辆黑色桑塔纳轿车，车牌号码为×C×××89，车辆内后排座椅上发现有散落的首饰。经调查了解，该修理厂为私人修理厂，为胡某某所有。胡某某因自己业务繁忙，无暇经营，于半年前将该修理厂转手给××省籍的王某某经营。王某某平时喜欢赌博，这段时间生意也不太景气，好像欠了好多债。公安民警很快查明，王某某租住在×××小区××栋××单元×号，平时经常到××小区茶室打麻将。指挥部遂安排公安民警迅速在×××小区××栋楼、汽车修理厂和××小区茶室等 3 处地点进行包围守候。经过 9 个多小时的守候，在凌晨 1 点多将回租住房的王某某抓获。公安民警对王某某租住的房间进行搜查，查获了自制手枪 1 把，子弹 10 发以及一部分被抢的金银首饰。经过对王某某审讯，王某某交代了伙同刘某某实施抢劫犯罪的案件事实。根据王某某的交代，公安民警迅速查明刘某某已逃回老家××省××县，且刘某某在老家可能藏身于其女朋友吴某某（吴某某，女，23 岁，××省××县人，住××省××县××路×号）处。××市公安局及时向××县公安局请求协助，同时迅速派出抓捕组赶到××县。经过××县公安局的协助，抓捕组在吴某某住处将刘某某抓获。经审讯，2 名案犯交代了作案过程。王某某因经营不善，加之打麻将欠了一些赌债，遂与于 20××年××月××日过来找其玩的同样手头紧、缺钱花的刘某某相约抢劫珠宝店，并准备了作案工具和车辆。2 人于 20××年××月××日 9 时许，按事先策划，先驾车到珠宝店，停下车后迅速冲进珠宝店，王某某开了 1 枪威吓营业人员，因见珠宝店保安扑过来，于是又开了 1 枪将保安打伤。刘某某用铁锤砸开柜台，将里面的金银首饰装入手提包内。得手后，2 人驾车逃至汽车修理厂，将车藏到汽车修理厂的修理车间内。2 人在车间内分赃后将门关好，迅速离开了修理厂。王某某准备第二天到修理厂给车辆做改头换面处理，刘某某则与王某某分手后迅速逃离××市。

任务小结

　　本学习任务介绍了什么是侦查措施与策略，帮助学生掌握侦查措施与策略的特点、种类、运用原则，明确侦查措施与侦查策略的关系，理解侦查措施与策略在（狱内）侦查活动中能解决的问题，培养学生在司法实践中运用所学的知识、技能和能力运用侦查措施与策略的业务技能和能力。

思考题

　　1. 试述对侦查措施的认识与理解。

　　2. 试述对侦查策略的认识和理解。

　　3. 如何处理侦查措施与侦查策略的关系？

4. 试述如何运用侦查措施与策略。

训练项目：参观（狱内）侦查部门及设施

一、训练目的

使学生感知（狱内）侦查的主、客观条件、（狱内）侦查工作实情及其环境，并能结合所学对（狱内）侦查活动及侦查措施与策略运用的条件及设施形成直观认识和体验，为后续教学打下基础。

二、训练要求

1. 端正态度，明确参观目的。

2. 知晓参观的具体内容。

3. 熟悉（狱内）侦查相关基础知识和基础建设。

4. 按步骤、方法和要求进行参观。

三、训练方法和步骤

在指导教师指导下，学生以班或分队为单位到（狱内）侦查部门进行参观，具体方法和步骤如下：

1. 联系相关（狱内）侦查部门，提出参观的意图、要求及（狱内）侦查部门协助参观的相关事宜。

2. 带队指导教师介绍参观内容和要求，组织好人员。

3. 学生在（狱内）侦查部门工作人员的带领下按要求进行参观，参观过程中注意邀请（狱内）侦查业务能手或专家对（狱内）侦查设置、设施、侦查工作情况以及侦查措施与策略运用典型实例进行介绍、讲解以及答疑。

4. 学生进行分组讨论，深化参观所见所闻的收获。

5. 整理参观成果，形成参观体会、问题思考、心得体会等书面成果材料。

四、训练成果

1. 总结训练成果，写出参观体会、问题思考、心得体会等书面成果材料。

2. 指导教师进行讲评及参观成绩考核、评定。

拓展阅读

学习任务二　狱内耳目

任务目标

知识目标：通过本学习任务的学习，培养学生知道什么是狱内耳目，理解狱内耳目在狱内侦查中的作用，了解其种类及任务，掌握狱内耳目管理、使用的相关知识和方法。

能力目标：通过本学习任务的学习、训练，培养学生具备在狱内侦查实际工作中严格按照法律规定，运用所学的知识、技能和能力开展狱内耳目相关业务工作的技能和运用能力，并注意策略和方法。

任务概述

狱内耳目是指监狱从罪犯中建立和使用的，由狱内侦查人员直接管理和指挥的秘密力量。从我国监狱当前的实际情况来看，狱内监管改造形势不容乐观，狱内犯罪活动时有发生。这直接危及监管改造秩序的安全和稳定，严重影响着监狱执行刑罚和改造罪犯工作的顺利开展。为确保监管改造秩序的安全和稳定，需要专门的狱内侦查工作来预防和打击狱内犯罪。而要做好狱内侦查工作，其中一项重要的基础性业务工作就是建立一支有战斗力的隐蔽力量——狱内耳目，以掌握敌情动态，控制重点人员和各种危险人员，获取狱内犯罪信息，力争把狱内犯罪活动，尤其是重大、特大狱内犯罪活动控制或消灭在萌芽状态。这就需要知道什么是狱内耳目，明确狱内耳目的种类和解决的问题，把握狱内耳目的条件，按照狱内耳目工作的原则和要求来选建、使用和管理狱内耳目，为做好狱内侦查工作奠定坚实的基础。

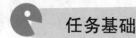　任务基础　┈┈┈┈┈┈┈┈┈┈┈┈┈┈┈┈┈┈┈┈

一、什么是狱内耳目

狱内耳目是指监狱从罪犯中建立和使用的，在狱内侦查人员的直接管理和指挥下，掌握罪犯思想动态、获取罪犯犯罪线索或证据的一种秘密力量。狱内耳目是防控狱内犯罪与侦查破案的专门手段之一，是狱内侦查工作的一项重要的基础性业务建设。

二、狱内耳目解决的问题

狱内耳目作为狱内侦查工作的重要秘密力量，其解决的问题主要通过狱内耳目的具体活动体现出来。实践证明，使用狱内耳目可以解决以下问题：

（一）收集情报信息

情报信息在狱内侦查中占有十分重要的地位，是掌握狱内犯罪动态，预防、控制狱内犯罪，发现犯罪线索，打击狱内犯罪的重要前提。缺乏情报信息，狱内侦查工作则无法正常开展。对狱内犯罪情报信息的收集，除通过常规狱内业务工作积极主动直接收集外，通过狱内耳目收集狱内犯罪情报信息也是十分重要的途径之一。在收集情报信息中，狱内耳目由于其身份和所处环境的特殊性，可以发挥狱内侦查员和其他人员无法替代的特殊作用。

（二）预防、控制狱内犯罪

狱内耳目由于其身份的隐蔽性，可以接触监狱内罪犯中的重点人员和各种危险人员，也可以打入狱内犯罪团伙，监控可能进行狱内犯罪的罪犯，或者在这些人员周围进行监控和防范，了解情况，核实相关问题；狱内耳目所处环境的特殊性，使其具备对重要部位和重点地段进行监视和控制的条件，让揭露和制止狱内犯罪活动的发生成为可能。这为狱内侦查部门随时了解、掌握狱内犯罪敌情动态，并有针对性地进行决策，以及采取有效防控措施提供了依据，从而减少和预防了狱内犯罪的各种破坏活动。

（三）获取证据和线索

收集和掌握狱内犯罪证据和线索，是侦破狱内犯罪案件，打击狱内犯罪不可或缺的条件。狱内犯罪活动极为隐蔽，单靠外围调查取证来发现和掌握犯罪证据和线索是较为困难的。狱内耳目可以利用其隐蔽的身份，发挥内线侦查的作用，贴近狱内犯罪人员或打入狱内犯罪团伙，主动接近狱内侦查对象，掌握和获取狱内犯罪的证据和线索，为打击狱内犯罪提供条件。

三、狱内耳目的种类

根据狱内侦查工作的需要和狱内耳目所承担的任务，狱内耳目可分为专案耳目和控制耳目两类。

（一）专案耳目

专案耳目是用于侦查狱内犯罪案件的狱内耳目。它是以具体的案件或具体的犯罪嫌疑人为侦查对象，侦查已发生的或正在预谋的狱内犯罪案件。在侦查已发生的或正在预谋的狱内犯罪案件时，狱内耳目可以监视、控制和了解狱内侦查对象的活动情况、犯罪意图和犯罪事实，为破案提供证据或搜集狱内犯罪线索。因具体案件和任务不同，专案耳目可分为两种：①内线耳目，是指受狱内侦查部门指派接近狱内犯罪人员或打入狱内犯罪组织内部进行侦查的狱内耳目。其任务是接近狱内犯罪嫌疑对象或打入狱内犯罪团伙，了解、掌握犯罪线索，获取犯罪证据。②复线耳目，是指受狱内侦查部门指派在侦查狱内大案、要案和某些复杂案件，以及犯罪成员众多的集团犯罪案件时，为了获取更多的犯罪证据，考核原内线狱内耳目的活动情况，验证原内线狱内耳目所报告材料的真伪而再派遣的狱内耳目。内线耳目和复线耳目派遣的数量，应根据案件的具体情况和特点而定，并应严格控制，以免暴露。

（二）控制耳目

控制耳目是用于对监狱内有犯罪嫌疑的重点人员或危险人员，罪犯中的落后层，重点、要害部位以及易发案地段等进行监视控制的狱内耳目。控制耳目主要用于监视和控制狱内可能犯罪的罪犯或地方，掌握狱内犯罪敌情动态，发现狱内犯罪迹象或线索。狱内可能犯罪的罪犯主要是指恶习较深、不思悔改的累犯、惯犯和重点案犯、落后层罪犯、其他危险罪犯。狱内可能犯罪的地方一般是指监狱的重要部位、罪犯活动场所和易发案而又不被人注意的地方。

需要注意的是，狱内耳目的分类应相对稳定，但并非绝对。当需要并且控制耳目具备条件用于侦查狱内犯罪案件时，控制耳目可以转为专案耳目，甚至也可既是控制耳目又是专案耳目；当专案耳目完成侦查任务后，如果条件具备且本人也愿意的，也可转为控制耳目。

四、狱内耳目的条件

根据司法部制定的《狱内侦查工作规定》，狱内耳目必须具备以下四个条件：

（一）能发现敌情，或者能够接近侦查对象

能发现敌情，或者能够接近侦查对象，这是狱内耳目的首要条件，实践中也称为接敌条件。建立狱内耳目的就是要了解罪犯情况，掌握狱内犯罪嫌疑人线索，及时发现用公开手段难以发现的隐蔽敌情。而要想做到这些，就必须接近侦查对象，或者打入狱内犯罪团伙内部。因此，能否发现敌情，或者接近侦查对象就成为耳目的首要条件。

（二）有一定的活动能力和观察识别能力

有一定的活动能力和观察识别能力，这是狱内耳目的智能条件，也是狱内耳目工作能力方面的条件要求。如果狱内耳目没有一定的活动能力和观察识别能力，就很难发现敌情，获取情报信息，收集犯罪证据和线索。尤其是专案耳目，其智能条件更为重要。专案耳目需具有良好的观察能力、判断能力、应变能力、记忆力、思维能力、社交能力和自我控制能力等。智能条件对控制耳目也同样重要，要求控制耳目：一方面不仅要能接近罪犯的积极层，也能接近罪犯的中间层和落后层，尤其是能接近重点人员和危险人员；另一方面能在日常的活动中，善于观察罪犯情况，分析存在的问题，头脑要灵活，反应要快，应变能力要强，对可能或即将发生的问题要有及时发现和识别的能力。否则，将贻误战机，给狱内侦查工作带来不利影响或造成损失。

（三）基本认罪，能为我所用

基本认罪，能为我所用，这是狱内耳目的主观条件，也是狱内耳目的关键条件。狱内侦查实践中，如果罪犯本人没有认罪伏法，不接收改造，没有悔过自新或有立功赎罪愿望，是难以控制使用的。基本认罪指的是罪犯交代原有犯罪，认罪伏法，愿意接受刑罚执行和改造。实践中，应注意把握罪犯对原判决有意见或提出过申诉与基本认罪的界限。所谓能为我所用，主要有两种情况：一是自愿为我所用。这种自愿的原因可能是多种多样的，如有的罪犯出于立功赎罪的愿望，有的罪犯愿为政府做点事来弥补自己的罪行，有的罪犯因为正义感，有的罪犯因为某种利益，等等。狱内侦查人员应注意针对不同的情况进行针对性教育，端正罪犯的思想。二是强制为我所用，通常也称为"抓把柄"。即有的罪犯是出于某种原因或压力等不得已的缘由，并被狱内侦查人员所控制而为狱内侦查部门工作。

（四）能保守秘密

能保守秘密是狱内耳目纪律方面的条件，也是狱内耳目进行工作必须满足的条件。保守秘密不仅有利于狱内侦查工作的开展，更有利于狱内耳目自身的安全。这就要求狱内耳目对自己的身份、工作任务和工作过程能够严守秘密，同时要求狱内侦查人员注意加强狱内耳目的保密教育，提高他们对保守秘密重要性的认识，强调保密纪律，使他们在任何情况下不得泄露狱内侦查工作及狱内耳目工作的秘密，养成良好的保密习惯。对于不能保守秘密的狱内耳目，坚决不得发展使用。

上述狱内耳目的条件是不可分割的有机整体，必须全面考虑。

五、狱内耳目工作的原则

狱内耳目是狱内侦查工作中一项十分严肃而又复杂的重要手段。狱内耳目是一项政策性、机密性很强且十分复杂的工作，其质量和数量都直接关系到狱内侦查工作的进展和成败。因此，为保证狱内耳目的质量和狱内耳目工作的顺利进行，必须坚持以下原则：

（一）需要与可能原则

"需要与可能"原则是狱内耳目选建的客观依据。"需要"是指狱内侦查工作的客观需要，即狱内侦查部门同狱内犯罪作斗争确实需要狱内耳目去完成一定的任务。这种客观需要是由狱内犯罪的客观存在决定的，而且这种存在又是长期的，不以人的意志为转移的。例如：在狱内侦查工作中，要想获取深层次、隐蔽的罪犯情况以侦破疑难案件，不使用狱内耳目，往往很难达到预期的目的。需要注意的是，应把狱内耳目与一般反映情况的罪犯区别开来，明确建立狱内耳目的目的是了解和发现用公开手段所不能了解或了解不到、发现不了的情况。"可能"是指在客观需要的前提下，在主、客观条件上的可能性。只有具备可能性，狱内耳目建设在狱内侦查员的努力下才能变成现实。"可能"包含两个方面的内容：一是指狱内耳目本身的客观条件，即狱内耳目有无为我工作的能力，即是否具备接近、发现和控制狱内侦查对象和收集情报的能力；二是狱内耳目的主观条件，即狱内耳目是否愿为我工作或能为狱内侦查部门控制使用。"需要与可能"是针对一个具体的狱内耳目而言的，二者必须同时具备。狱内侦查人员应遵循"需要与可能"原则，充分发挥其主观能动性，积极创造条件，建立一支强有力的狱内耳目队伍。既不要过分强调客观需要，盲目滥建、乱建，把一些正常反映情况或不符合条件的罪犯建为耳目；也不要过分强调可能，严格苛求狱内耳目的主、客观条件，忽视我方的主观能动作用而错失良机。

（二）积极稳妥与隐蔽精干原则

"积极稳妥"是指建立狱内耳目时主观上既要积极努力，又要持慎重的态度；既要解放思想，主动、大胆建立狱内耳目，又要反对和克服"易出事，不敢建""怕麻烦，不愿建"的消极思想；既要严格按照狱内耳目条件，讲求质量，注重实效，又要反对那种不考虑主、客观条件，急于求成、盲目滥建的做法。对符合狱内耳目条件的对象，不要操之过急，要按照条件进行严格审查，经过试用考核合格后方可将其发展为狱内耳目。对有些在初期不完全具备狱内耳目条件的对象，可通过一定的途径和方法加强教育，逐步培养，在其满足条件后再将其正式发展为狱内耳目。例如：对改造表现不太好，甚至经常与重点人员、危险人员在一起，或者本身就是犯罪团伙、集团成员中的罪犯，经过我们的耐心教育，愿

为我工作，待其条件具备后将其发展为狱内耳目，这样的狱内耳目实际效果有可能会更好。

"隐蔽精干"是指狱内耳目的建立和使用要严格保密，要保证质量，要使狱内耳目队伍成为一支精明干练的秘密力量。隐蔽是要求保守狱内耳目的秘密。狱内耳目是狱内侦查同狱内犯罪作斗争的秘密力量，隐蔽是狱内耳目立足和开展工作以及完成任务的基本前提条件。一旦失去隐蔽性，不但发挥不了狱内耳目的作用，还有可能威胁到狱内耳目的安全，影响狱内侦查工作的顺利进行。精干是对狱内耳目质量的要求。监狱犯罪斗争形势严峻而复杂，狱内耳目工作环境条件险恶，狱内耳目经常接触各种危险人员，会遇到各种各样的复杂情况和问题。这要求狱内耳目应具备一定的质量，以适应和应对狱内犯罪斗争形势。这就要求狱内耳目建设中：一是必须讲求质量、宁缺毋滥，要严格按照狱内耳目的条件和要求建立狱内耳目，确保狱内耳目的质和量，绝不能滥竽充数。二是要根据狱内侦查工作的实际，控制耳目的数量。应结合实际情况，按照轻重缓急，有层次、有步骤地开展狱内耳目建设，做到合理规划和布局，突出重点、兼顾一般，严格按照实际需要控制狱内耳目数量。狱内耳目的数量一般应按 3%~5% 左右的比例，并结合具体情况适当把握。

（三）在罪犯中选择的原则

狱内耳目是狱内侦查的重要手段之一。狱内侦查是在监狱这一特殊环境内以监狱内的罪犯为侦查范围开展的。因此，狱内耳目只能在罪犯中建立和使用，也只能在监狱内进行调查和侦查。调查和侦查指向的对象只能是罪犯，调查和侦查的目的只能是防控及侦破狱内案件。

（四）严格保守秘密的原则

狱内耳目工作是一项隐蔽性工作，故要时刻注意严格保密，确保狱内耳目工作的秘密和身份的秘密。狱内耳目从选择、建立、使用甚至到撤销等整个工作过程的每一个环节，都属于绝密的范围，必须严守秘密，严格控制知情范围，不得向任何无关人员泄露。狱内耳目属于逆用性质的力量，要确保其身份秘密，在建立狱内耳目时，既要让其知道在为我们工作，又不得给其任何名义，也不能直接对其本人宣布为"狱内耳目"，更不能在罪犯中暴露狱内耳目的身份。狱内耳目只能使用编号或代号，并只能在狱内侦查人员中使用。

任务实施/操作

任务项目一　狱内耳目的选建

狱内耳目的选建是一项十分复杂的工作，关系到狱内耳目的质量，以及能否发挥其作用。选建狱内耳目应严格把关，有一个符合条件的就建立一个，什么时候符合条件就什么时候建立。

一、选择发展对象

狱内侦查人员应根据需要和计划，结合各监狱在押罪犯的实际情况和环境，比照狱内耳目的条件，在充分掌握情况的基础上，对于那些基本符合狱内耳目条件的罪犯，按一定的途径进行选择，并确定为狱内耳目的发展对象。在实际工作中，狱内侦查部门应根据各监狱在押罪犯的实际情况和监管改造环境，本着需要与可能的原则物色发展对象。监区在监区范围内选择，分监区在分监区范围内选择，狱侦科在全监范围内选择，从而形成立体的、全方位的、布局合理的狱内耳目网体系。选择狱内耳目发展对象的途径主要有：一是通过查阅罪犯档案选择。通过查阅罪犯档案和日常考核材料，可以掌握其基本情况、犯罪历史、认罪态度和现实表现等情况，形成对罪犯全方位的基本认识，在此基础上进行选择。二是从秘密检举揭发情况的罪犯中进行选择。有些罪犯主动向监狱人民警察检举揭发罪犯中的情况、狱内犯罪线索等，如经查证属实，而罪犯又符合狱内耳目条件的，可将其选为发展对象。三是从有立功赎罪愿望或表现的罪犯中选择。有立功赎罪愿望或表现是狱内耳目的主观条件基础。因此，可从有立功赎罪愿望或表现的罪犯中加以选择。四是从罪犯的各个层次，尤其是落后层中选择。这不仅有利于了解和掌握各层次罪犯的情况，更有利于掌握更多层次的狱内犯罪情况。五是从重点人员及各种危险人员周围的罪犯中选择。因这些罪犯最了解重点人员及各种危险人员的情况，在他们中选择狱内耳目有利于直接获取相关情况。六是从狱内犯罪活动的自首人员或者有条件"拉出来"的成员中选择。狱内犯罪活动的自首人员是指那些主动交待自己罪行的罪犯。有条件"拉出来"的成员是指犯罪团伙或集团中经教育放弃了继续犯罪的思想，愿为我所用的罪犯。他们是犯罪行为的直接参与者，既是人证又可提供其他证据。七是从曾经在社会上做过治保工作、刑事特情、治安耳目的罪犯中选择。他们有从事类似狱内耳目工作的经验，知道如何了解情况，如何反映情况，如何保守秘密，如何保护自己。在他们当中选择狱内耳目，有利于狱内耳目工作的开展。八是从其他单位或部门转来的曾经是狱内耳目的罪犯中进行选择。这些罪犯有可能是因为狱内耳目身份暴露或案件侦破后为保护狱内耳目等原因而换了一个环境，如有可能继续从事狱内耳目工作的应尽量选择使用。但对曾经暴露身份的狱内耳目，应帮助他们总结经验，提高自身保护意识，提高狱内耳目工作质量，避免类似情况发生。九是从在重点、要害部位劳动的罪犯中进行选择。能够在重点要害部位劳动的罪犯，一般是"信得过"的罪犯。重点要害部位历来是狱内安全工作的重中之重，从在这些部位劳动的罪犯中选择狱内耳目，有利于保护重点、要害部位的安全。

二、调查审查

为保证狱内耳目质量，对确定为狱内耳目培养对象的罪犯，应进行全面调查，了解情况。要对每一个狱内耳目对象的家庭情况、个人历史、犯罪性质、性格特点、思想状况、改造表现、活动能力等进行全面了解，但要注意工作方法，以免暴露我方意图。在全面掌握其情况的基础上，对每个发展对象从培养的目的性、对象的可靠性、完成任务的可能性和适应性等进行审查，从中选择出符合条件的培养对象。狱内耳目的培养对象选择范围和数量，可比照实际需要适当扩大，以保证可供选择性，方便择优弃劣。

三、培养教育

确定为狱内耳目培养对象后，狱内侦查人员对其必须有一个培养教育的过程。负责狱内耳目工作的狱内侦查人员要通过与其正面谈话，了解其思想状况和对待狱内耳目工作的态度，然后根据其不同的情况采取相应的培养教育内容和方法。培养教育的内容和方法包括：遵纪守法教育、工作方法教育和保守秘密教育。培养教育应注意针对性，重点帮助其提高认识，端正态度，克服缺点，争取立功赎罪。在培养教育中如果发现不宜发展为狱内耳目的，应立即停止，并以巧妙的方法掩饰真正的目的，结束培养教育。

四、试用考核

经教育培养，狱内耳目培养对象条件成熟后，要对其进行试用考核。考核通过后，才能正式将其发展为狱内耳目。试用考核的内容和形式根据具体的狱内耳目培养对象而定。一般来说，试用考核的办法一般循序渐进。例如：在不暴露我意图的情况下，令其提供和汇报罪犯中一般的思想动态，如提供和汇报情况查证属实，再给其布置一般性的任务，让其去完成，进一步考察其愿为我工作或可控制的程度、活动能力和观察识别能力。经过一定考验期，一般不少于一个季度的期限，确属条件成熟、可靠的，即可发展为狱内耳目。反之，必须当机立断，予以放弃。

五、履行手续

经过教育培养，试用考核后，对于符合条件的狱内耳目培养对象，可有计划地个别正式确定为狱内耳目。正式确定为狱内耳目的，由负责物色发展狱内耳目的狱内侦查人员填写审批文书，逐级呈请上报主管领导审核。控制耳目由狱内侦查部门审核后报主管领导审批。专案耳目经狱内侦查部门审核后，由批准立案的领导审批。每一个狱内耳目都必须建立档案，以备今后的考核之用。

六、规定狱内耳目纪律、明确具体任务、确定联络方式

（一）规定狱内耳目纪律

为有效开展狱内耳目工作，对经批准建立的狱内耳目，必须向其宣布狱内耳目工作纪律，并令其严格遵守。在给狱内耳目宣布纪律时，应根据每个狱内耳目的自身情况和具体表现而有所侧重，不要千篇一律。狱内耳目工作的纪律主要有：服从命令，严守秘密，不得向任何人暴露为我工作的身份和意图；如实反映情况，不准伪造、谎报事实情况，不得挟嫌诬陷；因特殊需要，可参与一些经批准的活动，但不得参与作案和引诱、教唆他人犯罪；遵守监规，不得欺凌其他罪犯。纪律宣布后，领导和使用狱内耳目的狱内侦查人员应在工作中考察狱内耳目遵守纪律的情况，发现问题要及时教育、整顿和处理。

（二）明确具体任务

由于每个狱内耳目所处的具体环境不同，能力有差别，其任务也应有所不同。对于反应快、理解能力强的狱内耳目要言简意赅；反之，要具体讲清任务的内容和完成任务的方法等。

（三）确定联络方式

狱内耳目一律使用代号、编号，这既有利于保护狱内耳目，又有利于接头和联络。负责狱内耳目工作的狱内侦查人员要与狱内耳目规定好接头的方法，确定好联络的暗号，以确保狱内耳目工作的顺利进行。

任务项目二 狱内耳目的领导和使用

狱内耳目建立以后，能否发挥应有作用、达到预期目的，关键还在于怎么领导和使用。

一、狱内耳目的领导

对狱内耳目的领导采取专人负责、单线领导。专人负责、单线领导，是指每

个狱内耳目只能由一名狱内侦查人员负责，从选择、建立、领导和使用等全程均实行单线领导。狱内耳目也只允许与领导和使用他的狱内侦查人员联络（紧急情况除外）。这是由狱内耳目的性质、特点决定的。不允许搞多头领导，否则极易暴露其身份；不允许狱内耳目发展和领导狱内耳目；不允许狱内耳目之间发生横向联系。女性狱内耳目必须由女性狱内侦查人员领导使用，不准使用女性狱内耳目侦查男性罪犯，也不准使用男性狱内耳目侦查女性罪犯。狱内侦查科要全面掌握狱内耳目情况，对全监狱内耳目要统一规划、合理布局。

二、狱内耳目的管理

对狱内耳目的管理，实行分级管理、专人使用的制度。控制耳目宏观上由监狱狱内侦查部门统一管理，在使用过程中，则由具体领导和使用狱内耳目的狱内侦查人员管理。专案耳目由具体负责专案侦查的狱内侦查人员管理和使用。如控制耳目转为专案耳目或专案耳目转为控制耳目时，其管理工作应视情况作出是否调整的决定。

三、狱内耳目的使用

（一）狱内耳目使用的范围

狱内耳目使用的范围主要有：①案件侦查。在侦查具体狱内案件时，可以使用专案耳目。例如：对狱内危害国家安全案件、杀人、盗窃和脱逃等案件进行侦查时，为了发现线索，了解侦查对象的活动情况，掌握其犯罪事实，获取证据等，均可使用专案耳目。专案耳目使用的情况可视具体案情而定。②监视、控制重点、要害部位。监狱内对生产、生活等有重要作用的地方及相关重要设备往往是狱内犯罪人员破坏的重点，一旦发生案件，损失巨大，影响极坏，必须使用狱内耳目予以重点监视和控制。③监视、控制重点人员及危险人员。重点人员及危险人员历来是监控的重点，因为他们具有很强的危害因素，通过安排狱内耳目与他们同吃、同住、同劳动、同学习，随时随地在一起，可监控他们的行为，最大限度地防止危害结果的发生。④调查了解犯情动态和敌情动向。在狱内罪犯这个群体当中，存在许多不稳定因素。狱内耳目来源于其中，又能深入其中了解犯情动态和敌情动向。这有利于我们掌握对敌斗争的主动权，及时发现潜在的危险，制定出有效的防范措施和对策。

（二）狱内耳目使用的要求

1. 精心指挥。精心指挥是指狱内侦查人员从对狱内耳目布置交待任务开始到完成任务时止的全过程，都要给予狱内耳目精心的帮助和指导。在布置任务时，要授以具体方法，提出具体要求，绝不能放任自流。在听取狱内耳目汇报时，要充分肯定取得的成绩，同时指出存在的问题，讲明改正的方法。对狱内耳目主动提出的意见和建议，认为可行的则表示认可，也可和狱内耳目一起研究，这样研究的结果一般是比较切实可行的。对狱内耳目反映的情况，要认真分析研究、反复核对。

2. 量力使用。量力使用是指在给狱内耳目布置任务、提出要求时，应考虑狱内耳目的自身条件。正确使用狱内耳目直接关系到狱内耳目能否发挥其应有的作用和质量的提高，故要通过对狱内耳目自身能力的权衡，结合任务的实际需要交给狱内耳目力所能及的任务。适应能力强、心理素质较好、活动能力较强的狱内耳目，可布置复杂、较重要的任务；反之，则应布置简单、较次要的任务。不能不考虑狱内耳目自身能力的差异，强令其完成不可能完成的任务。否则，狱内耳目就可能为完成任务而不择手段，暴露我方意图，或丧失信心，消极应付，为了应付差事捏造假情报欺骗狱内侦查部门，有的甚至因害怕完不成任务而不愿为我工作。

3. 接头讲究方法和策略。狱内耳目向狱内侦查人员汇报情况的方式叫接头。与狱内耳目接头如把握不好，容易暴露狱内耳目身份，导致狱内耳目工作陷入被动。为了及时获取汇报情况，掩护狱内耳目身份，在与狱内耳目接头时必须讲究方法和策略，应事先研究确定与狱内耳目接头的地点、汇报的形式（口头或书面汇报）等。常用的可行性接头方法主要有：①书面汇报。狱内耳目可利用写思想汇报、学习体会、生产计划、家信及申诉材料等形式将情报直接交给狱内侦查人员或投入指定的控告、举报箱里。通过书面汇报的方式接头的，要求所有材料的署名一律使用代号、编号或化名。②利用就诊看病接头。这种方法应视狱内耳目的身体状况灵活掌握。在接头的过程中，应象征性做一些检查或发给一些药品，防止引起他人的怀疑。③利用与罪犯多头个别谈话接头。以与罪犯谈心、了解思想动态或布置学习、生产任务等名义，分别找多个罪犯谈话，把狱内耳目安排在其中。要注意找狱内耳目谈话的时间应与其他罪犯谈话的时间大致相同。④利用亲属接见、社会帮教的名义接头。使用这种方法时要注意上次接见的间隔时间，不能过于频繁。接见时间不能过长，接见后应要求狱内耳目符合常规的接见情势、表现等。⑤利用公开提审的方式接头。利用公开提审的方式与狱内耳目接头，听取汇报、布置工作是一个比较可靠的方法。尤其是对那些在罪犯眼里表现不好的狱内耳目显得比较安全。但这种方法不宜过多使用。⑥利用外调人员的身份接头。可借外调人员的身份，如公安局、检察院、法院等机关工作人员提审罪犯的名义与狱内耳目接头，了解情况、布置任务。⑦其他方法。如狱内耳目是值星员，可借检查工作名义接头；狱内耳目是保管员，可借安全检查的名义接头；如遇紧急情况，允许狱内耳目有意违反一定的监规纪律，达到接头的目的。无论以哪种方法、在什么地方接头，在具体使用时应注意因事、因人、因地、因时灵活运用。要防止每个狱内耳目始终采取一种方法接头，更要防止在同一时间、同一地点与两名以上的狱内耳目接头。

4. 做好掩护。做好掩护是指从狱内耳目的选择、建立到使用甚至撤销，尤其是在狱内耳目接近侦查对象时，取信于敌并打入犯罪团伙内部时，乃至破案及案件的诉讼过程中，都要制定周密的掩护狱内耳目的计划和方法，切实做好狱内耳目的掩护。这就要求：①在布置任务时应注意采取措施和方法进行掩护。②接头联系时注意掩护。③查证狱内耳目提供的线索或证据应另寻借口，并注意方法和策略。④在破案时给狱内耳目制造不在场的机会和理由，或一并关押，创设让主犯认为其罪行的暴露不是由狱内耳目造成的情景。⑤狱内耳目暴露以后，应立即采取补救措施，以便继续使用狱内耳目，保护狱内耳目的安全。⑥在刑事诉讼中及时与检察机关和法院沟通，做好在起诉和审判过程中对狱内耳目的保护工作。可采取的措施如下：不移送案卷；将狱内耳目提供的材料转化为合法的证据材料；不公开出庭作证，必须要出庭作证的，应注意转化身份，并教育其在法庭上要严守侦查工作机密；说明情况，介绍狱内耳目在侦查工作中发挥的重要作用，共同商讨保护狱内耳目和侦查工作机密的措施；协商争取另案处理，或在定罪量刑时予以酌情考虑。

5. 严格监督。狱内耳目本身来自罪犯这一特殊群体，思想状况比较复杂，个别狱内耳目消极因素较多，甚至还善于耍两面派，表面上向我，暗地里通风报信、陷害他人、搞破坏活动等。因此，要对狱内耳目进行严格监督，始终把他们的活动置于狱内侦查部门的严格监督之下。

6. 赏罚严明。使用狱内耳目的过程中，有的狱内耳目表现积极，成绩突出；有的工作一般或不起作用；有的甚至违法犯罪。对此，要根据狱内耳目取得的成绩或具体表现，该奖则奖，当罚应罚，并及时兑现。只有做到赏罚分明，才能充分调动其工作积极性。

7. 适时整顿。适时整顿是指为保证狱内耳目队伍质量，必须适时整顿。对不起作用的狱内耳目，要坚决予以撤换；对于有价值但本人有思想包袱的，要进行耐心教育，消除顾虑，使其放下包袱，争取继续为我所用；对有工作能力，因我们领导、使用不力而没有发挥作用的，要加强领导或更换使用狱内耳目的狱内侦查人员；对因工作方法不当或其他原因而暴露身份的狱内耳目，如仍有使用价值的，可调到其他单位或部门继续使用；对于停止使用的狱内耳目，必须向其宣布纪律，不许乱讲，否则追究其责任。

四、狱内耳目的撤销

对那些不适宜继续工作的狱内耳目，应当予以撤销；对于那些长期失去工作条件、丧失工作能力的狱内耳目，要停止使用，结束工作关系，并妥善安置；对于那些不愿意继续为狱内侦查部门工作，经教育仍无效的狱内耳目，应予以撤销；对于那些有严重违规违纪，乃至犯罪的狱内耳目，应当予以清除，并追究相应的责任。狱内耳目撤销工作要慎重，讲究方式、方法，尽量做到合情合理，以免产生不良影响。对于被撤销的狱内耳目，要做好善后工作，加强保密教育，采取保密措施。狱内耳目的撤销，由负责建立、领导和使用的狱内侦查人员填写审批文书，按批准时的权限逐级上报审核、审批。

任务项目三　狱内耳目教育、考核、奖惩与建档

对狱内耳目进行教育、考核、奖惩和建档是提高狱内耳目队伍素质的重要措施，也是对每个狱内耳目必须坚持做好的日常基础性工作。通过对狱内耳目的教育、考核、奖惩，促使狱内耳目思想稳定、服从指挥、严守纪律，确保狱内耳目的稳定和质量，更好地完成工作任务。

一、狱内耳目的教育

狱内耳目的教育是培养一支适应对敌斗争需要又能为我工作的秘密侦查力量的根本性措施，必须贯穿于狱内耳目工作的始终。一方面，狱内耳目本身就是罪犯，需要改造、教育；另一方面，狱内耳目常处阴暗面，接触的消极、落后因素多，存在随时随地被传染、被拉拢的可能。对狱内耳目的教育不等同于一般性的罪犯教育，要根据狱内耳目的具体情况、所担任的具体任务以及有可能出现的思想问题，有针对性地进行思想、工作方法、遵纪守法和保密等方面的教育。

（一）思想教育

思想教育就是对狱内耳目要适时进行法制教育、前途教育、思想品德教育、形势教育和党的路线方针教育。通过思想教育用正确思想引导他们，提高他们对狱内耳目工作及工作形势的认识，厘清狱内耳目工作与自身改造的关系。思想教育要注意根据每个狱内耳目的具体思想问题，因事、因人有针对性地进行教育，真正做到从思想上关心他们、爱护他们。

（二）工作方法教育

工作方法教育是提高狱内耳目素质的重要措施，主要是通过工作指导的方式进行。例如：给狱内耳目布置任务时，要教给狱内耳目一些斗争策略、业务常识和方法；听取汇报时，帮助狱内耳目总结工作情况，肯定成绩，指出不足，帮助其正确评价工作过程和工作方法，并提出改进意见；等等。通过工作方法教育，不断提高狱内耳目的工作成效。

（三）遵纪守法教育

通过遵纪守法教育，使狱内耳目自觉听从指挥，更好地完成任务。遵纪守法

教育是对每位罪犯都要进行的，狱内耳目更不能例外，不能让狱内耳目自以为有干部的信任，就滋生"特权"思想，或在罪犯中称王称霸，或假公济私、打击报复等。对狱内耳目的遵纪守法教育应结合实际尽可能具体化，尤其是狱内耳目工作纪律方面的内容。在加强对狱内耳目遵纪守法教育的同时，还应注意对狱内耳目遵纪守法的情况进行检查，发现漏洞，及时补救，发现狱内耳目非因工作原因或未得批准而有意违纪的，要严肃处理。

（四）保密教育

保密教育就是要通过教育狱内耳目，使其明白：保守秘密不仅是狱内耳目工作的需要，更是自身安全的需要。要做到该说的才说，不该说的坚决不说；该对谁说就对谁说，不该对谁说的，要守口如瓶。

狱内耳目教育的形式和方法，应以个别谈话为主，并注意了解和解决狱内耳目的实际困难，如生活困难、家庭困难及其他需要解决的困难，最大限度地调动其为我工作的积极性。

二、狱内耳目考核

通过对狱内耳目定期或不定期的考核，及时发现狱内耳目工作中存在的问题，并及时处理，以确保狱内耳目质量，保证狱内耳目队伍的可靠性。

（一）考核的内容

狱内耳目考核的主要内容有：认罪态度、平时的改造表现、工作积极性、完成任务情况、遵纪守法情况和保守秘密情况等。

（二）考核的方法

对狱内耳目考核无论采取哪种方法，都应做到谨慎巧妙，秘密进行，不能让狱内耳目有所察觉，但要让狱内耳目知道他的活动是会受到监督和检查的，以警戒其自觉遵纪守法。考核情况应当存入狱内耳目档案，作为奖惩的依据。对狱内耳目的考核方法主要有以下几种：①接头汇报。通过与狱内耳目的接头汇报，检查狱内耳目是否完成任务，如没有完成任务或完成不理想，应查明原因。②侧面调查。通过其他监狱人民警察或其他在押罪犯侧面了解狱内耳目的行为表现。注意了解的方式，切不可暴露意图。③突击清监。清监是狱政管理的一项制度，也是检查狱内耳目工作情况的有效方法。由于清监多采用不定期突然的形式进行，所以很容易发现问题。④复线考核。利用复线狱内耳目来了解和印证原狱内耳目的工作情况，是考核狱内耳目的最有效的方法之一。但此种方法在使用时要慎重，特别是在给复线狱内耳目交代任务时，切不可暴露目的。⑤情报印证。通过其他渠道获得的情报来印证狱内耳目情报的真实性，以此考核狱内耳目的工作情况和可靠度。⑥审讯对证。通过对狱内犯罪嫌疑人的审讯，考核狱内耳目在侦破案件中的表现和作用。⑦技术监控、监视。即运用监控设施来监视和考核狱内耳目的活动情况。

三、狱内耳目奖惩

有功不奖会影响狱内耳目的工作积极性，有过不惩会纵容狱内耳目重犯错误。通过对狱内耳目的考核，及时兑现奖励或惩罚，这对调动狱内耳目工作积极性、确保狱内耳目队伍稳定具有重要作用。

（一）狱内耳目奖励的条件

对于狱内耳目的奖励，主要结合狱内耳目的工作态度、日常表现，根据工作成绩，应当分别给予加分、表扬、记功、减刑、假释或其他物质奖励。常见的予以奖励的情形如下：①服从指挥，严守秘密，定期或不定期如实反映情况，工作成绩显著的；②及时汇报并在制止罪犯违反监规纪律中起主要作用的；③打入犯罪集团内部，提供侦查线索，取得确凿证据的；④及时发现并提供重要线索，制止重大、特大预谋案件的发生，或在侦查破案中发挥了重要作用的；⑤其他需要奖励的。

（二）狱内耳目惩罚的条件

对狱内耳目的惩罚，主要根据狱内耳目违法乱纪情形，视其情节轻重，分别给予扣分、警告、记过、依法追究刑事责任等惩罚。常见的予以惩罚的情形如下：①阳奉阴违、虚报假情况的；②违法乱纪、称王称霸的；③假公济私、招摇撞骗的；④捏造事实、陷害他人、打击报复的；⑤包庇狱内犯罪嫌疑人员或违法犯罪的；⑥勾结狱内犯罪人员，制造假象企图将侦查引入歧途的；⑦诱人犯罪或参与作案的；⑧其他予以惩罚的。

（三）狱内耳目奖惩的方式和方法

对狱内耳目的奖励或惩罚一律秘密地个别进行。奖励或惩罚均应单独对其进行，并鼓励其继续为我工作或警告他要保守秘密，不得泄露秘密。

四、狱内耳目档案与经费管理

（一）狱内耳目档案管理

档案管理是一项重要的狱内耳目工作。对狱内耳目应逐人建立档案，一人一卷。由狱内侦查部门集中管理，专人负责，严格保管。档案内容包括两个方面：一是个人档案，主要内容包括：原判决文书文件，狱内耳目改造、立功受奖或因果受罚情况，建立、撤销狱内耳目的审批手续，狱内耳目愿为我工作的申请书或保证书，狱内耳目的化名、代号、编号、考核记录，等等；二是工作档案，主要内容包括：狱内侦查人员对狱内耳目的工作安排，狱内耳目反映情况记录和处理结果，狱内耳目工作成绩、过失记载，对狱内耳目的奖惩记录，等等。

（二）狱内耳目经费管理

狱内耳目经费是开展狱内耳目工作的物质保障。国家财政拨给监狱的费用中有狱内耳目的专项经费。狱内耳目专项经费专款专用，主要用于奖励费、活动费、生活补助费、抚恤医疗费等。

 任务实例/呈现 ●●●

20××年5月12日下午，××省××监狱狱内侦查科接狱内耳目报告：罪犯赵某有脱逃迹象。接报后，狱内侦查科及时对赵某进行调查分析：罪犯赵某，在看守所曾2次组织逃跑，入监后屡犯监规，表现较差，密谋逃跑的可能性极大。经查明，情况基本属实。

狱内侦查科研究决定：①将此狱内耳目转为专案耳目，利用赵某的信任，进一步摸清情况，掌握动态；②选派2名罪犯监控赵某，做到逐日汇报。通过上述安排，很快就收到2名罪犯的报告：赵某经济支出反常，购买过罐头、香烟等物；平时不重视卫生，学习不发言，劳动消极拖混，接触人员复杂。专案耳目也先后2次报告赵某向他催要线路图和再次相约行动。根据上述情况，狱内侦查人员决定：①按赵某要求，专案耳目绘制路线图一式两份，经民警过目后交赵某；②查清赵某在半月内支付130余元生活费的反常现象；③及时采取措施，严格监管防范，同时分别向武警和民警通报犯情，教育民警加强敌情观念，提高警惕。随着侦查工作的逐步深入，案情渐渐明朗，破案条件也基本成熟。

5月16日，狱内侦查科召开专门会议，研究决定：①迅速以清监方式，获取证据，突击审讯；②加强内管、民警值班，密切注意赵某的动态，防止其同伙狗急跳墙；③设计保护狱内耳目方案。5月16日21时，专案组组织人员按照部署分头行动：通过清监，从赵某处查获路线图和其他物品。在获取证据的基础上，立即对赵某进行审讯。经审讯，赵某供认："我们几个人抢了1个人，掏得几块钱，就判了5年刑，我想不通。在看守所，武警又打断我肋骨，在这里生活过不惯，就产生了想逃跑的思想。因我路不熟，又约了某某，请他帮我画路线图，准备了2个逃跑方案：一个是趁夜间收工时装病，走在队列后面，待队列走后让1名同伙蹲下来，等武警或民警询问时行凶脱逃；另一个是准备干掉监督岗，从监狱洗澡堂处翻越围墙脱逃。逃跑后，不回家，也不走亲戚，找个老板跟人家干，然后再打听××看守所打我那武警家的地址，把他全家干掉。"至此，全案真相大白。

任务小结

本学习任务介绍了什么是狱内耳目，帮助学生理解狱内耳目解决的问题，了解狱内耳目的种类及任务，掌握选建、使用、管理、教育、考核、奖惩与档案等狱内耳目相关理论知识，培养学生在狱内侦查中严格按照法律规定，运用所学的理论知识开展狱内耳目工作的业务技能和运用能力。

思考题

1. 什么是狱内耳目？狱内耳目解决什么问题？
2. 试述狱内耳目工作应遵循的基本原则。
3. 狱内耳目应具备哪些条件？
4. 试述如何选建狱内耳目。
5. 试述狱内耳目使用的要求。
6. 试述如何教育狱内耳目。

任务训练

训练项目：模拟狱内耳目的建立、领导、使用和管理

一、训练目的

通过模拟狱内耳目的建立、领导、使用和管理训练，使学生加深对狱内耳目的理解，培养学生进行狱内耳目选建、使用、管理、教育、考核、奖惩及档案整理工作的业务技能，并讲究策略和方法。

二、训练要求

1. 明确训练目的。
2. 掌握训练的具体内容。
3. 熟悉训练素材。
4. 按步骤、方法和要求进行训练。

三、训练条件和素材（具体训练条件和素材可根据训练目的及训练重点，由训练指导教师选择、调整）

（一）训练条件

模拟监狱及配套基本器材、设施、设备、罪犯资料等。

（二）训练素材

罪犯吴某某，男，汉族，19××年××月××日生，××省××市人，初中文化程度，原户籍所在地为××省××市公安局×××派出所，家住××省××市××区×××镇××村民小组。基本简历如下：19××年××月至19××年××月，在××省××市××区××××小学读书；19××年××月至20××年××月，在××省××市××区××××中学读书；20××年××月至被拘捕前，在××省××市××区×××镇务农，20××年××月至20××年××月，曾担任村民小组组长。家庭成员情况如下：父亲吴某，50岁，在××省××市××区×××镇务工；母亲黄某某，48岁，在××省××市××区×××镇务工。

20××年4月至5月，吴某某在××省××市××区××镇采用翻窗入室的手段，实施盗窃作案4起，窃得价值共计人民币10 000元的赃款、电脑、手机等。20××年7月9日，吴某某在××省××市××区××路实施抢劫作案，抢得现金1000元、华为手机1部。20××年××月，吴某某被××市××区人民法院以盗窃罪、抢劫罪数罪并罚，判处有期徒刑7年，自20××年××月××日进监狱服刑。吴某某自入监以来，能认罪伏法，接收改造，改造表现一般，平时爱积极参与文体活动，为人较为活络，善于交际，具备一定的组织协调能力和随机应变能力，在罪犯中有一定的威信。

四、训练方法和步骤

在指导教师指导下，学生在训练室分组模拟各角色（狱内侦查人员、狱内耳目）进行训练，具体方法和步骤如下：

1. 准备素材，确定训练方式，学生复习有关狱内耳目的理论知识，做好包括模拟狱内耳目建立、领导、使用和管理训练的情景场所及配套基本器材、设施、设备准备工作。

2. 实训指导教师介绍训练内容和要求，发放准备好的案例素材。

3. 学生阅读素材，掌握狱内耳目的相关事实和材料，在指导教师的指导下形成情景模拟方案。

4. 学生以分工负责的形式进行角色分配，具体可按狱内侦查人员、狱内耳目对象等进行角色模拟分配。实际操作时可根据情况进行角色添加或删减，排列组合形成情景模拟团队，如添加或删减狱内侦查部门负责人、相关罪犯等。

5. 完成模拟狱内耳目选建、使用、管理、教育、考核、奖惩及档案材料整理等工作情景操作。对素材案例中没能提供的条件，由学生酌情进行合理设计和补充。

6. 整理训练成果，形成书面材料。

五、训练成果

1. 完成狱内耳目整套工作的完整视频，并交训练指导教师。

2. 总结训练成果，写出训练心得体会。

3. 指导教师进行讲评及训练成绩考核、评定。

拓展阅读

学习任务三　狱内侦查情报

任务概述

　　狱内侦查情报，是指以公开与秘密的侦查措施、手段及其他方法获得的，为狱内侦查决策、部署和采取行动所必需的有关狱内犯罪的一切信息，以及对其分析、研判的成果。它是狱内侦查工作的前提和基础，是狱内侦查基础业务工作中不可缺少的重要内容之一。这需要知道什么是狱内侦查情报，明确狱内侦查情报能解决什么问题，按照狱内侦查情报的要求来收集、传递和研判狱内侦查情报，以期为狱内侦查工作奠定基础和提供支持。

 任务基础

一、什么是狱内侦查情报

　　狱内侦查情报，是指狱内侦查部门以公开与秘密的侦查措施、手段及其他方法获得的，对打击和预防狱内犯罪有价值的有关狱内犯罪的各种信息，以及对其分析、研判的成果。理解这一定义需要注意把握以下几个方面内容：①狱内侦查情报工作的主体。狱内侦查情报工作的主体是狱内侦查部门，其他部门和个人均无权从事这项工作。②狱内侦查情报工作的目的。狱内侦查情报工作的目的是预防和打击狱内犯罪。③狱内侦查情报的内涵。狱内侦查情报有其特定的内涵，不但包括与狱内犯罪有直接关联的信息，也包括与狱内犯罪有间接关联的信息；既包括狱内侦查破案所需要的信息，也包括预防狱内犯罪工作和监狱其他业务工作中收集到的对预防和打击狱内犯罪有价值的各种信息。④狱内侦查情报获取的方法和手段。狱内侦查情报获取的方法和手段是多种多样的，既包括公开的措施、方法，也包括秘密的手段。

二、狱内侦查情报解决什么问题

（一）信息预警

狱内侦查情报的充分、有效利用，可以客观全面、准确、及时地提供信息预警，为及时进行狱犯情处置争取有利条件。狱内侦查部门通过情报信息数据库，整合包括案件调查、罪犯违纪、狱情研判、数字监控、要害控制等内在信息，并加以统计，综合分析出监狱狱犯情的动向、变化规律和发展趋势，提前告知相关业务部门，从而为相关部门提前部署和迅速处置争取到有利条件。例如：通过狱内情报发现某名罪犯的脱逃风险达到事先预设的峰值，提前向相关部门发出信息预警，相关职能部门收到预警后则可提前采取针对性决策，及早部署，从而有充分的时间和条件提前采取防范措施进行预防控制，将事态控制或处置在萌芽状态。

（二）安全控防

监管秩序安全是监狱工作的基础。而要做好监管秩序安全控防的关键在于找到危及监管秩序安全的原因，掌握狱内违法犯罪的规律、特点，并有针对性地采取防控措施，消除或控制狱内安全隐患。狱内侦查情报信息蕴涵着狱内违法犯罪情势动态、狱内违法犯罪危险性群体或个体、涉案物品与犯罪工具、案件线索与证据等与狱内违法犯罪活动有关的各种信息。通过狱内侦查情报的收集、传递，依托监狱信息化建设成果，建立狱内侦查情报网络控防系统，形成依靠集成化、自动化的狱内侦查情报网络防控系统。这样能使狱内侦查人员在不同的时空随时掌握与了解各层面、各方位的狱内侦查情报，及时预测狱内违法犯罪情势动态、分析事态发展，提前研判、决策，再通过指挥调度与联动处置机制，及时协调。借助门禁电网、数字监控、刑嫌调控、重点管控等手段，利用情报导侦平台的信息抽取与发布、跟踪调查与反馈控制模式，控制和消除监狱存在的不安全因素，预防、控制狱内违法犯罪，从整体上实现监管秩序安全控防。

（三）案件侦查

狱内案件侦查包括狱内已发案件和预谋案件的侦查。无论是侦查哪一类案件，都必须发现、收集证据和侦查线索。在狱内案件侦查中，依靠集成化、自动化的信息系统，能准确、高效、有力地发现、收集证据和侦查线索，打击狱内犯罪行为，提高狱内侦查工作效率。例如：通过对狱犯情的分析与研判、要害控制、视频监控、狱内耳目信息的整合，以及对每名罪犯指纹、足迹、笔迹、影像的采集，配合调查访问、现场勘查等传统狱内侦查措施，对已发生的狱内犯罪案件展开侦查，可以发现侦查线索和证据，快速锁定犯罪嫌疑人。此外，狱内侦查情报与其他侦查机关侦查情报的信息交换，还可服务于其他侦查机关所承办的刑事案件的协查。

（四）狱犯情研判

狱犯情研判的快捷性主要以狱内侦查人员处置行动的迅速、果断与情报传递规范化为前提。狱内侦查部门通过敌情、犯情、警情、社情等日常情报信息的收集、整理，以监狱信息化指挥中心为核心，依靠情报信息对接、共享、综合分析，根据不同需求对狱内侦查工作、监狱押犯总体情况、重点防控环节、刑罚执行、狱政管理、教育改造等方面的情报信息进行分析、研判，完成监狱分类情报研判的应用目标，可以改变狱犯情研判的滞后性，提高监狱各项职能工作的科技含量，把警力从重复劳动中解放出来，从而更进一步地优化警力配置，提高监狱民警处置行动的效益。例如：通过网上狱内侦查情报信息的统计上报，监狱可以对不同时段的相关数据进行分析、比较，利用百分比的升降数据来掌握月、季、年度在押犯的总体情况与违法犯罪的动态变化。

 任务实施/操作 ....

任务项目一　狱内侦查情报的收集

狱内侦查情报收集，是指监狱内侦查部门及其狱内侦查情报人员通过各种公开与秘密的措施、方法与手段去寻找、发现、获取狱内侦查情报信息的狱内侦查情报活动。

一、狱内侦查情报收集的要求

（一）迅速及时

迅速及时是情报信息固有的时效属性决定的。狱内侦查活动的对抗性较强，因此把握战机尤为重要。如果不及时收集狱内侦查情报并进行及时反馈，就会时过境迁，狱内侦查情报就会失去它应有的作用。因此，必须在"快"字上下功夫。

（二）客观准确

客观准确，就是收集狱内侦查情报信息要按照事物的实际情况与本来面目进行。无论是狱犯情研判收集的各类数据信息与罪犯的思想信息，还是违法犯罪案件的要素统计信息，或是案件侦查的情报线索，狱内侦查人员均要做到情报信息的客观真实与准确无误。

（三）系统完整

系统完整主要是针对情报数据录入的工作要求。系统完整主要是从对规范化、系统化、程序化的情报数据库建设要求层面上来讲的，要求狱内侦查情报收集要全面、广泛、系统、有层次地进行。例如：对监狱、监区重危犯的档案情报的收集与录入，必须做到相关数据信息的系统完整，对月、季狱情动态报册的统计信息也要系统完整，对在押罪犯的指纹、足迹、照片等信息的收集要体现系统性与完整性。

（四）以动为主

狱内侦查情报的收集工作，要体现狱内侦查活动的目的性，强调情报信息的现实性、即时性、动态性等特点，以"动静结合、动态为主"的情报工作理念来指导狱内侦查情报的收集。"动"是指狱内犯罪嫌疑人或工作目标的现实表现、可疑迹象或新近发现的涉及狱内犯罪活动的人、事、物等情况；"静"是指静态的狱内犯罪情报，如罪犯的犯罪前科记录，体貌特征、作案手段等信息。

（五）合法

狱内侦查情报的收集必须在合法的范畴内进行。这里的"合法"是指情报收集的内容必须符合现行法律、法规与监狱有关规定，如收集主体资格的合法性，收集程序、收集方法、途径、情报来源与查证手段等的合法性，以及狱内案件侦查获取情报的合法性，等等。

二、狱内侦查情报收集的内容和方法

（一）狱内犯罪人员情报

狱内犯罪人员情报是指涉及狱内犯罪的罪犯个人信息方面的情报信息。其内容主要包括：个人基本情况、体貌特征、涉及狱内犯罪活动与犯罪嫌疑的依据等。狱内犯罪人员是正在服刑的罪犯，对狱内犯罪人员情报信息的收集，主要是通过公开监管和审查的途径直接正面进行收集。如通过查阅罪犯档案、狱内讯问、调查询问、观察、测量、捺印指纹、照相、录像等方法进行收集。

（二）狱内案件情报

狱内案件情报是指以已破或未破的各类狱内案件为对象而收集的狱内犯罪案件情报资料。其内容主要包括：案件基本情况、狱内犯罪行为的基本情况、犯罪痕迹物品、涉案财物、犯罪嫌疑人、被害人等方面的情报信息。其收集的途径主要包括：接受报案、受理案件活动，狱内犯罪现场的勘验和现场分析，调查访问，有关的侦查措施、方法，查阅案件侦查过程中形成的各种材料，以及破案后对狱内犯罪嫌疑人的讯问和结案报告，等等。

（三）线索性侦查情报

线索性侦查情报是指可供狱内侦查或调查的与狱内犯罪活动或狱内犯罪人员有关联的可疑人、事、物等方面的情报信息。其内容主要包括狱内犯情通报、其他侦查机关的协查、通缉令、狱内犯罪团伙活动情况资料、狱内犯罪的线索资料、与狱内犯罪有关联的物品与文件资料、狱内侦查破案发现的线索资料，等等。其收集的途径主要包括：①通过建立并使用狱内耳目开展秘密工作来发现和获取；②通过日常狱犯情调研工作来发现和获取；③通过对危险人员的排查和监管工作来发现和获取；④结合侦破具体案件来发现和获取；⑤从狱内犯罪人员的交代材料和讯问材料中发现和获取；⑥通过对重点罪犯的管理来发现和获取；⑦通过罪犯的坦白、检举材料来发现和获取；⑧通过罪犯往来的信件及家属接见来发现和获取；⑨通过社会有关方面来获取和收集；⑩其他可供利用的途径。

任务项目二   狱内侦查情报的传递

狱内侦查情报的传递，是指将收集或获取到的狱内侦查情报信息，借助于某种载体，有序地传达到使用者的狱内侦查情报活动。狱内侦查情报传递是狱内侦查情报的重要内容和不可缺少的环节。缺乏有效的狱内侦查情报的传递，侦查情报就不可能发挥应有的价值和功效。

一、狱内侦查情报传递的要求

（一）迅速及时

通过狱内侦查或调研获得的情报信息必须迅速地、快捷地传递到使用者的手里。只有这样，才能对形成科学、及时的预防决策和侦查破案发挥其应有的作用。由于监狱的特殊环境和条件，发现蛛丝马迹或可疑动态都要有所反应，这就要求情报信息的传递必须要迅速及时，才能保证狱内侦查部门对狱内违法犯罪的反应和处置达到所需的迅速、果断的要求。这是由以预防为主的狱内侦查所要求的把事态控制在萌芽状态所决定的。

（二）准确可靠

狱内侦查情报的价值与作用取决于狱内侦查情报的准确可靠性。而准确可靠性一方面由情报本身的准确可靠性决定，同时传递过程也对狱内侦查情报的准确可靠性有着重要影响和制约。只有准确可靠地传递准确可靠的狱内侦查情报，才能产生良好的效果。无论狱内侦查情报本身，还是传递过程出现差错，最终都必然影响狱内侦查工作的开展，轻则导致狱内侦查工作走弯路，贻误战机，重则会制造冤假错案。因此，只有保证狱内侦查情报递过程的准确可靠，才能确保狱内侦查情报信息的价值和作用。

（三）安全保密

狱内侦查情报保密性极强，特别是内线侦查、技术侦查以及其他秘密手段获取的狱内侦查情报，其机密性是绝对的。狱内侦查情报在传递过程中必须保证安全，这样才能为预防和打击狱内犯罪提供有效的情报支持，同时也才能保护狱内侦查人员和当事人的合法权益与人身安全。因此，在传递狱内侦查情报时，要根据具体的狱内侦查情报选择恰当的传递方式、方法，严格按密级传递，不得扩大知密范围。同时，还要对传递者、接收者进行保密纪律教育，以保证传递过程中的情报安全和保密性。

（四）灵活机动

狱内侦查情报传递的可选方式较多，为充分发挥狱内侦查情报的效能，保证情报传递的质量，可以根据狱内侦查情报的具体实际，在保证狱内侦查情报安全的前提下，灵活机动地选择情报传递的方式。

二、狱内侦查情报传递的方式

狱内侦查情报传递的方式因传递载体和媒介的不同，以及传递者与接收者的关系不同，其方式也有所不同。具体实际采取哪种方式传递，可根据具体条件和狱内侦查工作的需要来选择。

（一）根据传递载体和媒介的传递方式

根据狱内侦查情报传递的载体和媒介，可选用的传递方式有：①人力传递。人力传递是通过人力的方式将狱内侦查情报进行传递，包括狱内侦查人员和秘密力量人力传递的方式，如口头汇报、传达指令、肢体语言、表情动作等。②书面传递。书面传递是指用文字表达形成的材料进行狱内侦查情报传递，如密函、信件、文件等。③电信传递。电信传递，是指用现代化的通信技术传递狱内侦查情报，如电话、电报、传真、网络等。④实物传递。实物传递，是指利用含有情报信息的实物直接传递狱内侦查情报，如痕迹、涉案物品等。⑤视听资料传递。视听资料传递，是指用录音、录像等手段将情报内容记录下来，再借助视听资料进行传递，如录音带、录像带、光盘等。⑥其他。

（二）根据传递者与接收者相互关系的传递方式

根据狱内侦查情报传递者与接收者在传递过程中的相互关系，可选用的传递方式分为：①主动传递。主动传递是指狱内侦查情报传递者把情报主动、直接传递给接收者。例如：狱内侦查情报传递者在加工整理情报过程中发现了特定接收者所需要的情报，或是从新收到的情报资料中发现了作案手段、作案特点、体貌特征等信息，对某一狱内侦查部门正在侦查的案件有价值，主动把情报提供给他们。接收的对象有可能是特定或不特定的多数主体，如公安机关发布通缉令、协查通报等。②被动传递。被动传递是指由接收者提出所需要的狱内侦查情报后，狱内侦查情报资料部门或相关人员按要求提供其所需要的情报。例如：应公安机关的需求，将罪犯的相关情报信息传递给公安机关。请求提供狱内侦查情报的请求者也可能是多数主体。例如：应生产、刑罚执行、教育改造等职能部门的情报信息需求，狱内侦查部门将某个罪犯的违法犯罪情报信息传递给这些职能部门。③双向传递。双向传递是指狱内侦查情报传递过程中，传递者与接收者之间情报互馈的一种传递方式。它是主动传递与被动传递两者有机结合的一种类型。以上几种情报传递类型之间是相互补充、相互联系的，不是彼此无关、相互排斥的。例如：根据案情的发展，被动传递又可以转化为主动传递，主动传递又可以转化为多向、双向传递。

任务项目三　狱内侦查情报的研判

狱内侦查情报的研判，就是根据狱内侦查工作的特定需求，通过科学严谨的研究方法，把许多分散的、零碎的情报信息集中起来，进行选择、整理、评估，经过科学抽象的逻辑加工后，产生一个预测性或判定性结果的过程。

一、狱内侦查情报研判的要求

狱内侦查情报研判在狱内侦查情报中具有的重要地位和作用，要求狱内侦查情报人员必须在实际情报工作中遵循一定的工作要求，确保狱内侦查情报研判的质量，从而全面提高狱内侦查情报工作的水平。

（一）客观

客观是狱内侦查情报分析、研判的首要要求。狱内侦查情报传递到研判机构及情报人员后，情报人员必须客观地分析狱内侦查情报反映的内容，忠实于情报事实。在具体的实现过程中，表现为：对情报原意的理解要客观，对情报反映的内容要全面掌握，对其中存在的矛盾和疑点要逐个探究、弄清原委，对获取过程和传递过程要核实清楚，对逻辑和因果关系要进行分析，等等。

（二）科学

情报是专门的学科，科学严谨和准确的要求贯穿于情报研判过程中。对狱内侦查情报内容进行准确的理解、掌握以后，要根据其价值、时效作出判断，给予评估并作出合理的处理。理解的过程是一个细微的、严谨的过程，分析判断的过程更加需要科学谨慎的态度。这就要求：做出的判断要基于事实，判断的意思要明确，用语要审慎恰当，防止被错误理解，要说明判断的结果和依据；对于分析预测的内容必须说明分析预测结果发生的可能性、分析预测的依据；要根据价值和时效提出情报处理的适当意见。

（三）及时和准确

狱内侦查情报的价值要得到体现，必须具备时效性和准确性。在情报分析、研判过程中，必须把握尺度，保证情报的准确性，包括内容准确、传递准确、判断准确、情报产品格式准确等。同时，情报的获取和传递需要一个过程，这会影响情报的时效性，因此在研判过程中必须尽可能地缩短不必要的时间，做到准确、迅速、果断，各环节衔接紧密、一气呵成。

（四）现实信息与虚拟信息相结合

随着现代科技的发展，加强运用互联网信息分析、研判，对于运用网络信息提高斗争水平，增强发现、打击犯罪能力，切实维护监管改造秩序稳定，意义十分重大。从某种意义上讲，虚拟社会的情报信息与现实社会的情报信息有着千丝万缕的联系，二者息息相关。因此，在开展情报研判活动中，既要深入分析现实社会的情报信息情况，也要密切掌握虚拟世界的动态，既要解决好现实问题，也要解决好网络问题。

二、狱内侦查情报研判的内容和任务

狱内侦查情报的研判内容包含对情报信息的提纯、优化、增值和预警等方面的内容。

（一）信息提纯

一般来说，从不同来源、运用不同方法获取的原始情报信息，纯度不一，有真有假，有粗有精。因此，情报信息只有经过去伪存真、去粗取精的处理加工，才能成为有使用价值的狱内侦查情报信息。所谓去伪存真，即对收集到的情报信息进行鉴别的过程，将假情报、假信息剔除，保证情报信息的真实可靠性，防止被假情报、假信息所误导，避免狱内侦查或决策失误。所谓去粗取精，即是对收集到的情报信息进行筛选的过程，通过筛选，过滤情报信息的价值，剔除其中过时的、无关的、无使用价值的情报信息，保留有价值的情报信息，并在此基础上按情报信息的使用价值作出分类和排序。

（二）信息优化

从某种意义上来说，狱内侦查活动是狱内侦查部门与狱内犯罪人员之间隐蔽式、背靠背式的对抗性活动。在这个对抗性活动中，起主导、关键作用的是双方之间的信息对抗。优质的信息资源是信息对抗的力量之源，如果没有情报信息优化，获取的原始情报信息都将以孤立、分散的方式存在，其作用的发挥也会受到局限。因此，要通过信息优化把获取的狱内侦查情报信息按内在固有的联系连"点"成"线"，连"线"成"面"，将零散的情报信息"碎片"连接成相对完整的情报信息体系，进而提高狱内侦查情报信息的整体质量。

（三）信息增值

狱内侦查情报信息增值既包括情报信息数量的增加，也包括情报信息质量的提高。在质量上的提高方面，可通过信息优化完成。而数量上的增加，需要情报分析人员通过客观世界的普遍联系，运用科学的思维方法，由此及彼，由已知得出未知，从而促使情报信息数量的增多。

（四）预测预警

狱内侦查情报除了情报本身反映的事项以外，还可以反映出情报产生的背景和在这个背景形势下的其他相关事项。通过对狱内侦查情报的分析和预测，拓展狱内侦查情报的外延，更加全面地了解重点地点、重点人员、要害部位情况，及时准确地预测出事件发展的动向、形势发展的趋势，更好地为预防、制止和打击狱内犯罪服务。

三、狱内侦查情报研判的步骤

狱内侦查情报研判是综合的逻辑思维过程，是对获取材料的再创作。

（一）狱内侦查情报来源分析

这一环节需处理所有的狱内侦查情报材料来源的真实性问题。狱内侦查情报有若干来源，它们的背景极其复杂。作为情报分析研判人员，首先应该全部接纳这些狱内侦查情报材料，将它们存入专用的"储存器"，这个"储存器"在理论上应当无限大。然后，狱内侦查情报研判人员要对这些狱内侦查情报材料（源材料）作出初步的分析与判断，主要是根据其来源初步判断其真实度，确定其在情报群中的权重以及可能存在的潜在价值。

（二）狱内侦查情报真伪分析

狱内侦查情报与一般技术性情报的差异在于"狱内侦查情报"的虚假比重较大，狱内侦查情报分析人员很可能受到这些虚假情报的干扰。产生情报虚假的原因：一方面是情报本身的复杂性、层次复杂的多样化，以及存在各种干扰和影响情报真实性认识的因素较多；另一方面是有特殊的群体或个人编造和传送虚假的情报，以混淆真实的情报。狱内侦查情报研判人员必须在这一区间剔除这些虚假情报，排除各种对真实情报的干扰，为下一步的工作奠定良好的基础。

（三）狱内侦查情报的归类

狱内侦查情报的归类，根据要求，原则上有两种方法：一是根据狱内侦查业务类别，将相应的狱内侦查情报归并入档，如狱犯情情报、预防狱内犯罪情报、狱内案件侦查情报、突发事件防范情报等；二是根据某一任务获取、分析情报，将获得的狱内侦查情报分别归入该任务或事件的情报档内。这样做的优势在于目标集中，使狱内侦查情报直接介入狱内侦查工作任务，在第一线主导狱内侦查业务。需要指出的是，狱内侦查情报的归类不是条块分割、互不来往，而是可以统一调度使用、资源共享。

（四）情报指向

狱内侦查情报研判的目的在于它的最后指向，即研判结论。要得到正确的研判结论，应该把握两个指标：①量的指标。狱内侦查情报研判的根据在于情报材料，特别是在大型综合分析与研判中更是如此。研判结论必须在狱内侦查情报材料上具有了必要的量之后才有意义，孤立的情报、单向情报或数量不足的情报不能支持可能得出的指向结论。②度的指标。狱内侦查情报的指向结论要考虑狱内侦查情报的度，即狱内侦查情报的权重，依据狱内侦查情报的权重决定情报分析的最后指向。

（五）狱内侦查情报转化

在一定情形下，狱内侦查情报是事实的表象，狱内侦查情报真实地表述事实。但狱内侦查情报毕竟不同于事实，当一些狱内侦查情报不再"表述"事实时，这些狱内侦查情报也就失去了价值。但是，价值只是对狱内侦查情报的相对评价。所有的狱内侦查情报事实上都是有其特定价值的，不管这些狱内侦查情报是不是"过时"。狱内侦查情报尤其具有追溯性，如果失去了这些狱内侦查情报，追溯就缺乏依据。因此，对狱内侦查情报应该灵活地进行转换，使狱内侦查情报永远保持活力。

（六）狱内侦查情报矫正

经过分析得出的情报指向结论不会全部精准。反映在狱内侦查实际工作中，情报分析与研判的结果与实战并不总是完全吻合，会有部分判断失误，也会有全局的判断失误。但是，这并不意味着研判的完全失败。究其原因，可能有情报不准确、不充分的问题，也可能有分析、研判人员的主观方面的原因。对于失败的研判，要对情报本身和情报的分析、研判实行"倒查"。这样的倒查既可以使情报进一步臻于精准，更有助于提高情报分析、研判人员的工作能力。

侦查破案中情报信息查询的应用

一、姓名信息

1. 未破案件的姓名信息，可以查询人员资料，排查犯罪嫌疑人。

2. 已破案件的姓名信息，可以查询人员资料，查询前科情况；可以查询案件资料，侦破积压案件。

3. 线索中的姓名信息，可以查询人员资料和案件资料，查询人员情况，侦破各类案件及控制犯罪。

二、别名、绰号信息

别名、绰号信息的查询应用，同姓名信息的查询应用。

三、体貌特征信息

1. 未破案件的体貌特征信息，可以查询人员资料，排查犯罪嫌疑人；也可以查询案件资料，进行串并案。

2. 已破案件的体貌特征信息，可以查询案件资料，侦破积压案件。

3. 可以用于查声像、照片资料或进行辨认等。

四、现场指纹和捺印指纹信息

1. 现场指纹信息，可以查询人员资料，用于认定犯罪人；可以查询案件资料，进行串并案。

2. 抓获的犯罪嫌疑人（已被抓获）的捺印指纹信息，可以查询案件资料，侦破积压案件；查询人员资料，查清犯罪嫌疑人有无前科。

五、损失重要物品和赃物等信息

1. 在未破案件侦查中，如获取了较为详细的损失重要物品信息，则应立即建卡，并存入案件资料系统，同时发出物品通报，实施阵地控制。

2. 在已破案件侦查中，如获取了赃物信息，或者在阵地控制、调查访问、巡逻等活动中发现了可疑物品、不明物品时，应及时查询未破案件信息系统，侦破积压案件。

六、作案手段和作案特点信息

七、鞋印信息

八、工具痕迹信息

以上六、七、八三类信息的查询应用，同体貌特征信息的查询应用。

九、刑事犯罪线索信息

1. 以强烈的情报意识，搜查各类线索。

2. 安全及时地快速传递。

3. 及时查证，检索相关的信息资料。

4. 因案施策，采取措施。

十、通缉通报信息

1. 立即查询人员信息资料，排查犯罪嫌疑人。

2. 立即查询案件信息资料，进行串并案。

十一、涉枪案件信息

在涉枪案件的侦查中，运用枪支、弹头、弹壳信息，可直接在枪弹痕迹样本资料中进行查询，排查犯罪嫌疑人；同时，也可查案件资料系统，进行串并案。

 任务实例/呈现 ∙∙

图表分析法在侦查情报分析中的运用

某市最近连续发生的 5 起强奸杀人案，从 5 起案件中提炼出 7 个重要的参数，用 P（parameters）表示参数，用 C（case）表示案件，用★表示该案件具备该特征，即该参数。P1：受害者是被掐死的；P2：受害者在夜总会工作；P3：受害者身上所有财物都丢失；P4：受害者是被捆绑的；P5：尸体被隐藏；P6：受害者少 1 只胳膊；P7：受害者是溺水死亡。

强奸杀人案比较分析矩阵

	P1	P2	P3	P4	P5	P6	P7
C1	★	★	★	★			
C2	★	★	★	★	★		
C3		★		★			★
C4	★					★	
C5	★		★	★	★		

在这张根据强奸杀人案件分析矩阵绘制的案件关联图中，关联线上的数字叫作权值，表示 2 起案件之间具备相同参数，即相同特征的数量。可以看出，案件 1、2 和 5 具备的相同参数数量显示了高相似性，反映了相类似的作案方式，即都是被掐脖窒息死亡的，都被捆绑着，而且都有财物的丢失。案件 5 和案件 3、案件 4，以及案件 4 和案件 1、案件 2 之间仅有 1 个相似性，那么这 1 个相似性在 7 个参数中所占的比例仅为 13.4%。

任务小结

本学习任务介绍了什么是狱内侦查情报，帮助学生明确狱内侦查情报能解决的问题，掌握狱内侦查情报收集、传递和研判等方面的知识和方法，培养学生运用狱内侦查情报解决问题的业务技能和运用能力。

思考题

1. 试述狱内侦查情报的作用。
2. 试述如何收集狱内侦查情报。
3. 试述如何进行侦查情报分析、研判。

任务训练

训练项目：模拟侦查情报分析、研判

一、训练目的

通过模拟侦查情报分析、研判实训，学生加深对侦查情报的理解，培养学生的侦查情报意识以及侦查情报整理、分析、推理等相关操作技能和实际运用能力。

二、训练要求

1. 明确训练目的。
2. 掌握训练的具体内容。
3. 熟悉训练素材。
4. 按步骤、方法和要求进行训练。

三、训练条件和素材（具体训练条件和素材可根据训练目的及训练重点由训练指导教师选择、调整）

（一）训练条件

模拟训练场所、多媒体设备等。

（二）训练素材

情报1：（统计报告）近6个月，汽车盗窃案在××市和××市大幅度上升，比去年同期增加了25%。

情报2：（商会报告）王某在最近8个月新开了修理厂和改装车厂。1家在××市，1家在××市。

情报3：（报纸报道）近期××市汽车盗窃案的上升与1个新团伙在该城市的

1 个停车场作案有关。

情报4：（分析报告）王某的电话分析显示他与当地几个偷车贼频繁联络。

情报5：（情报）侦查部门最近发现了几辆失窃车辆。所有车辆都装着假车牌，并且被专业人员重新喷漆。

情报6：（线人报告）警方特情表示，王某修车厂的45名工人中有8名有盗窃汽车的前科和其他盗窃前科。

情报7：（统计报告）近半年，汽车盗窃案分别在××市、××市和××市上升了5%、9%和6%。

情报8：（线人报告）特情报告，王某的汽车修理厂业务非常繁忙，并且大部分工作在晚上11点以后开始。

情报9：（线人报告）多次看见已知的偷车贼出现在王某在××市的汽车修理厂。

情报10：（监控记录）王某与一些同伙在火车站停车场外兜圈20分钟左右。

情报11：（情报）一名叫陈某的旧车商近期从王某处进了一批二手车。

四、训练方法和步骤

在指导教师指导下，学生分组模拟进行训练，具体方法和步骤如下：

1. 准备素材，确定训练方式，学生复习有关侦查情报分析、研判的基础知识。

2. 实训指导教师介绍训练内容和要求，发放准备好的案例素材。

3. 学生阅读素材，掌握侦查情报分析的相关事实和材料。

4. 学生分组，进行情报整合分析。

5. 学生进行情报综合分析。

6. 学生在综合分析的基础上，进行推理分析、设计和补充。

7. 整理推理分析成果，形成侦查情报分析报告。

五、训练成果

1. 完成侦查情报整理材料，分析图表，形成侦查分析报告。

2. 总结成果，写出训练心得体会。

3. 指导教师进行讲评及训练成绩考核、评定。

拓展阅读

学习任务四　狱内重点管控

任务目标

知识目标：通过本学习任务的学习，培养学生知道什么是重点管控，明确狱内重点管控的内容，掌握重点管控的相关基础知识理论。

能力目标：通过本学习任务的学习、训练，培养学生熟悉监狱安全工作，掌握重点管控的技巧，培养学生在司法实践中严格按照法律规定，运用所学的知识、技能和能力实施狱内重点管控的业务技能和运用能力。

任务概述

监狱安全和监管秩序的维护是监狱工作的基本保障。没有安全的监管改造环境，就不可能保障国家刑罚执行和改造罪犯的各项职能活动的顺利进行。狱内安全管控的内容十分广泛，包括狱内犯罪管控、不法人员对监狱的侵袭和破坏管控、自然灾害与意外事故的管控等多方面。与其他危害相比，狱内犯罪对监狱的安全和监管秩序的危害最为严重。因此，涉及狱内犯罪的管控内容成为监狱安全管控的重点内容。而狱内犯罪管控的重点在于狱内危险人员、重要场所、重要部位、重点环节和重要时段等方面的管控。这需要知道什么是狱内重点管控，明确重点管控解决什么问题，掌握重点管控的相关基础知识，做好狱内重点管控工作，以防止和减少狱内犯罪，以期更好地保障监狱安全，维护监管秩序。

任务基础

一、什么是狱内重点管控

狱内重点管控，是指狱内侦查部门协同其他部门，为防止和减少狱内犯罪，根据狱内犯罪特点和规律而采取的特定预防措施、方法与手段。狱内犯罪对监狱正常的监管秩序造成严重破坏，对监狱人民警察、其他工作人员、罪犯的人身安全带来严重威胁，给公私财产带来较大损失。因此，监狱应采取各种管控措施与手段控制和防范狱内犯罪活动。实践中，狱内犯罪管控的重点主要有：危险罪犯、重点场所、重要部位、重要环节、重要时段等的管控。

二、狱内重点管控解决的问题

狱内犯罪性质恶劣，危害性极大，严重危及监狱和监管秩序的安全。因此，对于狱内犯罪，在通过狱内案件侦查予以直接打击的同时，还应积极主动做好狱内重点管控工作，消除隐患，减少狱内犯罪的发生。

（一）保障罪犯改造和刑罚执行

监狱作为罪犯改造和刑罚执行的机关，要完成对罪犯改造和刑罚执行的任务，就必须将罪犯收押，限制其人身自由，强制罪犯接受改造，最终将其改造为守法公民。而罪犯接受改造和对其执行刑罚，必须有一个良好的监管环境，保障罪犯改造和刑罚执行的顺利进行。只有把狱内重点管控工作做好，才能提供良好的监管环境。

（二）减少和防止狱内犯罪活动

在狱内重点管控工作中，狱内侦查部门通过特有的情报信息，发现狱内犯罪的动向与苗头，进行狱犯情分析研究，协同相关部门开展相关业务工作，运用自己领导和使用的力量对危险罪犯、重要部位进行有效控制。进而压缩狱内犯罪活动空间和可能，减少和防止狱内犯罪活动的发生，维护监管秩序，保障监狱安全，避免给国家和公民的生命财产造成不必要的损失。

（三）维护监狱和监管秩序安全

危机冲突理论认为，没有一个社会系统的整合是完美的，冲突是普遍存在的。监狱中始终存在监管与反监管，刑罚执行与对抗刑罚执行，改造与反改造的冲突。加之受个人因素、社会因素、环境因素、时间因素、地理因素等的变化和影响，罪犯危险性行为随时有可能发生，对监狱安全和监管秩序稳定存在着潜在或实际的威胁。通过狱内重点管控，对危险罪犯、重要场所、重要部位、重要环节、重要时段等采取措施与手段进行管控，及时发现和掌握、排除潜在的危险因素，为监管秩序的稳定和监狱安全提供保障。

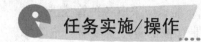

任务实施/操作 ···

任务项目一　狱内危险罪犯的管控

狱内危险罪犯是指在监狱服刑期间，有可能实施危险行为，对监狱安全和监管秩序稳定具有现实或潜在的危害的罪犯。一般来说，危险行为有两种情况：一是严重威胁监狱安全和监管秩序稳定的危险行为，包括具有实施狱内犯罪行为的可能性和危险性、正在谋划狱内犯罪的行为或已经实施尚未被监狱发现的狱内犯罪预备行为等；二是其他严重扰乱监狱正常的监管秩序的行为，如罪犯的自杀、自残、严重违规违纪以及公开不服管教，抗拒刑罚执行和改造等行为。这些行为在日常监狱管理过程中严重影响监管秩序稳定，一般也列入狱内重点管控对象。因此，对重点危险罪犯的管控也包含这类罪犯。无论哪种危险行为，均时刻对监狱安全和监管秩序稳定存在着现实、潜在的威胁，只是危险行为的状态以及产生危害的程度不同而已。对狱内危险罪犯的管控是稳定监管秩序、确保监狱安全的经常性措施与手段。

一、狱内危险罪犯的排查与认定

（一）狱内危险罪犯排查与认定的要求

危险罪犯的排查与认定应坚持"及时、准确、全面"的要求。

1. 及时。及时是指在危险罪犯实施危险行为之前，就要及时将他们排查并认定出来，并采取必要措施对其进行管控。当前监狱情况复杂，狱内犯罪斗争形势严峻，罪犯潜在的危险行为一直存在，尤其是激情危险行为日趋增多，个别潜在的危险行为极其隐蔽，随时有可能转化为现实的危险行为。一旦这些危险行为变为现实，势必会给监管秩序稳定和监狱安全带来极大的冲击和破坏。因此，及时发现潜在的危险罪犯，及时将其纳入管控视线内，及时采取措施、方法与手段，对于减少危险行为的发生有着重要意义，也是对监狱民警工作能力、素质的考验。

2. 准确。准确是指要把具有危险性质的罪犯准确无误地排查出来，列入重点监控视线，并落实管控措施。同时，也要力求避免将没有危险性的罪犯当成危险罪犯加以控制，造成人力、物力等方面的浪费。

3. 全面。全面就是排查要覆盖全部罪犯，努力做到每一个罪犯都排查到，一个罪犯也不能漏掉。当前，在押罪犯构成日趋复杂，暴力犯罪加剧，作案手段残暴，团伙、涉黑、涉恶罪犯突出，毒品犯罪日趋增多，智能型犯罪和职业犯罪越来越多。这些罪犯主观恶习深，对监管秩序破坏性大，具有极强的报复性、突发性、纠合性、欺骗性和两面性，在排查与认定过程中要注意防止被假象蒙蔽。

（二）狱内危险罪犯排查的内容

人身危险性的构成是以罪犯的反社会人格为核心，以社会环境为外部条件，以罪犯现实表现为外部表征的系统。其中，罪犯的反社会性人格对人身危险性起着决定作用，是人身危险性形成和存在的内部根据。社会环境因素只是人身危险性形成和存在的外因，而罪犯的外在行为表现是评价人身危险性的客观依据。借鉴上述对人身危险性构成的观点，监狱对危险罪犯的排查评估一般从两个方面进行：一是危险罪犯的个人基本情况；二是危险罪犯的行为表现。结合定性和定量标准，在监狱民警认真调研、科学分析的基础上作出准确判断。例如：×监狱罪犯孙某某，系累犯，犯罪恶习较重，自投入监狱服刑以来，改造态度不端正，抱无所谓的思想，遵纪守规意识较差，行为举止散漫，且性格易躁易怒，脾气火爆，自控能力较差。平时和同监舍罪犯相处过程中言语粗俗，一切以自我为中心，经常因小事与其他罪犯产生言语冲突，稍有不顺便动手打人。崇尚用简单武力方式解决与同犯间的矛盾，存有严重的暴力倾向。经监区分析排查，认定孙某某为行凶危险人员。

（三）狱内危险罪犯排查的方法与手段

在实际工作中，对危险罪犯的排查方法与手段也比较多。有的运用作案要素分析法，即从狱内犯罪的作案动机、作案能力和作案手段等方面开展排查；有的运用心理预测法，即从犯罪心理学的角度，找出制约狱内犯罪心理发展变化规律的重要因素，将其作为预测因素，并依据一定的标准预测其狱内犯罪的可能性；有的运用直观预测法，即有关人员直接凭借经验、知识和综合分析能力预测其狱内犯罪的可能性。在押犯结构的复杂化，罪犯心理的多样化，给危险罪犯的排查工作带来新的难题和挑战。目前大多是从人身危险性这个角度，由监狱各部门、各监区、分监区之间通力合作，对罪犯是否存在狱内犯罪或实施其他严重破坏监管秩序的行为进行分析与评估。在对危险罪犯的排查中，常见做法是：入监监区联合心理咨询部门在罪犯入监教育期间通过测试评估，对罪犯作出鉴别。鉴别出罪犯是否精神异常，具有精神障碍、人格障碍，是否存在潜在的危险性，并作出鉴定意见，为其他部门排查危险罪犯提供科学依据。监区、分监区对罪犯的基本情况（也可以概括为成长史、犯罪史、改造史）进行调查，通过阅档、个别谈话、检查信件、会见管理、监听监视，或通过隐蔽手段获取或向当地有关人员和有关部门了解调查等形式，对可能出现的各种危险行为进行综合评估。狱内侦查等相关业务部门根据上述调查数据的综合评定，结合自己的业务工作，预测罪犯在一定条件下可能出现的危险倾向及危险指数，指导监区（分监区）对认定的危险罪犯作出准确的危险等级评估。

（四）狱内危险罪犯的认定

危险罪犯的认定由监区（分监区）集体研究认定名单，由专管监狱民警填写审批表，报经领导审批后予以认定。监区（分监区）级危险罪犯，由监区分管领导审批认定，报狱内侦查的业务部门备案；监狱级危险罪犯需报狱内侦查部门、教育改造部门、狱政管理部门审核，由监狱分管领导审批认定。

二、狱内危险罪犯的管控

监狱对于经排查认定的危险罪犯，应当根据危险罪犯的危险性质和程度，采取多种方法对危险罪犯进行有效管控。

（一）依法实行分级管控、动态管理、定期研判、建立专档的管控工作机制

1. 依法。依法，就是对危险罪犯必须依法管理，不能因为其具有现实危险、潜在威胁或具有对抗监管等危险行为，而擅自加重处罚、擅自限制或剥夺其法定权利。

2. 分级管控。对排查出的危险罪犯，要根据不同的危险等级，采取相应的管控措施。对于认定为分监区级的，由分监区领导指定2名以上监狱民警分管包教；认定为监区级的，由监区领导、监区专兼职狱内侦查人员或分监区领导，与分监区包教民警组成监区管控小组，进行挂钩管控与改造；认定为监狱级的，由监狱分管领导指定业务部门监狱民警或机关挂钩联系的监狱民警，加入监区管控小组，进行挂钩管控与改造。

3. 动态管理。对于排查出的危险罪犯，除了指定监狱民警负责分管包教外，凡是有条件获取罪犯有关信息的监狱民警，如检查罪犯信件的监狱民警、负责罪犯会见监听的监狱民警等，都要将在工作中获取的罪犯信息及时传递给分管包教的监狱民警，以便包干监狱民警动态掌握危险罪犯各方面的信息，从而分析、判断罪犯的危险程度，制定相应的管控措施。

4. 定期研判。对危险罪犯应当建立定期的分析研判制度。分监区必须每周在狱犯情分析会上对危险罪犯进行排查和专题研判；监区对认定的危险罪犯，每半月在狱犯情分析会上进行分析、研判；监狱狱内侦查部门对认定的监狱级危险罪犯，每月会同管教其他部门和监狱挂钩分管包教民警进行分析、研判。

5. 建立个别方案。建立个别方案，即建立危险罪犯的针对性方案。在做好安全防范的基础上，制定个别化改造方案，并根据个别化改造方案实施定时的心理测试、危险性评估和持续性的跟踪教育。

（二）落实全方位、多层次、无缝式管控措施

1. 直接管控与罪犯包夹控制相结合。对于排查出来的危险罪犯，监狱民警

直接控制始终是最主要、最有效的手段，同时辅助以罪犯中的积极力量为我所用，在一定程度上解决了民警不能在 24 小时内全程控制的现实问题。两者相得益彰，不给危险罪犯任何可乘之机。通过选择现实表现好、责任感比较强、有一定观察和识别能力的罪犯，与危险罪犯编为同行联号小组，对危险罪犯进行包夹监控。对参与包夹监控的罪犯，民警必须采取定时与不定时相结合的方法，了解危险罪犯日常的改造表现，并适时作出指导意见。

2. 秘密监控与公开控制相结合。秘密监控是指运用狱内耳目和监视、监听等秘密手段实现对危险罪犯的控制。运用狱内耳目有重点地对危险罪犯进行监控，有利于及时、深入地掌握和反馈危险罪犯的思想动态和行为表现，以便采取针对性的管控措施。同时，也可以充分发挥监视、监听等科技手段实施全面监控。公开控制，是对危险行为已公开化的罪犯所采取的公开危险罪犯行为的控制方法。通过公开危险罪犯行为，限制其一定的活动范围，并组织全体罪犯对该名危险罪犯进行公开的监督和帮教，促使其转变思想，控制危险行为结果的发生。

3. 分化瓦解与重点突破相结合。对于以群体形式出现的危险罪犯，监狱要采取分化瓦解、控制重点人物的方式，区别对待。通过调离监区或隔离管理等措施，孤立首要分子，教育引导不明真相或跟随的一般罪犯，促使其幡然醒悟，早日走上改造正道。同时，选派业务素质强、经验丰富的监狱民警，开展重点攻关教育管控，彻底打消其实施危险性行为的幻想，正视现实，接受法律的惩罚与改造。

4. 教育转化和制度管控相结合。对危险罪犯的管控是从外在方面防止罪犯发生危险行为，而教育转化则是从内在方面促使危险罪犯转变思想认识，消除危险行为，走上悔过自新的正确道路。因此，一方面要严格落实危险罪犯的管理制度。例如：禁止使用具有危险性的劳动工具，不得安排其从事高危行业及零散劳动，加强清监检查和搜身检查。严格实行"四固定"，即固定其监舍铺位、劳动岗位、队列位置和学习座位。严格通信及会见审查，确保危险罪犯的一切活动纳入民警的管理视线。另一方面则要分析产生危险性质的原因，通过针对性的教育转化工作，从而打消危险犯罪错误的认识，消除其危险行为的原因。当然，必须清醒地认识到，对于危险罪犯的转化工作，要做好"打持久"战的心理准备，抓反复，反复抓，坚持不懈。

任务项目二　狱内重要场所管控

狱内重要场所是指监狱在执行刑罚和改造罪犯过程中组织罪犯活动的场所，包括罪犯劳动场所、罪犯生活场所、罪犯教育场所等，又称监管改造三大场所。有效地管理和控制狱内重要场所既是管理工作的常规任务，也是狱内侦查管控的重要任务。

一、狱内重要场所的特点

总体来说，狱内重要场所具有集中性、组织性和任务性的特点。所谓集中性，是指较多数量的罪犯在同一时间范围内处在同一有限空间，而民警数量相对较少。所谓组织性，是指罪犯是按照管理设置和班组进行活动的，并由民警现场管理。所谓任务性，是指场所内的活动有明确的方向和目标，场所内所有的活动都要符合既定的要求，都要为实现目标努力。不同的场所又各自具有自身的特点。

（一）罪犯生活场所的特点

罪犯生活场所是罪犯生活、活动的区域，主要是监舍。它具有以下特点：

1. 民警无法实施全时段管理。监舍是罪犯就寝、处理个人事务的主要场所，尤其是罪犯就寝后虽然仍有值勤民警负责管理，但警力相对明显不足。

2. 罪犯高度集中和较为分散并存。罪犯在生活现场主要从事个人事务、收看电视、看书或做其他事情等。由于受到活动空间的限制，在这种场合，罪犯之间关系的密切度出现了不确定性，极容易因琐事发生矛盾。

3. 容易出现管理盲区。罪犯虽然是集体生活，但监舍内活动相对自由度要大，活动的内容也具有多样性。监狱值勤民警力量相对不足，管理幅度有限，容易产生死角和盲区。

（二）罪犯学习场所的特点

罪犯学习场所是进行罪犯政治、文化、技术教育的场所，主要是教室。它具有以下特点：

1. 罪犯联号包夹落实困难。由于政治、文化、技术教育的内容要求不同，罪犯编班往往会打乱原有的正常管理系统，使管理系统暂时处于一种相对临时的状态。因此，罪犯之间的相互包夹、相互监督弱化。

2. 参与教学成员身份多样。狱内政治思想教学一般都由监狱民警担任，而文化、技术教学有时既由监狱民警或外聘老师担任，也由具有专业或技术特长的罪犯担任。

3. 信息流动速度加快。在教学班内，不同监区或不同地区的罪犯有了接触的机会，扩大了罪犯的人际关系范围，加速了狱内信息的传播。这种情况的出现既有可能产生积极作用，也有可能产生消极作用。

（三）罪犯劳动场所的特点

罪犯劳动场所是组织罪犯进行劳动生产和改造的地点，主要是各种厂房车间。它具有以下特点：

1. 危险性。所谓危险性，是指劳动场所是生产设备集中、大量劳动工具集中的场所，一些重要生产设备本身就是需要控制的要害部位，而各种各样的劳动工具和零部件都是锐器和钝器，具有不同程度的杀伤性。

2. 分散性。所谓分散性，是指从整体来讲罪犯是集中的，但从场所内部来讲，罪犯在各自的劳动岗位上却是分散的，会出现罪犯在一定范围内脱离控制视线的情况。狱内犯罪案件有很多都是发生在劳动场所或在劳动场所进行预谋或预备。另外，罪犯劳动场所还有集体劳动场所和零星分散劳动场所、生产性劳动场所和辅助性劳动场所之区别也具有不同程度的分散度。

二、狱内重要场所的管控方法

狱内重要场所的特点影响着其控制措施与方法的选择，因此不同的狱内重要场所，其管控方法也略有不同。

（一）罪犯生活场所的管控

在对罪犯生活场所管控中，应注意把握以下几个要点：

1. 分区控制。要创造条件对罪犯实行活动功能区域分区管控。例如：设置电视室、阅读室、活动室等，既能减少相互之间的矛盾与干扰，又能便于监狱民警管理。

2. 控制单独活动。对于个别不愿意参加各类活动的组内零星罪犯，可以在一定时间，让他们在指定区域从事自己的事务。

3. 禁止随意出入。禁止罪犯单独随意进出监舍大门，确因需要出入监舍的，必须经值勤监狱民警登记检查，落实监狱民警专人负责管理。

4. 落实相关要求。例如：实行定期和不定期的人数清点制度；生活现场值勤监狱民警要定期与不定期的对罪犯的活动区域进行巡查，及时解决和化解罪犯之间产生的矛盾和问题，防止由于处置不及时而激化矛盾；罪犯就寝后，值勤监狱民警要进行查铺，检查罪犯就寝情况，观察是否有异常情况。

（二）罪犯劳动场所的管控

罪犯劳动场所的管控主要注意把握以下几个要点：

1. 罪犯人数管控。罪犯人数管控是劳动场所管控的首要方面，可从以下几个方面着手：①全程监管。民警要对劳动现场人员进行全程监管，并具体负责对人员的劳动安排与变更。②清点检查。在劳动过程中，要进行定时和不定时的罪犯人数清点检查。③专人管理。个别因生产需要零星、分散罪犯的，应有监狱民警专人管理，条件允许的要实行罪犯相互包夹，不安排单独作业劳动，并在规定的时间、地点内集中清点人数。

2. 劳动现场管控。罪犯劳动现场管控是劳动场所管控的重要方面，可从以下几个方面着手：①限定区域。劳动现场限定罪犯的活动区域，并设立警戒标志，严禁罪犯擅自超越警戒范围。②固定管控。采取固定岗位、固定位置、固定工具和设备等管控措施，罪犯未经监狱民警允许，不准擅自与其他罪犯调换或离开岗位区域。注意不把矛盾紧张的罪犯安排在相近或同一劳动岗位。③有序变动。确因劳动生产需要零时变动岗位的，需经现场值勤监狱民警同意批准，有序进入指定的劳动岗位。④特批离开。因病或其他原因需要暂时离开劳动现场的罪犯，必须经现场当班值勤监狱民警特别同意批准，指定专门监狱民警带领。

3. 劳动工具和生产设备管控。劳动工具和生产设备以及相关的材料，均具有一定的危险性，故应加强管控。可从以下几个方面着手：①统一管理。对生产工具和相关生产材料要实行统一保管、统一发放、统一回收，严禁罪犯私藏。②做好危险罪犯管理。危险罪犯一律不安排接触刀具等危险性劳动工具和设备的岗位。③加强生产原材料的管理。实行需用材料及时出库，备用、待用材料库存保管，用后剩余材料及时收回入库的管理方式，严防罪犯将生产原料带入监舍或做它用。对于狱内建筑工地、生产车间、厂房等场所里容易被罪犯利用成为凶器或成为脱逃工具的原材料，要采取集中存放或捆绑固定等形式，并派专人值守管理。④劳动工具牵掣固定。对劳动工具能牵掣的要牵掣固定，确因生产或设备维修需要的工具，要选择有悔改表现的罪犯使用与保管，并且严格规定使用纪律，不准擅自借给其他罪犯使用；⑤开展定期或不定期的安全检查。防止罪犯私自改制劳动工具和私藏违禁品，消除安全隐患。

（三）罪犯学习场所的管控

罪犯学习场所的管控，应着重抓好两个方面的管控工作：

1. 课堂管控。课堂管控的要点是：①课堂点名。通过课堂点名掌握应到、实到、缺课人员情况，缺课原因必须要清楚，防止出现管理漏洞。②严格课堂纪律，不准在课堂上私下交谈，或谈论不利于改造的言论。③建立班级管理体系。安排表现积极的罪犯担任班级组长，协助教学现场维护纪律。④做好监管。在外聘或罪犯担任教学任务的班级，必须安排现场专职监狱民警到场监管。

2. 教学编班管控。教学编班是罪犯学习组织的形式，做好教学编班管控，能为学习场所管控打下良好的基础。其要点是：①不打乱管理系统。能按原管辖单位编班的则按原管辖单位编班，如不能按照原管辖单位编班的就集中安排座位。②临时包夹。对危险罪犯要安排表现好的罪犯落实临时包夹措施。

任务项目三 狱内重要部位、时段、环节管控

狱内重要的部位、时段、环节等是监狱关注的重点，容易成为罪犯预谋犯罪的首选目标，而且情况复杂，容易出漏洞。

一、狱内重要部位的管控

狱内重要部位是指监狱重要狱政设施中需要重点防护的部位，通常包括监狱的门、围墙、岗楼、禁闭室、罪犯亲属会见室、监内民警值勤室、重要生产设备、动力设施、物资仓库、水源、供电系统等。狱内重要部位的安全是监狱安全的关键之一，保障了狱内重要部位的安全就掌握了监狱安全的主动权。要做好狱内重要部位的管控，主要采取下列方法：

（一）武装警戒

武装警戒由武装力量负责，通过设置固定岗哨和流动岗哨对监狱的大门、围墙、警戒地带进行守护。其主要任务是禁止罪犯进入警戒地带和接近围墙，防止和制止外部人员对监狱设施的破坏。

（二）执勤守护

狱内其他重要部位应由监狱民警负责值勤守护。值勤室要设置安全护栏装置，并保持通讯畅通和报警系统完好；禁闭室必须实行 24 小时双警制度；监狱大门供零散人员出入的侧门、会见室和监狱围墙之间的通道要有阻滞功能，防止罪犯强行冲出监狱和外部人员冲击监狱；监狱重要设备、重要物资仓库、动力设备等涉及生产的要害部位也应由民警或工勤人员值班，禁止罪犯使用、守护。

（三）巡查

巡查，即巡逻检查。组织适当的警力进行巡查是控制重要部位的重要措施之一。监狱机关应建立专门的警力负责巡查，巡查警力应具备专业性，要熟悉和掌握各个重要部位的情况和狱内情况，做到心中有数，不但要对狱内的重要部位进行全面巡查，还要带着问题进行有重点、有针对性的巡查。还要注意巡查的变化性，对巡查的时间安排和路线适时进行调整变化，使罪犯难以摸清规律。

（四）检查和清查

检查是监狱例行性的工作，即监狱民警依法对相关设施、物资进行的审视、翻看和辨析；清查则是监狱民警依法对相关设施、物品进行的专门检查。日常的检查和清查由监狱值勤民警实施，狱内侦查部门和狱政管理部门负责定期和不定期的检查和清查。检查和清查的内容是：①狱政设施功能，即狱政设施是否有效、性能是否可靠。例如：电网电压能否达到规定值，防护装置是否牢固，报警装置是否失灵，通讯是否畅通，围墙及警戒带有无变化、是否符合要求，等等。②安全隐患情况，即确认存不存在影响狱政设施功能的隐患。例如：防护网是否完好无损，围墙是否有砖石脱落，围墙下是否有杂物堆放，警戒带有无阻碍视线的物品，禁闭室内有无违禁物品或危险物品，重要物资仓库内及其附近有无易燃易爆物品，消防设施是否可靠，值勤记录是否完整，等等。对于发现的安全隐患，要查清隐患是自然因素形成的还是人为因素形成的。对于人为因素必须查明情况，对于有明显犯罪迹象的应当立案侦查。

（五）技术监控

技术监控在监狱管控中获得广泛的应用。监狱应根据实际情况，在重要部位除加强安全设施之外，还可在保证安全保密的情况下使用视频监控、音频监控和红外报警等技术监控手段，对要害部位进行监控，充分发挥技术监控的作用。

二、狱内重要环节的管控

狱内重要环节是指监狱管理中易产生罪犯脱逃、自杀等事故隐患的环节。实践中，狱内重要环节主要包括新犯入监、罪犯调遣、会见、就医、车辆进出等。狱内重要环节往往是罪犯需要暂时脱离监管的区域，所处的区域环境相对复杂与开放，控制力下降，容易出现管控漏洞，极容易造成监管事故，给监管秩序安全带来十分严峻的考验。因此，应根据不同环节的特点，采取有针对性的管控。

（一）新犯入监的管控

新犯入监的管控要点是：①加强安全排查。为防止违禁品流入监内，造成安全事故隐患，应加强对新入监罪犯的安全排查与管控。可以说，安全排查是新入监罪犯管控的重要环节。②注意约束老在罪犯。新入监罪犯往往不适应监管改造环境，心理落差大，情绪极不稳定，往往容易发生监管改造事故。故应加强对老在罪犯的监管和控制，特别是防止老在罪犯对新入监罪犯的打骂、欺压、侮辱等危害行为，给新入监罪犯创造比较宽松的改造环境。

（二）罪犯调遣的管控

罪犯调遣过程中的管控要点如下：①实行预案管理。调遣前制定调遣方案，对可能出现的意外事件制定应急措施。②联络协作。与沿途停靠站点的公安、武装力量等部门保持密切联络，取得配合与协作。③选择小型车站转车，便于进行封闭控制。④占据有利位置。时刻注意占据最佳位置或制高点，不留死角和盲区，保证所有罪犯都在视野和控制范围内。⑤防范突发事件，对重点罪犯提前布置管控措施。⑥做好必要的基础保障。做好车上调控、通风换气、伙食供应等工作，使罪犯情绪稳定。

（三）罪犯会见环节的管控

由于罪犯会见时人员多而且杂，因此，罪犯会见也是安全管控的重要环节。罪犯会见室应安装门禁、监控、监听、录音系统，配置X射线安检仪、登记排号机、二代身份证识别器、自助物品存放柜、安检门、手持安检器、防暴警用器具、消防器材等设施设备，并根据罪犯会见流程和功能需要，做到规范设置、摆放。严防外来会见人员携带危险品、违禁品、通信设施、摄像设备等进入罪犯会见区。罪犯会见时，要严格按照罪犯会见有关规定程序进行，严格检查罪犯会见手续，严格审核外来会见人员的身份。符合条件的外来会见人员必须在罪犯会见室门口接受监狱民警安全检查，并对其携带物品进行严格检查，携带刀具、可疑爆炸物等危险物品的外来会见人员禁止进入罪犯会见场所。罪犯会见是监狱民警进一步掌握狱情信息的重要渠道，应加强会见过程的监听、监控。

（四）罪犯就医环节的管控

罪犯就医，特别是监外就医是罪犯脱逃隐患比较大的环节。对罪犯外出就医应严格控制，未经批准不得擅自带罪犯离监就诊，不准向罪犯提前泄露具体就诊的时间、地点。陪同就医监狱民警要做到：佩带电警棍、催泪器、伸缩警棍等警用装备；熟知就诊罪犯基本情况；全方位检查使用车辆的安全状况；上车前搜身检查，清缴一切危险品和违禁品；押解全程对罪犯戴铐戴镣；离监和回监及时向监狱主管部门报告。就医环节如遇突发情况，严格按照预案处置并及时向监狱领导报告。

（五）车辆进出、装卸货物环节的管控

车辆进出、装卸货物环节的管控，核心在于严防罪犯劫持车辆或藏匿在车辆内混出大门趁机脱逃。故应严格按"五步骤""四必须"和"五要素"进行严格管控。①车辆进出"五步骤"。"五步骤"，即管教部门对车辆及驾驶员进行身份审查，办理准入审批手续；监门警卫队核对身份和审批材料；对驾驶员告知监狱相关规定，并对车辆和人员进行必要的安全检查；登记并发放出入证件、车辆龙头锁、标志牌；由责任监狱民警带人、带车，实行一警一车制度。②车辆管理"四必须"。"四必须"，即车辆必须按指定位置停放，车头朝里；车辆停下必须关好门窗，熄火，上好车辆龙头锁；停车期间钥匙必须交由监狱民警保管；监内行驶必须按规定速度慢行。③车辆装卸现场"五要素"。"五要素"，即罪犯装卸人员应经审批与固定；装卸罪犯必须着标志服；民警全程监管；装卸完毕要对装卸罪犯进行搜身；车辆离开前应对区域内所有罪犯进行总人数清点。

三、狱内重要时段的管控

狱内重要时段是指监狱安全管理工作中警力相对薄弱，易出现隐患和漏洞的时间范围，主要包括日常作息点、文体活动、节假日和休息日、重大庆典、重大自然灾害等特殊时期。由于狱内重要时段涉及罪犯的日常活动和带有公共性质区域，每个具体时段的现场环境和要求存在着一些差别，加之一些场所不属于某个具体部门负责，罪犯原有的管控系统出现短暂的约束弱化状态，容易出现管控薄弱环节和漏洞；在有的重要时段，监狱民警会对部分罪犯失去控制，容易出现罪犯不听指挥的情况。故在狱内重要时段一旦发生纠纷，有可能使事态扩大，酿成难以预料的事件。

（一）日常作息节点的管控

日常作息节点的管控要点：一是罪犯早晨起床和晚间就寝，需要洗漱、打扫卫生等事项，要注意防止罪犯因相互拥挤发生摩擦，引起争吵、打架等事件。二是出、收工和监内学习集队过程中，由于罪犯在一定范围内流动，防止出现短期的失控状态。要落实罪犯以小组为单位的有序集合措施。三是早、中、晚就餐期间，在做好有序就餐的同时，防止个别罪犯借饭菜问题故意扰乱改造秩序，制造不满和对立情绪。四是罪犯就寝后，要加强巡视和检查，观察是否有异常情况并及时处置。

（二）文体活动过程的管控

组织罪犯文体活动一方面有利于罪犯的教育改造，另一方面由于文体活动带有竞争性、对抗性，犯罪人员管理难度大。因此，事先必须制订管理规则，制订处置突发事件预案，并选择部分有悔改表现的罪犯协助维护秩序，预防罪犯可能发生的问题，防止罪犯趁机滋事或狱内实施犯罪行为。

（三）节假日、休息日的管控

节假日、休息日由于监狱警力相对较少，而罪犯在监舍内相对自由度要大，往往成为易发监管安全事故的重要时段。节前应进行隐患排查和安全检查，排查重点管控对象，清查各种违禁品、危险品。建立监狱总值勤与驻监武装力量的联动机制，严格落实报告制度，一旦发生狱内突发事件或狱内犯罪案件，迅速出警，及时处置。

（四）特殊时期的管控

特殊时期包括国家举办重大庆典、重大国际活动或政治敏感时期。监狱必须高度重视这些特殊时期的安全稳定工作，落实各项管控措施。尤其对具有反社会心理、邪教等罪犯，要进行严密布控，防止他们趁机制造事端，对其他罪犯做好思想稳定工作。

（五）异常气候时期的管控

异常气候是指台风、暴雨、雾霾、高温等天气异常情况。异常天气条件下，民警忙于解决恶劣环境带来的困难，与正常情况相比警力显得尤为紧张，此时往往容易产生隐患和漏洞。因此，监狱要制订预防异常气候的应急预案，一旦发生异常天气，按照预案要求有序应对，如迅速将罪犯集中在相对安全的区域，对重要部位采取巡查措施，严防罪犯趁机脱逃等犯罪行为的发生。

任务实例/呈现

20××年 4 月 28 日，×××市中级人民法院公开开庭审理了被告人高某某、王某某、李某某暴动越狱、故意杀人、故意伤害、盗窃、故意毁坏财物一案。

×××市人民检察院指控：被告人高某某、王某某、李某某均羁押于××省××县看守所 101 监室，且床铺相邻。高某某因犯故意杀人罪，被一审判处死刑，王某某涉嫌故意伤害罪、盗窃罪，且系累犯，两人均面临重刑，遂产生越狱之念并形成合意。高某某、王某某经观察发现，看守所夜间值班管教民警（即被害人）段某某提审在押人犯时有不锁监门的习惯。经反复商议，两人最终确定在段某某值班时越狱，并准备了绳子、毛巾。为确保越狱成功，两被告人又拉拢因涉嫌故意杀人犯罪被羁押的被告人李某某共同越狱。

20××年 9 月 1 日晚，高某某以给家人打电话为名，要求管教民警段某某提审。9 月 2 日 4 时 30 分许，段某某将高某某提出监室至值班室内，王某某随即扭转监室内监控摄像头并将监室门拨开，与李某某逃出监室，潜至值班室外伺机动手。高某某用段某某的手机与家人通话后，见王某某、李某某已在门外，便趁段某某不备，从身后用胳膊勒住其颈部。王某某、李某某冲入值班室内，三被告人合力将段某某按倒在地。高某某用事先准备的绳子捆绑段某某双腿，又从办公桌抽屉内拿出手铐，铐住段某某双脚，高某某、王某某用毛巾猛力堵压段某某嘴部。因段某某挣扎，王某某、李某某多次用拳头击打其头面部，最终将段某某制服。高某某将所戴脚镣打开，三被告人按事先计划换上警服，王某某从段某某兜内翻出钥匙打开前厅大门，三人相继走出看守所。值班武警发觉情况异常进行询问并鸣枪示警，三被告人迅速逃离。段某某因生前颈部被扼压及勒压、口鼻被捂压或堵压致机械性窒息死亡。

任务小结

本学习任务介绍了什么是狱内重点管控，帮助学生对监狱重点管控的内容、工作对象有了深入的了解，培养学生对危险罪犯、重要场所、重要部位、重要环节、重要时段等的管控技能和运用能力。

思考题

1. 试述如何对危险罪犯进行有效的管控。

2. 春节来临之际，你作为监区民警，如何搞好春节假期前的安全管控工作？

3. 你是基层一线民警，接到命令，与其他民警一起押送一名罪犯外出就医，你要如何做好管控工作？

训练项目：模拟狱内重点管控

一、训练目的

通过模拟狱内重点管控实训，学生加深对狱内重点管控的理解，掌握狱内重点管控的内容及方法，培养学生对狱内危险罪犯、重要场所、重要部位、重要环节、重要时段等的管控操作技能和实际运用能力。

二、训练要求

1. 明确训练目的。

2. 掌握训练的具体内容。

3. 熟悉训练素材。

4. 按步骤、方法和要求进行训练。

三、训练条件和素材（具体训练条件和素材可根据训练目的及训练重点由训练指导教师选择、调整）

（一）训练条件

模拟监狱、相关场所及配套基本器材、设施、设备、装备等。

（二）训练素材

××监狱×监区罪犯李某某，汉族，19××年××月××日生，小学文化，××省××市人，因运输毒品罪被判处无期徒刑，20××年 4 月 21 日入监，20××年 8 月 3 日分流到×监区；罪犯吴某某，汉族，19××年××月××日生，初中文化，××省××县人，因抢劫罪被判处无期徒刑，20××年 4 月 22 日入监，20××年 8 月 3 日分流到×监区。二犯入监后，均觉得罪重刑长，对监狱生活倍感悲观，同时因家庭因素，均产生伺机脱逃的想法。李某某认为自己的父母被大伯、叔叔欺负，分的家产较少，想回家找他们理论，甚至有与他们同归于尽的想法，并得知哥哥要和父母分家，担心父母无人照顾，想回家帮助父母；吴某某家中贫困，年初曾写信回家要钱，家里没有同意，对家人较失望，对改造没有信心。自 20××年 5 月份以来，李某某利用到车间安装照明灯和上厕所之际，观察了围墙和电网。20××年 6 月××日，李、吴二犯相互邀约，共同商定：计划用床单把监狱电网支架包住，用塑料管绝缘电网，然后翻越围墙电网脱逃。为此，拟定以下行动计划：①准备几床垫单、几个被套，用塑料袋提到车间，垫在李某某工作台的凳子上或者由吴某某带到车间厕所进行藏匿；②李某某准备借劳动之际从车间偷1支电笔（用于测电网）、1把折叠小刀或私藏车间的锯片刀（用于割塑料管）；③李某某通过观察并发现监舍二楼卫生间有塑料管，一旦折叠小刀或据刀片到手后伺机割下塑料管，并由吴××藏在内衣包里带到车间厕所后藏匿；④每人准备2件便衣、1条便裤用以脱逃后更换囚服，以及1个打火机用于脱逃后在野外生火之用。20××年7月初，两犯开始做各项脱逃的准备。

四、训练方法和步骤

在指导教师指导下，学生在训练室分组模拟各角色（狱内侦查人员、管理人员、教育人员、狱内罪犯等）进行训练，具体方法和步骤如下：

1. 准备素材，确定训练方式，学生复习有关狱内重点管控的理论知识，做好包括模拟狱内重点管控的情景场所及配套基本器材、设施、设备、装备等准备工作。

2. 实训指导教师介绍训练内容和要求，发放准备好的实训素材。

3. 学生阅读素材，掌握实训素材的相关事实和材料，在指导教师的指导下形成情景模拟方案。

4. 学生以分工负责的形式进行角色分配，具体可按狱内侦查人员、监狱管教民警、罪犯等进行角色模拟分配，实际操作时可根据情况进行角色的添加或删减，排列组合形成情景模拟团队，如添加监狱领导、监区领导、相关部门工作人员等。

5. 完成模拟狱内重点管控工作情景操作，对素材案例中没能提供的条件，由学生酌情进行合理设计和补充。

6. 整理训练成果，形成书面材料。

五、训练成果

1. 完成狱内重点管控整套工作的完整视频，并交训练指导教师。

2. 总结训练成果，写出训练心得体会。

3. 指导教师进行讲评及训练成绩考核、评定。

拓展阅读

<h1 style="text-align:center">学习任务五　清　监</h1>

任务目标

　　通过本学习任务的学习，培养学生能够了解清监的相关知识，知道并能识别狱内违禁品、危险品、违规品等，掌握清监的相关知识和方法、技巧。

　　能力目标：通过本学习任务的学习、训练，培养学生具备在司法实践中严格按照法律规定，运用所学的知识、技能和能力实施清监的业务技能和运用能力。

 任务概述

　　在监狱，清监既是有效预防和控制行凶、伤害、脱逃等狱内犯罪案件发生的重要环节，也是监狱经常开展的安全隐患排查与防控的基础性工作。清监可以检查、消除影响监狱安全稳定的物品，排除监狱存在的一些危险因素，确保监狱的安全稳定，是消除安全隐患的重要措施和方法。这需要知道什么是清监，明确清监的内容，掌握清监的相关基础知识，做好监狱内的清监工作，以消除影响监狱安全稳定的因素，防止和减少狱内犯罪。

任务基础

一、什么是清监

　　清监，顾名思义就是监狱民警通过一定的方式、方法在监狱内清查、排查、排除监狱内影响监狱安全稳定的各种违禁品、危险品和违规品的措施。违禁品是指监狱明令禁止罪犯持有且罪犯一旦持有使用将会对监狱安全稳定造成严重威胁的物品；危险品是指因监狱生产、建筑施工和罪犯生活等确需进入监管区，并按照规定应当由监狱民警集中、妥善管理和保存的物品。罪犯持有、使用此类物品，有可能会对监管安全稳定和他人人身安全造成威胁。违规品是指监狱规定在特定的区域和时间内限制罪犯持有、使用，且罪犯一旦违规持有、使用将会对监管安全秩序造成不利影响的物品。狱内违禁品、危险品和违规品的清查，既是有效预防和控制行凶、伤害、脱逃等狱内犯罪案件发生的重要环节，也是监狱安全防控的日常基础性工作。

二、清监的对象

（一）违禁品

按照相关规定和要求，监狱违禁品主要包括：①枪支、弹药、雷管、炸药等物品；②手机、对讲机及相关附属配件和其他具有移动通讯功能的电子设备；③各种货币现钞、金融卡和有价证券；④鸦片、海洛因、冰毒、吗啡、大麻、可卡因以及国家管制的其他能够使人形成瘾癖的麻醉药品和精神药品；⑤管制刀具和刃器具；⑥军警制服、便服、假发；⑦反动、淫秽宣传制品。

（二）危险品

按照相关规定和要求，危险品主要包括：①用于监狱生产和罪犯生活卫生的各类刀具和刃器具；②具有一定杀伤力的生产工具和用作生产材料、具有较强破坏力的钝、锐器；③绳梯、爬梯、脚手架等攀高物；④用于生产的易燃易爆、麻醉品、剧毒品及放射性、腐蚀性物品；⑤其他可能会给监狱安全造成威胁的危险物品。

（三）违规品

按照相关规定和要求，违规品主要包括：①含有酒精的饮品；②火种及可作点火的可燃物品；③各种身份证件；④各种绳索及可用作绳索的生产原料、半成品、成品等；⑤玻璃、陶瓷制品及含有玻璃制品的物品；⑥绝缘物品；⑦各种燃料炊具和电炊具；⑧其他未经允许不得在监狱限定区域和时间内持有、使用的物品。

三、狱内违禁品、危险品和违规品的危害

狱内违禁品、危险品和违规品的危害，一方面表现为时时、处处、事事威胁着监狱安全稳定的潜在危险性，另一方面表现为与狱内违规、违纪和狱内犯罪案件有着千丝万缕联系的现实破坏性。其危害性主要体现在：

（一）威胁监管安全

监狱内罪犯获取或持有违禁品、危险品和违规品本身就是违规、违纪行为，甚至是狱内犯罪行为。同时，违禁品、危险品和违规品还有可能成为罪犯违规、违纪或实施狱内犯罪的工具，对监管安全造成一定程度的威胁和破坏。实践中，罪犯脱逃、哄监、闹监、行凶或非正常死亡等无一不与违禁品、危险品和违规品

有关。

（二）危害日常管理

违禁品、危险品和违规品给日常管理增添了很多不应有的障碍，破坏了良好的改造氛围，易导致罪犯违纪现象增多，违纪率大幅度攀升，易造成罪犯群体的不稳定。例如：罪犯饮用含有酒精的饮品在监狱闹事；使用有淫秽内容的播放器在狱内传播淫秽音频、视频扰乱监狱日常生活秩序；等等。

（三）损害监狱良好的社会形象

违禁品、危险品和违规品的流入，严格地说无一不与监狱民警管理工作中存在的漏洞有关。监狱民警的捎带占了一定的比重，而通过其他渠道流入监狱内的违禁品、危险品和违规品多多少少均与监狱民警的配合或者默许有关。这就使监狱民警在罪犯中的威信大大降低，影响了监狱公正执法的良好形象，危及政府的公信力。如果为外界知晓，甚至媒体曝光，必将在社会上引起强烈反响，导致监狱形象受损，严重削弱监狱刑罚执行和改造罪犯的功能。

四、狱内违禁品、危险品和违规品流入渠道

尽管违禁品、危险品和违规品流入监内的花样不断翻新，夹带的方法越来越多，越来越隐蔽，藏匿地点也越来越隐秘，但概括下来，监狱违禁品、危险品和违规品流入的渠道主要有以下几种：

（一）监狱民警带入

少数监狱民警执法不严，素质不高，界限不清，违反工作纪律，利用工作之便，违规为罪犯捎带、传递、保管违禁品、危险品和违规品，如现金、手机等。这种方式最具有隐蔽性，危害也最大。

（二）留存、赠送或交换

有的罪犯在刑满释放时将自己的物品留给监狱的狱友，或是在狱内相互赠送和交换物品，如现金、票证等。这可能会使部分违禁品、危险品和违规品在狱内流动，可能会被极个别罪犯利用而带来隐患。

（三）外协人员或监狱职工带入

部分罪犯千方百计与外协人员或监狱职工接触，投其所好，抓住这部分人员贪小便宜的心理或碍于情面等弱点，让其将违禁品、危险品和违规品带入监内。这种方式隐蔽性较强，事后处罚力度较小，对罪犯震慑力不大，是罪犯常用手段。

（四）罪犯亲朋好友带入

由于监狱民警检查不严或搜身不细，有些是一时疏忽，甚至是有意为之，导致罪犯可以在接见或团聚时通过亲朋好友将违禁品、危险品和违规品带入监内。

例如：有的罪犯亲属故意将违禁品、危险品和违规品藏匿在会见物品中，或在团聚时带入团聚场所。

（五）通过邮寄物品裹藏带入

由于监狱民警的失误，致使有的罪犯通过外界通信或邮寄物品时，将违禁品、危险品和违规品藏匿在邮件中带入。这种方式通常以夹带现金为主，查找难度比较困难，稍有疏忽，违禁品、危险品和违规品就可能流入监内。

（六）新入监罪犯带入

看守所把关不严、监狱入监检查疏忽，导致新入监罪犯带入违禁品、危险品和违规品。

（七）罪犯自制或窃取带入

罪犯利用生活、学习、劳动现场的日常用品或原材料制作或窃取违禁品、危险品和违规品。尤其是在劳动现场，如果清点不准、搜查不严、不细，很容易致使部分违禁品、危险品和违规品流入监舍或其他隐蔽地点，如绳索、工具、剧毒物、刀具等。

五、清监的方法

监狱清监的方法也有很多，监狱民警在日常工作中，可以加以灵活运用。对监狱清监可采取某一种方式进行，也可采取多种方式进行。

（一）常规性清监

常规性清监是指对监狱的监管场所或在某一方面的活动中，由专人负责，经常性的组织相关人员进行清查，了解和掌握各方面的情况，清查各种违禁品、危险品和违规品，排除各类安全隐患。这种清监方式一般是用于监狱的日常各大场所的清监，以及对罪犯出、收工的物品清查、搜身。

（二）临时性清监

临时性清监也可称为不定期清监，是指临时性的对监狱的监管改造场所或事物随机进行的清查。这种清监方式带有很大的随机性，对场所的选择也可以较为随意，大多数都是没有特别的任务或是目的的，在形式上类似于突击检查。这种清监在很多时候往往能起到意想不到的效果，对监狱罪犯私藏违禁物品具有较大的震慑作用。

（三）定期清监

定期清监是指监狱按照相关规定或是工作要求，带有一定规律性的对监管改造场所进行的例行检查、清查工作。这种清监形式上与常规性清监类似，区别在于它是常规性清监的补充，且相对于常规性清监这种较为频繁的检查，这种清监在时间上相对较为固定。对这种清监方式，罪犯一般都会有较强的防备意识，通过这种方式清查监狱的违禁品、危险品和违规品相对作用较低。

（四）重点场所的清监

重点场所的清监是指监狱民警在工作中对监狱的一些重要的场所采取各种方式、方法进行的清查工作，如监门、围墙、岗楼、警戒地带、禁闭室、巡逻道、消防通道、储藏室、下水道、会见室、监内民警值班室、重要物资仓库、劳动场所等。

（五）全方位清监

全方位清监一般是指重大节假日的清监，是指在重大节假日或是重大活动前，监狱的各个部门、管理人员对监狱监管范围内的各个场所、人员进行的全方位、无死角、系统、全面的清查、排摸工作。

（六）搜身检查

罪犯进行相关活动结束后，在组织罪犯回监舍前，应视需要对罪犯进行搜身检查，防止罪犯把相关活动过程中涉及的违禁品、危险品和违规品带入监舍，影响并威胁监狱的安全稳定。在对罪犯进行人身搜身时，应抓好以下几项工作：①加强组织管理。要把罪犯有秩序地带到指定的地方，列队站好，向罪犯宣布搜身纪律，并等待监狱民警对其进行搜身检查。②认真搜身检查。对罪犯搜身检查，应由监狱民警亲自动手，不得由罪犯代为行使，不得简单行事，不得草草了事，应认真、仔细，不放过任何一名罪犯，不放任任何一个环节，应人人过关，每个人都应搜索、检查。③建立罪犯搜身台账管理制度。通过搜身台账的建立，把搜身的目的、意义和作用，以及搜身的方法与原则、措施，搜身的程序和结果，搜出违禁品、危险品和违规品的处理，都用制度形式加以规定，以保证搜身工作的规范化建设。④违禁品、危险品和违规品的处理。在搜身时，一旦搜出违禁品、危险品和违规品，应进一步针对当事罪犯做好后续调查处置工作，包括对当事罪犯进行讯问、询问，做好记录，了解私带违禁品、危险品和违规品的思想意图及目的，彻底摸清罪犯的思想动向，有针对性地做好防控工作，防止事故的发生。

任务实施/操作

一、有效遏阻违禁品、危险品和违规品流入渠道

大多数违禁品、危险品和违规品是从监狱外面流入的。对于违禁品、危险品和违规品，单靠清监来解决问题是很被动的，故应从源头上遏阻违禁品、危险品

和违规品流入狱内的渠道，才能保证监狱清监的主动权。这就需要：

（一）做好宣传教育

通过做好舆论宣传教育工作，改善防控狱内违禁品、危险品和违规品流入的内外部环境。一方面要根据违禁品、危险品和违规品流入的基本特点与潜在方式，对于进监职工、外协人员、罪犯亲属等特定对象，利用狱务公开平台、网络信息平台、宣传报道平台、警示教育活动等载体，对监狱违禁品、危险品和违规品的政策法规与具体规章进行宣传，扩大知悉面与知情度，增强他们对监狱该项工作的理解与支持，改善监狱防控违禁品、危险品和违规品，维护监管安全稳定的外部环境。另一方面要结合违禁品、危险品和违规品的查处，加强罪犯的教育改造工作，使罪犯消除"侥幸心理"，明白私带违禁品、危险品和违规品的严重后果，形成相互监督的良好氛围。

（二）堵塞监管漏洞

狱内违禁品、危险品和违规品能够流入监内说明我们在监管工作中，存在着一定的管理漏洞和盲区。只有堵塞监管漏洞和管理盲区，才能消除违禁品、危险品和违规品的流入。这就需要从以下几个方面入手：一是加强管理。监狱民警要加强"三大现场"的直接管理，保证罪犯不脱管失控，减少罪犯获取、私藏违禁品、危险品和违规品的机会和条件。尤其是在劳动现场，要加强劳动工具和材料的管理工作。对于存在一定安全隐患的劳动工具、原材料、攀高物等危险物品，采取集中存放或捆绑固定等形式，明确管理责任人，专人值守；要严格落实工具使用领取归还登记制度，对生产原材料的管理，实行需用材料及时出库，备用、待用材料库存保管，用后剩余材料及时收回入库的管理方式，从细节入手，严防罪犯将生产原料带入监舍或做它用。二是加强外来人员的现场管理。对外来人员进入监管区域要进行人身检查，严禁带入违禁品、危险品和违规品。外来人员在监管区域要佩戴统一识别标志，限定外来人员的活动范围，并严禁其与罪犯私下接触。三是强化罪犯对外接触管理。要加强对会见、团聚、罪犯外出就医等场合的管理和监督，进行监听、监视等必要的控制，注意根据需要搜身检查，防止罪犯在对外接触过程中将违禁品、危险品和违规品带入监狱内。四是要强化对接受物品、邮寄物品的检查。对罪犯接受的物品、邮寄的物品要规定容许的种类、体积、重量等，并注意检查，杜绝违禁品、危险品和违规品裹藏进入监狱内。

（三）建章立制

要加强建章立制，构筑制度防线。一是落实工作责任制。要严格落实监狱民警工作责任制，细化责任分工，完善责任追究机制。二是严格各项管理制度。首先，制度的制定要具体、细致、科学、合理、具有可操作性。其次，执行制度要有力度。要做到失责必究，加大失责成本。三是加强检查力度。采取日常检查、定期检查和不定期突击相结合、普遍检查与重点检查相结合等方法，认真开展狱内违禁品、危险品和违规品的检查工作。四是加强整顿。要不间断地开展监管秩序整顿工作，严明监规纪律，严厉处罚私藏狱内违禁品、危险品和违规品的行为。

（四）加强与公安机关的警务合作

监狱违禁品、危险品和违规品的存在，严重危害监狱的安全稳定，而不少狱内违禁品、危险品和违规品是通过外部人员带入的。因此，监狱机关要积极主动与当地公安机关联系，寻求他们的支持和帮助，作为特定环境下的治安管理行为有效介入，为监狱查处违禁品、危险品和违规品提供有利的行政支持。监狱在查处有的违禁品、危险品和违规品的过程中，也要及时通报涉及行为人的基本信息与案件基本情况，提供相关证据，提请公安机关视情况分别给予警告罚款、没收财物、行政拘留等处罚。要充分运用监狱社会治安综合治理这一载体，加大对违禁品、危险品和违规品涉案行为人的治安处罚或教育管理力度，有效控制违禁品、危险品和违规品向监管场所的蔓延与渗透。

二、实施清监

（一）制定方案，确定目标

监狱内的物品、场所多，清监的难度较大。监狱民警在清监前一定要有相应的计划、措施以及清查的重点等。这样监狱民警在进行清监时才能根据既定的目标、程序有条不紊地实施，尽可能地杜绝安全隐患和违禁品、危险品和违规品在狱内存在。监狱在每次清监之前，清监工作的负责民警必须事先制定好清监工作的方案，确定具体清监的目的和目标，做到有的放矢。有计划、有步骤、有目标地检查、排除存在的安全隐患和违禁品、危险品和违规品。确保清监工作能够真正起到排除狱内存在的安全隐患的作用。

（二）分工负责，团结协作

在监狱，特别是监狱基层，执勤民警的警力是有限的。这就要求我们要认真组织好监狱民警，合理地安排、布置警力，以达到警力配置的科学合理，在清监工作中发挥最大的作用。监狱清监工作的组织者要结合清监现场条件和情势对清监的区域进行划分，再加以合理的分工，使每一位参与清监的监狱民警都有各自的分工，又能相互间合作，在保证提高清监工作效率的同时，发挥团队协作作战能力，力求清监工作全面、到位、高效，不留死角。

（三）做好控制，展开清查

进行清查时，必须要注意根据现场条件，先控制在场罪犯，将罪犯控制在不妨碍清查的区域，并采取有效措施与手段对其进行临时控制，使其不能对清查行为和监狱民警的安全构成威胁或潜在危险。对重点罪犯可先进行人身搜查，排除危险或妨害后再进行场所、物品等的清查。在开展清查前，也可根据具体清查的目的和需要，对罪犯进行清查前的动员，讲明政策和隐匿违禁品、危险品和违规品的危害，动员罪犯主动交出违禁品、危险品和违规品或检举揭发藏匿违禁品、危险品和违规品的人员和地点。清查一般采用地毯式搜查，注意不留任何死角，排除各种隐患的存在。需要注意的是，罪犯对监狱民警进行的清查行为也是时刻进行关注的，特别是罪犯私藏违禁品、危险品、违规品的或是有其他的预谋或是企图的，故在清查过程中还应时刻注意罪犯的反应和变化。

（四）收缴处置，重则立案

在清监工作中，对搜出违禁品时，应进一步针对当事罪犯，做好后续调查处置工作，包括对当事罪犯进行讯问、询问，做好记录，了解私带违禁品、危险品和违规品的思想意图及目的，彻底摸清罪犯的思想动向，有针对性地做好防控工作，以防止事故的发生。对于可能存在较大安全隐患的物品，更要给予充分的重视，甚至可以进行立案侦查。

任务实例/呈现

某监狱罪犯徐某某自服刑以来，不思悔改，暴力倾向明显，有极强的攻击性和报复心理，蔑视法律和监规纪律，极端仇视社会和管理民警，并多次违反监规。20××年××月××日，徐某某被发现私自用磨钢尺制作刀具，预谋报复举报其违规的罪犯。20××年××月××日，徐某某又因无故殴打同监舍的罪犯吴某某而被及时制止，再次受到处理。事后，徐某某曾扬言要报复处理他的监狱民警。

20××年××月××日，罪犯徐某某在劳动现场去厕所小便时，路过厂区统计室时发现只有民警胡某一人在室内，遂产生行凶报复的念头。徐犯随即返回劳动现场寻找行凶工具，在从现场找到两只铁质秤砣后，直接冲入厂区统计室，并将统计室的门关上，还未等民警胡某反应过来，就用铁质秤砣朝胡某的头部砸去，嘴上还叫喊"打死你"。民警胡某被当场砸昏。徐某某仍不罢休继续猛击民警的头部。现场管理的其他监狱民警发现情况后踢开房门，徐某某才被及时制服。

任务小结

本学习任务介绍了什么是清监，帮助学生明确清监的对象，了解违禁品、危险品和违规品的种类和危害及流入渠道等内容，培养学生对不同情形清监的技能和运用能力。

思考题

1. 什么是清监？清监的对象有哪些？
2. 试述违禁品、危险品和违规品在监狱内的危害。
3. 结合所学，试述清监的方法。
4. 如果你是监狱民警，在日常工作中你会选择怎样清监，为什么？

任务训练

训练项目：模拟狱内清监

一、训练目的

通过模拟狱内清监实训，培训学生加深对狱内清监的理解，掌握狱内清监的内容及方法，培养学生具备狱内违禁品、危险品和违规品清查的操作技能和实际运用能力。

二、训练要求

1. 明确训练目的。
2. 掌握训练的具体内容。
3. 熟悉训练素材。
4. 按步骤、方法和要求进行训练。

三、训练条件和素材（具体训练条件和素材可根据训练目的及训练重点由训练指导教师选择、调整）

（一）训练条件

模拟监狱、相关场所及配套基本器材、设施、设备、装备、违禁品、危险品和违规品等。

（二）训练素材

××省××监狱×监区罪犯张某某，自20××年1月21日因预谋脱逃被破获以来，仍想方设法脱逃，曾反复向监区领导申请要求到野外菜地劳动。在其申请未得许可后，该犯于20××年8月中旬始，趁夜间其他罪犯熟睡之际，躲在自己被子里，将自己的便服、囚服撕成布条，搓成布绳（已搓成布绳12米，未搓成布绳的布条10余米），并从生产车间准备了1把锯片刀、1根捅锁用的铁丝钩，将所住4楼的监舍后窗的1根防盗条辨开。

经过谋划与准备，张某某形成脱逃方案如下：①在20××年中秋节的夜间（张犯自认为节日值班警察少），用准备好的布绳拴在其所住4楼的监舍后窗的防盗条上，自己钻出窗子后顺绳滑下1楼；②到1楼后再用事先准备好的铁丝钩捅开位于1楼的教室门，从教室里抬5~6条凳子到该监区南面围墙晒衣场处叠加垫脚，然后翻上该处围墙后顺墙朝西走到六、八监区的生活区与生产区围墙交叉处后跳进九监区的生产区；③到九监区生产区后，从九监区生产区西部樱桃园后的围墙处，再找工具从围墙上挖洞或夹断电网后实施脱逃。

四、训练方法和步骤

在指导教师指导下，学生在训练室分组模拟各角色（狱内侦查人员、管理人员、狱内罪犯等）进行训练，具体方法和步骤如下：

1. 准备素材，确定训练方式，学生复习有关清监的理论知识，做好包括模拟清监的情景场所及配套基本器材、设施、设备、装备等准备工作。

2. 实训指导教师介绍训练内容和要求，发放准备好的实训素材。

3. 学生阅读素材，掌握实训素材的相关事实和材料，在指导教师的指导下形成情景模拟方案。

4. 学生以分工负责的形式进行角色分配，具体可按狱内侦查人员、监狱管教民警、狱内罪犯等进行角色模拟分配，实际操作时可根据情况进行角色的添加或删减，排列组合形成情景模拟团队，如添加外协人员、相关部门工作人员等。

5. 完成模拟罪犯搜身、监狱某一场景清监等工作情景操作，对素材案例中没能提供的条件，由学生酌情进行合理设计和补充。

6. 整理训练成果，形成书面材料。

五、训练成果

1. 完成模拟清监的完整视频，并交训练指导教师。

2. 总结训练成果，写出训练心得体会。

3. 指导教师进行讲评及训练成绩考核、评定。

拓展阅读

学习任务六　监狱突发事件处置

任务目标

　　知识目标：通过本学习任务的学习，培养学生知道什么是监狱突发事件，了解监狱突发事件的特点、分类和等级标准，以及监狱突发事件处置的指挥体系，明确监狱突发事件处置的原则和处置预案，掌握处置监狱突发事件基本操作所需的相关知识和方法。

　　能力目标：通过本学习任务的学习、训练，培养学生具备在司法实践中严格按照法律规定，运用所学的知识、技能和能力制定狱内突发事件处置预案和进行监狱突发事件处置相关的业务技能和运用能力。

任务概述

　　近年来，随着社会的发展和进步，监狱的狱情形势日益复杂化。罪犯杀害监狱人民警察、劫持人质、狱内行凶等恶性突发事件时有发生。如何最大限度地防止和减少狱内突发事件的发生，以及对已经发生的突发事件妥当处置，已然成为监狱当前亟须面对和解决的问题。为做好监狱内突发事件处置相关工作，保障监狱安全稳定，维护监管改造秩序，需要知道什么是监狱突发事件，了解监狱突发事件的特点，明确监狱突发事件的分类、等级标准和现场处置原则，组建处置指挥体系，妥当进行监狱突发事件处置，为监管秩序的稳定和监狱安全提供保障。

任务基础

一、什么是监狱突发事件

（一）什么是突发事件

　　突发事件，是指突然发生，造成或者可能造成重大人员伤亡、财产损失、生态环境破坏和严重社会危害，危及公共安全的紧急事件。对突发事件，可从广义和狭义上来理解。广义上，突发事件可被理解为突然发生的、难以应对的事情，包括两层含义：第一层的含义是事件发生、发展的速度很快，出乎意料；第二层的含义是事件难以应对，必须采取非常规方法来处理。狭义上，突发事件就是意外地突然发生的重大或敏感事件。前者即自然灾害，后者即人为制造的重大事件，如恐怖事件、社会冲突、丑闻、谣言等，专家也称其为"危机"。根据中国于2007年11月1日起施行的《中华人民共和国突发事件应对法》的规定，突发事件是指突然发生，造成或者可能造成严重社会危害，需要采取应急处置措施予以应对的自然灾害、事故灾难、公共卫生事件和社会安全事件。

（二）什么是监狱突发事件

监狱突发事件，是指监狱内突然发生，造成或者可能造成严重社会危害，需要采取应急处置措施予以应对的自然灾害、生产事故灾难、罪犯群体事件和影响监狱安全的事件。监狱突发事件也可从广义和狭义上来理解。广义的监狱突发事件是指由人的主观因素或者环境的客观因素而导致在监所内突然发生的、后果严重的、影响和破坏正常秩序，甚至危害公共安全，需要及时处置的事件。狭义的监狱突发事件是指罪犯在监狱内故意制造和实施的破坏监管秩序，危及监狱和他人安全，有巨大危害性和较大影响的突发性事件，主要包括监管对象脱逃、暴动、骚乱、聚众斗殴、集体绝食、行凶伤害、劫持人质、纵火、自杀以及其他破坏活动。

二、监狱突发事件的特点

（一）突发性

突发事件的最大特点首先是其突发性，即突然发生、出乎人们意料，让人措手不及。任何突发事件的引发均是事物内在矛盾由量变到质变的飞跃过程，是通过一定的契机诱发的，具有极大的偶然性和随机性。监狱突发事件也不例外。监狱突发事件的诱因具有一定的偶然性和不易发现的隐蔽性，在什么时间、什么地点，以什么样的方式出现，事态规模和发展演变如何，以及事态的具体形态和影响深度，均是难以预测和准确把握的。正是监狱突发事件的突发性，使得监狱突发事件容易在较短时间内成为社会关注的焦点和热点，并产生较大的影响力和社会危害。

（二）破坏性

不论什么性质和规模的监狱突发事件，都必然不同程度地给监狱及监管改造秩序造成破坏、混乱和恐慌，在造成人员伤亡、财产损失的同时，还会在短时间内大范围蔓延，产生连带效应，造成更为严重、广泛的破坏和次生事件，给国家和社会造成政治、经济和精神上的破坏与损失。加之大多数情况下，由于监狱突发事件事发突然，人们在面对突发事件时信息占有量极为有限，难以在短时间内进行合理决策和有效处置，稍有不慎，不但难以有效控制事态、减小损失和危害，还容易导致事态进一步恶化或产生诸多不利因素，甚至还会引发次生或衍生恶性事件，产生更大的损失和危害。

（三）状态的失衡性

一般来说，常规事件可以被看作是处于一种均衡状态，其各要素均按事物正常的发展轨道和规律运行和发展，有一定的规律可循。人们应对和处置常规事件时，按常规的工作方式和工作程序即可奏效。突发事件则是事件偏离了正常发展轨道并超出了常规事件的运行和发展规律而出现了失衡。人们在面对和处置突发事件时，常规的工作方式和工作程序已失去了作用，导致突发事件的处置决策往往很艰难，甚至有时还需要付出很大的代价。因此，监狱突发事件的处置，需要人们突破传统的思维模式，对思维方式重新整合、组合，创新思维模式和方式，用特殊的思维和措施才能奏效。

（四）复杂性

监狱突发事件的发生、发展千变万化，不是简单、机械的重复。这使得监狱突发事件发生和处理的全过程呈现出一定的复杂性：监狱突发事件发生的原因有不同的因素、背景、情景，即便是同样的监狱突发事件，甚至是简单的突发事件，其发生的时间、地点、原因等因素各不相同；具体的监狱突发事件往往具各自具有不同的性质、内容和表现形式；在控制过程中需要动员各种应急系统做好各方面的措施，有的监狱突发事件的不恰当处理还可能使监狱突发事件的危害升级或者卷土重来；而且在监狱突发事件得到有效应对和处置后，也还需要一系列的善后工作和保障措施，以防止突发事件死灰复燃或卷土重来。监狱突发事件的复杂性决定了对监狱突发事件难以按照固定的模式和形式进行处置，有必要建立一套全面、反应迅速的应急处置机制。

（五）可控性

随着现代科技的发展，人类对监狱突发事件的控制和驾驭能力及程度不断提高。科学及时的预警机制可以防范一些监狱突发事件尤其是自然灾害、群体性事件的发生；快速的紧急处理机制可以有效地控制监狱突发事件的蔓延；完善的善后协调机制也可以稳定监狱突发事件情势，防止监狱突发事件卷土重来。总之，随着时代的发展，越来越完善的监狱突发事件应急机制可以预防、控制和减少危机。

三、监狱突发事件的分类

对监狱突发事件的分类研究，是通过对各类突发事件的共性和特性进行梳理，以便更有效地研究监狱突发事件处置的对策和措施。

（一）人为和非人为监狱突发事件

根据监狱突发事件发生的性质、机理和起因，可将其分为人为监狱突发事件和非人为监狱突发事件。人为监狱突发事件是指罪犯在监狱的生产和生活中故意制造和实施危及监狱和社会安全稳定的突发性事件，如越狱、暴动、骚乱、聚众斗殴等。非人为监狱突发事件是指由于自然界所发生的异常变化或意外因素，直接导致监狱生产、生活和人身安全受到严重威胁和破坏的突发事件，如地震、洪水、飓风、意外等。人为监狱突发事件是由人的主观因素引起的，而非人为监狱突发事件是由外部客观因素引起的。对于人的主观因素引起的突发事件，如能提前研判、预警和及早干预，是可以避免和控制的；对于外部客观因素引起的突发事件，虽说多数是不可避免的，但如果从监狱的建设之初入手，提高应对自然灾害的能力，通过自然灾害预报做好防范措施，加强监狱安全制度建设和管理，是可以将损失和危害降低到最低的。

（二）全局性和局部性监狱突发事件

从监狱突发事件的规模和影响范围的大小，可将监狱突发事件分为全局性监狱突发事件和局部性监狱突发事件。全局性监狱突发事件是指波及整个监狱的突发事件。全局性监狱突发事件往往涉及人数众多、规模较大、影响范围大、冲突激烈，容易出现暴力或滥施暴力等，对监狱冲击力强，威胁或危害较大，而且处理难度系数大，不仅会直接危害监管改造秩序，还会对社会的安全稳定造成极大的危害。局部性突发事件是涉及监狱局部方面的突发事件。局部性监狱突发事件涉及人员较少、规模较小、影响范围小、冲突相对较弱，对监管改造秩序的冲击较弱，威胁、危害相对较小，处置起来相对要容易些。一般来说，监狱突发事件大多为局部性监狱突发事件，如果监狱突发事件初期的规模或影响能够得到及时有效地应对和处置，是不会演变成为波及整个监狱的全局性突发事件的。当然，如果应对、处置不当，局部性突发事件则有可能会演变或转化成全局性监狱突发事件。

（三）群体性和个体性监狱突发事件

按照突发事件主体，监狱突发事件可分为群体性突发事件和个体性突发事件。群体性监狱突发事件是指因监狱内部矛盾而引发，由部分罪犯参与并形成有一定偶合群体和目的的，以要求满足某种需要为目的，使用扩大事态、加剧冲突、滥施暴力等手段，并对监狱管理和秩序正常运转造成重大影响的各种突发事件。群体性监狱突发事件发生以后，如果处理的不及时或者处理手段、方法不当，容易导致罪犯群体情绪失控，出现集体冲监、暴力抗法等更为严重的后果。加之现代传播媒介的方式多样化与传播途径的广泛与便捷，群体性监狱突发事件极易从小事件扩大到全局性的大事件，由监狱领域蔓延到国家和社会领域。个体性突发事件是因罪犯个体行为所引起的或者因不可控制因素所引发的，在一定范围内对监管秩序、监狱安全、罪犯个体身心健康或生命安全造成影响的事件，如个体杀人、个体伤害、个体脱逃事件等。个体性突发事件是涉及监狱个体罪犯或少量罪犯所遭遇的突发事件，其人数、规模、危害性、冲突激烈程度等区别于群体性突发事件。但如果对个体监狱突发事件应对、处置不当，也易引发群体性监狱突发事件。

（四）原发性和继发性监狱突发事件

按照监狱突发事件发生的顺序，可以将监狱突发事件分为原发性监狱突发事件与继发性监狱突发事件。原发性监狱突发事件是指最初发生的监狱突发事件；继发性监狱突发事件是由最初的监狱突发事件引发、诱发、升级、转化出来的新的形式或态势的监狱突发事件。原发性监狱突发事件是继发性监狱突发事件的因，继发性监狱突发事件是原发性监狱突发事件的果。在对监狱突发事件的处置中，应注意研究和汲取以往的经验和教训，充分考虑原发性监狱突发事件与继发性监狱突发事件之间的因果联系，尽量避免继发性监狱突发事件的发生，以及做好继发性监狱突发事件的处置对策思考，以免继发性监狱突发事件出现后陷于被动。

（五）监狱安全、自然灾害、公共卫生等监狱突发事件

按照监狱突发事件的具体内容，可以将监狱突发事件划分为监狱安全管理、自然灾害、公共卫生等监狱突发事件。这种分类方法具有直观、具体的特点，在监狱突发事件处置中经常使用。①监狱安全管理类监狱突发事件。诸如重特大监狱内案件、罪犯脱逃、罪犯袭警、劫狱、罪犯调遣过程中发生的各类安全事故、罪犯斗殴、罪犯行凶、罪犯自杀、罪犯劫持人质等，以及其他可能危及监狱安全的事件。②恐怖袭击类监狱突发事件。诸如利用放射性物质装置、生物病原体和毒素、化学有害物质制造监狱恐慌、威胁的事件，以及利用爆炸、纵火、冲撞、砍杀、枪击、无人机、空中投掷等手段袭击、破坏监狱重要目标的事件。③生产安全环境类监狱突发事件。常见的有罪犯在劳动改造过程中发生的重特大安全事故、环境污染事故和其他安全事故等。④公共卫生类监狱突发事件。常见的有监狱内食物中毒、重大传染病疫情、因艾滋病罪犯引发的职业暴露事件，监狱及驻地周围发生的重特大疫情，以及其他严重影响罪犯健康的事件。⑤自然灾害类监狱突发事件。这主要包括因自然因素导致的水灾、旱灾、堤坝险情，暴雨、冰雹、雨雪、雷电等气象灾害，地震、山体崩塌、滑坡、泥石流、地面塌陷等地质灾害，森林火灾，以及其他可能造成监管设施毁坏的灾害所引发的事件。

四、监狱突发事件的等级标准

根据监狱突发事件的类型不同，按照可控性、严重程度和影响范围，以及对监管安全和社会政治影响的不同，监狱突发事件可划分为四级：Ⅰ级（特别重大）、Ⅱ级（重大）、Ⅲ级（较大）和Ⅳ级（一般）。相应地，对可能发生和可以预警的监狱突发事件进行预警时，预警级别一般划分为四级：Ⅰ级（特别重大）、Ⅱ级（重大）、Ⅲ级（较大）和Ⅳ级（一般），依次用红色、橙色、黄色和蓝色表示。

（一）一般性监狱突发事件

一般性突发事件是指事态比较简单，仅对监狱局部较小范围内的财产、人身安全、监狱稳定和监管改造秩序造成严重危害和威胁，已经或可能造成人员伤亡或财产损失，但只需监狱相关职能部门协调有关部门就能够处置的监狱突发事件。

（二）较大监狱突发事件

较大监狱突发事件是指事态比较复杂，仅对监狱一定范围内的财产、人身安全、监狱安全与稳定和监管改造秩序造成严重危害和威胁，已经或可能造成较大人员伤亡、财产损失或环境污染等后果，但只需要所在监狱调度辖区有关部门，必要时由省级监狱行政管理相关专业机构业务指导就能够处置的监狱突发事件。

（三）重大监狱突发事件

重大监狱突发事件是指事态复杂，对监狱一定范围内的财产、人身安全、监狱安全与稳定和监管改造秩序造成严重危害和威胁，已经或可能造成重大人员伤亡、财产损失或生态环境破坏后果，需要省级监狱行政管理部门专业机构或事件主管单位调度有关部门、地方相关单位联合处置的监狱突发事件。

（四）特别重大监狱突发事件

特别重大监狱突发事件是指事态非常复杂，对监狱的财产、人身安全、监狱安全与稳定和监管改造秩序造成严重危害和威胁，已经或可能造成特别重大人员伤亡、财产损失或环境污染等后果，需要省级监狱行政管理部门统一协调，指挥各方面资源和力量处置的监狱突发事件。

五、监狱突发事件现场处置原则

监狱突发事件的种类很多，在现实中的表现方式也不尽相同，所以在进行监狱突发事件处置中既要根据监狱工作的实际，又要坚持一定的原则，确保监狱突发事件能快速、安全、依法、科学、有效、有序地进行处置。

（一）预防为主

监狱突发事件的突发性、破坏性和复杂性，决定了监狱突发事件的应对、处置必须站在确保监狱安全稳定和保障监管改造秩序的高度和要求上，正确认识到监狱突发事件对监狱、社会的危害，牢固树立危机意识，做好积极应对监狱突发事件的思想准备，建立、健全监狱突发事件的监测和预警机制，广泛收集情报信息，加强监狱狱犯情分析和调查控制，实时对监狱突发事件进行监测，防微杜渐，尽可能将监狱突发事件控制和消灭在萌芽阶段。同时，也要做好各项准备工作，如各类监狱突发事件处置预案的编制和完善，完善监狱突发事件处置机制，做好相应的物资、人力、装备、技术、财力、信息等方面的储备，加强对监狱突发事件处置预案演练和处置能力训练等，使监狱突发事件的应对和处置做到有备无患、常备不懈。一旦有监狱突发事件发生，也能快速反应、从容应对和有效处置。

（二）沉着冷静、快速反应

监狱突发事件具有突发性、紧急性、不确定性、扩散性、危害性和破坏性等特点，一旦发生，其危机来势凶猛，时间紧急，监狱安全和监管改造秩序处于极度的危险之中。所以，在面对突发事件时，我们必须沉着冷静、快速反应，必须在第一时间作出最正确的反应。如果我们不能沉着冷静，很有可能导致错误的决策，采取不当的应对或处置方式；如果我们的反应时间有所拖延，会在很大程度上直接决定我们应急处置的成败，造成不可挽回的伤害和损失。因此，应注意加强监狱应急处置队伍建设，对发生的各类突发事件，各级、各方人员应按应急预案的规定，必须以最快的速度在第一时间赶赴现场履行职责，采取果断措施予以处置，力争将事态控制、制止在初发阶段。

（三）以人为本

人的生命权利是人作为人与生俱来的权利，对生命权的尊重是文明社会的基本准则。发生监狱突发事件，对监狱的运行、正常的监管改造秩序造成极大的破坏，给监狱民警、工作人员和罪犯的生命带来极大的威胁和危险，有的会造成重大的人员伤亡和财产损失。面对监狱突发事件导致的复杂局面，处置人员也面临极大的压力和生命、健康危险。因此，在处置和应对监狱突发事件时，必须坚持以人为本、减少伤亡的原则，始终把对人的生命权、健康权的尊重放在处置工作的第一位。不论是对指挥人员、一线救援参战人员，还是罪犯，甚至导致突发事件的罪犯，其生命权和健康权都应得到尊重。各类监狱突发事件处置过程中，不论是应急预案，还是临场决策、处置操作和具体措施，均要体现和做到以人为本，把人的生命安全、健康安全放在头等位置来考虑，要尽量避免或减少人员伤亡和损失，即便是这样选择要付出更大的成本和代价也要在所不惜。

（四）统一指挥

在监狱突发事件处置过程中，需要多部门、多机构的联合协调、应对，参加处置的职能部门、辅助部门及参战人员众多，各处置主体及其人员工作性质、职责各不相同又有关联。如何保证各相关部门各司其职，充分发挥职能作用的同时，又做到把各块、各个体的力量进行有效整合，协同配合，形成处置监狱突发事件的合力，实现整体效益最大化，统一有力的指挥不可或缺。如果没有统一的指挥，各部门各自为战，不仅不能发挥应有的效果，甚至还会导致内部相互掣肘，各行其是，造成混乱、内耗，产生负效益。因此，在突发事件应急处置中，一定要充分发挥各级、各类突发事件应急指挥中心的功能，通过指挥中心的统一指挥，建立、健全各类、各部门职责，明晰职责、分级负责、条块结合、分工协作，实现不同职能部门之间的协同运作，优化整合各种监狱突发事件处置资源，发挥整体功效，确保快速、科学、规范、有效有序地应对和处置，最大限度地减少监狱突发事件所造成的损失和危害。

（五）依法处置

依法处置是现代社会发展的必然要求，也是我国全面依法治国战略方针的要求。监狱作为国家的刑罚执行机关，必须根据有关法律和法规正确处置监狱突发事件，使监狱突发事件处置工作规范化、制度化、法制化。在预案编制、具体采取的处置措施中均应有法律依据，并按照法律规定的权限、程序和要求进行果断处置。只有在法律法规的规范和约束下采取正确的监狱突发事件处置策略、方式与方法，才能切实保护公共安全，维护国家法治尊严。

（六）科学处置

在当今这个科技高速发展的时代，各类科学技术装备日新月异，许多先进的监测、预测、预警、预防以及应急处置技术装备应运而生，科技革新推陈出新。应充分发挥专家队伍和专业人员的作用，提高应对监狱突发事件的科技水平和指挥能力，增强监狱突发事件处置的科学性，避免发生次生、衍生事件。同时，加强宣传和培训教育工作，提高公众自救、互救和应对监狱突发事件的综合能力，避免经验主义、个人英雄主义，正确、科学地应对、处置监狱突发事件，防止延误战机并导致处置失败。

六、监狱突发事件处置指挥体系

近年来，监狱突发事件应急处置工作越来越受到重视，也建立了较为完善的指挥体系，其基本内容为：

（一）监狱突发事件处置领导小组

在省级司法行政机关成立监狱突发事件处置领导小组。其主要职责是：负责全省、市、自治区监狱突发事件武器装备的配备，做好监狱突发事件的演练指导与检查工作；监狱发生突发事件时，就重大问题及时作出决策，领导省级监狱行

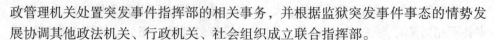
政管理机关处置突发事件指挥部的相关事务，并根据监狱突发事件事态的情势发展协调其他政法机关、行政机关、社会组织成立联合指挥部。

（二）监狱突发事件指挥部

在省级监狱行政管理机关成立监狱突发事件处置指挥部。指挥部办公室设在指挥中心或监狱突发事件现场，在省级司法行政机关监狱突发事件领导小组的直接领导、指挥下，具体负责重、特大监狱突发事件处置，并对各监狱处置较大监狱突发事件进行指导。省级监狱管理机关处置监狱突发事件指挥部可根据需要下设若干工作组。例如：①应急工作组。在监狱突发事件发生时，按照指挥部的统一部署，指挥、协调、调动警力进行应急处置。应急处置要注意把握监狱突发事件处置的有利时机，防止事态恶化，最大限度地避免和减少人员伤亡，减少财产损失和社会影响，确保监狱和社会安全稳定。②调查工作组。在监狱突发事件发生时，组织相关人员到事发单位和现场及时进行调查，收集情报信息，为指挥部提供及时、准确、有效的情报信息。③外联工作组。在监狱突发事件发生时，经指挥部授权，向其他政法机关、行政机关、社会组织通报信息，联络、协调请求配合处置监狱突发事件的相关事宜即手续。在日常工作中与相关部门建立联合处置监狱突发事件工作机制，形成监狱突发事件处置的有效支援力量。④宣传工作组。在领导小组和指挥部的指导下，做好应对媒体采访接待和对监狱突发事件报道相关工作，审核、发布相关信息，及时进行舆情监测，处置针对监狱突发事件的负面信息和虚假信息。汇总、整理、研判各单位通报的信息，上报指挥部和领导小组，经批准向本系统相关单位通报狱情动向和监狱突发事件态势。⑤综合保障工作组。在监狱突发事件发生时，为监狱突发事件处置提供交通、通讯、医疗、生活、应急装备、物资等保障服务等。

（三）监狱突发事件处置工作组

各监狱成立监狱突发事件处置工作组。其主要职责是：负责制定、修订、完善监狱内各种突发事件应急预案；负责定期组织监狱内的各种突发事件应急预案的演练，发现演练中出现的问题；负责组织较大、一般监狱突发事件的处置，决定启动、终止监狱突发事件处置预案；对较大、一般监狱突发事件的有关重要事项进行决策，确定处置措施，及时赶赴现场调查、处理；及时向省级监狱管理机关报告处置情况，做好与其他有关部门的协调工作；执行处置监狱突发事件领导小组和指挥部关于处置重、特大监狱突发事件的相关决策和指令，执行并完成处置监狱突发事件的相关工作任务；提出处置监狱突发事件的重大决策意见和工作建议。

（四）监狱突发事件应急工作小组

监狱各部门、各监区应有专门负责监狱突发事件的应急工作小组。监狱突发事件应急工作小组的职责是：迅速将突发事件向上级报告；根据突发事件发生的原因、时间和方式果断作出决策，指挥、调动全监区的警力，尽量稳住事态的发展，减少损失；做好参战监狱民警的召集动员、现场保护和现场处置，做好监舍、仓库、生产场所秩序维护和安全防范工作；接受监狱突发事件领导小组、指挥部、工作组的指挥和调度，完成处置监狱突发事件相关工作。

此外，各省、市、自治区司法行政机关可根据处置突发事件领导小组的统一部署，按照快速处置、整合资源、协同配合的原则，结合本省、市、自治区监狱、强制隔离戒毒所的分布情况和交通现状，按有利于充分发挥警力、高效快速联动、区域包围封锁的要求，将本省、市、自治区监狱、强制隔离戒毒所划分为若干联动区域，构建片区联动机制，制定实施办法，采取轮流牵头定期协调的方式，在确保联动区域单位自身安全稳定的基础上，当友邻单位有突发事件发生时迅速调动警力，及时增援发生突发事件的友邻单位。

七、监狱突发事件处置预案

监狱突发事件处置预案是指监狱根据收集的各类信息情报，针对可能发生的各类突发事件，为保证迅速、有序、有效地开展应急处置，而预先制定的一系列应对突发事件的工作计划和行动方案。

（一）监狱突发事件处置预案的类型

1. 综合预案。综合预案是监狱突发事件的整体预案，从总体上阐述监狱的应急方针、政策、应急组织结构及相应的职责、应急处置指挥的总体思路等。

2. 专项预案。专项预案是针对某种具体的、特定类型的突发事件所制定的应急预案。专项预案是专业性、针对性较强的特定突发事件的应急预案，具有更强的现实指导意义。

3. 现场预案。现场预案是在专项预案的基础上根据具体场所情况需要编制的预案，一般也称现场处置预案。它是针对特定的风险较大的场所或重要防护场所制定的预案，如监狱突发罪犯袭警案件现场处置预案，罪犯行凶突发事件现场处置预案等。现场应急预案的特点是针对某一具体现场存在的某类特殊危险，结合可能受其影响的周边环境情况，在详细分析的基础上，对应急处置中的各个方面做出具体、周密而细致的安排。因而，现场预案具有更强的针对性、对现场更具有指导意义。

（二）监狱突发事件处置预案的基本内容

监狱突发事件处置预案的具体内容，因编制机构、应对的监狱突发事件的不同而不尽相同。一般应包括以下内容：①总则，包括编制目的、编制依据、指导思想、突发事件的定义及描述、工作原则、应急演练、适用范围；②突发事件的划分，主要包括突发事件的种类和级别；③组织领导机构和职责，主要包括各级指挥机构、工作组织、工作人员的组成及其职责划分与确定；④突发事件的处置，主要包括监狱突发事件的接警及报告、应急处置、处置结束及善后工作和总结等；⑤处置监狱突发事件片区联动机制运行，主要包括必要性、片区联动区域的划分、片区联动的内容、片区联动的协调与联络、片区联动的演练；⑥保障措施，主要包括警力、信息通讯、交通、专业、纪律、物资、监督等保障内容；⑦舆情应对及宣传报道；⑧培训、教育、演练；⑨处置监狱突发事件预案体系，包括总预案、具体预案、专项预案等组成的预案体系；⑩奖励与惩罚；⑪预案制作说明，包括专业术语解释、预案制定情况说明、预案管理、时间等情况说明。

（三）监狱突发事件处置预案演练

监狱突发事件处置预案编制完成后，要使预案在监狱突发事件处置中能够得到正确运用和发挥作用，还必须对监狱、相关单位和部门及其参战人员进行宣传和培训，对预案进行演练，以验证预案的整体或关键性部分是否具有可行性，发现预案在执行过程中需要完善和调整的地方，检验、完善监狱突发事件处置预案，帮助监狱突发事件处置参战机构和人员掌握监狱突发事件处置的知识和原理，锻炼和提高他们的应急处置技能和能力，进而有效降低监狱突发事件的危害，减少监狱突发事件带来的损失。

任务实施/操作

一、监狱突发事件的前期处置

（一）迅速报告

监狱突发事件发生后，事发单位或部门现场人员与最先接触监狱突发事件的人员，应当根据现场情况和核实了解到的监狱突发事件情况，迅速向部门负责人、值班室、指挥中心和分管领导报告，必要时可越级报告，以便上级机关及时了解情况，迅速作出反应。在报告的同时，在现场或赶赴现场核对情况和进行现场处置，如果发现情况有新变化，或者所报情况严重失实时，再作出补充或修正报告。

（二）紧急处置

在监狱突发事件过程中，无论在哪个阶段和环节，对于监狱突发事件现场存在着紧急情况需要采取紧急措施的，应按紧急情况处置优先的原则，要果断决策，根据监狱突发事件现场的情况，就地组织或调遣警力赶赴现场进行紧急处置。例如：制止违法犯罪、控制嫌疑人、抢救受伤者、抢险救灾、排除隐患、追缉堵截、现场控制与保护等。

（三）受理报告

部门负责人、值班室、指挥中心和分管领导对于监狱突发事件的警情报告，都应当立即接受，问明情况。主要问明监狱突发事件发生、发现的时间、地点和简要经过，形成的原因和危害结果或损失，是否采取了紧急措施，突发事件现场是否已采取保护或控制措施或遭到破坏等。及时对掌握的情况进行核对、审查，并根据监狱突发事件的态势部署和组织相关单位或部门进行先期处置。

（四）沟通协调

对于发生的监狱突发事件，接收报告的单位或部门应根据监狱突发事件大小、工作需要，请示领导批准后迅速沟通各方面信息。主要包括：其一，接报后根据突发事件情况迅速逐级报告上级机关。其二，对一些监狱突发事件，特别是涉及面较大的监狱突发事件，根据需要可请求友邻地区的政法机关、行政机关和有关组织予以协助。其三，可视工作需要，及时向各职能部门和监区通报监狱突发事件情况，布置任务，迅速开展工作。

（五）组建指挥体系

各级监狱突发事件处置指挥人员接到命令或警情后，对监狱突发事件的相关情报信息进行分析、研判后，迅速根据监狱突发事件的类别、性质、规模等，启动处置监狱突发事件预案，并组建指挥机构和处置工作组，建立监狱突发事件指挥体系。视需要启动片区联动机制，向参加监狱突发事件处置的各单位、部门传达指示，调度参战单位及人员，下达参战命令。

（六）收集情报信息

情报信息是处置监狱突发事件决策和制定行动方案的重要依据，是贯穿于整个监狱突发事件处置全过程的核心要素。没有情报信息就无法开展监狱突发事件处置的各项工作。故在监狱突发事件的每个阶段和环节，都应不断通过各种渠道、途径，采用各种措施、方法与手段收集与监狱突发事件相关的各种情报信息，并对收集到的情报信息进行分析、研判。这样监狱突发事件的处置才更为科学、可靠。

（七）制定监狱突发事件处置实施方案

监狱突发事件处置实施方案是在监狱突发事件处置预案的基础上，针对已经发生的监狱突发事件制定的具体行动方案。处置监狱突发事件预案启动后，监狱突发事件处置现场指挥部应根据现场实际情势、收集到的情报信息，结合监狱突发事件处置目标要求和上级指挥部的指导，组织各参战单位、部门共同制定监狱突发事件处置实施方案。实施方案的内容主要包括：①监狱突发事件的基本情况。这主要是与监狱突发事件处置实施行动任务有关的一些基本情况，主要包括监狱突发事件的类别、性质、规模和影响，发生的事件、地点和可能发生的变化，监狱突发事件周边的环境、地形地物、社情、交通，天气、气温、湿度等自然条件。②处置的目标和达成的效果。这是指本次处置行动的目标和要达到的效果及要求，也包括上级指挥部和上级机关的指导意见和要求。③监狱突发事件处置的具体任务。④参战单位和人员的编队和任务分工。这是指根据实施行动任务需要和各单位、部门、人员的专业特点，对参战人员进行必要的任务划分和确定。编队和任务分工时，应注意各组（队）人员的组成与搭配、部署安排、具体任务等。⑤处置方法。这是指监狱突发事件处置过程中各阶段可能出现的情况及所采取的行动方法，如谈判、强攻、狙击、防范、抢险救灾、强制疏散等。⑥通信联络。这是指在监狱突发事件处置行动中预先确定的各种通信联络方式、方法。⑦协同方法。这是指在监狱突发事件处置行动中各参战单位、部门的警种与警种、警力与警力、警力与其他支援力量之间的协同动作、联络方法和指挥权归属等的协调与沟通。⑧监狱突发事件处置的行动保障。这是指为保证监狱突发事件处置行动任务需要的各项保障工作和条件，包括思想动员、情报信息保障、调查保障、警力保障、武器装备保障、通信保障、交通工具保障、专业保障、物资保障、纪律保障、后勤保障等。⑨指挥机构及其位置。这是指在监狱突发事件处置行动中指挥体系的确定和具体位置安排，主要包括：指挥机构的类型、等级、人员组成，指挥机构设置的时间和具体位置安排，指挥的情报信息、指挥通信、警戒防护、器材装备等与指挥相关的保障。⑩完成实施方案准备时限。这是指在监狱突发事件处置行动中各级单位、组织及参战人员完成行动准备的时限要求。⑪其他事项。其他根据监狱突发事件处置的需要和有关法律法规和政策规定，在监狱突发事件处置行动中应注意的其他事项及要求，等等。

（八）完成行动的各项保障工作

即完成思想动员，提出纪律要求，做好情报信息、调查、警力、武器装备、通信、交通工具、专业、物资、后勤等各项保障工作。

二、监狱突发事件的临场处置

（一）了解情况

在监狱突发事件现场，现场指挥员应进一步了解和掌握监狱突发事件现场的情况。通过听取先期到达处置现场的工作人员的情况汇报，必要时可以亲自对相关人员进行调查。在了解情况的同时或之后，现场指挥员应观察监狱突发事件现场的内外情况及周围的环境。通过了解情况和观察现场，做到对监狱突发事件现场的情况心中有数，形成对监狱突发事件及态势的进一步认识和判断，同时决定是否需要采取相关紧急措施和检查、调整现场先期处置。

（二）调整警力部署

突发事件处置现场指挥人员在对监狱突发事件及态势作出判断后，应根据情况和现场态势立即对现场警力进行调整，实施对现场的警戒和控制，选择有利地形，做好监狱突发事件处置的各项准备工作。

（三）修改行动方案

在对监狱突发事件及其现场态势作出判断后，指挥人员应对行动方案进行评估，对不符合实际情况的方面进行调整、补充和修改。根据监狱突发事件处置行动方案的需要，对人员分工和各个参战单位及人员任务和职责进行重新调整和确定。

（四）下定处置决心

下定处置决心是监狱突发事件处置临战状态的关键环节，是监狱突发事件处置行动成败的关键。因此，监狱突发事件现场处置指挥人员应在对监狱突发事件现场的情势充分研判、掌控的基础上，结合监狱突发事件处置目标要求，正确领会上级指挥机构的意图，果断下定处置决心。

（五）下达处置命令

下定处置决心后，应迅速向各参战人员下达处置命令。各参战单位及人员按行动方案确定的任务开展行动。

（六）现场处置行动的协调

监狱突发事件处置行动展开后，临场指挥人员随时根据处置行动的情势和发展变化，掌握各项监狱突发事件现场处置行动进展情况，适时做好协调工作。应注意把握以下要点：一是时刻掌握监狱突发事件现场态势及其变化，随时调整行动方案、处置策略、处置方法，始终掌控监狱突发事件处置行动的主动权；二是做好上传下达，保证指挥联络和情报信息传递渠道畅通；三是对监狱突发事件处置中发生重大变化需要重要决策时，应及时进行决策或向上级指挥机构提出决策建议。

三、监狱突发事件的后期处置

（一）善后工作

监狱突发事件处置行动结束后，应迅速开展善后工作，主要包括：组织抢救受伤人员、现场调查取证及缴获工作、事件审查和事件后续调查工作；使用武器造成人员伤亡的，应及时向检察机关报告，等等。

（二）报告情况

监狱突发事件处置结束后，应迅速向上级机关报告监狱突发事件处置情况，总结本次监狱突发事件处置活动，随后以书面形式上报监狱突发事件处置的详细情况。同时，布置各行动组或工作小组总结监狱突发事件处置工作，及时上报情况。

（三）总结评析

整个监狱突发事件处置完毕后，应组织进行总结评析。总结评析主要包括：回顾整个监狱突发事件处置过程，归纳成功经验，分析监狱突发事件处置过程及行动措施存在的失误、不足、不当之处，提出完善解决方案。并根据总结评析结果，对在监狱突发事件处置过程中表现突出与成绩显著或存在失误与过错的单位或个人，由相应机关或按干部管理权限予以奖励或惩罚，对监狱突发事件处置过程中涉嫌违法犯罪的，移送有关机关处理。

 任务实例/呈现

20××年××月1日9时，××省××监狱2名被判死刑缓期两年执行的在押罪犯李某某、胡某某以搭人梯的方式翻越监狱西部的围墙脱逃。两罪犯在攀爬监狱围墙时均被电网击中，胡某某被击中后掉落在监狱围墙内被闻讯赶来的监狱民警立即抓获，李某某则被弹出监狱围墙外落地后向监狱以西方向继续逃跑。

脱逃事件发生后，××监狱迅速进行了现场初步紧急处置，并及时层报至各上级主管机关。接到报告后，××省公安厅、司法厅、监狱管理局、武警总队迅速应对，立即启动应急预案，成立了"××.1"追逃工作联合指挥部。指挥部迅速部署武警、公安民警、监狱民警在监狱周围路口、交通要道、车站设卡拦截，并以××监狱西至××镇的地域为中心，布置警力全面封锁监狱周边区域，阻止李某某继续外逃。

指挥部迅速了解到，脱逃罪犯李某某，男，身高1.72米，瘦脸，单眼皮，小眼睛，××省××县××乡××村人。20××年××月××日因抢劫罪被判死刑缓期两年执行。20××年××月××日被投入××省××监狱服刑改造。李某某脱逃时身穿黑短袖、黑裤子、白鞋，左手臂有蝙蝠文身。

20××年××月1日12时，指挥部根据掌握的情况，迅速通过电台、电视台、短信、微信、微博、布告张贴等方式发布了通缉令和悬赏通告，发动群众提供有关逃犯李某某的线索。

20××年××月1日19时，指挥部从临近××县的××市抽调了500名武警官兵到××监狱附近集结待命，同时从距离××监狱较近的×××监狱和×××监狱抽调了300名监狱民警赶赴××监狱支援。

20××年××月1日21时，在抽调的武警官兵和监狱民警汇合后，指挥部决定在加强对××监狱附近道路及路口的警戒的同时，组织警力兵分三路进入××监狱西边的××村，以该村旁的一个荒草坡为中心展开拉网式搜寻。

20××年××月2日14时23分，在武警、公安、监狱等多方警力的合力追捕下，在××监狱的西面、××村旁的一个地形复杂、杂草丛生的废旧厂区里，成功抓获××监狱脱逃罪犯李某某。

任务小结

本学习任务介绍了什么是监狱突发事件，帮助学生了解监狱突发事件的特点、分类和等级标准，以及监狱突发事件处置的指挥体系，明确狱内突发事件处置的原则和狱内突发事件处置预案，以及进行狱内突发事件处置所必需的相关基础知识；培养学生能够在司法实践中恰当运用所学知识、技能制定狱内突发事件处置预案和进行监狱突发事件处置相关的业务技能和基本运用能力。

思考题

1. 什么是狱内突发事件？试述狱内突发事件的特点。
2. 试述狱内突发事件的类别。
3. 试述狱内突发事件处置原则。
4. 试述狱内突发事件预案的制定。
5. 试述狱内突发事件的基本操作。

任务训练

训练项目：模拟狱内突发事件处置

一、训练目的

通过狱内突发事件处置实训，帮助学生加深对狱内突发事件处置的理解，掌握狱内突发事件及处置的相关基础知识，学会根据素材制作狱内突发事件处置预案，培养学生在司法实践中进行狱内突发事件处置相关的业务技能和实际运用能力。

二、训练要求

1. 明确训练目的。
2. 掌握训练的具体内容。

3. 熟悉训练素材。

4. 按步骤、方法和要求进行训练。

三、训练条件和素材（具体训练条件和素材可根据训练目的及训练重点由训练指导教师选择、调整）

（一）训练条件

模拟监狱及配套基本设施、器材、设备等。如果没有模拟监狱，可以选择一定的办公场所、劳动场所、学习场所或相关环境进行适当布置成为模拟场所、警车、单警装备、警械、武器、防暴工具等。

（二）训练素材

20××年××月××日清晨 6 时许，××省×监区组织罪犯在监舍内整理内务。罪犯吴某某因琐事与同监舍罪犯王某某发生争执，事态经过组长及其他罪犯的劝阻而暂时得以平息。不料吴犯表面上接受了劝阻，实际上心里却愤愤不已。大约过了 20 分钟，在 6 时 30 分许，吴某某乘人不备，突然抄起放在床旁的木凳，向正坐在床边的王某某头部砸去，在王某某倒地后继续用小木凳继续砸王某某的头部、胸部，并采用脚踹王某某的腹部。导致罪犯王某某当场昏迷，后被送医院抢救，虽经颅脑和胸外手术，却终因伤势过重，于××月××日××时××分抢救无效死亡。

四、训练方法和步骤

在指导教师指导下，学生在训练室分组模拟各角色（狱内侦查人员、监区管教民警、罪犯）进行训练，具体方法和步骤如下：

1. 准备素材，确定训练方式，学生复习有关狱内突发事件处置的基础知识，做好包括模拟狱内突发事件处置的场所及配套设施、设备准备工作。

2. 实训指导教师介绍训练内容和要求，发放准备好的案例素材。

3. 学生阅读素材，掌握素材的相关事实和材料，在指导教师的指导下形成狱内突发事件处置模拟方案。

4. 学生组建团队，相互协作完成狱内行凶事件处置预案；商讨并形成模拟监狱突发事件处置情景，并进行角色分配，具体可按监狱管教民警、罪犯、监狱部门负责人、狱内侦查人员、值班人员进行角色模拟分配。实际操作时可根据情况进行角色的添加或删减，排列组合形成情景模拟团队，如添加或删减医护人员、罪犯家属、新闻记者、监狱领导等。

5. 完成模拟监狱突发事件处置预案和处置行动情景操作，对素材案例中没能提供的条件，由学生酌情进行合理设计和补充。

6. 整理训练成果，形成书面材料。

五、训练成果

1. 完成监狱突发事件处置预案、监狱突发事件处置行动方案等材料制作，条件允许的可考虑演练并同步制作录音录像资料，并将材料交训练指导教师批阅。

2. 总结实训成果，写出心得体会。

3. 指导教师进行讲评及训练成绩考核，评定。

拓展阅读

学习任务七　解救人质

　　近年来，各类劫持事件在各地时有发生，给国家造成了恶劣的政治影响和重大的经济损失。处置劫持事件、解救人质已经成为以侦查机关为主的警方担负的一项经常性的作战任务。这需要知道什么是解救人质，明确劫持人质案件的类型，把握好解救人质的要求，掌握解救人质的方法，做好人质解救工作，维护社会安全和社会秩序稳定。

 任务基础

一、什么是解救人质

　　人质，又称被绑架者、肉票，指劫持者为迫使对方履行诺言或接受某项条件，而强行劫持、扣押的人员。解救人质，指侦查机关在处置劫持人质案件过程中，采取谈判、攻心、狙击、突袭等措施，制服、击伤或击毙劫持者，使人质摆脱劫持者的控制，安全获救的一种紧急性侦查措施。

二、劫持人质的案件类型

　　依据案件各当事人的组成及其与内部、外部的关系不同，劫持人质可以分为内抗型、外抗型和内外复合冲突型三种类型。内抗型劫持人质案件，即矛盾只在劫持者与人质之间展开，劫持者劫持人质的目的在于对人质本身做出某种威胁或迫使人质履行某种承诺、实施某种行为，其犯罪的目的已融进劫持行为之中。外抗型劫持人质案件，即劫持者将人质作为筹码，要挟第三方满足其某种要求的劫持人质案件。其劫持人质不是目的，而是手段。内外复合冲突型劫持人质案件，即劫持者分别同人质和第三方存在着矛盾冲突的劫持人质案件。这三类劫持人质案件，劫持者的心理状态各不相同。解救活动应针对其不同的心理特征，对症下药，因案施策。尤其在处置内抗型的劫持人质案件时，一定要慎重地"初战"，以免使之转化为内外复合冲突型劫持人质的案件。

三、解救人质的要求

（一）以保护人质安全为宗旨

保护人质安全是解救人质中最核心的问题。在解救人质的过程中，无论出现什么情况或解决什么问题，只要人质的人身受到了伤害，都不是成功的人质解救。在这一要求下，一切工作都必须严密部署，谨慎、秘密地实施，并以高度负责的态度去采取行动。这就需要：报案、受案、出警、调查、采取布控措施，以及调用警力等都应当秘密进行，绝不可大手大脚，更不要盲目采取武力围剿战术；要注意运用战术战略，力争以智取胜，在确保人质安全的前提下，务必保证参战人员自身安全；要做到内紧外松，以柔克刚，表现出高超的斗争水平。

（二）不放弃对话

警方与劫持者的对话是解救人质的重要手段，是第一时间建立劫持者与外界联系的桥梁，也是掌握其犯罪信息的基本手段。对话的形式多种多样，最常见的就是谈判。与劫持者谈判，并不是警方软弱和妥协的表现，而是调查或侦查的重要途径，是斗智斗勇的方式之一。因此，警方要正确认识与劫持者谈判的重要意义，主动提出通过谈判对话解决问题，彻底摒除对劫持者"居高临下"的思想，要注重谈判给解救人质带来的实际效果。此外，对劫持者提出进行谈判的要求，警方应尽量满足。至于谈判的具体安排，需要在双方都能接受的情形下实施，但务必先保证对话途径的存在。在对话过程中，紧紧围绕解救人质这一目标，尽可能争取同劫持者进行直接或间接的对话。必要时，也可以在条件允许的情况下为确保人质安全做出一些让步。

（三）快速反应

快速反应是刑事侦查的一项基本要求。快速反应应急机制是各地110接警指挥中心建立的常态化预案，是处置劫持人质案件中的法宝。解救人质过程中要求警方快速反应是由暴力犯罪案件的危害性质所决定的，劫持者犯罪的目的性和劫持人质动机的紧迫性决定了人质急需获得解救，人身安全急需得到保障。在人质人身安全与时间赛跑的情况下，要求警方一经接到报案或报警，就应迅速展开行动；当某一步骤一经准备就绪，就应立即果断出击，付诸实施，绝不能拖拖拉拉。

（四）相互配合

人质及其家属对警方的信任、配合、支持与密切协作，是警方解救人质的关键之一。要取得人质及其家属的信任，让他们知道解救人质是警方的责任，信任、配合、支持警方是明智的决策，单靠个人的力量，靠与劫持者的私下交易，既不符合法律规定又是危险的举动。同时，要通过耐心的、有针对性的思想工作，动员人质家属或劫持者的亲友、监护人等，把他们所掌握的全部情况和细节毫无保留地告知警方，使警方了解案情，把握现场，以作出准确判断和正确决策。在解救人质的全过程中，还要注意始终做好人质的思想工作，稳定情绪，给予其关怀和帮助。

四、解救人质的战术方法

解救人质过程中，在确定了人质的隐藏地点，对劫持人质案件类型和特点有所把握，做好解救行动的保障后，应根据案件的情况和发展变化，研究并确定具体解救人质的战术方法。

（一）正面谈判

在解救人质过程中，谈判的作用十分重要，应贯穿于解救人质案件的全过程。谈判作为一种独立的战术处置方法，通过谈判教育和劝降等，可以使劫持者迷途知返，促进问题得到和平解决，从而达到最佳的效果，或为其他处置创造条件或时机。一般说来，谈判的过程大致包括相互摸底与相互熟悉、讨论条件、陷入僵持、达成协议四个阶段。在与劫持者进行正面谈判的过程中，可以穿插进行说服教育、政策攻心和亲情渲染，适时开展具有针对性的宣传喊话，瓦解其心理防线，使其知道自动终止、放弃犯罪行为可以得到法律上的从轻处罚。

（二）武力解救战术

对劫持者形成包围后，除了正面谈判外，还要根据个案特点快速反应，机动灵活地采取各种最具针对性、最有效的武力解救战术方法。

1. 近敌突袭战法。劫持者劫持人质后，在无法脱身的情况下，必会借助一定的场所与警方周旋。警方则可以劫持者能够接受的理由和方式接近劫持者，利用、寻找、制造、把握战机，出其不意，攻其不备，集中警力、火力，伺机对劫持者进行急速而猛烈的攻击，使劫持者丧失对人质的控制能力和攻击能力，从而救出人质。近敌突袭战法通常在谈判未奏效，狙击、伏击等其他战法又不便于采用时实施。其具体行动方法是：①化装突袭。选派精干人员，装扮成医生、厨师、修理、服务员工等，以给劫持者或人质治伤、送饭、检修机械、提供服务等为名接近劫持者，乘其不备，突然制服劫持者。②公开突袭。即解救人员在不隐瞒自己身份的情况下接近劫持者，伺机制服劫持者。一般来说，劫持者对警察的接近是怀有高度戒备的，这就要求警察选择劫持者能够接受的借口和时机接近劫持者。③隐蔽突袭。即解救人员隐蔽接近劫持者，突然出现在劫持者面前，在其未能伤害人质或向解救者反扑之前制服劫持者。制服劫持者的具体方式，在保证人质和解救者安全的前提下，根据劫持者的工具、防备状态、潜在的危险等来确定，可以是当场击毙、击伤，或是生擒。

2. 狙击战法。即在现场外围，派出狙击手隐蔽待击，寻找、创造并抓住战机，以突然而准确的火力给劫持者以出其不意的致命打击。具体行动方法是：①数箭穿心，集火合击。派出数个狙击手在不同方向隐蔽，做好向同一目标集中火力射击的准备。集火射击的地点，应选在劫持者必经的门口、窗口、路口等位置，一旦劫持者出现，各射手从不同角度选择劫持者与人质分离的时机集中火力消灭劫持者。②引蛇出洞，多位待机。采用各种手段诱敌走出交通工具和扣押人质的场所，使其暴露。预先在劫持者转移途中，选择数个便于火力狙击的地点，派出多个狙击手在周围隐蔽待机。战机一旦出现，狙击手即刻以准确火力消灭劫持者。③分工"包干"，多点同击。对付多名劫持者分别劫有人质的复杂情况，应根据劫持者的人数和位置，向狙击手分派任务，对每个目标均指定两个以上狙击手负责"包干"，各点分别做好准备后，在统一指挥下对各自目标同时发射，瞬间一举分而制之。

3. 伏击战法。预先将兵力隐蔽配置在劫持者必经之地，等待或引诱劫持者进入预伏地点突然攻击。具体行动方法是：诱其就范，动态伏击。以各种手段引诱、迫使劫持者离开原来的有利位置，在其转移的途中或目的地布兵伏击，张网待入，设阵待伏，营救出人质。

4. 组织强攻。即警方以武力组织强攻、围剿劫持者。这是在劫持者孤注一掷，准备撕票时，警方迫不得已以猛烈强攻之势攻入人质藏匿地点用武力从劫持者手中解救出人质。强攻时要确保人质安全，速战速决，救出人质。条件允许的，可在劫持者居身处附近投放见效快、作用时间短、威力大的非致命性致迷致晕药品，使其短时昏迷，警方趁机进入，一举将其捕获，解救出人质。

任务实施/操作

解救人质必须根据现场的敌情、周围环境、地形地貌等情况，坚持"人质安全"，以"智取为主、强攻为辅、相机捕歼嫌犯"要领设计方案，力求成功解救出人质和捕歼嫌犯。

一、前期处置

在解救人质实践中，警方在刚开始处置人质劫持事件时，多数情况下最早临场的是少数警察，不一定能保证有足够的警力开展有组织、有分工、系统的解救人质活动。在后续处置力量到达现场之前，最早临案的警察必须采取一些相应的前期处置措施。而少数警察面临的劫持人质事件的具体情况又是多种多样的，极为复杂。根据是否与劫持者形成公开对峙情形，大体可以分为两类：一是警方与劫持者未形成公开对峙；二是警方与劫持者形成公开对峙。两类情形下的前期处置在形式和内容上既有共性又有区别。

（一）未公开对峙下的前期处置

未公开对峙情形下，由于警方尚未与劫持者正面接触，警察尚未暴露，所以敌我双方处于敌明我暗状态。在这种情形下，最早接触的警察对是否公开与接触者接触、什么时候或什么条件下再以公开身份接触等具有一定的主动权。一般来说，未公开对峙情形下，警察的前期处置要点是：在较大规模警力到达之前，先了解案件的基本情况，为处置活动的前期展开提供依据和奠定基础；及时将了解到的情况直接或间接地报告指挥决策部门，并注意随时对了解到的有价值的新情况适时更新上报；采取一定的措施与方法组织有关人员秘密疏散现场周围群众，并就地选派适当的人员进行外围警戒；暗中密切关注和掌握事态的发展，随时了解人质劫持事件的新发展和新变化。可安排合适的人员或借助某种身份与劫持者进行对话，掌握并引领事态向有利方向发展；在确有把握的情形下，不失时机地因案施策，相机酌情采取措施解救人质；情况特别紧急或劫持者企图伤害人质时，应视情况果断采取措施制服劫持者，最大限度地保护人质的安全；指挥人员到达现场后，迅速向指挥人员回报案件详细情况。

（二）公开对峙下的前期处置

一般来说，自发案开始敌我双方就形成对峙的劫持人质案件，大多数是警察执行警务过程中突发的，敌我双方均在明处。故在大规模警力到达现场之前，警察的前期处置要点是：一旦劫持行为发生，警方应立即停止可能刺激劫持者伤害人质的攻击行为，使敌我双方形成空间和心理上的缓冲，尽量通过策略性对话，缓和局面，拖延时间，探明劫持者的心态和想法，并劝导劫持者中止劫持行为；尽快寻找时机将案情报告或传递到上级主管部门，请求警力支援，以期全面控制和处置；采取措施，组织相关人员疏散群众，疏导交通；尽力盯住目标，设法滞留、跟踪、尾随劫持者，或者引导对方至有利事态处置的地点，必要时为保证人质安全，可先纵后擒，可在对方释放人质的条件下放劫持者离开现场，异地再寻战机进行处置；现场一旦出现有利时机，在确有把握的情况下，可积极主动创造或把握战机，不失时机地采取解救人质行动；情况特别紧急或劫持者企图伤害人质时，应视情况果断采取措施制服劫持者，最大限度地保护人质的安全；指挥人员到达现场后，迅速向指挥人员汇报案件详细情况。

二、迅速出警

接到发生人质劫持案件的报警后，警方要按照打击暴力犯罪预案，结合案件具体情况，组织解救队伍，迅速出警，立即赶赴现场。解救队伍一般由指挥、谈判、武力处置、围控、调查、勤务保障、机动等小组及有关人员组成。各小组的基本职责是：①指挥组。负责整个解救处置行动的指挥。成员除指挥人员外，还应包括适量的参谋人员，以负责沟通联系，搜集、整理情况，提出处置方案，传达、实现总指挥的决策。②谈判组。负责与劫持者开展对话，劝降劫持者或为武力解救创造条件。③武力处置组。负责相机实施武力解救。④围控组。担任外围控制与警戒。⑤调查组。进行现场外围调查，为现场处置提供有用信息。⑥勤务保障组。负责救护、消防、排爆工作和其他处置保障工作。⑦机动组。机动待命，以应付突然出现的各种紧急情况，负责异地处置的策略和战术筹划、准备。

三、控制现场

在查明劫持者挟持人质隐藏的地点或其活动的踪迹后，警方应进行秘密控制或公开围控，对现场进行有效控制。

（一）秘密控制

为了确保人质的安全，警方在没有准备到位的情况下，要立即对劫持者形成或进行秘密控制，使劫持者始终在警方的监控之下，防止其逃窜，相关人员随时待命出动。其形式主要有两种：①秘密布控。在劫持者没有与警方形成公开对峙，警方对隐藏场所等具体情况了解不清的情况下，或者劫持者扬言若警方参与和包围就将人质杀害时，警方不宜公开行动，要采取"内紧外松、不露行迹"的策略，实行秘密围控，对有关地点形成一种隐形包围圈，不给劫持者逃跑留有任何空间。②跟踪守候。跟踪守候是侦查人员潜伏于劫持者住所、经常出入之地或犯罪现场附近，通过秘密观察，监视、跟踪以致控制对象的一种侦查方法。例如：人质与劫持者不处在一个地方或劫持者分工负责作案的，通过对劫持者可能出现的地方，诸如购置生活用品的商店、与被害人亲属接头的地方、索取赎金的地点等进行蹲点守候监视，继而通过跟踪盯梢，发现其同伙或藏匿人质的地点。如劫持者是成员之一，可将离开隐蔽地点出来活动的劫持者抓获，经过突击审讯，了解其他作案人员和人质的隐藏地点及隐藏地点内部等情况，为解救人质做好准备。

（二）公开围控

如果没有条件进行秘密布控，尤其是在劫持者与警方形成对峙的情形下，则要迅速果断进行公开包围，及时在外围布控或安排好相关人员及设施。例如：控制出入现场中心必经的各个路口和通道，防止劫持者逃离现场；控制各制高点；疏散围观群众，设置警戒线，禁止无关人员进入现场。实施公开围控时注意不应强烈刺激劫持者，不要过于向其逼近，不要向劫持者喊话（喊话由谈判组实施），不要给劫持者造成警方攻击会立即发起的感觉，以缓和劫持者的心理压力，避免激怒劫持者伤害人质。公开围控并不意味着将所有的围控警力、行动和部署都暴露给劫持者。公开围控只是告诫劫持者，警方已经到场，并且对其实施了严密包围，使其认真衡量一下自身的力量和处境，迫使其向警方妥协。具体是围而不攻还是立即强攻，要视案情发展情况来决定。

四、临场行动

在控制现场的同步或之后，解救人质队伍各方人员应迅速到位并按各自的任务要求开展前期工作。例如：指挥组应选择在便于观察现场和安全隐蔽的地方，按既体现靠前指挥，又要兼顾安全与保密的要求迅速确定指挥部位置并组建指挥系统。指挥人员到达现场后，应迅速了解现场情况，在明确战斗编组任务的同时，向各组下达战斗命令。武力处置组隐蔽占领便于出击和便于发挥火力的阵地，待机出击。作战队员配备好防弹衣、防弹头盔、防毒面具、手枪、冲锋枪、狙击枪、爆震弹、声光弹、破门器材、特种侦查装备和攀登工具等并做好检查。狙击手测好距离，选定好瞄准点，根据现场总指挥意图，寻机、伺机采取武力处置行动。谈判组选择便于接近劫持者展开对话，又便于掩护武力处置组人员的进攻和火力发挥的谈判位置，并做好谈判对话准备。调查组了解情况，为指挥决策提供有用的情报信息，为实施正确处置创造条件。勤务保障组了解现场的环境情况、查明有无暗道通往外面，切断水、电、气源，视情况调集消防、救护车、排爆方面的车辆和人员，防患于未然。机动组做好机动出击准备，着手异地处置方案的拟定并做相应准备。在明确分工，各司其职，各就各位的同时，还应注意结合现场情势对解救人质的处置加以审视，适时结合现场情势进行相应的调整，并根据需要补充有关方面的技术人员、专家或相关人员，调配相关的设置、装备到达现场。在实际临场处置中，解救队伍编组及组成成员，各组具体的处置行动，各组行动的先后等，并没有固定的模式，也并非等指挥人员到现场明确任务后才展开，均应因案而异，视情而定。例如：有时候是谈判人员先期到达，与劫持者开始谈判了，其余处置行动才相继展开；有时候是少数武力处置力量首先追踪而至，大批警力才随后到达；等等。

五、调查了解情况

解救人质事件处置中，调查组要迅速组织人员与人质家属、劫持者家属、目击者等人员见面，迅速了解案情，通过调查访问了解案件发生经过，了解劫持者和人质的基本情况。要注意详细询问人质的全面情况，如身体健康情况、心理素质等；要了解劫持者的情况，如是否已与其取得联系、双方是否接触、接触的途径和方式如何，是否已经提出具体要求，人质隐藏处所的具体情况；案件发生前后劫持者有无异常情况，被劫持者社会关系中有没有具体的怀疑对象等。在对人质劫持案件人质藏身地点已查明的情况下，通过询问事主、周围邻居、上下层住户等掌握人质所处室内结构的情况。

六、制定解救人质行动方案

在预案的基础上，指挥决策人员要结合人质劫持案件的特点、劫持者的动机、劫持人质的手段、目的等众多因素制定出针对性的解救人质行动方案。一般解救人质行动方案的主要内容包括：事件类型、性质、规模、影响，事件发生的时间、地点及社情、地点、地形、气候、交通等基本情况，事件的态势和发展演变情况等在内的案件基本情况；上级机关或部门对本次解救人质处置行动的总体指导意见和要求；指挥系统的组建、人员组成，指挥系统的层级设置及位置，指挥系统的通信、器材、警戒、安全等保障及有关事项；解救人质处置行动的具体任务；根据实战任务需要，结合各部门、警种的专业特点，对参战人员进行编组分工，并明确各组的人员组成、部署、任务等；各阶段可能出现的情况研判及所采取的行动；解救人质行动各阶段，各警种、部门、战斗小组之间，所属警力与调配警力、其他支援力量之间的协同、联络和指挥的确定；解救人质处置行动的通信联络、思想、物质、后勤等方面的保障；各单位、小组、人员完成行动的准备时限，行动的具体注意事项和要求；等等。

七、展开谈判，稳定劫持者情绪，赢得时间

解救人质中，应先选派优秀的侦查人员或有关方面的专家担任谈判人员展开

谈判。通过谈判，稳定劫持者狂躁的情绪，防止事态继续恶化，进一步了解嫌犯的犯罪目的或面临的问题，做好武力解救和其他方面的准备，为警方解救人质赢得时间和提供良好的机会。谈判期间，谈判人员如能当场说服劫持者迷途知返或择机制服劫持者的，则成功解救出人质；如谈判陷入僵持，谈判人员应着力斡旋，转移劫持者的注意力或为现场指挥人员采取武力制服劫持者和解救人质争取时间。

八、采取武力解救人质措施

当谈判无果，或战机出现，指挥部应根据现场情势，果断决策采取武力方式解救人质。采取武力方式解救人质一旦决定后，迅速向武力处置组下达武力解救人质命令。应注意根据现场情势、条件选择最适宜的战术方法，立即执行武力解救战斗任务。需要注意的是，即便是决定武力解救人质，但仍然不能放弃谈判，因为谈判能够为武力解救创造条件。

九、后期处置

解救人质事件结束后，警方的主要工作是控制劫持者、排除劫持者的威胁或危险物、保护人质、维持现场秩序、处理死者、救治伤者、逮捕有关嫌疑人员、开展调查取证、讯问犯罪嫌疑人、逐步解除警戒、恢复原有秩序以及进行行动总结。

任务实例/呈现

20××年××月××日，××省×监狱发生一起罕见的在押服刑犯劫持2名女民警的恶性案件。在营救人质过程中，特警队员陈某某抓住战机，将罪犯果断击毙，2名人质安全获救。

20××年××月××日下午4时许，26岁的罪犯杨某某趁领取材料之机，持自制匕首闯进一楼房二楼的第一间办公室，当场劫持2名女民警为人质，要求监狱方面准备10万元现金、1辆加满油的汽车和2桶汽油供其逃跑，否则，将杀害人质。经监狱方面反复劝解，杨犯仍坚持其顽固立场。××市公安局接到监狱的报案后，市公安局副局长吴某某、刑事犯罪侦查大队大队长万某某等率领十几名特警队员火速赶往现场。副局长吴某某首先指挥进行了一系列营救人质的先期处置，封锁消息、警戒布控、紧急收监几百名正在劳动的罪犯。警方队员利用喊话劝降、政策攻心拖延时间和麻痹杨犯，并紧急研究制订出营救行动方案。随着夜幕降临，又饥又渴的罪犯杨某某叫嚷着要吃要喝。解救人质的有利时机到了，于是营救方案很快敲定。由特警队员陈某某化装为厨师，把握送饭的时机，果断将杨犯击毙，确保了人质安全。

本学习任务介绍了什么是解救人质，帮助学生了解解救人质的种类和要求，掌握对不同解救人质的战术方法，培养学生运用所学知识、经验解决劫持事件中解救人质的相关业务技能和运用能力。

1. 什么是解救人质？试述解救人质的要求。

2. 试述解救人质的战术方法。

3. 试述出警后如何开展调查劫持者的基本情况。

4. 作为一名基层民警的你，在解救人质中能做些什么？

训练项目：模拟解救人质

一、训练目的

通过模拟解救人质训练，帮助学生加深对解救人质的理解，掌握解救人质的实施操作及要领，学会根据素材分析、研究案情与制作解救人质行动方案，培养学生在司法实践中开展人质解救的相关业务技能和实际能力，为从警之路打下扎实基础。

二、训练要求

1. 明确训练目的。

2. 掌握训练的具体内容。

3. 熟悉训练素材。

4. 按步骤、方法和要求进行训练。

5. 训练洞察战机的能力。

三、训练条件和素材（具体训练条件和素材可根据训练目的及训练重点由训练指导教师选择、调整）

（一）训练条件

模拟训练场所、训练相关警用设施设备、管制工具、现场勘查指挥车辆等交通设施、辅助物品、服装等。

（二）训练素材

20××年××月30日凌晨3点25分，家住××市×××小区的李某夫妇正在房间里睡觉，忽然家中的保姆敲门说其2岁8个月的儿子囡囡出去了，李某夫妇快速起身找，但是连孩子的踪影都没见到，慌忙下想起了报警。警方查看该小区的监控显示，一个穿着短裤的中年男子悄悄地溜进小区，把囡囡塞进停在楼下的一辆轿车中扬长而去。

四、训练方法和步骤

在指导教师指导下，学生分组担任各参战人员，在训练室内模拟各角色进行训练，具体方法和步骤如下：

1. 准备素材，确定训练方式，学生复习有关解救人质的基础知识，做好包括模拟解救人质情景场所及配套基本器材、设施、设备准备工作。

2. 实训指导教师介绍训练内容和要求，发放准备好的案例素材。

3. 学生阅读素材，掌握解救人质的相关案例和材料，在指导教师的指导下形成情景模拟方案。

4. 学生以分工负责的形式进行角色分配，具体可按侦查人员、侦查部门负责人以及其他相关人员等进行角色模拟分配，实际操作时可根据情况进行角色的添加或删减，排列组合形成情景模拟团队，如添加或删减被害人、知情人、无关人员等。

5. 完成模拟解救人质及处置情景操作，对素材案例中没能提供的条件，由学生酌情进行合理设计和补充。

6. 整理训练成果，形成书面材料。

五、训练成果

1. 完成解救人质所涉及材料的制作，并将书面材料交训练指导教师。

2. 总结训练成果，写出训练心得体会。

3. 指导教师进行讲评及训练成绩考核、评定。

拓展阅读

学习任务八 反劫持谈判

任务目标

　　知识目标：通过本任务的学习，培养学生知道什么是反劫持谈判，理解反劫持谈判在劫持事件处置中解决的问题，掌握反劫持谈判的理念、要求，以及进行反劫持谈判的相关知识和方法。

　　能力目标：通过本任务的学习、训练，培养学生树立反劫持谈判解决劫持事件危机的意识，具备在司法实践中严格按照法律规定，运用所学的知识、技能和能力进行反劫持谈判相关的业务技能和运用能力。

 任务概述

　　劫持事件处置是世界各国公认的社会治安难题。近年来，受国内外各种因素的影响，我国劫持事件时有发生，且呈逐年上升趋势。劫持行为不但直接对被劫持者的生命和精神构成威胁和造成危害，也给社会带来极为恶劣的影响和不安因素。如何处置劫持事件，已经成为警方打击刑事犯罪的重要内容。劫持事件处置中，以暴制暴、强攻硬取的武力处置方式在越来越讲究法治和人权的社会背景下也呈现出一定的局限性，警方亦越来越难以承受由于武力处置失败而造成的人员伤亡。尊重人权，尤其是尊重生命权，采取和平解决劫持事件的思想越来越被普遍认同。反劫持谈判，在处置劫持事件中逐渐成为被普遍认可的切实可行且卓有成效的途径和举措。这需要知道什么是反劫持谈判，明确反劫持谈判的理念，掌握反劫持谈判的内容、要求及程序，按相关要求开展反劫持谈判，化解劫持事件危机。

任务基础

一、什么是反劫持谈判

谈判，是有关各方对有待解决的问题通过对话沟通，相互作出让步或妥协，寻求各方都能接受的条件或要求的对话。反劫持谈判，即反劫制暴谈判，是指谈判人员与劫持者围绕着劫持者放弃劫持行为及其条件进行对话沟通，以期安全、和平化解劫持者的劫持暴力行为的谈判。认识反劫持谈判，需把握以下几点：

（一）反劫持谈判的主体

反劫持谈判最基本的主体有两方：处置劫持事件的警方和制造劫持事件的劫持者。在一些特殊场合，被劫持者、被劫持者的亲友及其相关关系人个人的态度或意见也会对整个劫持事件的谈判产生重要影响。此时，被劫持者、被劫持者的亲友及其相关关系人等成为谈判中特殊的第三方。

（二）反劫持谈判的对象

反劫持谈判的对象是劫持暴力事件，实践中常见的劫持暴力事件主要有：

1. 劫持人质，是指劫持者采取暴力手段控制一定的人员作为人质，并以人质的生命或安全作为条件，要求人质或其他人满足劫持者某种条件或要求的劫持事件。劫持者与被劫持者均有可能为单个或多个。劫持人质事件的处置，应无条件地将人质的生命放在第一位。只要人质的生命出了问题，就意味着该反劫制暴处置的失败。可以说，对劫持人质的处置效果的评价是：首先，最佳效果是人质获救，劫持者也安然无恙，可谓"双赢"；其次，人质获救，劫持者被警方击毙或抓获，可谓"小胜"；再次，人质被加害，劫持者也被警方击毙或抓获，可谓"失败"；最后，更糟糕的是人质被加害，劫持者逃跑了，那则是"完败"。

2. 劫持情势或场所，是指劫持者为实现其诉求或目的，携带危险物品进入特定区域，以制造某种情势或毁坏某些场所设施来威胁政府或相关当事人实现其诉求的劫持事件。在这种情形下，可能不会存在生命问题，但劫持者制造的情势或对特定场所设施的毁坏，也会给国家、社会、公众带来难以弥补的损失。因此，对此类劫持事件的处置亦刻不容缓，且尽可能防止或减少事态的严重化、泛滥化发展。

3. 劫持自我，是指劫持者因为社会原因或个人原因，在自认为实在无奈的情况下，采取刀具、爆炸物、跳楼等极端方式向社会、团体或他人提出条件或要求，如不能得到满足则结束自我生命的劫持事件。虽说劫持自我的危险是由劫持者本人造成的，与他人无关，但如果自杀事件一旦发生，不但劫持者本人丧失了生命，同时也会给社会带来不稳定因素，给社会秩序带来冲击和破坏。

（三）反劫谈判的目的

劫持行为是劫持者使用暴力行为对公共秩序的最极端的挑衅，一旦发生且处置不当的话，势必会给社会秩序和公众心理造成极大的冲击和破坏。为此必须毫不犹豫地对反劫制暴行动进行处置，而反劫持谈判则是最佳的处置方案。通过反劫持谈判，了解劫持者的条件或要求，并通过对话协商的方式和平解决劫持事件，从而拯救生命、保护公私财物，维护社会秩序的安全稳定。具体来说，反劫持谈判的目的就是通过反劫持谈判和平地制止他伤、自伤、毁坏公私财物的行为，防止事态进一步恶化，维护社会秩序和公众心理的稳定。

（四）反劫持谈判的性质

反劫持谈判是在非常情形下所展开的一种微妙性、变化性、突发性的谈判，事关公共安全、人身安全和公众心理，不同于商业谈判、外交谈判等。它是集警务应激、组织指挥、策略谋划、战术运用、单兵应对等于一体的系列化应急性措施，是现代社会文明、人性处置暴力事件的高级艺术形式，主要体现在：一是对劫持者进行人性感化。实践中，大多数劫持事件均因劫持者诉请未能满足、生计所迫、偶然事件所引发。劫持者本身不愿杀害人质、毁坏公私财物、自杀自残，在他们内心深处仍保留着缓和处理、达成意愿、减少损失的心态，也寄希望于政府或警方能以理解和宽容的态度对待自己，而不是以高压、暴力的方式来解决问题。在这种特定的心理背景下，采取一种人性化的方式来交流、协商解决问题，不仅显得很有必要和可能，也可以达到武力解决难以达到的效益。二是构成错觉。在反劫持谈判中，谈判人员抓住劫持者希望达成自己所提出的条件或要求的心理，分析主客观条件，运用策略的方法使劫持者形成某种错觉，促使劫持者形成心理预期，使劫持行为暂时平静，并持续到反劫持事件的最终妥善解决。三是拖延时间。通过反劫持谈判，警方通过温和、平静、宽容的谈判姿态来应对劫持者，适时减缓反劫持事件处置的节奏，实现对时间的有效把控，创设警方逐渐处置劫持事件的优势，为最终战胜劫持者创造战机。

二、反劫持谈判的特点

（一）突发性

劫持事件是在劫持者临时起意、预谋或准备的前提下，由劫持方单方引起并付诸实践后，外界和警方方知晓什么人、什么时间、什么地点发生劫持事件，而相关职能部门和警方才迅速做出反应，被动地采取反劫持谈判或其他处置来面对劫持事件，具有突然性。由于事发突然，反劫持谈判很难及时做好相关准备，缺乏信息研判、预警，更多的是在缺乏足够信息支持，面对诸多困难的情形下与劫持者开始谈判。这对谈判人员来说是极具挑战性的，也对谈判人员的素质及应对能力提出了很高的要求。

（二）紧迫性

劫持事件发生后，劫持者与人质的生命、公私财物、周围公众的心理安全均面临着严重的威胁，意外和伤亡情况随时有可能发生，加之反劫持当事人、围观公众的心理耐受性和承受力的有限性，均给反劫持谈判带来巨大的压力。反劫持谈判介入劫持事件时，需要尽快地稳定当事人的情绪，缓和现场的气氛。反劫持谈判的时间紧，任务重，面临着时间上的紧迫性和反劫持谈判本身耗时性的冲突。

（三）有限性

劫持事件事发突然，处置时间紧迫，一时难以及时收集各种与劫持事件处置相关的信息，如关于劫持者的有关信息，被劫持者、重要关系人的信息材料，与劫持事件相关联的人、事、物，劫持现场的实际情势及现场环境情况，等等。可以说，反劫持谈判可利用的条件极为有限。加之反劫持谈判往往易受现场环境的制约，存在着诸多的不利因素，如劫持者为保护自己而对现场条件的选择，围观群众的渲染，周围各种噪音声响，光线、温度、适度等自然因素的影响，等等。这些都会对当事人和谈判人员的心理产生较大的干扰和影响。在信息资源和环境条件有限的情形下，谈判人员难以有效地开展和维系与劫持者的沟通对话关系，在一定程度上制约着反劫持谈判。

（四）反复性

劫持事件能够形成对峙并采取反劫持谈判来解决问题，说明劫持者也具备一定的对抗警方的砝码和条件。劫持方是在具有对抗的砝码和条件的基础上，在具备独立思考能力和空间的情形下与警方进行谈判，加之双方立场、利益的冲突性，为维护自身利益或实现自己的诉请，是不会轻易妥协和投降的。一般反劫持谈判都会出现对抗——讨价还价——让步——再对抗——再讨价还价——达成妥协的反复过程，这是反劫持谈判中常见的现象。对此，我们应正确认识这一特点，做好充分的心理准备，树立足够信心与劫持方进行一场比智慧、拼意志、赛耐心的较量，最终实现和平解决劫持事件的目的。

（五）专业性

反劫持谈判中，谈判人员要在信息资料占有不够充分、条件有限、时间紧迫的情形下，迅速有效地建立与劫持者的对话关系，把握机会缓解劫持者的心理压力，稳定劫持现场的情势，为合理处置争取时间和创造条件。这对谈判人员的素质和专业技能水平有着很高的要求，故反劫持谈判人员应当具备相应的素质，并接受过专业的训练。

三、反劫持谈判解决什么问题

反劫持谈判既是一种通过谈判促使劫持者放弃暴力，和平解决问题的目的性措施，也是一种侦查措施，可以收集信息，为其他处置创造条件。

（一）收集信息资料

劫持事件处置过程中，需要收集相关信息才能作出科学决策，如劫持事件的前因后果，劫持者的具体情况及相关背景，劫持者的动机和目的，劫持者武器装备的种类、威力、真假，劫持者的精神状态和心理特点、心理状态，劫持者的智力水平与实际能力，劫持者的需求和底线条件，被劫持者的状态及相关信息，等等。这些信息掌握的质与量，直接关系到劫持事件能否得以顺利妥善处置。而要收集有价值的信息，主要途径有两个方面：一是谈判人员在与劫持者进行接触的过程中，通过观察、对话进行收集；二是通过处置人员外围调查进行收集。毋庸置疑的是，通过反劫持谈判收集信息更为快捷、直接，如果运用得当，可以起到事半功倍之效。此外，反劫持谈判也为外围调查收集信息提供了线索支持。

（二）提高劫持事件处置效益

对劫持事件处置来说，反劫持谈判可以说是提高事件处置效益的最佳选择。劫持事件开始时，劫持者情绪亢奋。亢奋的情绪容易导致过激或危险。谈判人员与劫持者进行沟通与心理抚慰，可以帮助劫持者释放情绪，减少和避免过激或危险行为发生的可能性。通过反劫持谈判处置劫持事件，谈判人员以积极的语言和行动转变劫持者的心理、态度和行为，可以帮助其放弃劫持行为，使劫持事件最终得以和平解决，避免暴力冲突带来流血牺牲或公私财物毁损，保障处置人员、被劫持者、劫持者以及周围公众的生命健康安全，以最小的代价来解决劫持事件。反之，如果被迫使用武力或其他措施进行处置，无论成功与否，不但会造成人员伤亡、现场财物和设施的毁坏，而且对于亲眼看见武力攻击或其他处置所带来的惨烈景象的处置人员、被劫持者、公众来说，给其带来的负面心理冲击和心理伤害是不可估量的，并且对社会带来的负面影响也不可小视。

（三）为劫持事件妥善处置服务

劫持事件的和平解决是劫持事件处置的最佳效果，但反劫持谈判并不能和平解决所有劫持事件。有时反劫持谈判能和平解决劫持事件，有时反劫持谈判亦不能和平解决劫持事件，但并不能说反劫持谈判在劫持事件处置中就不能解决其他问题。实践中，反劫持谈判可作为一种缓兵之计或疑兵之计，服务于劫持事件的其他处置。例如：通过反劫持谈判，使劫持事件发展及演化速度得以延缓，从而为后续的处置争取到宝贵的时间和条件，如寻找突破口、外围调查、寻找重要关系人、调整部署预案、准备各项营救措施、武力解决的准备等。又如：通过反劫持谈判的对话和交流，可以使劫持者放松警惕、懈怠麻痹，或者形成心理错觉、认识偏差，在与警方对峙过程中出现决策失误和破绽，为武力攻击或其他处置创造条件和制造机会。

四、反劫持谈判的理念

（一）生命至上

对于每个人来说，生命都是最宝贵的，生命的价值是不分其身份高低贵贱的。任何人的生命都只有一次，一旦失去就不可能再回来。"以人为本，生命至上"是对人性基本规律和人的客观发展规律的尊重。反劫持处置及反劫持谈判人员要牢固树立"以人为本，生命至上"的理念，站在尊重人的生命的前提下来处置劫持事件，始终把人的生命安全放在第一位，尽力保障各方人员的生命安全，即便对于采取暴力行为的劫持者，也不能擅自剥夺他的生命。这就要求在整个反劫持处置活动中，警方都应无条件地、最大限度地、全力以赴地通过专业化的应对策略来维护被劫持者、谈判人员、现场其他处置人员、围观群众和劫持者的生命，努力保证相关各方人员能够继续生存下来。

（二）反对以暴制暴

以暴制暴，是指用暴力手段抵制暴力，针锋相对地进行回击。警察作为一种国家暴力，在一定的范畴和场合使用必要的暴力来防止更大的损失是必须的。但总的来说，随着社会文明的发展与进步，以暴制暴作为一种原始同态复仇意识的残留，看似有力量，但在更多的领域和场合，实质上却是一种最无奈的力量，是一种文明的困境。靠以暴制暴求取正义，虽然解决了一时一地的小问题，但却可能会动摇社会公共安全心理，弄不好还会伤及无辜，与现代文明社会极不适应。况且劫持者当中有些也是社会弱势群体中的变异者，他们使用暴力来寻求解决问题固然不可取，但也有他们不得已的因素。时代在变迁，观念在更替，在全面推行依法治国、法制日渐健全的今天，我们在解决包括劫持事件在内的社会争端和冲突时，应能不以激烈的暴力方式来解决问题就尽量不使用暴力方式，应该追寻一种平稳、持久、和谐的诸如谈判之类的模式来和平地解决各种社会争端和冲突，以求稳中有重、控中有效、放中有收、刚柔相济，使社会的宽容度和现代文明随着各种争端与冲突的解决而自然而然地得到宣扬和鼓励。

（三）专职谈判

所谓专职谈判，是指谈判人员不同时承担武力攻击人员的职责，专职于谈判。谈判与攻击是劫持事件处置中不可或缺的两种专业措施，两者分工不同、各司其职、互相配合。在反劫持谈判过程中，不宜让谈判人员与攻击人员身份合二为一，将谈判人员转化为攻击人员，伺机发起攻击。在有些反劫持谈判实战案例中，会让谈判人员直接承担武力攻击的任务，有的侥幸成功了，更多的则是造成了不必要的伤亡与损失。谈判人员兼任攻击人员存在的问题是：①易引起警觉。谈判人员携带必要的武器装备，容易引起劫持者的警觉，会导致劫持事件处置更加被动。②难以兼顾。谈判过程中，谈判人员一方面要谈判，同时又要寻找攻击的时机。这会导致谈判人员双线作战，容易引发内心冲突。这不仅妨碍谈判人员专心致志于谈判，有效与劫持者建立沟通和协调，也容易导致注意力分散，难以选择攻击时机和方式，直接影响攻击行动的效果。③增加谈判人员的风险。谈判人员是直接与劫持者面对面、近距离接触的处置人员，一旦伺机发起攻击，谈判人员就成为劫持者暴力还击的首选目标。而谈判人员与其他处置人员在空间上有一定的距离，难以及时得到后方支援与协同，容易出现单打独斗、前后脱节的危险局势。④影响诚信。谈判人员一旦伺机发起攻击，谈判初期建立的互信，乃至诚信会全面遭到破坏，使后续谈判不再有可能。谈判人员同时兼任攻击人员，会让社会公众及潜在的劫持者认为，反劫持谈判就是幌子，谈判人员就是一个隐蔽的攻击人员。那么以后在处置反劫持事件时，就不再会有人相信政府、警方谈判的诚信。这对警方来说，意味着失去了一种和平解决暴力劫持事件的高效益措施。

五、反劫持谈判的要求

（一）稳定情绪，构建互信

良好、稳定的情绪起着促进社会亲和力的作用，不良、失衡的情绪容易挑起事端导致对立，有着极大的破坏作用。在反劫持谈判中，相对稳定的情绪氛围是谈判中保持理性对话的基础，对于维持对话和促成谈判有着重要的作用；反之，如果情绪表现过于强烈，引导不利，就容易造成心理失衡，产生极端心理，容易导致事态恶化。互信关系是谈判成功的关键性条件之一，在谈判过程中应努力通过了解劫持者的诉请和需求，倾听其诉说，体谅其难处，理解其遭遇，同时态度诚恳、语言适度、语气平和、信守承诺等来逐步建立并维系与劫持者的互信关系。

（二）专人谈判，协同保障

谈判是一种对知识、经验、技能、方法、心理等方面要求很高的工作，常人难以胜任，故反劫持谈判应由受过谈判专业训练的人员或具备一定素质和条件的人员进行。在谈判过程中，不是万不得已，一般不要轻易更换谈判人员。专人谈判有利于谈判的专业化培养和操作，有利于谈判过程的延续、取信对方，收集对方情报信息，提高谈判的效益。成功地运用反劫持谈判不仅需要专业的谈判人员专人进行谈判，还需要得到各方的支持与配合。首先，反劫持谈判要得到谈判团队成员的支持与配合，谈判团队一般由谈判组组长、谈判人员、谈判助手、情报信息人员等人组成，整个谈判工作需要团队成员各司其职，密切配合，通力协作，方能发挥反劫持谈判的功效；其次，谈判人员还需得到团队以外的指挥人员、情报单位、武力处置组、保障组、中间人、专业人员等的协同与支持，方能保证反劫持谈判按照预期目标推进或演进。

（三）耐心细致，防止激化

谈判是一个艰苦的斗智斗勇的过程，需要谈判人员沉着耐心，关注细节，把握关键，不急不躁，既要遵循谈判规律，又要把握谈判的时机，牢牢地掌握谈判的主导权，寻找或创造解决问题的机会，并采取各种各样的方式、方法与措施减弱对峙的程度。谈判宜缓不宜急，宜引不宜堵，宜宽不宜窄，宜谈不宜打，尽量防止事态激化。

（四）和平解决，多种准备

反劫持谈判的目的是争取化解劫持暴力，和平解决问题，这是解决劫持事件最安全的处置方式。故反劫持事件处置应紧扣这一目的展开，不到万不得已不可放弃。但谈判在解决劫持事件中也不是万能的，也不是解决劫持事件的唯一方法，故对于劫持事件的处置一定要进行多手准备。在以谈判来解决问题的同时，还应制定其他处置方案，并运用谈判争取到的时间和条件，及时进行部署，组织其他处置力量随时做好行动准备。一旦谈判破裂或失败，其他处置措施要能及时用于解决事端。

任务实施/操作

一、控制现场

劫持事件发生后，应迅速启动预案，对现场进行控制，着重做好以下几个方面的工作：

1. 迅速上报。接到劫持事件紧急资讯后，受案部门应立即向上级部门和领导报告已掌握的全部相关信息，同时根据领导的指示和预案迅速调集警力赶赴现场进行初期处置。

2. 分区控制。处置人员到达现场后，应根据现场的地形地物、环境、现场态势，恰当进行区域划分并及时进行现场控制。一般来说，应将现场划分为谈判、指挥、集结待命等三个区域，并采取措施予以管控。

（1）谈判区域。谈判区域是以劫持事件中心点为半径，往外划出一定距离的区域。谈判区域的控制在外在形式上要保持安静平和、缓慢有序、自然平常的态势，任何无关人员不得擅自停留、进入或闯入，以免刺激劫持者。在谈判区域，狙击手、攻击手从不同的方位，按照预设的目标，隐蔽潜入行动位置待命；谈判人员以公开的方式出现，根据谈判需要选择接近劫持事件中心的距离。

（2）指挥区域。指挥区域是以谈判区域边缘线为界限，向周围扩大相应的距离建立的区域。在指挥区域内，反劫持事件指挥部应本着安全、隐蔽、靠前、便于观察、便于沟通协调的原则进行设置。现场处置指挥部的组成人员包括指挥人员、谈判组长、救援组、封控区负责人，以及相关警务人员、各种专业技术人员、联络人员、摄影人员等。在这个区域形成指挥决策和保障系统，高效地汇集各块信息，平衡、控制或维持已发事件的状态，并通过分析现场劫持者、被劫持者、周围群众、警力状况等来判断反劫持态势，及时决策，并迅速将指令传递给各方参战人员。

（3）集结待命区域。集结待命区域是以指挥区域的外缘线为界限，向外扩增的区域。集结待命区域也是医疗、消防等救援人员待命地点和其他中介人员安置地点。在集结待命区域通过设置外围警戒，禁止无关人员随意进入现场，为反劫持事件处置创造和维持了一个相对安静的环境。在控制现场的同时还应同步采取一些部署，如及时疏散围观群众；布置民警或相关人员，根据需要展示或隐蔽力量；设置现场接待站，组织接待媒体，以防因媒体介入而使问题复杂化，或适时运用媒体作用增强反劫持谈判的效果；等等。

二、收集信息

在控制现场的同时，应及时围绕谈判需要，调动一切可以利用的资源，及时收集、掌握和研判劫持事件处置所需要的相关信息，以帮助尽快查明现场态势，为制定行动方案提供信息支持。应当重点收集、掌握和研判下列信息：

1. 劫持者的相关信息。主要包括：

（1）劫持者的基本情况。这包括人数、组织状况、人员结构情况及众多劫持者之间的关系等，劫持者的年龄、性别、身体特征，劫持者所持凶器、武器、爆炸物等危险物品的真假、数量、质量、威力等。

（2）劫持者的背景。这主要包括劫持者的家庭情况、宗教信仰、受教育状况、技能情况、工作情况、从军警情况、生活习惯、人格特征、健康状况、犯罪经历、与哪些人关系密切、近期受过何种刺激、仇视或仇恨对象、对其有重要影响的社会关系及人员，可以调动或利用的条件、因素、社会资源等。

2. 劫持事件的相关情况。主要了解劫持者制造劫持事端的缘由及事态演化过程，劫持者的劫持动机，劫持者对峙行为的企图和阶段性要求，劫持者本人对劫持事态后果的预测、心态和心理准备，劫持者与被劫持者的关系，劫持者的谈判意愿及谈判解决问题的可能性。

3. 被劫持人员的情况。主要了解被劫持者的人数、性别、身体状况、当前的安全状况等基本情况，被劫持人员的情绪反应，以及承受的压力如何，主要行为表现。

4. 劫持现场情况。这主要包括劫持现场的地形地物、建筑物结构及设施、周边社情、交通、水电气基本设置等基本情况，劫持中心所处的位置，对方视线的死角，现场是否有利于谈判或武力处置，以及现场的态势及警戒的效果，可能会出现的情况，如果发生不测的后果，可能危及的范围，可能带来的直接损失和后果，有无补救的可能。当然，现场的紧急情势往往要求谈判人员在没有了解清楚上述信息内容的情形下，必须立即与劫持者进行对话谈判。因此，随着谈判的开展和推进，要有意识地引导劫持者交谈有关信息，收集信息或为收集相关信息提供线索支持和创造条件，并且随着对相关信息的逐步完善和深入，不断调整谈判思路和方案，以增强谈判的针对性和实效性。

三、确定谈判人员及分工

（一）谈判人员的选择

反劫持谈判主要是由谈判人员与劫持者通过对话交流来解决问题，适格的谈判人员是反劫持谈判成败的关键因素。应选择、培养、指定专门的谈判人员或有丰富谈判经验的人员担任谈判员，同时确定谈判助手，组建谈判专业团队。一般来说，谈判人员要具有下列素质：①相貌和蔼，容易与人建立信任，具有较强的亲和力、感染力，善于倾听和交流；②经过谈判专业训练或拥有谈判经验，知识面广、社会阅历丰富，善于和各种人员打交道；③逻辑思维和表达能力强，具有出色的语言表达能力、沟通协调能力和敏锐的洞察能力，谈话既具有逻辑说服能力，又能耐心细致，循循善诱，能有效地疏导、控制、引导、安抚劫持者的情绪；④责任感和应变能力强，思维敏捷，头脑冷静，善于处理不确定的复杂场面；⑤对反劫持的其他处置战术熟悉，具有反劫处置整体观念及为其他处置服务的意识；⑥有极强的心理承受能力，心理素质稳定、坚强，面对劫持者的讽刺、挖苦、谩骂、挑衅等不感情用事，在焦虑、恐惧、混乱中仍能保持清醒的头脑。在选择谈判人员时，如条件允许，可适当考虑口音、语言习惯、用语等是否有利于劫持方接纳和理解。如果劫持者曾受过打击，或与民警发生过激烈冲突，或对某些民警怀有敌意或不信任，应避免选择这些民警作为谈判人员。谈判过程中，如果邀请劫持者的亲朋好友等协助规劝，应谨慎从事，对协助人员要进行细致的思想教育，确保其与警方合作的态度和诚意。可视情况向协助者交代一定的规劝方法与策略，以免他们方法与策略不当导致局面进一步复杂化。尤其注意掌握协助人员与劫持者的关系，不能让劫持者不接受或反感的人员出面规劝。

（二）组建谈判团队

谈判人员选定后，要以配合谈判人员进行谈判为中心组建团队并进行合理分工。条件允许的，平时也可有计划地选拔人员组建谈判团队，并进行训练培养。一般来说，谈判团队由谈判组长、主谈判人员、谈判助手和情报信息人员等人员组成。如果案件规模大、情况复杂，团队人员可适当增加和进一步细化。实战中，谈判团队至少应有主谈判人员和谈判助手两名人员。

1. 谈判组组长。谈判组组长的主要任务是：①向现场处置指挥员负责，并与现场指挥人员联络沟通信息，协商谈判整体策略；②全面负责组织谈判，对谈判人员进行任务分工，做好谈判团队内部沟通协调，创设良好的谈判工作环境；③评估谈判人员是否适合谈判，必要时提出更换谈判人员的建议；④对谈判辅助人员进行甄别筛选，安排辅助人员配合的内容、方法及注意事项等，确保谈判辅助人员服务于谈判大局；⑤全面掌握谈判情况、重要信息，掌控谈判进展情况；⑥安排谈判所需器材、设备，做好与其他处置小组的协同配合工作。

2. 主谈判人员。主谈判人员的主要任务是：①负责与劫持者展开对话谈判，与劫持者建立沟通渠道，倾听劫持者的诉求，建立和维护良好的信任和对话关系；②妥善应对和处置劫持者提出的要求，通过谈判试图改变劫持者原来的想法和行为，争取事态和平解决；③根据劫持事件处置的整体策略，实时转化为战术谈判，配合其他处置，并为其他处置创造条件和制造机会。

3. 谈判助手。谈判助手的主要任务是：①在谈判的内容和个人心理、情感等方面给予主谈判人员支持和协助，帮助其摆脱困境、增强信心、有效开展谈判；②掌握并记录谈判进展情况，综合谈判所需信息，正确分析、研判形势，实时传递信息，为主谈判人员提出建议；③进行必要的穿插对话，调解谈话气氛，以便主谈判人员更好地组织谈判。

4. 情报信息人员。情报信息人员的主要任务是：①对谈判需要的情报信息进行汇总、分析、研判，并实时更新情报信息，及时给谈判人员情报和策略支持；②负责建立形势分析表，将分析表放在主谈判人员和谈判助手可以看到的地方，以便谈判人员随时掌握；③及时将信息传递给其他人员，确保谈判信息与指挥部、其他处置组信息畅通。

四、策划反劫持谈判方案

反劫持谈判方案的策划是个动态过程。在谈判开始之前，由于掌握的信息有限，反谈判方案的策划更多的是在反劫持处置预案的基础上进行轮廓性思考。随着时间的推移和信息的不断充实、深入，反劫持谈判方案随之不断调整、完善。反劫持谈判方案包括以下主要内容：①基本情况。基本情况主要包括：劫持事件发生的时间、地点，劫持事件的类型、性质、规模、影响，劫持事件的初步处置情况，劫持现场周边的地域、社情、地形、地物，当时的天气、交通等基本情况。②谈判的目标。一般而言，反劫持谈判的目标有两个层次：第一目标是力求和平解决问题，第二目标是为其他处置收集信息和创造条件、制造机会。只要有条件，就要追求实现第一目标；条件不具备或无法创造条件实现第一目标时，亦不要过于勉强，应果断将目标调整为第二目标。追求第二目标时，可结合案情将目标具体化。例如：通过谈判使劫持者与被劫持者出现空间上的分离，使其离开危险区域或不进行危险操作，使其注意力转移，放松对某一方面的戒备等。③谈判应对策略。反劫持谈判中，劫持者必然会提出一些条件和要求。谈判人员应根据案件情况，预测劫持者可能会向谈判人员、被劫持者及其关系人提出的条件或要求，分析谈判焦点与可能遇到的困难，确定谈判的思路与应对策略，谈判中可能出现的情况及采取的行动方法。④谈判的方式与手段。应根据现场环境、条件，劫持者使用的工具的性能、劫持态势，以及劫持者的戒备状态，确定谈判的方式与手段，包括近距离面谈、远距离喊话，借助通信工具谈判，利用掩体掩护谈判，以及其他形式的谈判。⑤谈判的地点和现场指挥组织，包括具体实施谈判的地点选择，对参战人员的组织、分工及协调。⑥谈判成功的接收计划，主要包括接收方案、投降方案，人质甄别，医疗救治、心理干预等。⑦谈判与其他活动的协调。谈判只是解决劫持事件的一个方面，只有同其他活动结合起来，才能发挥其最佳效益。故应通盘考虑谈判与其他处置、外围调查的协调，谈判人员与机动人员的协调，谈判破裂过程中武力解救、突击行动等其他处置的协调与配合，等等。⑧谈判条件保障，包括思想动员、情报信息收集、调查保障、武器装备保障、交通通信保障、后勤保障等。⑨其他。根据反劫持谈判的需要和有关法律法规和政策规定，在反劫持谈判中应注意的其他事项及要求。

五、反劫持谈判

每一起反劫持事件中，反劫持事件的动因不同，劫持者的个性特征、个人谈判条件和要求、诉请欲求的不同，导致反劫持谈判的进程和收效也会有所区别。有的谈判一开始，劫持者就缴械投降，谈判进程很短，谈判的阶段性特征不甚明显；有的谈判一开始，就出现可以利用的战机，警方就抓住战机将事件恰当处置，谈判也即宣告终结；有的谈判反反复复，曲曲折折，几经较量，最终劫持者才缴械投降。因此，这里所说的反劫持谈判进程主要是针对较为复杂的谈判而言的，大体可分为以下几个阶段：

（一）初期谈判

初期谈判是谈判人员与劫持者的初步接触，其目的主要是缓和现场气氛，了解情报信息，控制现场态势，并尽可能地降低暴力事件变成现实的可能性及危害程度。因此，在此阶段，谈判人员不宜就实质性问题进行谈判，那样容易让自己陷入困境而难有回旋的余地。一般来说，初期谈判可围绕以下几个方面进行谈判：

1. 稳定情绪。劫持者的情绪在劫持事件刚开始时都比较紧张、敏感。劫持者容易受现场情势或氛围的影响或渲染，加之事件发展和解决方式的不确定性，也会使劫持者处于高度紧张、敏感的状态。劫持者在不良情绪支配下通常会采取一些非理性的激烈反应和过激行为，可能会导致现场混乱，事态恶化。反劫持谈判是通过沟通来和平处置劫持事件的，故谈判介入的首要问题是稳定对方的情绪，进而才能建立互信和沟通。首先，要控制好自己的情绪。谈判人员只有控制好自己的情绪，才能应对谈判过程中的各种现实问题和困难等。其次，要稳定劫持方的情绪。在与劫持者的对话中，要尽量通过平和的语言来缓和现场气氛，帮助劫持者宣泄、稳定情绪，并应尽快向对方表达警方和平解决事件的愿望，传达事件和平解决的希望所在，缓解劫持者紧张、敏感的情绪，使劫持者可以在相对平静和理性的状态下表达诉请、思考，并与谈判人员对话。最后，要注意稳定被劫持者的情绪。在劫持事件中，被劫持者有可能是在没有任何思想准备的情况下被劫持的。事发突然，被劫持者也面临来自各方的压力，会出现应激反应，难以正确评估现实环境及现场态势，出现震惊、恐慌，甚至抗拒或攻击性行为。这些往往会引起劫持者的情绪波动，易使其做出非理性行为，对被劫持者的安全不利。因此，谈判人员要设法向被劫持者传达安全、和平解决问题的希望和能力，平复被劫持者的情绪。

2. 建立信任。信任是谈判的基础，谈判双方能否建立良好的信任关系是维系谈判的关键。谈判初期，谈判人员要有意识地进行引导，使对方接纳自己，让对方感受到谈判人员的关心和关注，建立一定的心理相容和信任，为下一步的劝导奠定基础。谈判人员可通过恰当地运用外在形象、肢体语言和语言表达出善意和诚意，关注对方的话题，关心其处境、诉求，理解其难处，适当认可对方，强调安全等，以建立信任。也可就家庭、亲情、事业、人生观、世界观、价值观等多角度展开话题，引导当事人诉说与宣泄，建立和进一步加强信任。与此同步，谈判团队在整体运作上要力图帮助谈判人员树立威信，尽量增进谈判人员与劫持者之间的信任。例如：当对方提出一些可以满足的条件或要求时，可酌情予以满足，如提供饮用水、食物等，以表达警方一直努力在解决问题，以及和平解决问题的诚意。即便暂时不能满足，也应积极回应，让对方感觉到谈判人员正视他的存在和要求，并报有要求可能会得以实现的希望。

3. 维系对话。反劫持谈判是谈判人员同劫持者通过对话交流来解决问题。与劫持者对话交流是反劫持谈判的基础，只要对话交流能够维系，反劫持谈判就有可能解决问题。而且通过维系对话交流，可逐渐掌握劫持者、被劫持者、警方的心理承受能力，有效控制劫持者可能失控的情绪，进而避免被劫持者或现场可能遭受的损害，避免无可挽回的后果发生。同时，也为把握谈判的分寸与尺度，调整、完善谈判方案，进行实质性谈判奠定良好的基础。故在反劫持谈判初期，要在实质问题之外努力寻找能维系同劫持者对话交流的话题，拉近双方的心理距离，建立并维系对话交流。通常情况下，谈判人员可通过平缓的语气向劫持者介绍自己，向劫持者说明来意，表达对劫持者的关心，表明协商解决问题的诚意、善意和态度，多角度寻找双方能够接受的话题，让对方感受到问题已经得到有关部门的重视，有望得到妥善处理，进而建立并维持友好的对话交流关系，确立双方谈判的基础。在维系对话交流中，与劫持者对话中的重要内容，要注意重复并加以记录，积极恰当回应，以表示尊重和关心，使劫持者看到通过谈判解决问题的可能。

4. 收集情报信息。情报信息有助于反劫持的处置决策和采取行动，是反劫持事件处置的基础。谈判开始阶段，警方掌握的情报信息资料有限，故谈判人员应在外围调查、收集情报信息的同时，通过与劫持者的对话与交流，在经意或不经意之间积极收集情报信息，如了解事件的前因后果、相关背景、对方诉求及期望值等。这有助于谈判人员继续展开对话，也可为外围调查取证提供线索支持。又如：谈判人员可聆听劫持者的话题，通过积极回应对方的话题来收集情况；要求与被劫持者对话，在与被劫持者对话的同时，较为策略地收集情报信息；试探性地提出问题，了解伤者的伤情或评估劫持者的心理状况；等等。

（二）中期谈判

经过初期谈判，劫持者的情绪趋向稳定，思维趋向冷静和理性，在其愿意进一步沟通或接纳别人观点时，谈判可转入中期谈判。中期谈判是反劫持谈判的实质性谈判阶段，是反劫持谈判的核心阶段。这一阶段谈判的内容，简言之，就是提出或引出实质性的条件，并就条件进行谈判。中期谈判一般围绕以下几个方面开展：

1. 提出或引出条件。提出或引出条件是巩固初期谈判成果，引导劫持者按警方意图活动，实现控制现场、稳定被劫持者心态，保证反劫持谈判能够深入下去的客观基础。一般来说，处理劫持事件的条件是劫持者首先提出来的，谈判人员在对案情有所了解之后，也可主动借助一定的话题，探询劫持者对事件的态度和处理意见，引出劫持者的交换条件。劫持者所提出的条件主要有两个方面：一是要相对关系人满足某种要求，如改变对某一问题的处理结论，对某件事情做出承诺，要求偿还债务，等等；二是要求警方或政府满足某些条件，如要求一定级别的领导干部出面，对其劫持行为不予追究予以担保；要求警方或政府促使被劫持者或被劫持者关系人满足其所提出的条件；向警方提出安全离开现场的方案，并索要逃离现场所需要的费用和交通工具，甚至索要武器；等等。这个过程中，谈判人员要耐心细致地听取劫持者交换条件的陈述，弄清楚交换条件与劫持者的关系，明确劫持者关于条件的种类和数量、实现条件的要求等。例如：交换条件是什么？是要货币、实物、交通工具，还是什么人？条件的具体要求是什么？要钱的数目是多少？货币种类，交付方式，交付时间，以及他要钱的想法是什么？劫持者坚持交换条件态度的坚决度，不满足可能面临的后果等。

2. 恰当处理条件或要求。谈判是一个不断讨价还价的过程，双方都会站在自己的立场提出对自己有利的条件或要求。反劫持谈判中，恰当予以处理和应对条件或要求，既是谈判方表达诚意的机会，也是取得信任的基础，也能帮助对方理清思路，理性面对现实。针对劫持者提出的条件或要求，可考虑采取以下方式予以处理和应对：积极回应，劝降、讨价还价、拖延、相对妥协，再度劝降或讨价还价。

（1）积极回应。对劫持者的条件或要求，谈判人员不能简单地立即答应或立即拒绝，也不能漠视不理或装作遗忘，应当立足于整个劫持事件的处置，围绕稳定情绪、建立信任、拖延时间、收集情报的目的，对劫持者提出的所有条件或要求进行积极回应，了解劫持者提出的条件和要求的具体内容和细节，及时进行转达及记录。在掌握对方条件或要求的基础上，谈判人员也可根据情势就劫持者提出的条件或要求表达自己的看法和见解，从双方利益的角度来分析劫持者目前所处的形势，判断事态的影响及后果，帮助劫持者理性分析其处境，促使劫持者降低其心理期望值，正确面对现实、权衡利弊得失，把不切实际的诉求变成现实可行的条件或要求，从而寻求双方利益最大化的解决方案、途径和方法，为劫持事件处置争取更大主动权。

（2）劝降。反劫持谈判不一定要围绕条件或要求进行谈判，也可立足于劝降劫持者，促使劫持者投降。劝降过程是一个让劫持者进行心理发泄和暴露的过程，故可采取倾听与规劝相结合的方法，因势利导，耐心倾听劫持者发泄愤懑，理解其经历或情感，了解其郁结与需求，分析其紧张情绪，力求建立起信任关系，引导、启发、帮助劫持者恢复正常的精神状态，正确评估形势与利害关系，促使其向警方投降。此外，研究表明：在劫持事件发生后，劫持者的心理一般会经历三个阶段：紧张敏感期、清醒理智期和寻求解决期。随着时间的推移和谈判取得实质成效，劫持者的心理状态会得到一定的缓解，其对劫持事件后果的分析和预见也会回归理性、客观、明智。劫持者也会发现形势并未向其期望的轨迹发展，期望便会慢慢降低，并逐步丧失控制局面的信心，其诉请要求会出现动摇，会由高降低，甚至转而投降。在劫持者显露动摇的情形下，应不失时机地组织更有力的劝降，促使其中止劫持事件，争取妥善处理劫持事件。

（3）讨价还价。讨价还价是以一定的折扣方式对劫持者的条件或要求进行回应。讨价还价中，谈判人员通过借大化小，以小化无，提出交换条件或更改实现条件的种类、方式、方法等来影响劫持者的价值判断和整体思路，进而表示警方谈判的诚意，压制劫持者的势头，为劫持事件的合理处置争取时间。讨价还价的内容可以是劫持者提出的条件或要求，也可以是实现条件或要求的时限长短、价值大小、被劫持者的安全、事态的形势、被劫持者人数多少、置换条件、实现条件的操作性等方面。常见的讨价还价方法主要有：①压缩条件。谈判人员从道理、人情、逻辑、事实上部分指出劫持者提出的交换条件或要求的不合理性，无法或难以实现的障碍性，并有理、有利、有节地将其条件或要求降低到一个可以令人信服或接受的限度，并在成交时间上得到相对长度的后延，以争取谈判的主动权。②条件置换。这是指谈判人员对劫持者提出的条件或要求用另外的可控或可接受的条件来置换劫持者提出的原始条件或要求。条件置换对于劫持者来说，其提出的条件或要求变相、适当地得到了满足；对于谈判人员来说，置换的条件是可控或可接受的，从而使条件或要求变得具有可操作性和实现意义，从而为事件的处置创造条件和制造机会。③适当兑现。对于劫持者提出的一般性的条件或要求，可在法律和政策允许的范围内予以策略地兑现，并要求对方予以回报，以表达和平解决问题的诚意，促使劫持者终止劫持活动。例如：在满足劫持者提出的提供食物或饮料之类的条件时，要求劫持者做出某些让步作为回报。

（4）拖延。劫持事件的处置过程无论是反劫持谈判，还是其他处置，都需要有足够的时间和漫长的心理较量过程才能达到预期的处置效果。经过一定的谈判后，无法回避的问题是，要面临如何兑现劫持者的条件或要求，包括劫持者提出的条件或要求和经过讨价还价重新达成的条件或要求。拖延是指对劫持者的条件或要求，采取一定的策略和方式来延缓兑现条件或要求的时间，以争取更充裕的时间来解决劫持事件（包括谈判与其他处置）。在某种意义上说，劝降和讨价还价也具有拖延的功效，但劝降和讨价还价还具有其本身的实质性功效。一般来说，对劫持者的条件或要求，可选择在事理、情理上说得过去，能让劫持者接受且觉得也只有如此才能解决问题的理由或借口，争取在兑现条件或要求的时间上最大化，来延长实际上解决劫持事件所需的时间。例如：强调审批手续的繁琐性，现金筹集的困难和时间性，领导需时间进行思考和抉择，交通工具与路途问题，临时故障与障碍，等等。

（5）相对妥协。同劫持者的谈判也不可能是无期限的，一味劝降、讨价还价、拖延，亦会激怒劫持者，劫持者可能会因此单方面中止谈判，甚至会伤害被劫持者或造成恶性事端。因此，必要时，谈判方可适时地做出一定的让步，接受劫持者提出的某些条件，达成相对的妥协，使问题得以或暂时和平的解决。例如：如果警方答应劫持者的条件，劫持者就能释放被劫持者，但警方事后不应该且也不可能兑现这些条件。面对这种形势，警方不妨先将条件答应下来，待劫持者释放被劫持者或放弃劫持行为后，再进行另行处置。

3. 寻找谈判的基点。反劫持谈判要切实解决问题，需要谈判人员与劫持者进行沟通，通过不断尝试深入展开谈判话题，了解对方真实的想法、性格特点。在掌握劫持者在劫持事件持续期间的心理状态的基础上，寻找和发现劫持者的心理突破口，引导劫持者理性思考，帮助其寻找到和平解决问题的理由和基点，准确评估谈判是否能够成功劝诫劫持者，进而提供切实可行的解决方案以及可能解决的方法，供劫持者参考。这是谈判走向成功的关键之处，而一旦找到这样的基点，就意味着谈判离成功也就不远了。

4. 划分劫持者。在谈判过程中，面对多个劫持者谈判人员要进行观察和分析，将劫持者群体中不同的利益主体逐步区别开来，同时确定其中具有权威或影响力的人员，尽量站在不同利益主体的角度来分析面对的形势和阐述道理，抓住机会争取可以争取的对象，促使劫持者群体向有利于反劫持谈判的方面转变。

5. 善用第三方。谈判过程中，劫持者可能会希望见到某个人，警方也可借助第三方来拉近双方之间的距离，解决语言障碍，融洽关系，施加影响，甚至化解危机。故反劫持谈判在条件成熟时，可适当使用第三方，促使劫持者心理转化，瓦解其斗志，促使其全面考虑问题和后果，进而解决问题。例如：寻找劫持者信任的亲人、朋友、领导等对劫持者进行规劝，帮助劫持者回归理性思考，做出正确判断。有的劫持行为是针对第三方的，谈判人员在详细了解具体情况后，也可协调第三方介入来解决实质性问题。在使用第三方的过程中，应当注意事先做好第三方的工作，使其了解反劫持事件处置的目的、计划，明确自己的作用，详细告知其谈话的内容、尺度、态度等，并加强对第三方的安全保护。

6. 适当展示武力。反劫持谈判过程中，可以根据劫持者的性格特征和谈判进程、时机、需要，有意安排一定数量的着装民警和装备出现在谈判现场的某些区域，以表明警方解决问题的能力和决心，在气势上压制对方，对其施加心理压力，增加谈判人员谈判中讨价还价的砝码。在示意对方不要轻举妄动，否则后果对其极为不利的同时，也表明仍然继续谈判是对劫持者的信任和期望，迫使其认真考虑谈判人员提出的解决方法。

（三）后期谈判

后期谈判是劫持事件的化解阶段，也是整个劫持事件最关键的时刻。在后期谈判过程中，一般围绕以下几个方面开展谈判：

1. 促使劫持者放弃暴力，和平解决事端。反劫持谈判持续到后期，劫持者经过谈判人员谈判劝说，对放弃劫持行为和继续对抗的权衡致使其内心矛盾重重，何去何从难以抉择，陷入困境。而长时间的谈判和紧张对峙，劫持者体力和精力消耗很大，身心疲惫，备受煎熬。为摆脱困境或煎熬，劫持者开始考虑放弃劫持行为，接受劝降。当劫持人员有放弃劫持行为的迹象时，谈判人员应就事论事，用实例及具体生动的方法，站在劫持者的处境、立场进一步规劝其终止劫持行为，使谈判朝着和平结束事件的方向发展。例如：用"劫持行为还没造成严重后果""事态还没有那么严重"等艺术性语言来动摇劫持者的劫持意志；当对方做出一些有利于和平结束劫持事件的行为时，及时不断地给予肯定和认可，促使其不断改变态度和行为；在给对方看到问题和平解决的希望的同时，强调继续对峙的后果；做一些小的让步，以促使对方放弃劫持行为。例如，答应对方提出的答复时间，答应安排磋商，答应领导或当事人与劫持者见面，等等。一般来说，每个人都有求生的欲望，只要谈判人员思想教育得当、心理疏导得方、利弊分析得法、策略手段运用适当，劫持者是有可能放弃劫持行为、和平结束劫持行为的。

2. 达成和解决诉求的初步方案。在谈判中双方达成妥协，愿意按双方达成的妥协条件或要求来解决问题的共识时，反劫持谈判则可就解决诉求的初步方案进行谈判，这其中也包括警方为其他处置做铺垫的相对妥协的权宜之计。这一环节，虽然谈判双方对真正如何解决问题不一定能达成共识，但可以在谈判中达成双方解决问题的思路和初步进程表。例如：什么时候相关条件或要求准备完毕，什么时候再次协商，什么时候再次就实质性条件进行磋商，等等。这样的思路和进程表如果能够达成共识的话，也就能看到解决问题的希望。

3. 适当设计台阶。和平解决劫持事件，对于劫持者来说是打破自己主动建立的行为，在心理上要完成自我否定的过程，这对于劫持者来说是比较困难的。帮助劫持者体面下台也是反劫持谈判后期谈判的重要环节，如解决不好，劫持者可能会碍于面子而继续保持劫持姿态。故可适当做出一些可行的让步，合理设计台阶让对方体面下台。例如：缓和现场气氛或答应某些条件等，以作为对方放弃劫持暴力行为的台阶。

4. 商讨接收方案与投降方案。当劫持者同意投降，但接收与投降过程不是轻易能实现的。往往劫持者已经决定投降了，但如果接收与投降过程中出现丝毫误会或差错，也会导致前功尽弃，重新回到劫持对峙态势上来。所以，顺利完成接收方案与投降方案的谈判尤为重要。接收方案是对如何接收人、受伤者、尸体、物品等作出的安排。其目的在于安全、顺利地接收人、受伤者、尸体、物品，争取人员身份核查、受伤人员的治疗、相关人员心理干预、物品清查、对尸体进行处理的条件和时间，为收集相关情报创造条件，避免与劫持者产生误会，导致事态恶化。投降方案是劫持者向警方投降的方式及步骤的安排。其目的是安全地完成与和平解决劫持事件的最后环节，防止发生意外，导致前功尽弃。谈判人员与劫持者应当就已经确定好的接收方案与投降方案的各个细节进行充分沟通协商，让劫持者清楚在接收过程与投降过程中警方行动的细节，以及场内、场外的各种情况，以免在接收与投降过程中引起劫持者的误会或发生意外。在接收方案与投降方案中如劫持者对一些细节有异议，经过协商并报指挥人员同意，也可适当做出一些让步，让对方能够挽回一点体面。

5. 促成异地谈判或处置。反劫持事件处置如果出现劫持现场不利于谈判解决问题或处置，而转换到其他更合适的地点进行谈判或处置更恰当时，反劫持谈判应力求促成劫持方同意异地谈判或处置的方案。促成异地谈判或处置的方案虽说并未彻底解决反劫持事件，但也意味着谈判取得进展。促成异地谈判或处置应注意以下事项：①场地的选择。要考虑方便谈判或处置，也应考虑远离劫持事件中心地点和密集人群或涉事人员，以免受到干扰和刺激；②考虑安全因素，确保安全；③适度给出处理进度。要让对方接受异地谈判或处置，需要对方对解决劫持事件有一定的信心。因此，要适度给出一个事件处理的进度，这样表现出谈判方的诚意和认真对待的态度。

6. 协助武力处置或现场营救。如现场情况紧急，经评估或有迹象表明劫持者无意放弃劫持行为，指挥人员一旦作出武力处置或现场营救时，反劫持谈判则可协助武力处置或现场营救。协助武力处置或现场营救，需要谈判组与其他处置组密切协同配合，一般由武力处置组或现场营救组提出具体的战术要求，谈判组根据谈判情势，通过与劫持者的谈判或对话，为武力处置组或现场营救组想办法创造条件或制造机会，降低劫持事件处置风险，确保被劫持者的安全。例如：安抚劫持者的情绪，并适当主动示弱以麻痹劫持者；答应劫持者的条件，促使劫持者放松警惕；讨价还价中转移注意力，创造劫持者与被劫持者、武器与人分离的机会，诱使其改变位置，制造接近机会；等等。

六、反劫持谈判善后处置

经过长时间的谈判，劫持者无论是从精神上，还是体力上都会变得疲惫不堪，对警方能答应哪些条件、能做出哪些让步，他们也能做到心中有数。这时他们的选择可能会有：投降、自杀、孤注一掷。那么，反劫持谈判的善后处置就有下面几种可能的选择：

（一）劫持者投降的善后处置

在谈判的过程中，谈判随时都有可能结束。一旦劫持者放弃劫持行为或选择缴械投降，或其他处置获得成功，反劫持谈判即宣告结束。当劫持者同意放弃劫持行为，向警方投降，愿意按谈判人员的指示来结束劫持行为时，谈判人员要与劫持者保持实时沟通和联系，应以明快的言语要求劫持者按达成的接收方案和投降方案行事，并严格按接收与投降方案的细节要求执行，以免执行过程中出现误会或差错，如被劫持者依次离开劫持地点，劫持者排除危险妨害，劫持者被警方顺利接收，等等。由于谈判人员是劫持者相对熟悉并愿意信赖的相对人，应注意陪伴劫持者将事态处理完毕。假如谈判人员在事态还没有彻底处理完毕前就离场，会让劫持者认为自己受骗而导致事态反复，甚至恶化。此外，经过长时间的对峙，劫持者长时间处于紧张状态，精力与体力严重透支，应对劫持者的状态予以评估，商量下一步安全离开的措施，确保被劫持者安全离开。

（二）劫持者绝望自杀的善后处置

在反劫持谈判过程中，救援组应当随时做好安全防范和营救工作，根据劫持情况确定人员，准备救援设备，保证人员和设施及时到位，做好随时营救的各项准备工作。如果发现劫持者企图自杀，救援人员应迅速实施营救（包括强行营救）。谈判人员应注意与救援组配合，通过分散劫持者注意力或采取一定的战术谈判为营救创造条件或机会，降低营救风险，力保被劫持者的安全。

（三）劫持者施暴的善后处置

有的劫持者在自觉走投无路的情形下，孤注一掷，会选择将劫持暴力付诸实现的下策，企图在自己生命完结前将被劫持者杀死或制造恶劣事端。故担任其他处置方案的人员应密切关注事态的发展，一旦发现劫持者有施暴的征兆，警方应及时采取其他处置措施，迅速行动，果断出手，包括正面接近处置、远距离精准射击、秘密突袭，制服劫持者，避免或减少被劫持者受伤或恶性事端的发生。

 任务实例/呈现

20××年××月××日 14 时，××市公安局接到群众报警，××市××会馆×包房内有一男子持刀劫持人质。接警后，××市公安局高度重视，迅速成立指挥部，抽调精干力量，第一时间封锁控制了现场，同时转移周边群众，全力展开处置工作。

经初步调查了解到：犯罪嫌疑人叫田某某，35 岁，是一名个体司机，被害人叫张某，是该会馆的服务员；田某某因怀疑张某诋毁自己的女朋友的生活作风问题，导致自己的家人不同意自己的婚事，遂于当天下午，来到××会馆×包房，打电话将张某叫到房内，持刀威逼张某讨要说法。在张某拒不承认的情况下，田某某随即用尖刀将被害人的背部和左臂等身体多处刺伤。张某在呼救时，被门外的工作人员发现后报警。

为确保人质人身安全，指挥部根据现场的实际情况，决定由刑事犯罪侦查大队副大队长于某某作为谈判员先与田某某谈判、对话，稳住其情绪，分散其注意力，选派其他侦查员做好配合，伺机安全解救人质。同时，立即布置警力做好外围调查取证、情报信息搜集，进一步了解案件和田某某的相关情况。

于某某刚一敲门，田某某就紧张地问："你是谁？"于某某："我是警察，是来帮助你的。"田某某："你给我走开，我不需要你们。"

于某某："希望你能够配合我们的工作，有什么要求，我们会满足你的。"田某某："我就想见我孩子，我搂他们睡一宿觉，明天就到你那自首。"于某某："好，可以，但你要先把张某放了，她受伤了，要包扎一下，再说弄得到处是血，吓着孩子怎么办？"听说要放人，田某某坚决不同意，谈判暂时陷入僵局。随后田某某提出要见自己的父母亲。

15时2分，田母进入现场后，没想到田母却由爱生恨，大声斥责田某某，并且言辞过于激烈。现场气氛随即骤然紧张，使得情绪刚刚有所舒缓的田某某暴躁起来，手持尖刀不停地在被害人的脖子上滑动。指挥部当即停止母子二人的交流，将田母带离现场。15时20分，田父来到了现场，在走向401室时，田父遇见了特警大队长程某某，程某某原来在××派出所工作时曾经帮助过田某某，与田某某一家很熟。田父隔着门激动地喊着："儿子，你怎么能做这傻事？"田某某歇斯底里地喊："是她逼我这么干的。"田父说："傻孩子，回头吧，你忍心把我和你妈扔下吗？你程叔也来了。"稍微过了一会儿，田某某问："哪个程叔？"田父说："原来××派出所的所长，现在在公安局巡警大队。"

见田某某的情绪缓和了很多，指挥部当即决定由程某某与田某某进行谈判。程某某："某某，我是你程叔，因为啥事？"田某某："她扯闲话糟践我女朋友。"程某某："这么点事啊，我还寻思多大个事呢！某某，值得吗？"田某某："我就是要她证明我女朋友的清白，让她说实话，要不说，我就整死她。"程某某："某某，你这么做是犯法的，你不考虑自己，还不考虑你爸妈，他们养你这么大容易吗？你扔下他们不管了？你那一双儿女多好啊，你也不管他们了？"见田某某没有说话，程某某断定其被打动了，紧接着说："某某，你是个好孩子，以前你多能干啊，你要没出息，你那事我能帮你吗？我以前之所以帮你，是因为我看出来了你不是坏人，对不，某某？"这时，侦查员将田某某的一双儿女带到了现场。孩子们哭着喊："爸爸，你不要我们了？爸爸，爸爸。"程某某接着说："某某，程叔能害你吗？把门打开吧，有事慢慢说。"随后田某某终于同意将门打开。

门打开后，侦查员看到，被害人坐在两个床之间的地板上，身上多处受伤，地上有很多血迹。程某某接着说："某某，没事，喊了半天，渴坏了吧，喝点水吧。"并顺势打开一瓶水递了过去。田某某："我不喝，盖拧开了，你在里边放点啥我也不知道，你给我换一瓶。"程某某："好，换一瓶。"情势终于有所缓解，虽然田某某对警方还不太信任，但他已经开始接受警方的帮助和建议了，谈判有望成功。程某某："吸不吸烟，来一根？"。田某某："给我女朋友打个电话吧，我跟她聊点事，哪怕来看一眼也行。"程某某："好。"程某某立即让外围的民警联系田某某的女朋友。遗憾的是，田某某的女朋友不同意见面。听说女朋友不来，田某某的情绪有激动起来。程某某立即劝说："某某，不能过激，我和你爸能害你吗？我俩进屋和你好好聊聊好吗？"考虑了一会，田某某终于同意田父和程某某进屋，并指定两人坐在床角。进屋后，程某某趁机对田某某说："某某，你的一双儿女真可爱，父母年岁大了，以后还得靠你啊。我保证你的安全，而且你可以得到从轻处理。"程某某的话深深地打动了田某某。见田某某的眼神稍微有些缓和，程某某接着上前说，"某某，把刀给我行不行？"田某某考虑了一会儿，说："行！"并伸出手将刀顺势递给了程某某。程某某立即抓住机会上前将其抱住，同时通知室外的民警，室外的民警迅速行动，人质得到解救，田某某也被顺利制服。

任务小结

本学习任务介绍了什么是反劫持谈判，帮助学生明确反劫持谈判在司法实践中解决的问题，掌握反劫持谈判的理念和基本要求，以及开展反劫持谈判的相关知识和基础理论，培养学生在司法实践中具备反劫持谈判解决劫持事件的理念和意识，以及反劫持谈判的相关业务技能和实际运用能力。

思考题

1. 试述对反劫持谈判的认识。
2. 结合所学，谈谈反劫持谈判的理念。
3. 试述反劫持谈判的要求。
4. 结合所学，试述如何进行反劫持谈判。

任务训练

训练项目：模拟反劫持谈判

一、训练目的

通过模拟反劫持谈判，帮助学生加深对反劫持谈判的理解和认识，掌握反劫持谈判的内容及程序，培养学生在司法实践中采取反劫持谈判解决劫持事件的理念和意识，以及反劫持谈判的相关操作技能和实际运用能力。

二、训练要求

1. 明确训练目的。

2. 掌握训练的具体内容。

3. 熟悉训练素材。

4. 按步骤、方法和要求进行训练。

三、训练条件和素材（具体训练条件和素材可根据训练目的及训练重点由训练指导教师选择、调整）

（一）训练条件

模拟训练场所、反劫持谈判相关器材、设施、设备、器具等。

（二）训练素材

20××年××月××日16时许，××省×××监狱28岁的罪犯李某某趁在监狱进行园艺绿化劳动之机，采用绿化劳动所用的镰刀劫持了负责监狱绿化指导的工人吴某某为人质，要求送现金20万元、1辆加满油的小轿车供其逃离监狱，否则将杀害人质。

四、训练方法和步骤

在指导教师指导下，学生在训练场所分组模拟各角色（狱内侦查人员、狱内侦查指挥人员、监狱相关职能部门及民警，以及其他相关人员）进行训练，具体方法和步骤如下：

1. 准备素材，确定训练方式，学生复习有关反劫持谈判的基础知识，做好包括模拟反劫持谈判情景场所和配套的基本器材、设施、设备、器具等准备工作。

2. 实训指导教师介绍训练内容和要求，发放准备好的案例素材。

3. 学生阅读素材，掌握狱内反劫持谈判的相关事实和材料，在指导教师的指导下形成情景模拟方案。

4. 学生以分工负责的形式进行角色分配，具体可按指挥人员、谈判团队、武力处置团队、现场救护团队、劫持罪犯、被劫持工人、第三人以及其他相关人员等进行角色模拟分配，实际操作时可根据情况进行角色的添加或删减，排列组合形成情景模拟团队，如添加或删减知情人、新闻媒体、围观人员等。

5. 完成模拟反劫持谈判和处置情景操作，对素材案例中没能提供的条件，由学生酌情进行合理设计和补充。

6. 整理训练成果，形成书面材料。

五、训练成果

1. 完成反劫持谈判所涉及材料的制作，并将书面材料交训练指导教师。

2. 总结训练成果，写出训练心得体会。

3. 指导教师进行讲评及训练成绩考核、评定。

拓展阅读

学习任务九　追缉堵截

任务概述

　　追缉堵截是对逃跑的犯罪嫌疑人（包括监狱脱逃的罪犯），及时组织力量，沿着其可能逃跑的方向和路线循迹追捕的紧急行动。追缉堵截可以在犯罪嫌疑人未来得及逃远之时及时将其抓获，防止犯罪嫌疑人逃避侦查，及时破案。这需要知道什么是追缉堵截，把握追缉堵截的适用条件，掌握追缉堵截的方法，按照相关要求，有效组织追缉堵截，为侦查工作赢得主动权。

任务基础

一、什么是追缉堵截

　　追缉堵截，是指对逃跑的犯罪嫌疑人，根据其逃跑的方向和路线，组织力量进行跟踪追捕和设卡堵截的一种紧急性侦查措施，包括追缉和堵截两个方面的行动。追缉，是指组织力量沿着犯罪嫌疑人逃跑的方向和路线，循迹追捕的紧急行动；堵截，是指组织力量在犯罪嫌疑人逃跑过程中可能经过的路口或关卡进行设卡拦截或抓捕，以堵住犯罪嫌疑人的去路的紧急行动。追缉和堵截两项措施在实际运用中往往同时使用，相辅相成，是一种紧密结合、相互配合的关系。堵截是以追缉为前提的，没有追缉的堵截，很可能徒劳无功，成为无效行动；追缉也离不开堵截，没有堵截的追缉，难以阻断犯罪嫌疑人逃跑的去路，犯罪嫌疑人很容易逃出侦查视线。

二、追缉堵截能解决的问题

追缉堵截是防止犯罪嫌疑人逃避侦查的有效措施，同时也是查缉重大犯罪嫌疑人的主要措施。追缉堵截在狱内侦查工作中也起着特别重要的作用：

（一）预防脱逃

追缉堵截是一种积极的预防脱逃的措施，及时有效地进行追缉堵截可以迅速将脱逃的罪犯缉捕归案，不仅可以有力地打击脱逃的狱内犯罪人员，对其他在押犯也能起到震慑作用，起到预防罪犯脱逃的特殊作用。

（二）提高侦查效益

通过追缉堵截使犯罪嫌疑人难有喘息之机，可以有效防止犯罪嫌疑人毁证灭迹，降低侦查难度，及时打击犯罪。

（三）减少危害性

加强追缉堵截，及时抓捕犯罪嫌疑人，可以使犯罪嫌疑人在其尚未销赃、挥霍之前及时归案，可以避免或减少犯罪造成的损失。一些犯罪嫌疑人，特别是严重暴力性、流窜性犯罪的犯罪嫌疑人在逃跑后有可能会继续作案，危害国家和社会的安全。通过有效的追缉堵截将其抓获，在很大程度上可以防止这些犯罪嫌疑人对国家和社会造成新的危害。

三、追缉堵截的适用条件

（一）追缉堵截适用的时间条件

时间条件，是指从犯罪嫌疑人逃跑到侦查部门决定采取追缉堵截措施的时间间隔长短。这是直接决定有无必要采取追缉堵截的前提条件。一般来说，案件发现及时，犯罪嫌疑人逃离现场时间不长，尚来不及远遁，有助于确定追缉堵截的范围，判明其逃跑方向，迅速组织起有效的追缉堵截，则具备了追缉堵截的时间条件。有些案件的犯罪嫌疑人逃跑时间较长，但受主客观条件限制或影响，仍未逃远或尚在警方可控范围内的，也可考虑进行追击堵截。反之，犯罪嫌疑人脱逃的时间越久，则越不利于追缉堵截的实施。因此，侦查人员到达现场后，应迅速向有关人员了解案发时间和发现的时间，结合其他条件决定是否实施追缉堵截。

（二）追缉堵截适用的特征条件

特征条件，是指犯罪嫌疑人在作案过程中或者是在逃跑过程中形成或暴露出来的特征。这是采取追缉堵截的基本条件，具体包括：①犯罪嫌疑人的体貌特征，包括犯罪嫌疑人的性别、年龄、身高、发型、口音、相貌、衣着等特征。这些特征要明显，易于识别。②携带物品特征，一般是指犯罪嫌疑人携带的作案工具、赃物或其他物品所具备的容易识别的特征，包括携带物品的名称、数量、质量、体积、规格、颜色、特殊磨损、暗记等特征。③交通工具特征，一般是指犯罪嫌疑人盗、抢、驾、乘的车辆等交通工具所具备的便于识别的特征，主要包括车辆号牌、车辆型号、车身颜色、车标以及车辆内安全带、年检标识、遮阳板、挂件、摆件等特征。④附加特征，是指犯罪嫌疑人在犯罪过程中或逃跑过程中新形成的特征。这些特征较为反常，易于识别，如衣服是否破损、身上是否沾有血迹、身体是否受伤等。

（三）追缉堵截适用的方位条件

方位条件，是指现场及其周围的地理环境、地形、地物和犯罪嫌疑人逃跑的方向、路线等条件。方位条件对追缉堵截的实施至关重要。如果地形、地物不太复杂、隐蔽，而且道路少，容易发现、抓获犯罪嫌疑人，那么实施追缉堵截就比较有利。反之，地形、地物复杂、隐蔽，如建筑物密集，属于山林、高秆农作物区等，就有利于犯罪嫌疑人的躲藏和脱逃，不利于追缉堵截的进行。此外，在实施追缉堵截中判明犯罪嫌疑人的逃跑方向和路线是至关重要的。只有判明犯罪嫌疑人逃跑的路线、方向，掌握现场所处的地理环境，在实施追缉堵截时，才会做到追有方向、目标，堵有地方、位置。故在追缉堵截时，应根据相关痕迹物证、线索，结合犯罪嫌疑人的心理特点、生活经历、谋生技能、社会关系等情况，综合研判犯罪嫌疑人的逃跑方向和路线。

（四）追缉堵截适用的痕迹条件

痕迹条件，是指犯罪嫌疑人在逃跑过程中留下的能够反映其逃跑方向、路线的各种痕迹、物品等条件，如成趟的脚印、滴落的血迹、牲畜的蹄印、洒落的物品、压倒的草木等。这些能够表明犯罪嫌疑人行踪的痕迹物品是实施追缉堵截非常有利的条件，这实际上也是追缉堵截的方法和途径，如利用成趟的脚印进行步法追踪，利用犯罪嫌疑人遗留下的气味进行警犬追踪等。

四、追缉堵截的方法

（一）循迹追踪

循迹追踪法就是指根据犯罪嫌疑人逃跑的路线和踪迹，组织力量尾随其后追缉的方法。采取这种方法追缉堵截的前提是犯罪嫌疑人逃跑路线和目标区域比较明确，变动的可能性较小。侦查人员通过研究犯罪嫌疑人逃跑的行为规律，组织力量，根据犯罪嫌疑人可能逃跑的路线和逃往的地区，一方面组织人员尾随其后进行循迹追捕，另一方面在其可能逃跑的前方布置力量设卡堵截。

（二）迂回包抄

迂回包抄法就是指侦查人员利用快速交通工具迅速迂回到犯罪嫌疑人逃跑方向的前方设卡堵截，同时又有重点地分兵追缉，以防犯罪嫌疑人途中藏匿或在关卡前回逃的追缉堵截方法。这种方法多用于道路交叉纵横、犯罪嫌疑人逃跑方向或目的地明确的情形。在追缉堵截实践中，有时会出现只明确犯罪嫌疑人逃跑方向，无法准确判断其具体的逃跑路线，或犯罪嫌疑人可能施展声东击西、拐弯兜圈的伎俩的情形。面对这种情形，侦查人员采取常规的循迹追踪又不具备条件，也不可能无限制地分兵尾随追缉。侦查人员具有快速迂回行动条件的，则可考虑采用这种方法。

（三）合围包剿

合围包剿法就是在追缉堵截过程中，确认犯罪嫌疑人已经隐藏在一个明确的地点，或被逼入一个较小的区域范围内，侦查人员迅速四散分开，抢占有利地形，堵住进出通道，将犯罪嫌疑人包围起来，然后逐步缩小包围圈，将其捕获或迫使其自动放弃反抗或逃跑的追缉堵截方法。合围包剿必须特别注意根据不同的地形、环境快速严密合围，及时疏散包围圈内的群众、机动车辆，转移贵重财物和危险物品，以免造成人员伤亡或重大物质损失，甚至让犯罪嫌疑人劫持人质或实施破坏。

（四）立体追踪

立体追踪法就是指运用陆、海、空等交通工具，采取地面、海面追堵与空中侦查指挥相结合的追缉堵截方法。这是追捕犯罪嫌疑人驾车、驾船、扒乘列车潜逃，以及在地形、地势复杂地带进行追堵的最佳方法。由于陆面公路纵横交错，海面茫茫无边，列车运行情况复杂，驾车、驾船、扒乘列车逃跑的犯罪嫌疑人则可利用其驾车、驾船、扒乘列车的机动性，以及时间差和空间差与我追堵人员周旋，乘隙脱逃。如果沿用传统的追缉方法很难发现和控制犯罪嫌疑人。有时在追缉堵截时，遇到地势险要、地形复杂的崇山峻岭、杂草丛生的荒野地带，由于环境复杂、隐蔽性较好，容易失去追踪的目标，靠人力徒步追捕很难成功。在这些情形下，立体追踪法显示出高科技下侦查工作的强大优势。该方法运用警用直升机或无人机进行空中侦查和指挥，在空中观察犯罪嫌疑人的逃跑方向和路线，逃窜中使用和更换的交通工具、携带的物品特征，迅速准确地告知地面、海面的追捕人员，地面、海面则根据空中侦查所获取的情报，及时调整追捕方向和缉捕措施，准确地逼近犯罪嫌疑人，果断采取措施将犯罪嫌疑人缉捕归案。

（五）设卡堵截

设卡堵截法，是在明确犯罪嫌疑人体貌特征和逃跑方向、路线的情况下，在追堵对象逃跑路线的前方要道设置卡点，予以守候抓捕的一种追缉堵截方法。设卡堵截应注意把握以下几点：一是在时空上要有超前意识，快速反应，严密布置；二是要选择适当的卡点位置，讲究堵截策略、方法；三是所设堵截卡点应避开公共复杂场所、要害部位、危险物品生产存放处；四是要防止犯罪嫌疑人冲卡、避卡和混卡。可以采用公开与隐蔽结合的方法，以卡点为中心，在卡点前后一定距离内布控秘密力量，对试图避卡人员进行盘问和检查，对冲卡、避卡和混卡的人进行拦截缉捕。在盘问时要把握时机，讲究方法、策略，占据有利位置；还要讲究语言技巧，先问身份，再问案情，抓住事实，穷追不舍。在检查时也要注意策略、方法：一看、二听、三闻、四摸、五拆，检查无遗漏，注意安全。

（六）监控堵截

监控堵截法是指在犯罪嫌疑人可能逃往的地区，侦查机关与当地公安机关协作，采取公开和秘密相结合的手段，加强对车站、码头、旅店等场所的监控，从而发现、查缉犯罪嫌疑人的一种追缉堵截方法。凡是犯罪嫌疑人体貌特征明显、易于识别的，且极有可能潜藏于公共场所时，都可以考虑采取这种方法。

任务实施/操作

一、严密组织追缉堵截力量

（一）组织指挥力量

1. 快速反应、迅速布置。遇到追缉堵截的紧急情况，需要打破常规，实现快速反应、迅速行动。这就要求在现场勘查、案件侦查过程中，发现犯罪嫌疑人逃跑、罪犯脱逃、严重暴力性犯罪等紧急情况时，追缉堵截指挥人员要根据现场情势，灵活决定或上报上级部门、通知有关部门，以便及时组织追缉力量，迅速通知有关堵卡网点，展开对犯罪嫌疑人的追缉堵截。此外，侦查机关应建设专门的追缉堵截机动力量，平时加强训练，遇有紧急情况，立即按既定方案和应急措施展开行动。

2. 打破条块界限，协同作战。在追缉堵截过程中，各警种、各部门要打破条块界限，服从统一部署、统一调度、统一指挥，根据各业务部门职能以及参战警力的战斗能力、特点，相互配合，实现追缉堵截力量和措施的高度协同。既要保证各业务部门及警力发挥各自业务能力和独特作用，又要保证各业务部门及警力的配合，切实发挥追、堵、围、查、控等措施的综合运用能力。

3. 随时了解情势，准确下达指令。追缉堵截的一线指挥人员要随时掌握各追缉小组、各堵卡网点的警力配备、措施适用、所处位置、实时信息和行动预案等情况及其变化。同时，还要与各方面保持畅通的通讯联络，特别注意要保持同上级指挥人员之间的联系畅通，保持同其他警种、部门之间的联系畅通，做到信息、指令传递准确、及时。

（二）合理部署警力

追缉堵截往往是多警种、多方面力量联合行动，且行动的机动性强，具有急迫性，甚至是危险性，故在追缉堵截实践中要合理部署警力。具体来说，警力部署务必要做到"三能""七便于""两避免"。"三能"是指警力部署要根据行动区域内的地形、地物情况，做到攻能进、守能驻、退能撤。"七便于"是指便于利用地形、地物隐蔽配置，便于发挥行动警力的特长和火力优势，便于减少敌火力的杀伤，便于指挥员指挥，便于相互支援和协同，便于转移和离开，便于行动决策的实现。"两避免"是指避免多人拥挤在一起，避免自伤、误伤。

二、迅速收集情报信息

侦查人员到达现场或接到紧急情况通报后，应迅速掌握案件的性质和简要经过，收集情报信息。首先，迅速收集犯罪嫌疑人的特征条件，如犯罪嫌疑人的人数、性别、年龄、经历、体貌特征、作案特征、心理特征、技能特点、行为习惯、家庭情况、社会关系等情况，携带的武器、器械的数量、种类、潜逃的路线、方向及可能潜藏的地点和行动企图等。如有可能，应将犯罪嫌疑人的照片翻拍复制并下发，供行动人员辨认和识别。其次，应仔细观察犯罪嫌疑人遗留在现场的足迹或车辆痕迹，并根据痕迹特征对鞋的种类、车辆型号和犯罪嫌疑人的人身特征做出尽可能精确的判断。在组织力量时，最好能吸收可以指认犯罪嫌疑人或辨认赃物、作案工具的人参与。

三、正确选择追缉的路线、方式

在进行追缉堵截之前，指挥人员必须了解和明确追击堵截对象的体貌特征、随身携带物品的情况、乘坐的交通工具的特征和逃跑方向、路线等基本情况，然后对如何展开追缉堵截工作进行全面、系统的分析，提出若干疑问和假设并逐一解答，从而制定正确、周密的工作方案，选择追缉堵截的最佳路线、方式，使追缉堵截卓有成效。需着重考虑：①根据被害人、事主及知情群众提供的情况、犯罪现场痕迹、遗留物及其他有关情况，对犯罪嫌疑人逃跑的方向、路线迅速作出判断，组织力量，进行有针对性的追缉堵截。在追缉的过程中，要注意观察沿途是否有可供判断犯罪嫌疑人逃跑方向、路线的痕迹物品。对与犯罪嫌疑人有关的痕迹物品的出现或突然消失、中断都要认真分析、判断原因。②在追缉堵截的过程中，必须不断分析、判断犯罪嫌疑人的逃跑方向和藏身落脚范围，及时修正追缉堵截方案。如果犯罪嫌疑人在逃跑的过程中暴露了逃跑方向，这就需要通过观察沿途的情况和向沿途群众询问加以了解，但应对观察和了解到的情况认真分析，以识破犯罪嫌疑人可能的伪装和欺骗。如果事先不掌握犯罪嫌疑人逃跑的方向，或在追缉过程中失去犯罪嫌疑人逃跑的方向，这就需要通过研究犯罪嫌疑人逃跑行为的某些带有规律性的因素，以此决定或修正追缉的方向及堵截的地点。

四、开展追缉堵截，注意信息反馈

追缉堵截是一项形式多样、灵活机动的侦查措施。由于追缉堵截对象不同，犯罪性质各异，加之追缉堵截的现场环境不同，追缉堵截的条件差异，开展追缉堵截时应结合具体的情况，认真地作出分析、研判，选择切合实际和富有成效的追缉堵截方法。在追缉堵截过程中，要注意利用多种方式、方法配合追缉堵截行动，如利用步法追踪技术、视频监控技术、警犬技术等，以提高追缉堵截的效率和准确性。同时，要注意观察和收集犯罪信息资料，边追边访问。对收集到的信息，应及时加以对照、分析、研判，对重要信息还应及时上报指挥人员和其他追缉堵截人员。必要时，根据反馈的信息和其他情报信息适时调整追缉堵截方案、方法。

五、加强联防，协同作战

对于一些案件，特别是那些涉及面广和追捕范围较大的案件，可以借用区域性联防的有利条件，互通情报，通力合作，追缉堵截出逃的犯罪嫌疑人。侦查人员要注意取得车站、码头、旅店、饭馆等单位职工群众的密切配合，将追缉对象的体貌特征、携带物品等情况，及时向他们通告，让他们利用工作之便，对嫌疑人员进行观察。堵截过程中，既要注意根据案情需要布建临时卡点，也不能忽略常设性卡点的作用。同时，其他部门设置在路边的站点也可以作为堵截犯罪嫌疑人的依托和隐蔽处所，如因时、因地、因案地假借城市卫生、税收、收缴过路和过桥费、运输物资检查站点，对过往车辆、行人进行正面地或侧面地观察、检查。

追缉堵截车辆中如何识别疑点

一、识判车辆疑点

1. 汽车牌照的位置是否合适、牢固；

2. 挂牌的方式、状态及车辆型号与牌照所显示内容是否一致；

3. 开车人或乘车人对警察的出现是否表现出反常现象；

4. 车辆型号、颜色、牌照等特征是否与被通缉协查的车辆特征相似或一致；

5. 车辆表面的油漆是否异常，颜色与登记记录是否一致，有无更改、重喷的痕迹。

二、识别驾乘人员疑点

1. 当与对方保持 20 米左右距离时，要注意观察对方的面部表情及行动；

2. 观察对方行为是否诡秘，是否藏有凶器；

3. 盘问时对方神色是否慌张，答话是否流利；

4. 衣着是否整洁，有无血迹、泥点，是否打赤脚，是否有伤；

5. 身份与所驾乘车辆是否相符；

6. 所携带物品是否可疑。

 任务实例/呈现

20××年 10 月 17 日，×××省××监狱发生一起 3 名罪犯杀害 1 名监狱民警后逃脱的案件。

案发后，公安部立即发出通缉令，在全国范围内通缉 3 名越狱在逃犯罪嫌疑人，××省公安厅也向全省发出通缉令，并根据线索，请求公安部指令邻近的××省公安机关协助查缉越狱犯罪嫌疑人。监狱机关、公安机关、武警部队迅速启动应急预案，全力组织追捕行动。

10 月 17 日，中央相关领导批示，尽快将犯罪嫌疑人抓捕。18 日，公安部领导也作出批示，并请××市周边接壤地区协同组织抓捕。×××省党委书记打电话给省公安厅厅长，要求采取有效措施，尽快将脱逃罪犯缉拿归案。×××省政府领导也作出批示，要求速战速决，减少人员伤亡和财产损失。××市周边地区公安机关按照省公安厅的统一部署，组织警力，全面布控，封堵所有出城口，并对所有出城车辆、人员进行严密盘查，在辖区内对犯罪嫌疑人可能途经的道路，村庄，集镇，大小旅馆，娱乐、洗浴等场所，城乡接合部等进行全面清查，并根据发现、掌握的线索，抽调大批警力对 3 名在逃罪犯可能藏匿的地区进行了拉网式搜捕。×××市、××市、××××市、××××市、××县和铁路、民航等公安机关均启动一级查控机制，特别加强进京检查站查控，坚决防止在逃罪犯逃窜到北京。

10 月 19 日晚，×××省委、省政府领导到公安厅召开联席会议，进一步研究部署下一步抓捕工作。按照联席会议要求，×××市公安局连夜进行了安排部署。全市所有缉捕布控的警力不减、工作力度不减，并要求排查、布控、搜捕、清查等工作加大力度、加大密度，不放过任何蛛丝马迹。10月20日8时10分，××县×××乡×××村村民举报发现越狱犯罪嫌疑人，公安机关迅速采取行动，围追堵截，在由××市至××县的公路上将3名犯罪嫌疑人劫持的农用车撞翻，3名犯罪嫌疑人下车后分头逃走。犯罪嫌疑人李某某被追捕民警迅速抓获。犯罪嫌疑人高某在逃跑过程中，持刀将追捕的××县刑事犯罪侦查大队民警郭某某刺伤，追捕警察及时开枪将其击毙。犯罪嫌疑人乔某某逃入了×××乡政府办公大楼，民警和武警紧追不放，乔某某在从3楼跳下逃跑时受伤被擒。

据悉，此次抓捕行动，×××省各级公安机关共出动公安民警7300余名、武警官兵5000余名；出动车辆2000余台；×××市、××市、××××市、××××市、××县等公安机关共清查旅馆1647家、洗浴中心339家、娱乐场所等各类场所4092家、网吧401家，共清查人员47 500余人，车辆24 500余辆。

任务小结

本学习任务介绍了什么是追缉堵截，帮助学生明确追缉堵截的适用条件，探讨了追缉堵截的方法和追缉堵截措施的实施步骤、要领，培养学生按要求进行追缉堵截的业务技能和运用能力。

思考题

1. 什么追缉堵截？试述其适用条件。
2. 谈谈对追缉堵截方法的理解和认识。
3. 试述如何进行追缉堵截。

任务训练

训练项目：模拟追缉堵截

一、训练目的

通过实训，使学生加深对追缉堵截的理解和认识，掌握各种追缉堵截的内容和方法，培养学生采取各种战术进行追缉堵截的业务技能和运用能力。

二、训练要求

1. 明确训练目的。

2. 掌握训练的具体内容。

3. 熟悉训练素材。

4. 按步骤、方法和要求进行训练。

三、训练条件和素材（具体训练条件和素材可根据训练目的及训练重点由训练指导教师选择、调整）

（一）训练条件

模拟监狱与相关场所及配套基本设施、器材、设备、单警装备、沙盘、地形图等。

（二）训练素材

20××年9月24日凌晨，××省××监狱罪犯吴某从××市××医院脱逃。吴某因合同诈骗罪被判处有期徒刑11年，目前余刑约3年7个月。20××年9月19日，吴某因病被送往医院治疗。在医院吴某进行了肾结石手术，此后在医院接受后续治疗，直至24日1时许脱逃。

在××省委政法委的指挥协调下，××省公安厅闻警即动，副厅长李某某迅速召集××、××等地公安机关和厅刑侦、视频侦查部门，赶到××省××监狱，一起研究具体追捕方案，并成立抓捕专案组。

四、训练方法和步骤

在指导教师指导下，学生在训练室分组模拟各角色（狱内侦查人员、管理人员、狱内罪犯等）进行训练，具体方法和步骤如下：

1. 准备素材，确定训练方式，学生复习有关追缉堵截的理论知识，做好包括模拟追缉堵截的情景场所及配套基本设施、器材、设备、装备、沙盘、地形图等准备工作。

2. 实训指导教师介绍训练内容和要求，发放准备好的实训素材。

3. 学生阅读素材，掌握实训素材的相关事实和材料，在指导教师的指导下形成训练方案。

4. 学生以分工负责的形式进行角色分配，具体可按狱内侦查人员、监狱民警、脱逃罪犯、公安民警、指挥人员等进行角色模拟分配，实际操作时可根据情况进行角色的添加或删减，排列组合形成情景模拟团队，如添加知情群众、相关部门工作人员等。

5. 完成案情分析讨论、方案制定等训练和模拟追缉堵截等工作情景的操作，对素材案例中没能提供的条件，由学生酌情进行合理设计和补充。

6. 整理训练成果，形成书面材料。

五、训练成果

1. 完成模拟训练相关材料，并交训练指导教师。

2. 总结训练成果，写出训练心得体会。

3. 指导教师进行讲评及训练成绩考核、评定。

拓展阅读

学习任务十　调查访问

任务目标

　　知识目标：通过本学习任务的学习，培养学生知道什么是调查访问，明确调查访问在（狱内）侦查中解决的问题，掌握调查访问的对象、内容和相关要求，领会实施调查访问所必需的相关知识。

　　能力目标：通过本学习任务的学习、训练，培养学生树立合法调查取证意识，具备在司法实践中运用所学的知识、技能和能力进行调查访问的业务技能和运用能力，并能够熟练制作调查访问材料。

任务概述

　　调查访问是侦查工作中最基本、最常用的措施之一。通过调查访问，能帮助我们认识案情、获取侦查线索和证据，查缉犯罪嫌疑人。调查访问贯穿于侦查破案的始终，从审查立案材料到分析、判断案情，从发现嫌疑线索到审查重点对象，从查清案件基本事实到获取确实、充分的犯罪证据等各个环节都离不开调查访问。为做好调查访问工作，需要知道什么是调查访问，明确调查访问解决的问题，掌握调查访问的对象和要求，按照相关规定，有效开展调查访问，为侦查工作的推进奠定基础。

任务基础

一、什么是调查访问

　　调查访问，又称调查询问，是指侦查人员为查明案件事实、收集证据、揭露和证实犯罪，采用公开或秘密的方式，依法向了解案件情况的人进行查询的一项侦查措施。调查访问是一项常规的侦查措施，普遍适用于各类刑事案件的侦查活动，贯穿于刑事案件侦查的始终，是其他侦查措施实施的前提和基础。调查访问亦是依靠群众获取犯罪证据和侦查线索的一种积极有效的侦查措施，是一名合格的侦查人员所必须具备的一项基本技能。

二、调查访问解决的问题

（一）认识案情

认识案情是开展侦查活动、查明案件事实的前提。侦查人员认识案情的途径，主要来自现场的实地勘验和调查访问。在现场没有条件勘查或现场勘查价值不大的案件中，调查访问是认识案情的最重要途径之一。随着侦查工作的开展，对案情的进一步认识和逐步深化，也离不开调查访问。通过调查访问，有助于侦查人员更加全面、系统、正确地认识案情，加快侦查工作的进展。

（二）获取线索

获取犯罪及犯罪嫌疑人的线索是侦查破案的重要环节，对有关人员进行调查访问则是发现和甄别嫌疑线索的主要方法之一。侦查人员在调查访问中应注意从以下几方面情况入手来发现和甄别嫌疑线索：案件发生前的反常情况或可能与案件有因果关系的情况，案件发生时的特殊情况，案件发生后的反常情况或可能与犯罪活动有关的情况等。

（三）收集和审查证据

侦查工作的目的，不仅是要揭露犯罪，更要收集确实、充分的证据证实犯罪。根据《刑事诉讼法》中关于证据的规定，证人证言和被害人陈述等证据，需要通过调查访问加以收集和固定。同时，根据被访问者提供的线索又可收集到其他的证据材料。

（四）查缉犯罪嫌疑人

随着侦查工作的不断推进，重大作案嫌疑的对象逐渐明朗，在取得相应证据后，侦查人员需要适时采取强制措施，将犯罪嫌疑人绳之以法，以保障刑事诉讼活动的顺利进行。但犯罪嫌疑人为逃避打击，往往逃匿在外。对此，侦查人员除了采取紧急性侦查措施抓捕犯罪嫌疑人以外，也可以通过调查访问了解犯罪嫌疑人可能逃匿或藏身之处，有助于将其缉获归案。

三、调查访问的对象

根据调查访问的目的，结合侦查实践和刑事诉讼法的有关规定，调查访问对象应是除了犯罪嫌疑人以外知道或了解案件情况的人，主要包括以下几类：

（一）被害人或事主

被害人或事主是遭受犯罪行为侵害的人或与被侵害对象有直接关联的人员，他们往往能提供犯罪人、作案具体过程等重要犯罪线索或证据，或者对相关人、事、物等情况比较了解。被害人或事主的陈述既是法定的证据，又是侦查人员开展侦查活动的重要依据，故在侦查活动中他们是调查访问的重点对象。尤其是对于某些具有特殊性质的案件，如强奸、抢劫、抢夺、故意伤害、传统的诈骗案件等，被害人或事主和犯罪行为人有过直接接触，通常可以提供犯罪行为人的体貌特征、来去路线、作案的具体过程、被侵害对象的相关情况等重要线索或者犯罪证据。

（二）知情人

知情人是指除犯罪嫌疑人、被害人或事主以外了解案件情况的第三人。知情人范围很广，通常包括：报案人和发现人，现场保护人和案发前后与现场有关联的人，案发时目击犯罪和犯罪行为人的人，检举揭发人，现场周围及在犯罪人来去路线上居住、工作生活的群众，犯罪嫌疑人或者被害人的家属、朋友、同事、邻居等具有一定关联的人，案发单位或有关地区的负责人，接触过赃物、犯罪证据的相关人员，其他需要调查访问的人员。

（三）犯罪嫌疑对象

犯罪嫌疑对象，是指有作案嫌疑的人员。在侦查初期，犯罪事实还未查清，线索尚未落实，犯罪嫌疑人尚未被发现或不明确。这时，对有一定的依据或线索的犯罪嫌疑对象的调查了解也是通过调查访问进行的。

（四）专业人员

由于刑事案件的复杂性，涉及的问题比较广泛，有些案件涉及了某些专门性的问题，需要具有专门知识的人员予以解释、研究，并出具鉴定意见。因此，具有某些专门性知识和技能的专业人员也就成为调查访问的对象。如某种物品的品名、规格、制作工艺、生产销售使用范围，某种现场现象的成因，某种痕迹物证所反映的职业范围及熟练程度等问题都需要对具有专门知识的人员进行调查访问。

四、调查访问的内容

调查访问的内容是刑事案件有关的事实或情节，概括地说，调查访问的内容包括何时、何地、何人、何故、何物、何情、何事等七个方面。

（一）何时

何时，即发案时间或作案时间，是犯罪行为从开始到结束所持续的时间。每个人在特定的时间内只能在一定的空间内进行一定的活动。在侦查实践中，是否具有作案时间往往是确定一个人有无作案嫌疑的重要依据。故调查访问应围绕所有有可能查明或帮助查明发案时间的信息内容进行调查访问。一般来说，犯罪行为人的作案行为可以分为预备犯罪、实施犯罪和逃避打击三个阶段。故在调查访问中应注意围绕着这三个阶段的持续时间进行。

（二）何地

何地，即犯罪场所。任何案件的犯罪行为都是在一定的空间实施的。犯罪场所是侦查人员认识犯罪，获取犯罪信息、犯罪证据的重要场所。故调查访问应围绕犯罪行为在什么地方、涉及多大范围、现场痕迹物品情况、周边环境以及与犯罪场所可能有关联的各种人、事、物的各种信息进行。一般来说，根据现场所实施的犯罪行为的地位和作用，犯罪现场有主体现场和关联现场之分，故调查访问应考虑所围绕调查的犯罪场所上所实施的犯罪行为是哪一类犯罪行为，并以不同的思路来开展调查访问。

（三）何人

何人，即与犯罪有关联的各种关系人，实践中常见的有犯罪人、被害人或事主、其他与案件有某种利害关系或关联的人员。围绕着人进行调查访问，一般包括与犯罪有关联人的人数及人员组织形态和每个人的姓名、性别、年龄、出生日期、文化程度、单位、职业、住址、联系方式、体貌特征、生理特征、心理特征、社会特征等在内的人员基本信息以及与刑事案件有关联的其他信息内容。

（四）何故

何故，即涉案相关人员与案件的缘故。对于犯罪人来说，其常表现为作案动机和目的；对于被害人或事主来说，表现为是否因某种缘由被侵害或遭受损失；对于其他与案件有某种利害关系或关联的人员来说，是因为什么缘故介入案件，以及与案件形成的利害关系或某种关联，以及与案件发生联系和对案件产生何种影响等。了解相关人员与案件的缘故，分析推导其中的因果联系，对于确定侦查方向和范围，认识案件，发现、收集证据和线索有着重要作用。

（五）何物

何物，即与案件有关联的各种客观存在事物。物在侦查活动的表现形式可谓多种多样，有犯罪工具、凶器、遗留物、携带物、犯罪行为客体物、赃物、微量物品、生物检材物品、痕迹物品、关联物品等。物品是联系相关人员与犯罪的中介环节，通过调查访问，对查证相关物品、收集证据、发现侦查线索有着极为重要的现实意义。

（六）何事

何事，是指事件性质、案件性质和犯罪行为过程。事件性质是所发生的事件是刑事案件、治安案件、假案或者其他，即所发生的事件是否构成犯罪的问题。案件性质是在所发生的事件是刑事案件的基础上，进一步确定案件的属性，即从有利于侦查工作开展的角度对案件进行的类型划分。如杀人案件分为仇杀、情杀、财杀等。事件性质和案件性质的准确确定，对后续侦查是否能顺利进行，乃致能否破案都有着至关重要的作用。犯罪行为过程是指犯罪行为人实施的具体情节，即犯罪人在什么情势或状态下如何预谋、准备、实施犯罪，如何逃避打击等一系列过程，以及所涉及的方法、手段等。对这些问题的调查访问是查清案件事实及作案细节的关键，是正确认定犯罪嫌疑人的重要依据。

（七）何果

何果，即犯罪行为造成的后果，以及相关人员对犯罪行为后果的态度。犯罪行为导致的后果以及相关人员对后果的态度，是影响定罪量刑的重要因素。

需要明确的是，上述调查访问的内容是就整个调查访问工作的整体而言的，在具体的调查访问中，由于案情、调查访问对象、调查目的等方面的不同，每个调查访问对象所知道有关案件情况的内容各不相同，导致具体调查访问解决的问题也不尽相同。这需要侦查人员在具体调查访问过程中结合具体情况和情势，随机应变、灵活调整调查访问的具体内容。

五、调查访问的要求

（一）严禁非法调查访问

调查访问是一项侦查活动，侦查人员在进行调查访问时必须严格遵守相关法律法规，禁止非法调查访问，尤其是严禁暴力取证和以威胁、引诱、欺骗等非法手段进行调查访问，以保证调查访问的合法性与公民的人身权利和民主权利不受侵犯。

（二）调查访问应该个别进行，同时应当为被访问人提供客观作证的条件

当一个案件有两个或者两个以上的调查访问对象时，侦查人员进行正式调查访问时应当个别进行，其他无关人员和其他被访问人不能在场，更不允许把几个访问对象集中在一起进行调查访问，要防止调查访问对象之间相互影响或串通陈述，以保证调查访问的客观性和可靠性。另外，侦查人员应当在时间、地点等方面给询问对象创造客观作证的条件，创造畅所欲言的氛围。

（三）调查访问要及时

调查访问中，一旦发现调查访问对象，只要条件允许或可能，应当及时组织调查访问，尤其是对重要知情人、流动性较强的知情人、伤情较为严重的被害人。之所以要及时调查访问，一是趁调查访问对象记忆犹新，尚未遗忘之时，抓住时机收集可靠的陈述或证人证言；二是防止调查访问线索中断或消失，丧失调查访问的机会和条件；三是防止因时过境迁，调查访问对象受某些消极因素影响，接受或配合调查访问态度发生转变，出现拒证、伪证、包庇等现象。

（四）要保障被询问对象依法享有的权利

只有访问对象的相关权利得到保障的前提下，才能保证调查访问的合法性与

可靠性。故调查访问中要注意保障法律法规赋予调查访问对象的相关权利。例如：被询问人有用本民族语言文字进行诉讼的权利，有对侦查人员侵权行为提出控告的权利，有在侦查期间为其作证行为保守秘密的权利，证人还享有要求补助因履行作证义务而支出各种费用的权利。因此，在调查访问中侦查人员要做到以下三点：一是告知访问对象刑事诉讼活动中的相关权利与义务；二是帮助访问对象明确自己的权利与义务的内容；三是以实际行动正确处置访问对象提出的权利义务保障要求。

 任务实施/操作

调查访问要根据具体的案件情况和调查访问情势，恰当采取有效的策略、方法，有目的、有针对性地进行，力争取得被调查访问对象的合作，进而获取真实、全面、有效的案件信息。一般来说，调查访问应做好以下几方面工作：

一、做好调查访问前的准备工作

（一）了解基本案情

了解案情是开展侦查活动、查明案情的基础。调查访问前，侦查人员应该了解本案已有的材料，如案件发生的时间和地点、案件的性质和后果、作案人可能具有的特征、有关证据等，从而确定调查访问的重点，确定哪些情况可以直接正面了解，哪些情况只能间接地从侧面了解，哪些问题是需要查证核实的，哪些问题是要通过调查访问拓展线索的。

（二）了解访问对象的基本情况

调查访问是侦查人员和访问对象之间一种特殊形式的对话交流，访问对象对访问结果具有决定性的影响，其既可起到积极作用，也可起到消极作用。了解访问对象的基本情况，是取得访问对象合作的关键因素之一，是确定调查访问方式、方法及策略的基础。侦查人员了解访问对象的基本情况时应主要了解两方面的内容：一是访问对象与本案的关系，即访问对象是否与案件有利害关系，是否是被害人或者被害人的亲友，是否是犯罪嫌疑人或者犯罪嫌疑人的亲友。二是访问对象的个人情况，主要包括年龄、性别、民族、职业、文化程度、健康状况、性格特点、社会经历、个性爱好、生活习惯等。这些基本情况可以通过查阅有关材料，或向访问对象所在地派出所管片民警、居民委员会成员、访问对象的邻居和同事等了解。

（三）做好调查访问策划

为保证调查访问工作有计划、按步骤地进行，侦查人员在调查访问之前，应做好调查访问策划。策划内容主要包括：案件情况，调查访问的目的、要求，调查访问时间和地点的选择，调查访问的方式，调查访问的顺序，调查访问的主要内容和重点，访问的策略与方法，访问中可能出现的问题及解决的办法，调查访问人员的分工与协作，调查访问的保障，等等。对于特别重要的调查访问对象，调查访问前还应制定出详细的书面策划方案。

（四）选择合适的时间和地点

国内外侦查实践表明，不同的时间和地点，对访问对象的心理和表述是构成一定的影响和制约的。选择合适的调查访问时间和地点，往往有助于调查访问取得良好的效果。对调查访问时间的选择，除紧急情况下侦查人员必须迅速及时展开访问外，最好选择访问对象比较方便或者有空闲、情绪比较稳定、精力比较充沛的时间，这样访问对象易于接受并可以专心地回忆调查的内容。对访问地点的选择，最好选择方便访问对象，安静、不受外界干扰，有利于交谈的场所。这样可以使访问对象无拘无束地谈话，保证调查访问的顺利进行。

（五）确定邀请应当参加调查访问的人员

进行正式调查访问中，应根据法律规定和调查访问的实际需要，确定并邀请相关人员参与调查访问。例如：询问不通晓当地通用语言、文字的被害人、知情人，应当邀请翻译人员；询问聋哑的被害人、知情人，应当邀请通晓聋哑语的人员；询问生命垂危的病人，应当在医生的帮助下进行；询问未成年的被害人、知情人，可以邀请监护人参加。

二、初步调查访问

所谓初步调查访问，是指通过一定形式寻找、接触访问对象的过程。通过初步调查访问，寻找发现访问对象，了解调查访问对象所知悉的案件情况，判断其所知悉的内容对侦查的意义和作用，并据此确定正式调查访问对象。在正式调查访问之前，有些调查访问对象是明确的，如案件发现人、报案人、现场保护人、事主、被害人等。而有些访问对象是潜在的，是相对不确定的，如路过案件现场而离去的目击者。这就需要侦查人员采取一定的形式进行初步调查访问以便发掘、寻找、筛选，使潜在对象成为相对明确的调查访问对象。在访问对象明确之后，通过初步调查访问进行初步接触，进一步了解访问对象，熟悉访问对象的态度、思维方式、表达能力、心理特点、行为特点等方面的内容进而确定调查访问的内容、策略、方法与技巧，为后续正式调查访问创造条件并打下基础。一般来说，初步调查访问基本上可分为公开调查和秘密调查两种形式。

（一）公开调查访问

公开调查访问，又称正面调查访问，是访问主体以侦查人员的身份，直接地、公开地就与案件有关的事实和情节进行调查访问。公开调查的特点是公开侦查人员的身份和访问意图。实践中，公开调查访问一般有三种方式：

1. 走访。走访是侦查人员深入到案件现场或与案件有关地点的周围群众中去，调查了解发案前后他们耳闻目睹的与案件有关的情况，从中发现可疑的人、事、物，寻找侦查线索、确定访问对象的调查访问方式。这种方式通常适用于案件调查初期，是尚无特定询问对象情况下的一种常见调查访问方式。

2. 个别访问。个别访问，又称个别走访，是调查访问中最常用的一种方法。指为查清某一问题或某人的具体情况，找相对明确的访问对象个别核实、收集线索和接触访问对象的调查访问方式。

3. 集体座谈。集体座谈会是一种特殊的调查访问方式，是指侦查人员根据侦查需要，召集有关群众公开开会，了解案件有关情况的方法。为了充分发动群众，广辟情报来源，有的案件还可以在座谈会上有领导、有目的、有控制地公布案情，组织与会群众座谈、讨论，动员他们提供有关情况和线索。另外，为了解决案件涉及的某些专门性技术问题时，也可以邀请某些专家或专业人员召开座谈会，进行调查。

（二）秘密调查访问

秘密调查访问，又称侧面调查访问，是指侦查人员在不暴露身份和侦查意图的情况下所进行的调查访问，是针对具有特殊性的被询问对象和询问内容而采取的一种调查形式。秘密调查的对象多为犯罪嫌疑对象和与犯罪嫌疑人关系比较密切的人。秘密调查的方法有两种：

1. 侦查人员直接进行的调查，即侦查人员以其他身份、其他名义作掩护，直接与访问对象接触，进行有目的、有策略的谈话和发问，了解所要调查的问题。

2. 侦查部门挑选其他人员进行的调查，即侦查人员自己不露面，而是挑选某个具有接近访问对象条件而且安全可靠、能保守侦查秘密的人同访问对象接触，了解所要调查的问题。

三、正式调查询问

通过初步调查访问后，确定访问对象所陈述的内容对侦查具有重要意义时，应当转入正式调查访问，并进行记录固定。正式调查访问按以下步骤进行：

（一）表明身份，说明意图，讲明责任

按照刑事诉讼法的有关要求，侦查人员在现场询问证人、被害人时应当出示工作证件，到证人、被害人所在单位、住处或其他地点进行询问，应当出示侦查机关的证明文件。故正式调查询问开始时，侦查人员应当出示证明文件，表明身份并说明来意，简明扼要地说明询问对象在接受调查询问中应如实陈述、作证和提供证据的要求，以及有意虚假陈述、作伪证，隐匿罪证的法律责任。

（二）提供权利与义务保障

在询问对象对调查询问意图有所知晓的基础上，为保障询问对象的相关权利，需要做以下几个环节的工作：①告知询问对象权利与义务内容，即通过一定的方式向询问对象告知其接受调查询问的相关刑事诉讼权利义务的规定。实践中告知询问对象参与刑事诉讼权利与义务的有关规定有两种方式：一种是侦查人员将刑事诉讼法关于被害人、证人参与刑事诉讼的权利义务方面的相关规定向询问对象宣读；另一种是让询问对象阅读侦查机关事先已经制作好的证人或者被害人权利义务告知书并进行签字确认。②帮助询问对象明确权利义务，即针对询问对象提出的有关权利义务的认识与理解方面的问题进行解答，帮助询问对象对自己的权利与义务形成正确的理解与认识。③处置询问对象提出的权利义务保障要求。在询问对象明确自己的权利与义务的基础上，对询问对象提出的权利义务保障要求进行处置。对于询问对象提出的合理合法的要求，应按照法律法规相关要求予以落实；对于询问对象提出的不正当、不合法的权利保障要求，应依法有礼、有节地予以拒绝。

（三）询问询问对象基本情况

在询问对象明确自己的权利与义务的基础上，应通过询问的方式对询问对象的基本情况予以确认。内容主要包括：姓名、性别、年龄、民族、籍贯、出生日期、文化程度、工作单位及职业、户籍所在地及住址、身份证号码、联系方式等。

（四）消除询问对象的思想障碍

调查询问要接触不同的询问对象，不同询问对象有不同的思想和态度。侦查人员应针对询问对象的思想障碍，做好化解工作，促使询问对象由消极变为积极、由被动变为主动。一般来说，被害人和其亲属能积极提供情况，但由于其身心受到打击，情绪偏激，容易夸大某些事实；或受犯罪人要挟，不敢吐露真情；或为了掩盖个人隐私或过错而谎报案情。知情人中，往往存在多一事不如少一事，怕受到报复、怕负责任的思想。其他的询问对象中，有对犯罪人有恻隐之心，有报恩思想，讲"哥们义气"的；有出于自身利益而企图回避矛盾的；有贪图财物的；有受到某些宗教信仰影响的。这些都会妨碍调查询问的顺利进行。针对调查询问中出现的情况，侦查人员应分析确定被询问对象存在何种思想障碍，并一方面通过自己询问的语言、方法和态度，促进与被询问对象的心理接触；另一方面加强对被询问对象的思想教育，晓之以理，动之以情，启发其正义感和社会责任感，提高其对犯罪的认识，消除其思想障碍，促使其配合询问工作。侦查人员也应当特别注意寻找自己和询问对象各个方面的共同点，这些共同点是接近被询问对象的"切入点"，如地理上的切入点、兴趣爱好上的切入点、认识或者知识上的切入点。

（五）切入正题，正式询问

在询问对象消除思想障碍，愿意配合调查询问时，侦查人员应把握时机，适时过渡到调查询问的正题上来，开始正式询问。一般来说，切入正题的提问方式有：①开门见山式提问，即直截了当地向询问对象提出问题，如"请你谈谈对李某某被盗一案的看法"；②委婉间接式提问，即用含蓄的词语委婉地向询问对象提出问题，如"请你说说事件的整个过程"；③命题式提问，即向询问对象提出具体且指向性很明确的问题，如"请你谈谈吴犯平时的社会交往关系"；④迂回式提问，即貌似提出与案件无关，但实际却让询问对象根据知情的情况按照相应的逻辑思维回到有关案情的提问，如"莫某某（与案件有些关联）这段时间在做什么生意呢"；⑤探询式提问，即试探性向询问对象提出问题，如"作为被害人的好朋友，你认为这起案件是什么样的"；⑥质问式提问，即侦查人员针对那些不愿意合作的询问对象以质询的语气向其进行提问，如"对于胡某某的所作所为，你还有为其隐瞒的必要吗"。

（六）询问对象自由陈述

询问对象自由陈述，就是切入正题后，侦查人员提出思维问题，让询问对象在思维命题的范围内就其所了解的与案件有关的情况进行系统的阐述。自由陈述的意义有三点：一是能使陈述的内容具有连贯性；二是能使我们了解靠提问无法知道的情况；三是有利于询问对象对事实情节的回忆。让询问对象自由陈述时应该注意的是：思维命题应该简单明确，使询问对象容易理解；耐心听取询问对象的陈述，不要随意打断；询问对象脱离案件时，应采用灵活的方式帮助其回忆或者引回正题；在询问对象陈述中，要认真听取，仔细分析。

（七）有针对性地提出问题，促使被询问对象回忆情况

在被询问人自由陈述完成后，应当在下一步的询问中有针对性地提出问题。例如：陈述中没有涉及的问题，陈述不够充分的事实，陈述中前后出现矛盾的地方等。通过针对性的提出问题，进一步查清与案件有关的事实和情节。在针对性提问过程中，由于时间间隔较长，询问对象可能存在记忆力方面的问题，有的问题往往记忆不清，容易出现相互混淆等的情况，或者询问对象对所了解的问题印象不深，一时难以恢复记忆。针对这些情况，侦查人员可以借助一定的线索帮助被询问对象再现事物的过程，挖掘被询问对象的记忆潜力，促使其回忆有关案件

事实和情节。实践中常用的方法主要有：接近回忆法，即运用时间或空间上接近的事物作为回忆线索，推动被询问对象的回忆；相似回忆法，即运用彼此相似或相近的事物作为回忆线索，推动被询问对象的回忆；对比回忆法，即运用彼此相反的现象或事物作为回忆线索，推动被询问对象的回忆；关系回忆法，即运用事物之间的某些联系作为回忆线索，推动被询问对象的回忆。需要注意的是，推动记忆与引诱、暗示有本质的区别。

（八）形成调查询问材料

调查询问材料主要有询问笔录、亲笔证词和录音录像等。

1. 询问笔录。询问笔录材料是对调查询问情况完整的记录，是重要的刑事诉讼证据，具有揭露和证实犯罪的作用。询问笔录制作质量很大程度上影响着该证据的证明力和所证明的问题能否成立，故担任记录的侦查人员应当将询问对象的陈述或证词客观、真实、准确地记录下来。当询问对象进行陈述时，负责记录的侦查人员应认真聆听，尤其是与案件事实有关的内容；记录过程中应注意询问对象陈述的内容是否出现前后不一致的情况，避免笔录出现自相矛盾，导致笔录材料失去证据价值；对于询问对象的陈述要按其本人真实的陈述内容记录，并且尽可能做到逐句原模原样进行记录，不能做任何修饰、概括和更改；询问结束，必须让询问对象核对笔录，并签署自己对笔录的意见。如果询问对象核对笔录后请求补充和修改，应当允许。

2. 亲笔证词。询问对象请求自行书写材料的，应当准许。必要的时候，侦查人员也可以要求询问对象亲笔书写材料。询问对象的亲笔证词材料亦应写明询问的时间、地点和询问对象的基本情况，并由询问对象签名或盖章，侦查人员应签注自己的姓名与职务。

3. 录音录像。在有条件的情况下，可以对整个询问过程进行录音录像。录音录像是一种全面、直观、形象的记录方式，录音录像材料也可以作为刑事诉讼中的证据使用。录音录像可以单独进行，也可以在调查询问过程中同步进行。对于录音录像，侦查人员应单独制作一份文字材料，说明录音录像的有关情况。说明的情况包括：一是案由、对象和内容；二是录制的时间和地点；三是录音录像的名称、规格、长度及录音录像所用的长度；四是录制人和被录制人，录制人和被录制人应在材料上签字（盖章）、按捺手印。

四、审查调查访问结果

在使用调查访问结果之前，应对调查访问结果进行分析、评判，确定其真伪性和使用价值。对于调查访问结果的分析、评判，一般可从以下几个方面进行：

（一）分析研究其陈述与案件有关情况来源

审查访问对象提供的案件有关情况是直接耳闻目睹，还是听他人讲述间接知晓案件事实的。一般来说，访问对象直接感知的较听他人讲述而知的要更加真实。对于听他人讲述间接知晓案件有关事实的内容，应进一步审查访问对象是在什么情况下听说的，有无失实的可能，并尽可能寻根溯源，向直接感知案件情况的人调查核对。

（二）分析访问对象与案件的关系及心理状态

如果访问对象与案件存在某种利害关系，就有可能基于利害关系因素，夸大或缩小，甚至捏造案件事实，导致陈述内容的不可靠性。访问对象在接受访问时的心态也会影响其陈述的可靠性。侦查人员在调查访问时，必须认真分析访问对象与案件的关系及其心理状态。

（三）分析、判断访问对象的感知、记忆和陈述能力

访问对象的感知能力、记忆能力和陈述能力是决定调查访问结果真实可靠性的重要因素。调查访问内容的形成，往往要经过感知、记忆和陈述三个阶段。感知是记忆的前提，记忆是陈述的基础，而陈述又是记忆和感知的最终体现。人由于受主客观条件或因素影响，其感知能力、记忆能力、陈述能力等均有一定差异，也会影响调查访问结果的可靠性。

（四）分析、判断调查访问内容有无矛盾之处

调查访问内容出现矛盾，必须深入调查，分析其形成的原因。这不但是审查访问内容真实性的方法，也是查证案件事实的过程。一般来说，审查调查访问内容的矛盾之处主要包括：调查访问内容与客观规律之间有无矛盾之处，调查访问内容前后有无矛盾之处，调查访问内容与他人陈述之间有无矛盾等。

（五）分析有无反常之处

分析、判断访问对象在访问过程中言语、神态、表情有无反常之处，来考察分析访问对象有无紧张、拘谨、恐惧等心理状态，从而判断访问结果的真实可靠性。

（六）分析访问对象有无受到干扰

分析、判断访问对象所谈内容是否受到外界的影响和干扰，以判断访问材料的可靠性。只有从各个方面十分谨慎、细致地分析调查访问结果，注意发现矛盾和可疑之处，才能对其陈述内容是否真实可靠做出正确的判断。

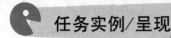

任务实例/呈现 ···

一、询问笔录

第 1 次

询问/讯问笔录

时间 20××年 9 月××日×时××分至 20××年 9 月××日××时××分

地点××省××监狱狱内侦查科询问室

询问/讯问人（签名）林某某、王某　工作单位××省××监狱狱内侦查科

记录人（签名）王某　工作单位××省××监狱狱内侦查科

被询问/讯问人叶某某　性别男　年龄 28 岁　出生日期 19××年×月×日

原身份证件种类及号码×××××××××××××××××××

现住址××监狱××监区×分监区××号房　联系方式××××

原户籍所在地××省××市公安局××派出所

（口头传唤被询问人于×月×日×时×分到达，×月×日×时×分离开，本人签名：叶某某）

问：我们是××省××监狱狱内侦查科的侦查员（出示工作证），现依法对你进行询问，根据我国刑事诉讼法的有关规定，你应当如实提供证据、证言，如果故意作伪证、虚假陈述或隐匿罪证是要负法律责任的，你明白了吗？

答：我明白，我一定如实说。

问：这是《证人权利义务告知书》，你先看一下，如果你没有阅读能力，我们可以宣读给你。如果有什么不明白之处，我们可以给你解答。（把《证人权利义务告知书》递给叶某某）

答：我自己可以看。（叶某某看了《证人权利义务告知书》约 6 分钟）

问：你对你的权利义务是否清楚了？

答：清楚了。

问：针对你的刑事诉讼权利和义务，你有什么要求否？

答：没有。

（被询问人签名捺手印）　第 1 页共 3 页

问：说一下你的基本情况？

答：我叫叶某某，男，28 岁，汉族，高中文化程度，原户籍所在地 ××省××市公安局××派出所，原身份证号码为：××××××××××××××××××，因抢劫罪被××市中级人民法院于 20××年 1 月 5 日以（20××）×中刑终字第××号刑事判决判处有期徒刑×年，于20××年3月6日交付××监狱执行，现于××监狱××监区×分监区服刑改造。

问：你认识陈某某、杨某某吗？

答：认识。我和陈某某、杨某某系同一分监区，并住同一监房。

问：关于陈某某和杨某某的脱逃事件，你知道些情况吗？

答：知道一点。

问：那你把知道的情况给我们说一下？

答：好的。20××年×月×日，那天收工点名时，当时王队长点名，发现陈某某和杨某某不见了，我想到这几天他们都是提早完成任务，先回监房的，于是我就告诉王队长他们可能已回监房了。没想到他们俩脱逃了，实在是对不起政府。

问：这几天他们提早完成任务有几次？

答：有三次吧，分别是……（具体说明）。我们收工回来，他们都已洗完脸，准备吃饭了。

问：每次他们两个都是一起回来吗？

答：没有，陈某某要早一点，杨某某后一点。

问：想一想，他们脱逃之前你有没有发现什么反常举动。

答：两个人经常在一起叽叽咕咕，并常站在窗户前面张望。

问：你知道现场上哑铃是从哪里来的吗？

答：不知道。

问：平时有没有听到他们聊些什么？

答：有。有时候我们也会在一起闲聊，因陈某某很会瞎吹。陈某某吹他待过三个监狱，经常吹他见多识广，什么样的干部都能对付，还经常骂这里的干部管得太严。他还有十几年，在这里简直待不下去，要想想办法。大家都认为他瞎吹，

（被询问人签名捺手印）　第2页共3页

认为这里高墙电网，他没有什么办法好想，都取笑他。他说："不信，你们就等着吧。"

问：陈某某在监房里与谁最谈得来？

答：当然是杨某某，他们是老乡，我们八个人中，只有他们两个是老乡，经常在一起用家乡话叽叽呱呱和窃窃私语，我们都听不懂。

问：陈某某和杨某某这两个人平时怎么样？

答：杨某某性子比较直，态度也粗鲁一点，而陈某某则比较狡猾。

问：还有谁和他们在一起？

答：没有。

问：还有什么要补充的吗？

答：还有，就是他们在囚服里面总要穿汗衫，我们都笑他们，因为这里天气很热。

问：还有吗？

答：没有了，如果想起来，一定告诉你们。

问：以上所说是否属实？

答：属实。

问：这是本次询问的笔录，根据《中华人民共和国刑事诉讼法》的有关规定，你有权核对笔录，你看一下笔录是否与你所说的相符，如果你没有阅读能力，我们也可以念给你听？

答：好的，我可以看。（看了约15分钟）

以上笔录，我已看（听）过，和我所说的相符。

叶某某（指印）

时间：20××年××月××日

（拒绝签名或捺手印，予以注明）

侦查员：林某某、王某

（被询问人签名捺手印）　第 3 页共 3 页

二、亲笔证词

于20××年××月××日收到。

侦查员：吴××、黄××

亲笔证词

我叫胡某某，汉族，19××年××月××日出生，××省××市人，××文化程度，原户籍所在地为××省××市公安局××派出所，原身份证号码为×××××××××××××××××××，20××年1月5日因抢劫罪被××市中级人民法院以（20××）×中刑终字第7×号刑事判决判处有期徒刑×年，于20××年3月6日交付××监狱执行，现于××监狱××监区×分监区服刑改造。应侦查人员要求（经我自行请求），我向狱内侦查部门提供如下情况：

20××年8月6日晚上11点左右，我在睡梦中突然被惨叫声惊醒。当时，我不知道发生了什么事情，本能地从床上爬了起来，看见王某某慌慌张张地赤足往上铺爬，而那惨叫声是从西南墙角的下铺李某的床位方向传过来的，我起床朝李某那儿走去，只见李某双手捂着头部和脸部惨叫着，有血从其遮挡头部和脸部的手缝中流出。当时我就意识到可能是王某某实施了行凶伤害行为。我一边让同监室的刘某某向值班民警报告,一边向王某某那里跑去。当我到王某某床边时,发现王某某坐在自己的床上,右手胡乱地用什么东西想向自己的左手手腕内侧划割,见有血渗出。于是我上去用力扳住他的右手,看见一片刮胡刀片从他右手中滑落下来。我大声地问王某某,问他要干什么。他回答说,那是李某的报应。后来,刘某跑了过来,我们两个人一起将王某某从床上拉了下来,并将其控制住。王某某没有再说一句话,也没有反抗行为。不一会儿,值班室的民警过来把王某某带走了。

以上情况是我亲眼所见所为,句句属实,请查证。

证人:胡某某

20××年 8 月 7 日

三、其他

被害人诉讼权利义务告知书

据《中华人民共和国刑事诉讼法》的规定,在侦查机关对案件进行侦查期间,被害人有如下权利和义务:

1. 不通晓当地通用的语言文字时有权要求配备翻译人员,有权用本民族语言文字进行诉讼。

2. 对于侦查机关及其侦查人员侵犯其诉讼权利或者进行人身侮辱的行为,有权提出申诉或者控告。

3. 因在诉讼中作证,人身安全面临危险的,可以向侦查机关请求对本人或其近亲属予以保护。

4. 对于侦查人员、鉴定人、记录人、翻译人员有下列情形之一的,被害人及其法定代理人有权申请回避:(一)是本案的当事人或者是当事人的近亲属的;(二)本人或者他的近亲属和本案有利害关系的;(三)担任过本案的证人、鉴定人、辩护人、诉讼代理人的;(四)与本案当事人有其他关系,可能影响公正处理案件的。对驳回申请回避的决定,可以申请复议一次。

5. 有权核对询问笔录。如果记载有遗漏或者差错,有权提出补充或者改正,经核对无误后,应当在询问笔录上逐页签名、捺指印。有权自行书写亲笔证词。

6. 未满 18 周岁的被害人在接受询问时有权要求通知其法定代理人到场。

7. 由于被告人的犯罪行为而遭受物质损失的,有权提起附带民事诉讼。

8. 侦查机关对被害人的报案作出不予立案决定的,被害人如果不服,可以申请复议。被害人认为侦查机关对应当立案侦查的案件而不立案侦查的,有权向人民检察院提出。

9. 有权知道用作证据的鉴定意见的内容，可以申请补充鉴定或重新鉴定。

10. 知道案件情况的有作证的义务。

11. 应当如实地提供证据、证言，有意作伪证或者隐匿罪证应负相应的法律责任。

本告知书在第一次询问时交被害人，并在第一次询问笔录中记明情况。

被害人：（签名捺手印）

时间：（被害人手写）

证人诉讼权利义务告知书

根据《中华人民共和国刑事诉讼法》的规定，在侦查机关对案件进行侦查期间，证人有如下权利和义务：

1. 不通晓当地通用的语言文字时有权要求配备翻译人员，有权用本民族语言文字进行诉讼。

2. 对于侦查机关及其侦查人员侵犯其诉讼权利或者进行人身侮辱的行为，有权提出申诉或者控告。

3. 因在诉讼中作证，人身安全面临危险的，可以向侦查机关请求对本人或其近亲属予以保护。

4. 有权核对询问笔录。如果记载有遗漏或者差错，有权提出补充或者改正，经核对无误后，应当在询问笔录上逐页签名、捺指印。有权自行书写亲笔证词。

5. 未满 18 周岁的证人在接受询问时有权要求通知其法定代理人到场。

6. 知道案件情况的有作证的义务。

7. 应当如实地提供证据、证言，有意作伪证或者隐匿罪证应负相应的法律责任。

本告知书在第一次询问时交证人，并在第一次询问笔录中记明情况。

证人：（签名捺手印）

时间：（证人手写）

任务小结

本学习任务介绍了什么是调查访问，帮助学生明确调查访问在（狱内）侦查中解决的问题，掌握调查访问的对象、内容、要求和操作等进行调查访问所必需的基础知识，培养学生按要求进行调查访问的操作技能和运用能力。

1. 什么是调查访问？调查访问在侦查中能解决什么问题？
2. 试述调查访问的对象与内容。
3. 试述调查访问的要求。
4. 试述如何开展正式调查询问。

任务训练

训练项目：模拟调查访问

一、训练目的

通过模拟调查访问实训，帮助学生加深对调查访问的理解，掌握调查访问的内容及程序，培养学生调查访问的操作技能和实际运用能力。

二、训练要求

1. 明确训练目的。
2. 掌握训练的具体内容。
3. 熟悉训练素材。
4. 按步骤、方法和要求进行训练。

三、训练条件和素材（具体训练条件和素材可根据训练目的及训练重点由训练指导教师选择、调整）

（一）训练条件

模拟训练场所、询问记录相关材料、录音笔、多媒体设备等。

（二）训练素材

某年7月5日上午8时30分至8时40分，某监狱办公室办公桌被人撬开，盗走现金4万元、存折两个及部分物品。经现场勘查，作案人使用的是类似马钉之类的铁器作案工具，直接从大门进入，撬开办公桌上的挂锁，将放在左边第一个抽屉内的黄色提包盗走，提包内有现金4万元、存折两个及部分物品。现场其他抽屉及室内物品均未被翻动。现场地面留有作案人较清晰的脚印，脚印系旅游鞋印，鞋印长25厘米。在现场窗外地面上发现一个5厘米长的马钉，经比对系现场作案工具。

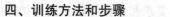

四、训练方法和步骤

在指导教师指导下，学生分组模拟各角色（侦查人员、访问对象以及其他相关人员）并在训练室进行训练，具体方法和步骤如下：

1. 准备素材，确定训练方式，学生复习有关调查访问的基础知识，做好模拟调查访问情景场所及配套基本器材、设施、设备准备工作。

2. 实训指导教师介绍训练内容和要求，发放准备好的案例素材。

3. 学生阅读素材，掌握调查访问的相关事实和材料，在指导教师的指导下形成情景模拟方案。

4. 学生以分工负责的形式进行角色分配，具体可按侦查人员、知情人、事主以及其他相关人员等进行角色模拟分配，实际操作时可根据情况进行添加或删减角色，排列组合形成情景模拟团队，如添加或删减侦查机关负责人、目击者等。

5. 完成模拟调查访问及处置情景操作，对于素材案例中没能提供的条件，由学生酌情进行合理设计和补充。

6. 整理训练成果，形成书面材料。

五、训练成果

1. 完成调查访问所涉及材料的制作，并将书面材料交训练指导教师。

2. 总结训练成果，写出训练心得体会。

3. 指导教师进行讲评及训练成绩考核、评定。

拓展阅读

学习任务十一　勘验、检查

任务目标

　　知识目标：通过本学习任务的学习，培养学生知道什么是勘验、检查，了解和掌握勘验、检查的意义、种类和相关法律规定，认识勘验与检查的区别，理解勘验、检查在（狱内）侦查中的任务和要求，掌握勘验、检查的组织和实施所必需的相关基础知识。

　　能力目标：通过本学习任务的学习、训练，培养学生树立合法的勘验、检查意识，具备在司法实践中严格按照法律规定，运用所学的知识和技能进行勘验、检查的业务技能和运用能力，并能够制作勘验、检查记录。

 任务概述

　　勘验、检查是一种极其重要的侦查措施，是发现和获取证据、查明案情的重要手段。通过勘验、检查可以发现和提取犯罪活动所遗留的各种痕迹和物品，这些痕迹和物品大多是原始证据材料，即"第一手材料"，对查明案件事实和正确认定案件往往起着关键作用。通过对这些痕迹和物品的分析研究，可以判明案件的性质，了解犯罪嫌疑人的特征，明确侦查的方向和范围，为侦查破案提供线索和证据。为做好勘验、检查工作，需要知道什么是勘验、检查，明确勘验、检查的意义，掌握勘验、检查的种类、要求，按照相关规定有效开展勘验、检查，为侦查工作奠定基础。

任务基础

一、什么是勘验、检查

　　勘验、检查，是侦查人员对与犯罪有关的场所、物品、尸体、人身进行勘查、检验，以发现和收集犯罪活动所遗留的各种痕迹和物品的一种侦查措施。勘验和检查的性质是相同的，只是对象有所不同。勘验的对象是现场、物品和尸体，而检查的对象是活人的身体。要正确认识、掌握勘验、检查，需注意以下几点：

（一）勘验、检查的性质

勘验、检查是由侦查人员主导的侦查活动。《刑事诉讼法》第128条规定，侦查人员对于与犯罪有关的场所、物品、人身、尸体应当进行勘验或者检查。第130条规定，侦查人员执行勘验、检查，必须持有人民检察院或者公安机关的证明文件。可见，勘验、检查是侦查人员在犯罪侦查过程中实施的一种侦查活动，并且只有在持有相关证明文件的情况下，才可以进行。

（二）勘验、检查的对象

勘验、检查的对象仅限于可能与犯罪有关的场所、物品、尸体、人身等。其中，勘验的对象是场所、物品和尸体，检查的对象是活人的身体。

（三）勘验、检查的目的

勘验、检查的主要目的是发现和收集有关痕迹物证，查明事实。在勘验、检查过程中，查明事实主要是对已经发生的事实的基本情况进行了解，通过观察、检验来确定其基本性质、主要后果，同时对现场中存在的线索进行发掘，对证据进行收集。

二、勘验、检查的意义

（一）勘验、检查是大多数刑事案件侦查工作的起点和基础

犯罪案件大多数情况下是以犯罪现场所反映出的犯罪结果呈现出来的，侦查机关接触、开展刑事案件侦查工作往往也是从现场勘验、检查开始的。因此，对现场的勘验、检查在某些案件侦查中就成为侦查工作的起点。勘验、检查工作质量的好坏，直接关系到整个现场勘验、检查工作乃至全部侦查工作的效率与成败。勘验、检查中对痕迹、物品的发现率、提取率、利用率越高，对犯罪现场分析的越透彻，侦查的推进就越顺利，越容易取得成效，否则就会妨碍侦查的顺利进行，甚至陷入侦查僵局。从这个意义上说，现场勘验、检查是刑事案件侦查工作的基础。

（二）勘验、检查是发现线索和获取证据的重要手段

犯罪现场是线索和证据的主要来源，而对犯罪现场的勘验、检查则是收集线索和证据的重要手段。勘验、检查是以犯罪现场及其所包含的场所、物品、尸体、人身为对象，寻找、发现、显现、记录、固定、提取、分析、保存这些对象本身就是一种发现线索和寻找证据的活动。并且勘验、检查过程中所形成的各种形式的记录、所提取的各类痕迹和物品本身就是一种证据。

（三）勘验、检查所获取的信息是侦查工作的客观依据

刑事案件的侦查必须对案情有充分的认识，勘验、检查所获取的信息是准确分析、判断案情的重要依据。只有在勘验、检查的基础上对案情作出全面、准确的判断，才能指导侦查工作的顺利开展。勘验、检查所获取的信息越全面客观，对案情的分析判断就会越准确。

三、勘验、检查的种类

根据对象和内容的不同，勘验、检查可以分为现场勘查，物品、痕迹检验，尸体检验，人身检查四种。

（一）现场勘查

现场勘查，是侦查人员对犯罪现场进行勘验、调查和分析的一种侦查活动。犯罪现场是指犯罪人实施犯罪的地点和其他遗留有与犯罪有关的痕迹和物证的场所。对犯罪现场进行勘查，应注意几个方面：①保护好现场。《刑事诉讼法》第129条规定，任何单位和个人都有义务保护犯罪现场，并且立即通知公安机关派员勘验。接案后，侦查人员应当迅速赶到案发现场，并保护好现场。②身份适格。勘查现场必须由侦查人员主持或进行，应当持有侦查机关的证明文件，且人数不得少于二人。③邀请必要的现场勘查参与人。为了保证勘验的客观性，还应邀请二名与案件无关的见证人在场。勘查现场在必要时可以指派或聘请具有专门知识的人在侦查人员的主持下进行。④同步调查访问。在勘查现场时，侦查人员还应及时向发现人、报案人、现场保护人和其他群众调查访问，以便了解案发前和案发当时现场的原始情况，发现和收集与案件有关的各种信息，以及及时采取紧急措施。⑤做好记录。勘查现场，应当采取拍摄现场照片、绘制现场图、制作现场笔录等方式记录固定现场、勘查过程及结果。现场勘查记录应当客观、准确、全面地反映现场实际情况和侦查人员的勘查活动。现场勘查笔录还要有侦查人员、其他参加勘查的人员和见证人签名或者盖章。对于重大案件、特别重大案件的现场，还应当录像。

（二）物品、痕迹检验

物品、痕迹检验是指侦查人员对在侦查活动中收集到的物品、痕迹进行检查和验证，以确定该物品、痕迹与案件事实之间的关系的一种侦查活动。物品、痕迹检验，要注意如下几点：①认真分析研究。要仔细查验物品、痕迹特征，对于现场收集的物品、痕迹，还要注意它与周围环境的关系，并对物品的特征和痕迹变化情况进行分析研究。②确定联系。通过分析研究，要确定物品、痕迹与案件事实是否关联以及有何种关联。③保证质量。检验物品、痕迹，必须认真、细致，需要经专门技术人员进行检验和鉴定的，应指派或聘请鉴定人进行。④做好

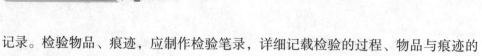

记录。检验物品、痕迹，应制作检验笔录，详细记载检验的过程、物品与痕迹的特征。侦查人员、其他参加检验的人员和见证人均应当在检验笔录上签名或者盖章，并注明时间。

（三）尸体检验

尸体检验是指在侦查人员的主持下，由侦查机关指派或聘请的法医或医师对非正常死亡的尸体进行尸表检验或者尸体解剖的一种侦查活动。尸体检验的目的在于确定死亡的时间和原因、致死的工具和手段，以便分析研究案情，为侦查破案提供线索和依据。尸体检验应当及时进行，以防止尸体上的痕迹或现象因尸体的变化和腐烂而消失。尸体检验分为尸体外表检验和尸体解剖检验两种。①尸体外表检验。尸体外表检验，又称为尸表检验，是指对尸体的外部表面进行检验。一般情况下，尸表检验应在现场进行。尸体外表检验应注意以下几点：首先，应仔细察看尸体的位置、姿态，注意尸体周围的痕迹和物品情况，以免在尸体检验的时候对其他痕迹、物品造成破坏；其次，对尸体的衣着、身长、皮肤、尸体温度等情况进行观察、测量，检验尸体是否出现尸斑、尸僵和腐败征象以及腐败的部位、性状及程度；最后，注意观察尸体各部位是否有损伤，损伤的具体位置、形状、大小、深度和方向等，尸体的隐蔽部位（如口、鼻、耳、指甲、腋下、阴部等）是否有附着物。②尸体解剖检验。尸体解剖检验，是指通过解剖尸体对尸体内部器官、组织进行的检验。尸体解剖检验应注意以下几点：对于死因不明的尸体，公安机关有权决定解剖，并且通知死者家属到场，让其在解剖尸体通知书上签名；死者家属无正当理由拒不到场或拒绝签名的，侦查人员应当在解剖尸体通知书上注明；对身份不明的尸体，无法通知家属的应当在笔录中注明。解剖尸体要注意尊重当地的风俗习惯，保持尸体外貌的完整。无论是局部解剖还是全部解剖，都要写明结论。尸体检验的情况，应当详细写成笔录，并由侦查人员和法医或医师、死者的家属或见证人签名或者盖章，并注明时间。

（四）人身检查

人身检查是指为了确定被害人、犯罪嫌疑人的某些特征、伤害情况或者生理状态，依法对其身体进行检验、查看，提取指纹信息，采集血液、尿液、汗液、精液、唾液以及毛发等生物样本的一种侦查行为。人身检查是对活人身体进行的一种特殊检验。人身检查应注意以下几点：对被害人、犯罪嫌疑人进行人身检查，必须由侦查人员进行，必要时也可以在侦查人员主持下，聘请法医或医师严格依法进行；人身检查时不得有侮辱被害人、犯罪嫌疑人的人格或其他合法权益的行为；对犯罪嫌疑人进行人身检查，如果其拒绝检查，必要时可以强制进行，但对于被害人的人身检查，应征求本人的同意，不得强制进行；检查妇女的身体，应当由女性工作人员或者医师进行；人身检查应制作笔录，详细记载检查情况和结果，并由侦查人员和进行检查的法医或医师、被检查人员和见证人签名或者盖章；被检查人员拒绝签名的，侦查人员应当在笔录中注明。

四、勘验、检查的任务

勘验、检查的任务是发现、固定、提取与犯罪有关的痕迹、物品及其他信息，存储现场信息资料，判断事件、案件性质，分析犯罪过程，确定侦查方向和范围，为侦查破案、刑事诉讼提供线索和证据。具体而言，主要包括以下内容：

（一）分析事件性质

事件性质是指已发生的事件的属性，即是犯罪事件还是非犯罪事件。查明事件性质是勘验、检查的一项最基本的工作任务。一定的事件发生后必然以案件或其他事件的性质存在，但通常未经勘验、检查，其性质并不显知。例如：发生了一起坠楼事件，在该事件中，坠楼人员伤亡如何？是不小心坠落导致的意外事件，还是有人以伤害、杀害为目的制造的刑事案件？显然，不经过勘验、检查，无法确定究竟发生了什么事实，造成了什么后果，是否是刑事案件。只有通过勘验、检查，通过对现场发生事实的性质、后果进行分析，才能解决上述问题并决定是否启动侦查程序。

（二）查明犯罪活动情况

查明犯罪活动情况，是勘验、检查的又一项任务。经过初步的勘验、检查发现确实存在犯罪时，就必须通过对现场存留的痕迹、物品、尸体、人身及其特征的分析，判断和确认犯罪性质，进一步分析诸如案发时间、犯罪地点、犯罪人情况、案发原因、犯罪行为及后果、反常现象等案件的要素，为下一步的侦查工作打下基础。

（三）发现、固定、提取和保全证据和线索

发现、固定、提取和保全证据是勘验、检查的重要任务。犯罪现场遗留的痕迹、物品，以及以各种形式存在的侦查线索往往是隐蔽的，勘验、检查就是采取各种有效手段尽可能毫无遗漏地把犯罪嫌疑人在现场上留下的各种痕迹、物品及时发现、固定、提取和保全，发掘侦查线索，为侦查工作提供有利的证据。

（四）记录勘验、检查时的客观情况

勘验、检查所获得的各种信息和材料，是侦查线索和证据的重要来源，如果不及时加以记录，其就会随时间的推移而变化甚至消失。勘验、检查的重要任务就是记录勘验、检查的现场及在现场所发现、提取的证据的存在状态、空间位置及其相互关系。

五、勘验、检查的要求

勘验、检查是一项专业性、技术性非常强的侦查措施，应当遵循依法、安全、及时、客观、全面、细致的要求。

（一）依法

勘验、检查应当依法进行。侦查人员勘验、检查时，必须严格遵守刑事诉讼法及有关法律规定，依法进行，确保勘验、检查的整个活动过程符合法律要求。如刑事案件现场进行勘验、检查不得少于 2 人；勘验、检查现场时，应当邀请 1~2 名与案件无关的公民作为见证人；执行现场勘验、检查任务的人员，应当持有《刑事案件现场勘查证》；检查妇女的身体，应当由女工作人员或者医师进行；等等。

（二）安全

勘验、检查应当注意安全。侦查机关应当为勘验、检查人员配备必要的安全防护设施和器具。勘验、检查人员应当增强安全意识，注意自身防护。对涉爆、涉枪、涉毒、涉危险物质等危险现场进行勘验、检查时，应当先由专业人员排除险情，再进行勘验、检查。执行现场勘验、检查任务的人员，应当使用相应的个人防护装置，防止个人指纹、足迹、DNA 等信息遗留现场从而对现场造成污染。

（三）及时

勘验、检查应当及时。侦查时间性很强，机不可失，时不再来，这要求勘验、检查必须抓紧时间，及时进行。所谓及时，就是侦查人员在接到勘验、检查的命令后，应当立即赶赴现场，快速开展勘验、检查工作。由于犯罪现场情况千变万化，容易受外部因素的影响而遭到破坏，这就要求侦查机关要常备不懈，侦查人员要有雷厉风行、闻风而动的战斗作风，一旦接到报案，就能够及时赶到现场进行勘验、检查。

（四）客观

勘验、检查应当客观。所谓客观，就是要按照事物的本来面目去认识现场、物品、人身和尸体。具体来说，就是要求侦查人员在勘验、检查过程中一定要有实事求是的科学态度，一切从客观实际情况出发，要忠于案件事实，不能凭主观好恶任意添加或删除，更不能不顾客观存在的事实，凭想象去收集证据。只有坚持客观的态度，才能正确地认识案情，准确地判断侦查方向和范围。

（五）全面

勘验、检查应当全面。所谓全面，就是要求凡是与案件有关的场所、物品、人身和尸体都必须认真地、没有遗漏地进行勘验、检查；凡是与案件有关的事实情节都应进行调查了解，要全面掌握材料。在此基础上还要对现场所获得的材料进行全面的分析研究，以便对案情作出正确的判断。

（六）细致

勘验、检查应当细致。所谓细致，就是指侦查人员进行勘验、检查时，要做到严谨认真、一丝不苟。勘验、检查中，不仅要注意现场变动、破坏明显的地方，也要注意现场边角缝隙和一些不易被人们察觉的地方；不仅要注意发现、提取完整、清晰的痕迹、物品，也要注意发现、提取那些残缺、变动的痕迹、物品。不放过任何一个容易被忽略、被遗漏的地点或痕迹、物品，尽力发现、提取现场上一切与犯罪有关的痕迹、物品。

任务实施/操作

　　侦查机关对刑事案件现场勘验、检查应当统一指挥，周密组织，明确分工，落实责任，及时完成各项任务。勘验、检查，必须依照法律规定的程序和要求进行。

一、勘验、检查前的准备

（一）了解现场的情况，采取合理措施对现场进行保护

　　侦查机关因办理案件的需要，对相关场所、物品、人身进行勘验、检查前，应当了解现场的情况。对于尚未采取合理措施进行现场保护但又容易发生变动和被破坏的现场，应当立即指导相关人员对现场进行合理保护，最大限度地使现场保留其原始状态。对于因各种因素已经发生较大变动或遭受较大破坏的现场，应当详细了解、记录现场变动的情况。

（二）确定参加勘验、检查的人员及其分工

　　侦查机关应当根据所掌握的现场情况，确定参加勘验、检查的人员，尤其是现场上存有特殊的物品或者需要具有专门知识人员来处理某些问题时，应当聘请相关专家或者技术人员来协助进行勘验、检查。在对重大案件或具有较大影响的案件现场进行勘验时，尤其需要注意预留合适数量的人员及交通、通信设备作为机动，以备现场出现特殊、紧急情况时能够有效处置。例如，在现场中或现场周围发现犯罪嫌疑人，现场出现毒、爆、火灾等紧急情况，当事人突发疾病情况，群众因被煽动而聚集干扰勘查的情况等。

（三）完备相关法律手续，通知相关机构或部门

　　侦查人员进入现场进行勘验、检查前，要有完备的法律手续，各类法律文书应当携带齐全，应当邀请见证人到场，其他需要到场的当事人也应当通知其到场。因勘验或者抢救需要通知的医疗、消防等部门应当通知到场。

二、实施勘验、检查

（一）巡视现场，划定勘验、检查范围

侦查人员进行勘验时，应当通过巡视现场，了解情况，在此基础上确定勘验的范围，明确勘验重点，并根据勘验进行的情况对勘验的范围和程序作适当调整。一般来说，可以将勘验的空间范围划大一点儿，先勘验外围现场，再勘验中心现场。

（二）确定勘验、检查流程

按照"先静后动，先下后上；先重点后一般，先固定后提取"的原则，根据现场实际情况确定勘验、检查流程。侦查人员勘验、检查现场时，应先对现场进行静态勘验，再进行动态勘验；先重点勘验，再进行一般勘验。

（三）初步勘验、检查现场

初步勘验时，勘验人员可以指定专人利用足迹踏板或分辨现场足迹后进入现场，找出一条进出现场的路线，同时初步观察了解现场原始状况，对现场进行整体勘验，并拍照固定。

（四）详细勘验、检查现场

在了解现场基本情况，进行初步整体勘验以后，应当抓住重点，着重对重点现场、现场的中心位置，进行全面而详细的勘验。认真观察现场上每个物体和痕迹的位置、状态以及相互关系，然后使用各种技术手段和方法，对现场的有关部位和物体详细进行勘查，以发现和提取痕迹、物证，并研究每一痕迹、物品形成的原因以及与犯罪行为的关系，记录现场的一切正常和非正常情况。当现场较大，不易区分中心现场和外围现场时，可以对现场进行分段勘验或分片勘验。

（五）检查

检查主要针对人身进行，在进行检查时应当注意以下事项：①检查妇女的身体，应当由女性工作人员或医师进行，并要注意对妇女隐私的保护。②对身上可能携带危险物品的人进行检查时，应当注意个人安全防护。检查时应当戴手套进行，翻动其口袋时，要注意防止其身上藏有的针头、玻璃碎片等物品划伤手指。在检查其行李时，需防止行李内易燃、易爆、剧毒、强腐蚀性物品的伤害，防止行李中可能藏有具有攻击性的动物的伤害。③对可能具有人身危险性的人进行检查时，应当注意保持安全距离，并需要在有其他同事对其进行合理控制，消除其人身危险性的情况下对之进行检查。

（六）勘验、检查记录

现场勘验、检查结束后，侦查人员应当及时将现场信息录入"全国公安机关现场勘验信息系统"并制作现场勘验、检查工作记录。现场勘验、检查工作记录应当客观、全面、详细、准确、规范，能够作为核查现场或恢复现场原状的依据。现场勘验、检查工作记录包括现场勘验、检查笔录、现场绘图、现场照片、现场录像和现场录音。现场勘验、检查原始记录可以用纸质形式或者电子形式记录，现场勘验、检查人员、见证人应当在现场签字确认，以电子形式记录的可以使用电子签名。

三、结束勘验、检查

结束勘验、检查是勘验、检查的最后程序。结束勘验、检查前，勘查人员应当按照结束勘验、检查的条件，对勘验、检查的全过程进行梳理总结，并做好勘验、检查后的处理工作。结束勘验、检查必须具备以下条件：一是现场主要事实已经查明；二是侦查范围、重点和应采取的侦查措施都已确定；三是各项相关法律手续齐备。满足以上条件后，认为还有不足之处时，应当根据情况继续勘验、检查或补充勘验、检查，认为已经达到勘验、检查的目的时，可以结束勘验、检查。结束勘验、检查时应当做好如下几个方面的工作：一是对需要长期保留的现场采取封锁等方式进行保留，对不需要进行保留的现场撤销现场保护；二是对相关痕迹、物品、人员的运送、转移做好妥善、安全的安排；三是对遗留在现场的器材、物品的残渣做好回收处理，对其中可能危及人身安全或者污染环境的器材、物品按照规定做好无害处理。

任务实例/呈现

现场勘验笔录

现场勘验单位：××省 A 县公安局刑事犯罪侦查大队

指派/报告单位：××省 A 县公安局××派出所 时间：20××年 10 月 8 日 8 时 20 分

勘验事由：20××年 10 月 8 日 8 时 30 分，××省 A 县公安局刑事犯罪侦查大队接到××派出所所长王某电话报告，××派出所接到××镇刘曹村张家队村民张某某电话报案，其报称20××年 10 月 8 日 8 时许，其哥哥张某某被人杀死在家中床铺上，屋内被翻动。请求速派人勘验现场。

现场勘验开始时间：20××年 10 月 8 日 10 时 05 分

现场勘验结束时间：20××年 10 月 8 日 17 时 50 分

现场地点：××省 A 县××镇刘曹村张家队张某某家

现场保护情况：现场已由××派出所民警林某某、吴某某指挥村民划定保护范围，并使用警戒带隔离保护。因抢救张某某，现场有所变动。

天气：阴□/晴☑/雨□/雪□/雾□，温度：23～25℃ 湿度：35%～40% 风向：东风 3 级

勘验前现场的条件：变动现场☑/原始现场□

现场勘验利用的光线：自然光☑/ 灯光□/

现场勘验指挥人：梁某某 单位××省××县公安局 职务 副局长

勘验、检查情况：接到报案后，A 县公安局局长吕某、副局长梁某某立即带领 A 县公安局刑事犯罪侦查大队大队长陈某超、教导员陈某某、中队长吴某某、刑事科学技术研究室主任沈某某、法医陈某某、痕迹技术员韦某等人驱车前往，于当日 9 时 40 分到达现场。勘验人员在听取了××派出所所长王某的简要案情汇报后，立即开展现场勘验工作。

现场勘验由 A 县公安局副局长梁某某指挥，A 县公安局刑事科学技术研究室主任沈某某负责痕迹勘验、检查，A 县公安局刑事科学技术研究室法医陈某某负责现场的尸体勘验检查，A 县公安局刑事犯罪侦查大队中队长吴某某负责现场照相、摄像工作，A 县公安局刑事科学技术研究室技术员韦某负责现场勘验检查记录、绘图，A 县公安局刑事犯罪侦查大队大队长陈某超、教导员陈某某率领刑事犯罪侦查大队侦查人员负责现场访问，A 县公安局××派出所所长王某组织××派出所民警负责现场保护，并邀请了谢某某（男，46 岁，住 A 县××镇刘曹村谢家队）、丰某某（男，44 岁，住 A 县××镇刘曹村谢家队）两人作为现场勘验、检查见证人。

现场勘验、检查采用自然光照明，按照先中心后外围、先地面后空间、先静态后动态的勘查顺序进行勘查。

现场位于××镇刘曹村张家队最西端张某某家。现场东面为一南北向水沟，隔水沟东面为一南北小路。路东面为张某战家，张某战家南面为张某朋家。现场南面为许安村东西向砂石路，隔砂石路南面为农田，现场南面依次为空地、稻田、小白树杨林、赵家小学原址，在小白杨树林处发现一被折断的小白杨树。现场西面为稻田。现场北面为一东西向砂石路，隔砂石路北面为一水塘，水塘北面为张某玉家，张某玉家东面依次为张某前家、张某同家和张某朋家。

张某某家为坐北面南的两间砖房，紧靠砖房东墙为一间简易厨房（屋内堆满杂物），砖房南面有一压水井，砖房西面有一厕所。对两间砖房勘查发现：砖房

东西长 5 米，南北宽 3.5 米，现场东面为两扇对开木门，木门呈半开，门框内侧左右墙壁上各有一个绿色尼龙绳套，门内地面有一直径 9 厘米，长 2.2 米的树棍，树棍西端落于地面，树棍东端插入东侧门框内侧东墙的尼龙绳套上。室内靠东墙摆放一木饭桌，木饭桌上放有一只黄色塑料柄螺丝刀，一只木柄菜刀。室内东北角为一灶台，灶台西侧靠北墙东西向摆放一只货架，货架上摆放有瓶装白酒，瓶装罐头等物品。货架南侧放置一人力三轮车，车头朝西。货架上方房梁上有一电灯开关，开关拉线下端有一处不规则断头。货架西侧室内西北角靠北墙东西向摆放一双人木质高低床，床铺内侧靠北墙角竖立摆放一只海绵床垫。死者张某某头东脚西向南侧卧于床铺上，尸体上面盖有一床棉被，靠近头部的被头处有两处浸血血迹，被头上面有一段白色塑料拉线（电灯开关线），床铺内侧中部竹席上有一处 13×7 平方厘米的血迹，尸体头部南侧竹席上有一盒已拆封的"红三环"香烟和一只绿色打火机，尸体脚部北侧有一只竹枕头，尸体西侧有一件深棕色男式布夹克衫，尸体腿部下面有一床暗红色花被单。床铺南侧靠西墙南北向摆放一只长桌，长桌上放置一玻璃缸，玻璃缸内放有火腿肠和一盒"一品黄山"香烟，玻璃缸上方放有整条"渡江"香烟，黄色"香梅"香烟，蓝色"香梅"香烟，拆封的条装"红三环"香烟。长桌东侧放置一木方桌，方桌上凌乱堆放有衣物、棉被，在衣服和棉被下方的桌面上摆放有果奶、可乐、口香糖等食品。方桌东面靠南墙南北向放置一玻璃柜台，柜台上方靠南墙放有一个托盘天平，天平北侧的玻璃柜台上放有一个塑料篮，篮内有少许面值为壹角、伍角的纸币和硬币。玻璃柜台内侧北端玻璃门呈打开状，柜台内放有一件浅绿色毛线裤，玻璃台北侧地面散落少量衣物。衣物上紧挨着方桌腿斜靠着一块蓝色玻璃。玻璃台东侧靠南墙东西放置一台冰柜。

　　对外围现场进行勘查，无异常发现。

　　现场勘验制图 <u>1</u> 张；照相 <u>25</u> 张；录像 <u>20</u> 分钟；录音 <u>/</u> 分钟。

　　现场勘验记录人员：

　　笔录人：　<u>A 县公安局刑事科学技术室　韦某</u>

　　制图人：　<u>A 县公安局刑事科学技术室　韦某</u>

　　照相人：　<u>A 县公安局刑事犯罪侦查大队　吴某某</u>

　　录像人：　<u>A 县公安局刑事犯罪侦查大队　吴某某</u>

　　录音人：　<u>　　　　　　　　　　　　　　　　</u>

　　现场勘验人员：

　　本人签名：<u>　　　　</u>单位 <u>A 县公安局</u> 职务 <u>副局长</u>

　　本人签名：<u>　　　　</u>单位 <u>A 县公安局刑事犯罪侦查大队</u> 职务 <u>大队长</u>

　　本人签名：<u>　　　　</u>单位 <u>A 县公安局刑事犯罪侦查大队</u> 职务 <u>教导员</u>

本人签名：_____ 单位 A县公安局刑事科学技术研究室 职务 主任_____

本人签名：_____ 单位 A县公安局刑事犯罪侦查大队 职务 中队长

本人签名：_____ 单位 A县公安局刑事科学技术研究室 职务 法医_____

本人签名：_____ 单位 A县公安局刑事科学技术研究室 职务 技术员

现场勘验见证人：_谢某某、丰某某_

本人签名_____性别 男 出生日期 19××年××月××日 ，住址A县××镇刘曹村____

本人签名_____性别 男 出生日期 19××年××月××日 ，住址A县××镇刘曹村____

二〇××年十月八日

任务小结

本学习任务介绍了什么是勘验、检查，帮助学生明确勘验、检查的种类、意义，掌握进行勘验、检查的任务、要求和如何组织实施等相关基础知识，培养学生按要求进行勘验、检查的操作技能和运用能力。

思考题

1. 什么是勘验、检查，如何理解？

2. 试述勘验、检查的任务。

3. 试述结束勘验、检查的条件。

4. 试述如何开展勘验、检查。

任务训练

训练项目：模拟现场勘查

一、训练目的

通过模拟现场勘查训练，帮助学生加深对现场勘验、检查的理解，掌握现场勘查的步骤及程序，培养学生在司法实践中进行现场勘查的操作技能和实际运用能力，能够制作规范的现场勘验、检查笔录。

二、训练要求

1. 明确训练目的。

2. 掌握训练的具体内容。

3. 熟悉训练素材。

4. 按步骤、方法和要求进行训练。

三、训练条件和素材（具体训练条件和素材可根据训练目的及训练重点由训练指导教师选择、调整）

（一）训练条件

模拟训练场所，现场勘查相关器材、设备、物品、文件，模拟现场所需相关物品、道具等。

（二）训练素材

2010 年 3 月 20 日，××市 A 区公安分局接到报案称：某小区内张某、李某夫妇被杀，家中 10 万元现金不翼而飞。接到报案后，侦查人员第一时间赶赴现场，现场情况如下：现场室内地面有大量血迹；现场遗留有 4 种不同的脚印；桌子上摆放着 1 个空酒瓶和 3 个玻璃酒杯，均有酒味；地上有摔坏的闹钟 1 只，指针停在 9 时 35 分。据调查：死者李某生前于 3 月 19 日从朋友王某处借款 3 万元，又从银行以给弟弟买房的名义贷款 7 万元，并将 10 万元现金拿回家中存放。据李某弟弟反映：张某、李某曾表示最近要和他人做一笔生意，未说具体人。据邻居反映：20 日下午 5 时左右，看见李某回家，其后未再见张某和李某。

四、训练方法和步骤

在指导教师指导下，学生分组模拟各角色（指挥员、侦查人员、法医、技术人员以及其他相关人员）在训练室进行训练，具体方法和步骤如下：

1. 准备素材，确定训练方式，学生复习有关勘验、检查的基础知识，做好模拟现场勘查情景场所及配套基本器材、设施、设备准备工作。

2. 实训指导教师介绍训练内容和要求，发放准备好的案例素材。

3. 学生阅读素材，掌握现场勘查的相关事实和材料，在指导教师的指导下形成情景模拟方案，布置模拟现场勘查场景。

4. 学生以分工负责的形式进行角色分配，具体可按指挥员、侦查人员、法医、技术员、现场保护人、知情人、事主、见证人以及其他相关人员等进行角色模拟分配，实际操作时可根据情况进行添加或删减角色，排列组合形成情景模拟团队，如添加或删减侦查机关负责人、专业技术人员等。

5. 完成模拟现场勘查及处置情景操作，对于素材案例中没能提供的条件，由学生酌情进行合理设计和补充。

6. 整理训练成果，形成书面材料。

五、训练成果

1. 完成现场勘查，并将勘验、检查笔录、现场平面图、现场照片等书面材料交训练指导教师。

2. 总结训练成果，写出训练心得体会。

3. 指导教师根据学生在训练中的表现进行讲评并对训练成绩考核、评定。

拓展阅读

学习任务十二 侦查实验

侦查实验对于侦查破案乃至整个刑事诉讼活动具有重要意义，对侦查人员收集证据和线索、判断事件性质和案件性质、分析研究案情、协助侦查人员审查其他证据的真实性和可靠性、审查判断犯罪嫌疑人的供述和辩解等发挥着重要作用。为做好侦查实验工作，需要知道什么是侦查实验，明确侦查实验在刑事侦查中的重要作用，掌握侦查实验的种类、规则，按照相关规定，学会组织与开展侦查实验，并能够熟练制作侦查实验笔录。

 任务基础

一、什么是侦查实验

侦查实验是指在侦查过程中，为了查明案情，证实与犯罪有关的某种事实、现象或行为在某种条件下能否发生、怎样发生以及结果如何，而参照案件原有条件将该事实、现象或行为予以重新演示或再现的一种侦查措施。《刑事诉讼法》第 135 条第 1 款规定："为了查明案情，在必要的时候，经公安机关负责人批准，可以进行侦查实验。"侦查实验是一种科学认识活动，所依据的是物质世界的客观现象在合乎规律的条件下予以重演或再现的原理。其适用范围较为广泛，既可在现场勘查阶段使用，也可在侦查和审查起诉过程中使用。

二、侦查实验的作用

侦查实验对于侦查破案乃至整个刑事诉讼活动具有重要意义，它是侦查人员查明案情，证实证人证言、被害人陈述和犯罪嫌疑人供述与辩解是否客观真实的一种有效方法。侦查实验在侦查中的作用主要有以下几方面：

（一）为分析判断案情提供依据

通过侦查实验，可以帮助侦查人员判明或推测出某种事实、现象或行为是否能够发生、如何发生；某种事实、现象或行为发生、发展、完成需要什么样的条件。综合其他线索和证据，从而有助于确定事件性质、案件性质，分析判断案情。

（二）协助审查其他证据

在一些案件中，事主、被害人、知情人出于各种各样的目的、动机或情势，导致他们的陈述有可能虚虚实实，真真假假；而其他途径获取的各种侦查线索和证据，因刑事案件认识本身的复杂性，也会出现一些不确定的情况。通过侦查实验可以协助侦查人员分析判断其他证据和线索的真实性和可靠性

（三）审查犯罪嫌疑人供述与辩解

在侦查实践中，犯罪嫌疑人的供述与辩解是查明和认定案件事实的重要证据，由于犯罪嫌疑人与案件的直接利害关系，以及处于被追究刑事责任的地位，导致其供述与辩解往往有很大的虚假性，甚至有意逃避、误导侦查，通过侦查实验可以有效审查其供述与辩解的真实性，揭露事实真相。

（四）用作刑事诉讼证据

在有些案件中，侦查实验的结论经过审查判断，还可以作为重要的刑事诉讼证据。根据《刑事诉讼法》第50条的规定，经过查证属实、可以用于证明案件事实的勘验、检查、辨认、侦查实验等笔录材料，都是证据。

三、侦查实验的任务

在不同的案件或不同的办案阶段，侦查实验的任务是不相同的，归纳下来，侦查实验的任务主要有以下几方面：

（一）验证能否感知

通过侦查实验，确定在一定条件下能否感知到某一事实或现象。某些案件中，证人、被害人或犯罪嫌疑人能否感知某一事实、现象或行为，往往也可能涉及其陈述或供述与辩解中重要情节的真实性，为审查其真实性，侦查人员有必要

通过侦查实验来判断他们的感知能力。例如：在光线较差的夜间，隔一定的距离能否看清某人的面貌特征；在嘈杂的环境中能否听见远处微弱的呼救声；等等。

（二）验证能否完成某种行为

通过侦查实验，确定在某种条件下能否完成某种行为。例如：在一定的时间内能否走完某段路程，能否通过特定的孔洞运送某种物品。

（三）确定发生某种现象的条件

通过侦查实验，确定在某种条件下某种现象能否发生。某些现象的发生是有特定条件的，当这些现象发生在案件中时，为了证实这种现象发生的原因和条件，可以进行模拟实验，以证实在何种条件下才能发生这种现象。例如：某种物质在一定条件下能否发生自燃。

（四）确定行为与痕迹的吻合性

通过侦查实验，确定在某种特定条件下，某种行为和某种痕迹是否一致。例如：在现场勘查中，有时候会发现一些可疑痕迹，这些痕迹与犯罪行为是否存在联系，在案发时的条件下，什么样的行为能够留下这种痕迹，这些都可以通过侦查实验来验证。

（五）探索某种痕迹的形成机制

通过侦查实验，确定在某种条件下，某种造型客体能否在某种承受客体上形成某种痕迹。当不能确定承受客体上的痕迹为何种造型客体所形成时，可以选择多种造型客体进行模拟实验，进行验证。

（六）确定痕迹发生变异的可能性

通过侦查实验，确定在某种条件下，某种痕迹是否会发生变异。在案发现场提取的痕迹有的较为复杂，有的是变形痕迹，有的痕迹物证会随着时间的推移而发生变化，侦查人员可以通过侦查实验来验证是否存在这些变异的可能性。

（七）确定事件发生的机制

通过侦查实验，确定某种事件是怎样发生的。例如：通过侦查实验，结合现场情况，判断犯罪嫌疑人在现场有哪些活动。

四、侦查实验的规则

为了保证侦查实验的科学性和合法性，进行侦查实验必须严格遵循以下规则：

（一）严格依法进行实验

侦查实验是侦查行为，因此必须严格依照法律规定进行，主要体现在以下几个方面：①侦查人员主持。侦查实验必须在侦查人员的主持下进行。②具有必要性。侦查实验必须具有必要性，即用其他方法都不能达到检验、核实证据，查明案情的目的时才能进行。③严格审批。侦查实验必须经过法定的审批手续，即经公安机关负责人批准才能进行。④应当邀请见证人。侦查实验进行应当邀请与案件无关、为人公正的公民作为见证人，必要时还应聘请或指派具有专门知识的人参加。⑤行为得当。侦查实验中严禁一切足以造成危险、侮辱人格或有伤风化的行为，反对不择手段地进行侦查实验。⑥保守秘密。参与侦查实验的人员应对侦查实验的过程和结果保守秘密。⑦应当制作侦查实验笔录。

（二）实验条件力求与原始条件一致

侦查实验作为一种重演或再现的措施，只有在与案件发生时相似或接近的条件下进行，实验的结果才有说服力。因此，侦查实验应尽量在接近某事实、现象或行为发生或被发现时的原始条件下进行。主要体现在以下五个方面：①时间上的一致性。侦查实验应尽量在与原来的时间相一致的条件下进行。②地点上的一致性。侦查实验地点应尽量在原来地点进行。如果原来的地点已失去条件，或改变实验地点对实验结果并无影响，也可选择其他与原地点在地形、地质、地貌及周边环境相同或相似的地点进行。③环境条件的一致性。侦查实验应尽量在自然条件和社会环境与事件发生时相同或相似的条件下进行。自然环境条件包括温度、湿度、风力、风向、光线、能见度等受自然规律支配和影响的自然环境因素；社会环境包括当时的交通、人流、噪声等因人们其他活动而产生影响的人文环境因素。④物品或工具的同一性。侦查实验应尽量使用原有的物品或工具，如不能使用原有的物品或工具，则应尽量选择在外形、规格、型号、性能、工艺、厂家等方面相似的，最好选用同一批生产的物品或工具作为替代品进行侦查实验。⑤主体的同质性。参与侦查实验的人员在性别、年龄、身体特征、智力水平、精神状况、心理素质等方面的条件要尽可能与原来人员的条件相一致，必要时也可要求犯罪嫌疑人、被害人、证人参加。

（三）同一实验反复多次进行

侦查实验虽然是在尽可能相同或相近的条件下进行的，但是要想绝对没有误差地恢复案件发生时的条件是不可能的，加之实验过程中往往存在种种偶然因素影响实验的结果。为了正确评估客观条件的变化对实验结果可能产生的影响，发现因条件的不同而出现的差异，防止偶然因素介入影响实验结果的可靠性，必须坚持对同一情况既要用相同条件多次实验，又要变换条件反复实验，以便在相同和不同条件下多次实验的基础上，对实验的结果作出接近于事实的判断，或判断案件发生时出现的多种可能性，尽可能地减少误差或判断遗漏，使事物之间的关系得到充分的揭示，从而保证侦查实验结论经得住检验。

任务实施/操作

一、侦查实验的准备

做好侦查实验的准备工作，是实现实验目的的前提。侦查实验前要做好以下方面的准备工作：

（一）明确侦查实验的任务

侦查实验的主持人员应当熟练掌握案情，仔细讯问犯罪嫌疑人，详细询问事主、被害人、证人及其他相关人员，把将要通过实验加以验证的问题确定下来，在此基础上明确本次侦查实验的种类、项目、目的、任务。

（二）确定侦查实验的内容和实施方案

实验前应根据明确的侦查实验的种类、项目、目的、任务，进一步确定实验的具体内容、实验方法、实验次数、实验顺序等，以保证实验有条不紊地进行。

（三）确定侦查实验的时间、地点和环境条件

正确按要求选择和安排实验的时间、地点和环境条件是实验所要验证的某种现象得以客观再现的重要条件。

（四）确定实验人员及分工

根据侦查实验的需要，确定具体参加、参与侦查实验的人员，并进行合理分工。一般来说，侦查实验由侦查人员主持，在实验项目的操作人员和 2 名以上的见证人参与下进行，其他人员是否参加，应视实验的种类和内容而定。实验如果涉及有关专门性的问题，应邀请有关专门人员参加，并请他们担任该实验项目的操作执行者。为了保证侦查实验的顺利进行，还应安排一定的人员承担实验现场的警戒工作。

（五）准备实验所需的工具和器材

在实验开始前，要对实验所需的工具、器材进行安装、调试、检查，以保证实验的顺利进行。

（六）制定侦查实验计划

在侦查实验实施之前，必须制定全面的实验计划，以确保实验的顺利进行。尤其是一些较为重要、复杂的侦查实验，更应该提前制定好侦查实验计划。

二、侦查实验的实施

侦查实验应按照侦查实验方案，在侦查人员统一组织指挥下有分工、有秩序、有步骤地进行。在侦查实验的过程中，侦查人员始终是组织者，不应亲自去执行具体的实验项目，也不应让见证人去执行，以免影响实验的质量及结论的公

正性。侦查实验坚持同一情况反复多次实验，每次实验都要做到正确操作，注意操作程序，仔细观察实验中的各种变化和异常现象，分析判断实验结果，收集充分详细的实验材料。

三、制作侦查实验记录

对侦查实验的过程和结果，应客观细致地制作记录。侦查实验记录可以采用笔录、绘图、照相、录音、录像等形式，最常用的形式是侦查实验笔录。此外，参加实验的人员如有某种说明性质的意见，可在记录的末尾加以注明。

四、侦查实验结果的审查和判断

侦查实验结果受多种因素的影响，即使其中只有一个因素发生偏差，实验结果也可能出现错误。侦查人员应对侦查实验的结果认真进行审查和判断，不能不加审查就盲目地相信或随意地使用。对侦查实验结果的审查、判断，可从以下方面进行：①侦查实验的组织实施是否严密，是否严格按照侦查实验的规则进行；②侦查实验的方法是否科学、正确，侦查实验的步骤、程序、过程是否具有逻辑性，进行侦查实验的条件、实验时所用物品、工具是否与原事件相一致；③实验参加者是否具有相应的职业知识、专门技能，有无解决问题的能力；④实验参加者与案件有无利害关系，能否客观公正地进行实验；⑤实验参加者的生理、心理状态是否正常；⑥实验结果是否具有充分的事实依据；⑦实验结果同案件收集的其他证据材料有无矛盾。

 任务实例/呈现 ●●●●●●●●●●●●●●●●●●●●●●●●●●●●●●●●●●●

侦查实验笔录

时间200×年9月5日9时30分至200×年9月5日11时40分
侦查人员姓名、单位　秦某某、陈某某，××市公安局刑事犯罪侦查支队
记录人姓名、单位　赵某某，××市公安局刑事犯罪侦查支队
当事人：犯罪嫌疑人江某，男，××岁，住××市××县××村
对象：无
见证人：王某某，××县长岭乡大兴村村民
其他在场人：江某某，犯罪嫌疑人江某之子；袁某某，××县××乡××村村民，刘某某；××县××乡××村村民

事由和目的：确定犯罪嫌疑人江某之子江某某到包某某家将袁某某拉回到自己家所需时间；犯罪嫌疑人江某能否完成将被害人夹于腋下，并通过活动的木制楼梯爬上阁楼将被害人吊死的行为。

地点：××县××乡××村犯罪嫌疑人江某家

过程和结果：犯罪嫌疑人江某之子江某某从江某家到包某某家按常人的行走速度，加上与袁某某在包某某屋里争吵、拉扯的每一个动作进行慢速演练，共计需3分钟~5分钟。如果再将节奏放慢，最多也只需8分钟。随后进行负重上楼实验。将木制楼梯（该梯一侧木柱上端断了一截，因而缺第一级，只能从第二级登上楼口）斜向搭在楼口，并用背篓装上70斤的红薯，然后让与江某体型、体质和体力差不多的村民刘某某用左手提着背篓，右手抓着木梯往上攀登，结果只上到第三级处，木梯就开始往后翻仰。前后试了5次手提背篓均无法攀登上楼。随后改由江某之子江某某进行实验也是如此。因此，犯罪嫌疑人江某之子江某某去包家拉袁某某回家的时间最多不超过8分钟；犯罪嫌疑人江某用左胳膊夹住一个瘫软的100多斤重的人体上楼，并将其吊死，是不可能的。

侦查人员：秦某某　陈某某

记录人：赵某某

当事人：江某

见证人：王某某

其他在场人：江某某、袁某某、刘某某

第1页 共1页

本学习任务介绍了什么是侦查实验，帮助学生明确侦查实验的作用，掌握进行侦查实验的任务、规则、组织与实施等进行侦查实验所必需的相关基础知识，培养学生按要求进行侦查实验的操作技能和运用能力。

思考题

1. 什么是侦查实验？侦查实验应遵循的规则是什么？

2. 试述侦查实验的任务。

3. 结合所学，试述如何进行侦查实验。

训练项目：模拟侦查实验

一、训练目的

通过模拟侦查实验实训，帮助学生加深对侦查实验的理解，掌握侦查实验的程序和规则，培养学生在司法实践中进行侦查实验的业务技能和实际运用能力，并能够制作规范的侦查实验笔录。

二、训练要求

1. 明确训练目的。

2. 掌握训练的具体内容。

3. 熟悉训练素材。

4. 按步骤、方法和要求进行训练。

三、训练条件和素材（具体训练条件和素材可根据训练目的及训练重点由训练指导教师选择、调整）

（一）训练条件

侦查实验笔录记录纸、笔、印泥、照相器材、车辆等。

（二）训练素材

某工厂仓库发生一起空调（存货）被盗案，侦查人员在调查访问过程中发现一条线索，据一名叫张某的知情人提供线索称：在案发生当天晚上 10 点 30 分左右曾看见一辆黑色或是灰色长安牌小轿车停在案发地附近，且看见有两名青年男子神色慌张地往车上运东西后离去。为验证张某的感知能力，模拟案发当时的光照、气候等条件，驾驶黑、灰两种不同颜色的长安牌小轿车，按照证人提供的情形依次向现场驶去，请证人指认他在案发时所见到的轿车与实验用的两辆轿车中的哪一辆颜色相同或相近，进而断定证人所见轿车的颜色。

四、训练方法和步骤

在指导教师指导下，学生分组模拟各角色（侦查部门负责人员、侦查人员、技术人员以及其他相关人员）在模拟场所进行训练，具体方法和步骤如下：

1. 准备素材，确定训练方式，学生复习有关侦查实验的基础知识，做好模拟侦查实验情景场所及配套基本器材、设施、设备的准备工作。

2. 实训指导教师介绍训练内容和要求，发放并介绍案例素材的相关内容。

3. 学生阅读素材，掌握侦查实验的相关事实和材料，在指导教师的指导下形成情景模拟方案，布置模拟侦查实验场景。

4. 学生以分工负责的形式进行角色分配，具体可按侦查人员、知情人以及其他相关人员等进行角色模拟分配，明确职责任务和工作内容。实际操作时可根据情况进行添加或删减角色，排列组合形成情景模拟团队，如添加或删减侦查部门负责人、专业技术人员等。

5. 完成模拟侦查实验组织与实施情景操作，对素材案例中没能提供的条件，由学生酌情进行合理设计和补充。

6. 整理训练成果，形成书面材料。

五、训练成果

1. 完成侦查实验笔录的制作，并将书面材料交训练指导教师。

2. 总结训练成果，写出训练心得体会。

3. 指导教师进行讲评及训练成绩考核、评定。

拓展阅读

学习任务十三　搜　查

任务目标

知识目标：通过本学习任务的学习，培养学生知道什么是搜查，明确搜查在侦查活动中解决的问题，了解搜查的种类、要求，掌握进行搜查所必需的基础知识。

能力目标：通过本学习任务的学习、训练，培养学生在司法实践中严格按照法律规定，运用所学的知识、技能和能力实施搜查的业务技能和运用能力。

在刑事案件侦查中，常常会通过搜查来获得与案件有关的线索和证据、查获犯罪嫌疑人。相对而言，搜查是一项带有一定强制性的侦查措施，其实施过程必然会对一定的公民的人身权利、财产权利构成影响与限制。这就需要知道什么是搜查，明确搜查要解决的问题，掌握搜查的种类，按照相关要求开展搜查，为查明案情和揭露证实犯罪，查获犯罪嫌疑人提供服务。

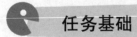

一、什么是搜查

搜查是指侦查人员为了收集证据、查获犯罪嫌疑人，而依法对可能隐藏有犯罪嫌疑人或者犯罪证据的有关场所、人身、物品进行的搜索、检查的侦查措施。要理解搜查，需把握以下几点：

（一）搜查的主体

搜查的主体是侦查机关，具体由侦查人员执行。也就是说，在侦查工作中，只有侦查机关的侦查人员才有搜查权，其他任何机关、团体和个人都无权进行搜查。

（二）搜查的对象

搜查的对象是人身、物品和有关的场所。搜查的对象不仅仅限于犯罪嫌疑人的人身、物品和有关场所，如果认为其他人有可能隐藏犯罪嫌疑人、犯罪证据时，也可以对其人身、物品和有关场所进行搜查。

（三）搜查的目的

搜查是为了收集犯罪证据和查获犯罪嫌疑人。实践中，由于案件情况和搜查对象的不同，搜查所达到的目的也不尽相同。有的案件是搜寻赃物，有的案件是搜寻凶器、犯罪工具及其他犯罪证据，有的案件是为了查获犯罪嫌疑人。

（四）搜查的性质

搜查是一种侦查活动。它具有法律的强制性，直接关系到公民的基本权利。因此，搜查必须严格依照法定程序进行。

二、搜查解决的问题

（一）发现犯罪证据

通过对查获的犯罪嫌疑人的人身、住所和相关场所进行搜查，可以发现涉案的作案工具、物品和赃款、赃物，以及获取与犯罪有关的指纹、毛发、残留物等物品或材料。如血衣、作案工具、有价证券、被盗的贵重物品等。这些涉案的作案工具、物品和赃款、赃物，以及与犯罪有关的物品或材料，有的是物证，有些是书证，有的是为检验鉴定提供检材或样本，并且有的搜查过程中形成的搜查记录本身也是证据材料。

（二）查获犯罪嫌疑人

通过对可能藏匿犯罪嫌疑人的各种建筑物或类似建筑物的构筑物，以及其他相关场所进行搜查，可以查获藏身于这些地方或场所的犯罪嫌疑人。

（三）发现案件现场

在现场勘查中，通过搜查可以发现与案件有关的其他案件现场，扩大现场勘验范围。例如：对于杀人抛尸、移尸等案件的现场勘查中，通过搜查，发现实施杀人行为的作案现场；对盗窃案件现场周围进行搜查，发现踩点或处置赃物等场所；对于绑架案件，通过搜查发现藏匿被绑架人的场所。

（四）扩大侦查线索

通过搜查，不仅可以发现和搜集本案的犯罪证据，还可以发现本案与其他案件关联的线索。

三、搜查的种类

根据不同的标准和依据，可对搜查的种类进行不同的划分和确定，常见的搜查种类主要有：

（一）有证搜查和无证搜查

以执行搜查时是否持有搜查凭证为依据，搜查可分为有证搜查和无证搜查。所谓有证搜查，是指侦查人员以侦查机关开具的搜查证或相关侦查文书作为执行搜查的凭证进行的搜查；所谓无证搜查，是指侦查人员不以搜查证或相关侦查文书作为执行搜查的凭证进行的搜查。搜查往往涉及公民人身、住宅和隐私等正当权益的保护问题，缺乏相应程序控制容易引发侵权问题，导致矛盾和冲突，故相关法律法规对搜查均有相应的程序控制和要求，要求在执行搜查中侦查人员应当按照内部的审批程序获得县级以上侦查机关签发的搜查证或相关侦查文书才可进行搜查。当然，在侦查实践中，在某些紧急情况下，不需要搜查证或相关侦查文书也可进行搜查。这是在保护公民合法权益与打击犯罪之间的平衡与协调。可以说，在搜查实践中，有证搜查是原则，无证搜查是例外和补充。

（二）人身搜查和场所搜查

根据搜查对象的不同，搜查可以分为人身搜查和场所搜查。人身搜查，是指对犯罪嫌疑人或其他与案件有关联的人员及其携带的物品进行的搜查。人身搜查因直接面对被搜查人，如操作不当则可能涉及侵害公民的人身权利及相关权利问题，也会因搜查对象的抗拒、对抗而给侦查人员自身带来不同程度的危险。因此，在人身搜查中，侦查人员应注意保障公民的相关合法权益并做好自身安全防护。场所搜查，是指对涉案相关场所进行的搜查。侦查实践中，场所搜查又分为室内场所搜查、室外场所搜查、车辆搜查等。室内场所搜查，是指针对可能隐藏赃物罪证、犯罪嫌疑人的密闭式建筑物或类似建筑物的构筑物等封闭场所进行的搜查；室外场所搜查，是指针对可能隐藏赃物罪证、犯罪嫌疑人的密闭式建筑物或类似建筑物的构筑物之外的开放式场所进行的搜查；车辆搜查，是指针对与犯罪活动有可能有关联的可疑机动车辆进行的搜查。场所搜查虽不直接涉及搜查对象身体，但也存在因操作不当而侵害公民住宅权、财产权及相关权利的问题。同时，如被搜查对象为犯罪嫌疑人，对侦查人员亦会存在着一定的安全隐患。在不同的搜查中，因搜查对象本身的不同，搜查方式和方法也有所不同，在搜查中可能侵害的权利情况和侦查人员自身安全保障方面也会存在着一定的差异。

（三）公开搜查与秘密搜查

按照搜查的实施方式不同，搜查可分为公开搜查和秘密搜查。公开搜查，通常简称为"搜查"，是指侦查人员进行搜查时公开搜查意图、出示相关证明文件，彰显搜查措施的合法性和正当性而进行的搜查。公开搜查大多是在执行逮捕、拘留或讯问过程中同时进行的。秘密搜查，又称"密搜密取"，是指侦查人员在不为侦查对象发觉的情况下，对重大犯罪嫌疑人的住所、工作场所或可能隐藏罪犯痕迹、物证等罪证的相关场所，进行隐蔽式秘密搜索检查，以发现和获取侦查线索和证据的搜查。两种搜查在实施条件、对象、批准权限、法律意义及行为方式等方面均有较大区别。

四、搜查的要求

（一）搜查主体适格

搜查时必须由公安机关、检察机关等侦查机关的侦查人员进行，其他任何机关、单位和个人都无权对公民人身和住宅进行搜查。执行搜查的侦查人员不得少于 2 人。这一要求有利于执行搜查的侦查人员互相监督、互相保护。如对人身进行搜查时，为了防止被搜查人的反抗，当一人进行搜查时，必须有另一人进行戒备。搜查妇女的身体，应当由女性侦查人员进行。

（二）严格按规定进行

实施搜查的侦查人员必须向被搜查人出示搜查证或相关侦查文书，搜查证或相关侦查文书应由县级以上侦查机关签发。在执行拘留、逮捕，遇有紧急情况时，不另用搜查证也可以进行搜查。这些紧急情况主要有：①可能随身携带凶器的；②可能隐藏爆炸、剧毒等危险物品的；③可能隐匿、毁弃、转移犯罪证据的；④可能隐匿其他犯罪嫌疑人的；⑤其他突然发生的紧急情况。进行搜查，侦查人员应当着制式服装或出示合法的证明文件。执行搜查前，侦查人员可以要求有关单位和个人交出可以证明犯罪嫌疑人有罪或者无罪的物证、书证、视听资料等证据，应告知相对人享有的权利和应履行的义务，并做好相对人合法权利义务的保障。搜查的时候，应当有被搜查人或者他的家属、邻居或者其他见证人在场，如果到被搜查人的单位进行搜查，应有其所在单位的代表到场；侦查人员应当对被搜查人或者其家属、邻居、单位代表或者其他见证人等说明阻碍搜查、妨碍公务应负的法律责任；如遇到阻碍搜查的情况，侦查人员可以强制搜查；对以暴力、威胁方法阻碍搜查的，应当予以制止，或者将其带离搜查现场，构成犯罪的，应依法追究其刑事责任。搜查中发现的与案件有关的，可以用以证明犯罪嫌疑人有罪或无罪的各种物品和文件，应当让见证人过目，并依法予以扣押。

（三）作好记录

搜查活动的过程及结果应当制作搜查笔录，并由侦查人员和被搜查人或其家属、邻居或者其他见证人签名或者盖章。如果被搜查人拒绝签名，或者被搜查人在逃，其家属拒绝签名或者不在场的，侦查人员应当在笔录中注明。侦查人员在搜查时可进行同步录音、录像、制图、照相，以便客观真实地反映整个搜查过程及结果。

（四）其他要求

执行搜查的侦查人员应当遵守纪律，服从指挥，文明执法。侦查人员应尽可能地保护被搜查人合法的人身权利和财产权利，不得无故损坏被搜查人的财物，不得擅自扩大搜查对象和范围，对搜查中发现的与案件无关的个人隐私，不得泄露。搜查结束后，应及时做好有关人员、场所、物品的善后处理工作。

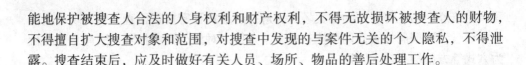

任务实施/操作

一、确定搜查时机

搜查是获取刑事诉讼证据、查获犯罪嫌疑人的重要措施，具有很强的时机性。一般来说，以下几种情形是较好的搜查时机：①现场勘查中获悉犯罪嫌疑人藏匿处或犯罪痕迹、物品等下落时；②被扭送的现行或负案在逃犯罪嫌疑人送达时；③对犯罪嫌疑人采取强制措施时；④采取追缉堵截抓获犯罪嫌疑人时；⑤采取侦查措施发现犯罪线索、证据或犯罪嫌疑人时；⑥犯罪嫌疑人供述时。需要强调的是，无论哪种情形下，一旦查获犯罪嫌疑人，应迅速及时对查获的犯罪嫌疑人进行人身搜查，及时发现、缴获犯罪嫌疑人可能随身携带的凶器、危险物和违禁品、危险品，排除其行凶伤人、自伤、自残或制造危险事端的可能性，确保安全。

二、做好搜查前的准备

（一）了解有关案情，明确搜查目标

搜查的目标，是指通过搜查要发现、搜集的与案件有关的场所、物品、痕迹、犯罪嫌疑人等。一次具体的搜查措施可能只有一个搜查目标，也可能有多个搜查目标。搜查人员在搜查前应了解案件的有关情况，知道通过搜查要达到什么目的，以明确具体的搜查目标的具体情况。对具体的搜查目标，不但要清楚其种类、数量、特征、属性等，还要知道其可能的隐藏方式与方法，以及是否具有危险性；不但要明确搜查的主要目标，也要明确附带的目标或可能出现的意外目标，以便有目的地进行搜查和防止危险情况发生而造成的不必要伤亡。

（二）调查搜查对象，了解搜查环境

在进行搜查前，执行搜查的侦查人员要通过各种途径，尽可能地对被搜查人、同伴以及搜查场所的地理状况、自然环境、社会人文等情况进行全面调查，了解被搜查人情况和搜查环境。内容主要包括：①被搜查人本人的情况。如姓名、性别、年龄、职业、兴趣爱好、生活方式、性格特征、特殊技能、生活习惯、家庭成员、社会关系等，以及是否持有的凶器、交通工具等。②被搜查人同伴情况。如被搜查人是否有同伴，同伴人员的数量、分布，以及与被搜查人的关系、基本情况和危险性等。③被搜查场所情况。如搜查场所的准确地点、内部结构与布局、内部设施、出入通道等情况。④搜查地点周围环境情况。如搜查地点的地理状况、周围居住人员情况、社会治安、交通状态、人文环境等。通过了解上述情况，便于确定搜查范围、重点和搜查方法，合理组织人员，掌握搜查可能面临的问题及解决问题的办法，保证搜查顺利有效地进行。

（三）制定搜查方案

进行搜查前，应根据具体案情，结合搜查任务和搜查对象的情况，制定出具体的搜查方案。搜查方案的主要内容包括：基本案情、搜查的目的、目标物、搜查时间、搜查地点、搜查方式，以及搜查的具体步骤、顺序、范围和重点部位，执行人员的具体人选及组织、分工，必要的工具、设施和器材，警戒监视力量的安排与部署，可能出现的情形预测和对策，到达搜查地点的方式、方法，通信联络的方式、方法，搜查的要求和应注意的问题，等等。

（四）明确任务

搜查需要组织足够的搜查力量。一般来说，参加搜查的侦查人员主要有搜查人员和警戒人员。参与搜查的侦查人员要明确自己的位置、具体任务和职责；进行警戒的侦查人员应清楚自己警戒的位置、监视控制的主要目标、可能出现的警情等。同时，每个参与搜查的侦查人员还应明确搜查所面临的环境、可能存在的安全隐患、需要注意的异常现象、遇到紧急情况的处置方法等。

（五）做好充分的物质准备

进行搜查前，应根据案件的性质和搜查的目的，做好必要的物质准备，明确应携带的搜查工具和仪器设备。如警戒武器、探测工具、勘验器材、照相设备、照明工具、探测工具、包装器物、通信器材、交通工具等，并事先做好检查和维护，使其处于良好的性能状态。

（六）履行法律手续

除特殊情况外，搜查均应向被搜查人出具搜查证或相关侦查文书，故搜查前案件承办部门应当制作呈请报告书，报经县级以上公安机关、检察机关负责人批准后，制作搜查证或相关侦查文书，并准备好制作搜查笔录、扣押物品、文件清单等法律文书的相关材料。

（七）邀请相关人员

进行搜查时，应根据具体情况视需要邀请下列相关人员：①见证人。按相关规定，进行搜查时应邀请 1 名~2 名见证人见证搜查过程及结果，尤其是被搜查人或家属不在场时。②技术人员。根据具体的搜查情势和需要，邀请相关技术人员参与搜查以解决搜查中的专业技术问题。③相关人员。侦查机关进行搜查时，必要时应邀请相关单位派人予以协助或配合。如人民检察院进行搜查时，必要时可邀请公安机关、相关单位、团体派人协助搜查。

三、控制搜查现场

鉴于搜查具有一定的强制性，故在整个搜查过程中应当指派专人负责搜查现场的态势，控制、监视被搜查人及其家属的动向，必要时可以对搜查现场进行警戒、封锁。控制搜查现场的基本方法如下：首先，设置警戒线，禁止无关人员进入现场。通过在搜查现场周边设置明显警戒物、划定警戒线，并采取恰当措施禁止无关人员和车辆进入或靠近搜查场所，封锁现场，严密控制搜查现场态势，并注意引导、疏散无关人员，为搜查措施的顺利执行创造条件和提供安全保障。其次，安排专人监视。对重要的搜查场所和犯罪嫌疑人、重要的相关人员，应安排专人对这些场所和人员进行严密的监视，防止搜查现场受到干扰或破坏，以及被监视人员相互之间串通、转移搜查目标物等。最后，必要时可进行交通管制。在紧急情况下，如搜索大型的涉案现场或搜捕重特大案件案犯、危险犯等，为保障搜查的安全和顺利，可对相关路段实行交通管制，采取措施中断或疏导交通。

四、实施搜查

搜查的方式不同，搜查的方法也有所不同。应根据不同的搜查方式，确定相应的搜查方法实施搜查。

（一）秘密搜查

对于秘密搜查，侦查人员为不暴露身份，可以某种公开的职业、身份或其他名义作掩护实施秘密搜查。采用这种方法比较自然、主动，但用以掩护的名义要合情合理，且能有效实施。如侦查人员以检修水电、煤气、暖气和家电的名义，或由公安派出所配合以查户口或了解有关情况等名义，进入侦查对象住所，借机察看，以发现线索。应注意的是，选用的侦查人员应当与当地居民不相识，并熟悉所借用名义的业务知识和操作方法，掩护名义的事项不能只限于被搜查对象一家，要同样对左邻右舍进行，以免露出破绽。侦查人员也可借故将被搜查人及其家属调离搜查地点，或者利用其外出的机会，对室内室外场所进行秘密搜查。采用这种方法，调离的理由要恰当，不能存有漏洞或自相矛盾，并要准确掌握侦查对象及其家属在外的时间，做出严密的监控部署，筹划应变措施。

实施秘密搜查时应注意以下要求：

1. 有序进行。应按照"先看后动，先主后次，先易后难，先上后下，动后复原"的秩序有序进行，注重重点部位和重点目标，不宜盲目寻找，动作应迅速准确。如在观察室内家具、物品陈设的位置后，应细心留意室内有无修理、粉饰的新痕迹和隐蔽点，以便发现被掩盖的痕迹和藏匿罪证的部位。

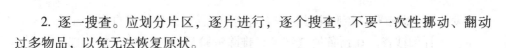

2. 逐一搜查。应划分片区，逐片进行，逐个搜查，不要一次性挪动、翻动过多物品，以免无法恢复原状。

3. 及时复原。搜查过后随即恢复原状，且谁搜查谁复原。

4. 无损或微量提取。搜查中发现搜索目标，一般不直接提取原物，除有条件做微量提取外，一般应迅速拍照或制作模型进行无损固定提取。若确实需要暂时提取原物且具有原物提取条件的，在满足需要后应及时放回原处。

5. 沉着、冷静处置。秘密搜查过程中万一发生意外，如侦查对象临时返回搜查场所，应按照预定方案，沉着、冷静处置。

6. 彻底清查。秘密搜查完毕，参加的侦查人员要对整个搜查场所进行彻底清查，防止遗留密搜密取使用的器材物品、参加人员的足迹、被搜查的痕迹、未复原的物品等，经彻底清查并确认无误后，按原计划撤离。秘密搜查结束后，侦查人员应及时写出书面报告，归入侦查卷备查。如确有作为证据之需要，应通过公开搜查加以转化。

（二）公开搜查

实施公开搜查时，应根据案件的性质、被搜查对象的情况、搜查地点的环境条件及搜查的目标等具体情况，选择正确的策略方法，以保证搜查工作的顺利进行。

1. 人身搜查。人身搜查时，侦查人员应根据被搜查人的危险程度决定是对其先上手铐控制再搜身，还是先搜身再上手铐控制。无论采取哪种方式进行人身搜查，都应当使被搜查人处于侦查人员的绝对控制之下。在人身搜查过程中，侦查人员应注意保持高度戒备状态，增强自我保护意识，随时注意观察、监视被搜查人的举动、神态，以防出现意外或不测。一般来说，人身搜查要通过预备搜查解除危险，在此基础上再通过详细搜查发现涉案痕迹、物品。故人身搜查一般分三个环节进行：

（1）预备搜查。在向被搜查人出示相关证件或抓获现行犯和清查、追堵发现重大犯罪嫌疑人后，应迅速限制被搜查人的活动，命令其转身面向墙壁（或垂直体）而背对搜查人员，分开两腿，举起双手或双手手指交叉背于脑后，使其处于不能拿任何物品行凶和不能发生意外的位置和身体姿势。由一名侦查人员站在其身后左侧，用右脚顶住其左脚跟，按前胸、腹部、裤兜、小腿部的顺序采取摸、拍、打等方式进行搜查。同时，其他侦查人员应站在被搜查对象右侧且与其成 45 度角，严密监视被搜查对象及周围人员的活动，防止意外情况的发生。如遇特殊情况，也可采取跪姿、卧姿（俯卧时令其两脚尽量分开，仰卧时令其双腿交叉伸直）实施人身搜查。需要指出的是，无论哪种姿势实施人身搜查，搜查人员均应从安全角度考虑，采用能确保被搜查人无力反抗的姿势，从被搜查人侧后方进行搜查。预备搜查的重点目标是可供行凶、自杀的枪支、凶器、毒物、爆炸物品等危险物品，

一经发现，立即解除，以防止被搜查人可能的反抗、攻击，或自伤、自杀。

（2）详细搜查。在预备搜查结束，排除危险后，再对被搜查人的衣着或身体的有关部位进行详细搜查。根据搜查目标，详细搜查时按照"由粗到细、由上到下、由表及里"的顺序，对衣帽鞋袜的夹层、卷边补丁和装饰物品逐件进行仔细搜摸、检查，然后对可能隐藏涉案物品的身体各部位进行详细检查，包括人体的天然孔露、头发、贴附在身上的绷带、膏药等。需要时，可令被搜查人将衣、裤、袜脱下进行检查；必要时，可请医生协助或借助相关仪器设备帮助检查。

（3）随身携带物品搜查。人身搜查后，对被搜查人的随身携带物品也要仔细搜查。有些物品，如手表、钢笔、戒指、耳环、钱包、打火机、香烟盒等，虽然体积不大，但在这些物品中往往会发现与案件相关的一些重要的字据、手写的文字以及细小的物体，也应细心检查。对随身携带物品进行搜查时由一名侦查人员动手执行，其余人仍应严密监视被搜查人的动态，千万不能让被搜查人自己打开包、箱等携带的物品，也不能不监视被搜查人的行动，或几个搜查人员一起翻动、检查，以防止犯罪嫌疑人突然发动袭击。对人身搜查中查获的犯罪证据及其发现的部位，应当当场拍照后予以扣押，拍摄的照片应当加上文字说明附卷，必要的时候可以对搜查的过程录像。

2. 车辆搜查。车辆的特性决定了车辆搜查具有很大危险性，一定要加倍提高警惕，做好警戒监视工作，根据需要投入足够的警力，形成合力，并采取得当的搜查方法。车辆搜查的基本操作是：

（1）了解情况。车辆搜查前应尽量多了解掌握有关车辆与车上人员相应的信息资料，例如：司乘人员情况，犯罪嫌疑人的人数，是否携带有枪支、弹药等危险品，是否劫持有人质，等等。

（2）对车辆及人员进行控制。应尽可能将被搜查车控制在相对安全、方便侦查人员开展搜查的安全区域，按照先人后车的顺序进行控制。可命令车上人员将车熄火，扔出钥匙，在解除搜查对象可能驾车逃跑、反抗的现实危险后，再让车上人员依次下车并进行有效控制和人身搜查。在车上人员下车时，侦查人员应注意保持高度警惕，防止其袭击或乘机脱逃。

（3）实施车辆搜查。在对车上人员进行有效控制和人身搜查后，侦查人员方可上车对车辆进行搜查。对车辆搜查时应结合具体案件的规律、特点确定搜查目标，按"车辆外围——车辆外部——车辆内部"的顺序进行。在对车辆进行搜查之初，侦查人员应当对车辆周围进行搜查，发现与犯罪可能有关的痕迹物品或异常现象。对车辆外部进行搜查，主要是发现车身上的指纹、凹痕、擦划、毛发、纤维等痕迹物品、微量物证、生物检材等，还应注意对前后保险杠、后视镜、门把手、底盘等有可能发现痕迹物品的部位进行重点搜查。对车辆内部搜查

应注意根据车辆的结构特点，先从最有可能发现侦查线索、证据的部位入手，采取分区定位的方法，分组分别搜查发动机舱、车辆内部、行李箱。发动机舱内各种凹陷处、仪器设备和管线众多，细小、微量的痕迹物品容易隐藏其中，故搜查时应特别注意检查引擎盖、散热器、蓄电池、发动机、通风管道、过滤器等部位，必要时可邀请专业人员配合拆除检查；搜查车辆内部应当全面细致地检查烟灰缸、仪表盘、坐垫、门把手、方向盘、储物空间、车窗、功能操控按钮等重点部位，必要时可借助一定的仪器、工具进行检查，并视搜查的需要拆卸座位或有关部位进行检查；对于行李箱的搜查，应将行李箱内各种行李和物品取出检查，并对行李箱内的各种容器、工具、备用轮胎、行李箱盖等部位进行细致搜查。有的涉案车辆中可能有特殊的隔箱或隔层，应注意加以识别和检查。

（4）车辆搜查应注意的问题。为确保搜查的实际效果和安全，在车辆搜查中应注意：一是人员分工合理。要有主有次，要明确搜查人员，接近、盘查的人员和掩护、防御、策应的人员。二是形成搜查行动的整体。要人员搭配合理，配合默契，不能顾此失彼，各行其是。三是扩大视野。既要注重现场中心，又要注意周围环境。四是注意防范。要注意防范来自现场自身之外的干扰与袭击，截停车辆后，不要立即靠近车辆，需观看控制现场之后，再下达有关指令并开始搜查车辆。

3. 室内搜查。室内搜查的基本要求是全面、彻底、高效。侦查人员在进行室内搜查之前，必须做好充分的准备，要对被搜查场所的结构、布局及周边环境等情况进行调查了解，并根据搜查目标确定搜查重点和具体的警力部署及分工。室内搜查的基本操作是：

（1）确定搜查目标。室内搜查目标因案而异，有的是为了获取证据，如搜寻赃款赃物、作案工具、毒品、假币等；有的是为了寻找案发现场，如寻找痕迹、涉案物品、尸体、尸块等；有的是为了直接查找犯罪嫌疑人。

（2）警戒控制现场。侦查人员到达搜查场所后，应根据场所的特点，布置警戒人员对搜查场所进行警戒控制，严密监视现场里外，断绝被搜查场所与外界的联系。

（3）人员控制。对搜查场所内的人员，除搜查时应在场的人员外，应先视需要进行人身搜查后集中管理，不准自由出入，并告诫他们在搜查过程中不得随意走动和交谈。

（4）实施搜查。各项前期工作就绪后，即可开始室内搜查。在实施室内搜查时应注意：一是确定起点、顺序和路线。应根据搜查室内场所的空间大小、宏观布局、物品陈列摆放等具体情况和搜查目标来确定搜查的起点、顺序和路线，按顺序进行全面彻底搜查。对于房屋结构简单、面积不大、物品较少的，搜查往往是由一点开始，按顺时针或逆时针方向顺序向其他的点或面上发展、延伸。对于房间结构复杂、房间面积较大、房间内存放物品较多或有许多房间的情况，通常采用分区定位搜查法，将所有应搜查的地方划分为若干区域，由专人负责，分别从里到外或从外到里进行搜查。二是确定重点。为保证室内搜查的效率，室内搜查要突出重点，兼顾一般。即使搜查重点一时难以确定，也应当确定搜查方向和思路。犯罪嫌疑人或相关人员总会想方设法将搜查目标隐藏在自己认为不易被人发现、最安全的部位或地点。因此，侦查人员在进行室内搜查时，应根据案件的性质，搜查目标的种类、数量、重量、体积、形态等具体情况，结合现场的结构、布局、设施、家具、用具等具体情形，将最可能发现搜查目标物的部位或者地点确定为搜查重点。同时，应注意分析犯罪嫌疑人或相关人员的心理，从对方的心理状态、职业、生活经验、思维特点与方式、习惯、个性等出发，换位思考，"设身处地"地分析搜查目标有可能的藏身之处，以确定室内搜查的重点。三是要注意反常现象和可疑迹象。侦查人员在室内搜查时，要注意查看室内某些物体或者某个地点和部位的反常现象和可疑迹象。如地板隙泥垢是否有被起动的痕迹，泥土地面是否有新土痕迹，箱柜抽屉的内外长度与深度、是否存在夹层，新染过或浸泡待洗、已洗衣物、被单的颜色，等等。必要时，可以借助专门的仪器进行探测。四是注意观察。室内场所搜查时还应注意被搜查人或其家属的神情或心理状态、行为表现，并根据其神情或相应心理状态、行为变化，进行试探性检验或调整搜查方向。如当搜查人员接近某一部位或地点时，对方突然变得神情紧张起来，则说明搜查人员很可能已接近了搜查目标的藏匿处。五是保持警惕。室内搜查的整个过程，侦查人员要保持高度的警惕性，防止未能发现的犯罪嫌疑人、逃犯、流窜犯等的存在及突袭，避免或减少不必要的损失和牺牲。

4. 室外搜查。室外搜查相对室内搜查而言，往往更为困难，其原因在于被搜查人可以用于隐藏搜查目标的区域或具体地点的选择余地更大，搜查目标容易受人为或自然因素的影响或干扰而丧失相应的条件。室外搜查的基本操作是：

（1）掌握相关情况。在对室外场所进行搜查之前，应通过巡视现场和询问相关人员，对相关情况进行了解。例如：现场的环境情况，现场有无天然或人工的洞穴、沟渠、水源、水井、菜窖、粪坑等可能便于隐藏搜查目标的处所，案发前后有无变化，近期内有无可疑人员的活动迹象，等等。

（2）划定范围，确定重点。根据了解到的情况，结合案情恰当划定搜查范围，并可视需要将搜查范围划分为若干区域，确定搜查的重点，并根据需要选择、组织、充实搜查力量和准备相应的装备、器械、仪器设备等。

（3）实施搜查。进行室外搜查时，应当根据警力的实际情况，视搜查现场具体情况采用螺旋式、发散式、收缩式、网格式、篦梳式等搜查方法进行，同时可根据具体情况和需要，辅以空中搜索、警犬追踪、步法追踪、抽水打捞等方法。有条件的，还可以借助相应的探测仪器设备进行探测。在搜查过程中，应当注意新翻动的泥土及植物的生长情况，动物的痕迹及动态，新变动的堆物和新移动的物品等反常或异常的现象或地方。如地面的拖拉痕迹、足迹、石块瓦砾翻转、植物的倒伏断折、飞禽走兽活动、尸体或有些物品的气味特征等。有时，犯罪嫌疑人或相关人员在藏匿搜查目标后，还会留下识别记号，以备自己将来处置搜查目标时便于寻找。在其预留记号时，一般会考虑其避免遭受到自然因素或人为因素的破坏、隐藏记号与藏物地点的内在联系等因素。搜查时应注意仔细观察这些可能的现象，发现这些识别记号，从而使搜查工作事半功倍。

五、制作搜查记录

搜查的情况应当制作搜查记录。搜查记录是侦查机关全面记录搜查情况、固定搜查结果等的证明文件，经核实后可以作为认定案情的依据。搜查记录主要包括搜查笔录（含扣押物品、文件清单）、搜查中拍摄的照片、绘制的图形、制作的模型、录制的视听资料等。其中以搜查笔录为主要的搜查记录内容和方式。侦查终结时，搜查证、搜查笔录、扣押物品、文件清单以及搜查中拍摄的照片、视听资料存入诉讼卷。

 任务实例/呈现 ....

一、搜查证

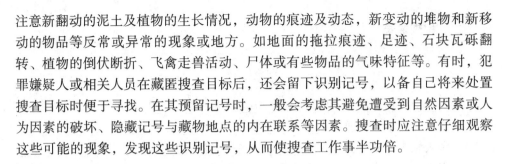

＊＊＊公安局
搜 查 证

×公（刑）搜查字〔20××〕35 号

因侦查犯罪需要，根据《中华人民共和国刑事诉讼法》第一百三十六条之规定，我局依法对 犯罪嫌疑人李某某在××市××县××镇××村××号的住处 进行搜查。

公安局（印）

二〇××年××月××日

本证已于 20×× 年××月××日12 时向我宣布。

被搜查人或其家属或其他见证人：李某某

（被搜查人家属）

此卷附联

二、搜查笔录

搜查笔录

时间 20××年 8 月 29 日 9 时 30 分至 20×× 年 8 月 29 日 10 时 30 分

侦查人员姓名、单位：张某某，××市公安局刑事犯罪侦查大队

记录人姓名、单位：陈某某，××市公安局刑事犯罪侦查大队

当事人：犯罪嫌疑人王某某，男，汉，20 岁，住××市××街××路××号

对象：犯罪嫌疑人王某某的住宅

见证人：李某某，男，50 岁，××学校保卫科科长

其他在场人员：王某某的爷爷王某，男，70 岁，退休工人

事由和目的：犯罪嫌疑人王某某供述自己拦路抢劫，作案工具及所得财物部分藏匿于卧室壁柜中，为获取证据、查找赃物，需要对其住宅进行搜查。

地点：××市××街××路××号

过程和结果：侦查人员邀请××学校保卫科科长李某某作为见证人，出示搜查证后，对犯罪嫌疑人王某某家的住宅进行了搜查，王某某的爷爷王某在场。侦查人员在王某某卧室壁柜右下角最底层发现"三角牌"黑色胶木把水果刀一把，××牌黑色提包一个，内装现金 825 元，华为 c8812 智能手机一部。

搜查过程中未损坏任何物品，被搜查人家属能够配合搜查工作。

扣押物品详见《扣押清单》。

《扣押清单》一式三份，副本已交犯罪嫌疑人王某某的爷爷王某收执。

侦查人员：张某某

记录人：陈某某

当事人：王某某

见证人：李某某

其他在场人员：王某

第×页　共×页

任务小结

本学习任务介绍了什么是搜查，帮助学生明确搜查在侦查中解决的问题、搜

查的种类、要求、方法与步骤等进行搜查所必需的相关基础知识，培养学生按要求进行搜查的业务技能和基本运用能力。

1. 什么是搜查？搜查在侦查中能解决什么问题？
2. 试述搜查的要求。
3. 试述如何实施人身搜查。
4. 试述如何对室内场所实施搜查。
5. 试述如何对室外场所实施搜查。

训练项目：模拟人身、住所搜查

一、训练目的

通过模拟搜查训练，帮助学生加深对搜查的理解，体验搜查临战状态，充分领会搜查的基本要领，掌握搜查的要求及程序，培养学生在司法实践中进行搜查的业务技能和实际运用能力，能够制作规范的搜查笔录。

二、训练要求

1. 明确训练的目的。
2. 掌握训练的具体内容。
3. 熟悉训练素材。
4. 按步骤、方法和要求进行训练。

三、训练条件和素材（具体训练条件和素材可根据训练目的及训练重点由训练指导教师选择、调整）

（一）训练条件

模拟训练场所，搜查所需的相关法律文书、笔录纸、录音笔、照相机、摄像机等。

（二）训练素材

20××年××月24日凌晨1点，××省××监狱罪犯雷某在A市某医院因病住院时脱逃。当日上午，在××省委政法委的指挥协调下，×省公安厅和监狱管理局等部门，研究具体追捕方案，并成立抓捕工作组。工作组调取了雷某从医院逃跑的证据资料，查明了其逃跑的方向，并迅速摸清其基本情况。

经侦查发现，雷某从医院脱逃后乘坐出租车逃往××省B市。在××省公安厅大力配合下，侦查人员又通过一系列的侦查获得重要线索：雷某藏匿于 C 市其亲戚雷某某家。侦查人员对雷某某的住所展开了搜查。搜查时雷某某邻居高某某夫妇一直在场。搜查结束后，侦查人员要求被搜查人在搜查笔录上签名时遭到拒绝。

四、训练方法和步骤

在指导教师指导下，学生以分组（每组约 10 人）模拟各角色的形式在训练场所进行训练，具体方法和步骤如下：

1. 准备素材，确定训练方式，学生复习有关搜查的基础知识，做好模拟搜查的情景场所及配套的警械、武器、戒具和相关的法律文书的准备。

2. 实训指导教师介绍训练内容和要求，发放准备好的案例素材。

3. 学生阅读素材，掌握搜查的基本要求和方法，在指导教师的指导下形成情景模拟方案。

4. 学生以分工负责的形式进行角色分配，具体可按侦查人员、侦查部门负责人、搜查对象、见证人等进行角色模拟分配，实际操作时可根据情况进行添加或删减角色，排列组合形成情景模拟团队。

5. 完成模拟搜查及处置情景操作，对素材案例中没能提供的条件，由学生酌情进行合理设计和补充。

6. 整理训练成果，形成书面材料，完成搜查笔录及相关材料制作。

五、训练成果

1. 完成搜查笔录及相关材料的制作，并将书面材料交训练指导教师。

2. 总结搜查的训练成果，写出训练心得体会。

3. 指导教师进行讲评及训练成绩考核、评定。

拓展阅读

学习任务十四 查封、扣押

任务目标

知识目标：通过本学习任务的学习，培养学生知道什么是查封、扣押，了解查封、扣押的条件，掌握进行查封、扣押所必需的基础知识。

能力目标：通过本学习任务的学习、训练，培养学生树立合法取证和保全意识，使其具备在司法实践中严格按照法律规定，运用所学的知识、技能和能力开展查封、扣押工作的相关业务技能和运用能力，并能熟练制作查封、扣押相关材料。

任务概述

查封、扣押是保全证据，收缴违法、违禁物品的重要措施。在刑事案件侦查中，为揭露和证实犯罪，对于发现与犯罪有关的财物、文件，应当以查封、扣押的形式予以保全，以免其由于人为或自然因素而遭到毁坏、灭失；对于涉案赃物，发现后及时予以查封、扣押，还可以挽回或减少国家、集体或个人的损失。这就需要知道什么是查封、扣押，掌握查封、扣押的条件，按照相关要求进行查封、扣押，做好诉讼证据的取得和保全工作。

任务基础

一、什么是查封、扣押

查封、扣押，是指侦查机关依法禁止动用或予以扣留证明犯罪嫌疑人有罪或者无罪的各种财物或文件的侦查措施。查封和扣押都是采取一定的措施取得和保全证据，区别在于：查封的对象一般是与案件有关的土地、房屋等不动产类财物或船舶、运输工具、设备等大型不易移动、搬动的特定动产类财物，查封方法一般是贴上封条禁止动用；扣押的对象一般是与案件有关的小型动产类财物或文件，方法一般是直接予以扣押。由于查封、扣押是一种具有强制性的措施，应当依法进行。刑事案件侦查中的查封、扣押主要包括两种情况：一种是在现场勘验、检查或者搜查过程中实施的查封、扣押；另一种是在案件侦查过程中实施的查封、扣押。

二、查封、扣押的条件

在侦查活动中发现的可用以证明犯罪嫌疑人有罪或者无罪的各种财物、文件，应当查封、扣押；与案件无关的财物、文件，不得查封、扣押。这是查封、扣押的基本条件。在勘验、检查中发现、提取的财物或者文件，有下列情形之一的，应当查封、扣押：一是经过现场调查、检验甄别，认为该财物或者文件可用以证明犯罪嫌疑人有罪或者无罪的；二是现场难以确定有关财物或者文件可否用以证明犯罪嫌疑人有罪或者无罪，需要进一步甄别和采取控制保全措施的；三是法律、法规禁止持有的财物、文件。在案件侦查中涉及犯罪嫌疑人的邮件、电子邮件、电报具有下列情况的，可以扣押：一是犯罪嫌疑人寄发的；二是直接寄交犯罪嫌疑人的；三是寄交他人转交犯罪嫌疑人的；四是寄交犯罪嫌疑人转交他人的。持有人拒绝交出应当查封、扣押的财物、文件的，侦查机关可以强行查封、扣押。

任务实施/操作

一、查封、扣押的决定或批准

在侦查过程中需要查封、扣押财物、文件的，由办案部门负责人决定。在现场勘查或者搜查中需要查封、扣押财物、文件的，由现场指挥人员决定。在侦查过程中需要查封土地、房屋等不动产类财物或船舶、运输工具、大型设备等不易移动、搬动的特定动产类财物，以及事关重大或价值价高的财物或文件，或需要扣押犯罪嫌疑人的邮件、电子邮件、电报时，应当制作呈请查封、扣押报告书，报经县级以上侦查机关负责人批准。

二、执行查封、扣押

侦查机关在实施查封、扣押时，负责执行的侦查人员不得少于两人，并持有相关法律文书、侦查人员的工作证件。查封、扣押前，侦查人员应当向相对人出示相关法律文书、工作证件，告知其查封、扣押的理由、依据以及如实提供证据和配合查封、扣押的义务；对于需要查封、扣押的财物、文件，应当原地拍照，会同在场见证人和被查封、扣押财物、文件的持有人查点清楚，当场开列查封、扣押清单，由侦查人员、持有人和见证人签名；查封、扣押的物证、书证、视听资料应当是原物、原件。原物不便搬运、保存，或者依法应当由有关部门保管、处理，或者返还被害人的，可以拍摄或者制作足以反映原物外形或者内容的照片、录像或复制品，注意应与原件核实无误。书证取得原件有困难或者因保密工作需要的，可以是副本或者复制件，注意应与原件核实无误。书证的副本、复制件，视听资料、电子数据的复制件，物证的照片、录像，应当附有关制作过程的文字说明及原件、原物存放处的说明，并由制作人签名或者盖章；对于应当扣押但是不便提取的财物、文件，经拍照或者录像后，可以查封、封存或者交持有人保管，并且单独开具查封财物、文件清单，在清单上注明已经拍照或者录像。财物、文件持有人应当妥善保管，不得转移、变卖、毁损；对于扣押的金银珠宝、文物、名贵字画及其他不易辨别真伪的贵重物品，应当拍照或录像，并及时鉴定、估价；查封不动产或大型动产的，应仔细清点不动产或大型动产附属物，注明相关识别特征，还应当在被查封、封存财产的显著位置张贴封条，同时将协助查封通知书送达有关权利登记部门，通知有关权属登记部门在查封、封存期间禁止被查封、封存财产流转，不得办理被查封、封存财产权属变更手续，在必要时可扣押权利证书原件；扣押邮件、电子邮件、电报的，应及时通知协助单位，并要求协助单位认真填写扣押邮件/电报通知书回执，侦查终结后存入诉讼卷；对于扣押的现金、存折、银行卡、有价证券、财产权属证明、贵重物品、有价证券、名贵字画、录音录像资料、电子数据存储介质、小型零散物品等，应当当场密封处理，并由扣押人员、见证人和持有人在密封材料上签名或盖章。对于不能装袋密封的，应当采取能保持原始状态的处理方式。

三、制作查封、扣押记录

侦查机关实施查封、扣押必须制作查封、扣押财物、文件记录。查封、扣押记录包括笔录、清单、照相、录像、制图等，以笔录为主。笔录制作后，应当由侦查人员、记录人、当事人、见证人和其他在场人签名。对于无法确定持有人或持有人拒绝签名的，侦查人员应当在笔录中注明。在搜查过程中查封、扣押的，已制作搜查笔录记录查封、扣押情况的，可以不再制作查封、扣押笔录。查封、扣押物品、文件的，侦查人员应当当场开列查封、扣押财物、文件清单一式三份，写明财物或者文件的名称、编号、规格、数量、重量、质量、特征及其来源等，并由侦查人员、见证人和持有人签名或者盖章。

四、对查封、扣押的财物、文件的保管和处理

（一）对查封、扣押的财物、文件的保管

1. 专人保管。对于查封、扣押的财物、文件，侦查机关应当指派专人妥善保管，不得使用、调换、损毁或者自行处理。对涉及国家秘密或个人隐私的财物或文件，应当严格保守秘密。对于可以作为证据使用的录音带、录像带、电子数据存储介质，应当记明案由、对象、内容，录取、复制的原始设备品牌型号、时间、地点、规格、类别、应用长度、文件格式及长度等，并妥善保管。对现场扣押的无主财物、文件，与犯罪有关的，在案件未破获前，由主办案件单位负责保管。

2. 妥善保管。侦查人员应当将所查封、扣押的财物、文件与清单交保管人员，当场查验、清点，登记在册后签收，由保管人员妥善保管，以供核查，任何单位和个人不得挪用、毁损或自行处理。保管人员对所保管的涉案物品，应当装入保管袋中，并在封口处签名或者盖章；对于不能装入保管袋的，应当采取能保持其原始状态的方式存入。对涉案物品，应当按照案件及物品类别登记。

（二）对查封、扣押的财物、文件的处理

1. 基本要求。对查封、扣押的财物、文件应根据不同的情形，按随案移送、发还、没收、销毁等方式进行处理。处理时，侦查人员应提出书面报告，经侦查机关负责人批准后，由保管人员在登记册中注明处理结果、日期和经手人，再将涉案财物、文件交侦查人员处理。处理财物、文件，侦查人员应当制作处理财物、文件清单，记明处理财物、文件的名称、数量、特征、来源和处理情况，由侦查人员签字、办案单位盖章后附卷。

2. 不同处理方式的具体要求。刑事侦查中扣押的财物、文件种类繁多，应根据不同情况分别作出如下处理：

（1）随案移送。对作为证据使用的财物、文件应当随案移送。随案移送财物、文件，应当制作随案移送财物、文件清单，由移送侦查机关留存附卷并交案件接收单位。待人民法院作出生效判决后，由查封、扣押的侦查机关按照人民法院的通知，上缴国库或者返还受害人，并向人民法院送交执行回单。上缴国库的凭证应当存入侦查卷，复印件抄送人民法院。

（2）处理或销毁。对不宜随案保存或随案移送的财物、文件，原物不随案移送或保存，但应当拍成照片存入卷内，并将其清单、照片或者其他证明文件随案移送，原物由侦查机关代为保管或者按照国家有关规定分别移送主管部门处理或者销毁。不宜随案移送的财物、文件主要包括：淫秽物品；武器弹药、管制刀具，易燃、易爆、剧毒、放射性、传染病病原体等危险品；鸦片、海洛因、吗

啡、冰毒、大麻等毒品和制毒原料或者配剂、管制药品；危害国家安全的传单、标语、信件和其他宣传品；秘密文件、图表资料；珍贵文物、珍贵动物及其制品、珍稀植物及其制品；其他大宗的、不便搬运的物品。销毁财物、文件的，应当同时制作销毁物品、文件清单，记明销毁物品、文件的名称、数量、特征、来源和销毁理由，经批准人、侦查人员、监销人签字后附卷。

（3）变卖、拍卖。对容易腐烂变质及其他不易保管的物品，可以根据具体情况，经县级以上侦查机关负责人批准，在拍照或者录像后委托有关部门变卖、拍卖，变卖、拍卖的价款暂予保管，待诉讼终结后一并处理。变卖、拍卖的手续和上缴国库的凭证应当附卷。

（4）依法追缴。对于犯罪嫌疑人违法所得的财物及其孳息，应当依法追缴。

（5）发还被害人。对于属于被害人合法拥有的财物及其孳息，权属无争议，并且涉嫌犯罪事实已经查证属实的，不需要原物作为证据使用的，应当发还被害人。对被害人合法财产及其孳息的发还，应当经原查封、扣押决定人决定，在登记、拍照或者录像、估价后及时返还，书面说明返还的理由，并将原物照片、清单和被害人领取手续存卷备查。通知被害人后，如超过6个月被害人没有领回的，登记后上缴国库。如有特殊情况，可以酌情延期处理。凡是已经送交财政部门处理的赃款赃物，如果失主前来认领，并经查证属实，由原没收机关从财政部门提回，予以归还。如原物已经拍卖、变卖，应当退还价款。发还被害人财物、文件，应当同时制作发还财物、文件清单。返还查封、扣押财物、文件的，应当由领取人在发还财物、文件清单上签名或者盖章，注明领取日期，办案人注明办案单位，并签字注明文书制作日期。发还财物、文件清单一式两份，一份交领取人，另一份存入诉讼卷。

（6）随案移交。案件变更管辖时，与案件有关的财物及其孳息应当随案移交。移交物品及其孳息时，由接收人、移交人当面查点清楚，并在随案移交财物、文件清单上共同签名或者盖章。

五、查封、扣押的解除

对查封、扣押的财物、文件，经查明确实与案件无关或者不需要继续查封、扣押的，应当在3日内解除查封、扣押，退还原主或者原邮政、电信部门、网络服务单位。原主不明确的，应当采取公告方式通知原主认领，在通知原主或公告期满后6个月以上无人认领的，按无主财产处理，登记后上缴国库。解除查封、扣押的决定，原则上应当由原决定查封、扣押的人作出。具体由办案部门制作呈请解除查封、扣押报告书，报县级以上侦查机关负责人批准。经县级以上侦查机关负责人批准，办案部门制作解除查封、扣押通知书。侦查人员将解除查封、扣

押通知书正本及回执送达协助解除查封、扣押的单位。解除查封、封存房地产或者其他财产的，应当及时通知协助执行的权属登记部门，提取的有关产权证照应当发还。

 任务实例/呈现 ....

一、查封笔录

查封笔录

时间 <u>20××</u>年 <u>4</u>月<u>5</u>日 <u>10</u>时 <u>05</u>分至<u>20××</u>年<u>4</u>月<u>5</u>日<u>11</u>时<u>20</u>分

侦查人员姓名、单位 <u>李某某，××市公安局经济犯罪侦查大队</u>

记录人姓名、单位 <u>张某某，××市公安局经济犯罪侦查大队</u>

当事人：<u>犯罪嫌疑人王某某，男，35岁，××公司法人代表</u>

对象：<u>王某某名下房产（××市××路××号401室）</u>

见证人：<u>刘某某，××街道办事处工作人员</u>

其他在场人员：<u>王某某的妻子赵某某，女，30岁，无业</u>

事由和目的：<u>经侦查，查明犯罪嫌疑人王某某通过诈骗手段获得一处房产（××市××路××号401室），为证明犯罪嫌疑人王某某的犯罪事实，对该房产进行查封。</u>

地点：<u>××市××路××号401室</u>

过程和结果：<u>侦查人员李某某、张某某已于20××年4月3日通知××市房管局协助办理401室的查封登记手续，并已收到××市房管局的回执。</u>

<u>4月5日，侦查人员邀请××街道办事处工作人员刘某某作为见证人，经出示查封决定书，对401室执行查封。王某某的妻子赵某某在场。侦查人员会同在场人员对401室内的设施、家具和其他物品进行了查点，并对房间内部情况进行了拍照，最后在401室大门上张贴了封条。犯罪嫌疑人王某某的妻子赵某某能够配合查封工作，对查封活动没有意见。</u>

<u>查封清单一式三份，一份已交犯罪嫌疑人王某某的妻子赵某某收执。</u>

侦查人员：李某某

记录人：张某某

当事人：

见证人：刘某某

其他在场人员：赵某某

第×页　　共×页

二、扣押笔录

扣押笔录

时间 20××年<u>5</u>月<u>8</u>日<u>9</u>时<u>10</u>分至20××年<u>5</u>月<u>8</u>日<u>11</u>时<u>30</u>分

侦查人员姓名、单位<u>李某某，××市公安局刑事犯罪侦查大队</u>

记录人姓名、单位<u>张某某，××市公安局刑事犯罪侦查大队</u>

当事人：<u>犯罪嫌疑人牛某某，男，40岁，住××市××路××号506室</u>

对象：<u>犯罪嫌疑人牛某某的笔记本电脑、移动硬盘</u>

见证人：<u>王某某，××街道办事处工作人员</u>

其他在场人员：<u>牛某某的妻子赵某某，女，30岁，无业</u>

事由和目的：<u>经侦查，查明犯罪嫌疑人牛某某在互联网上设置钓鱼网站，骗</u>
<u>取钱财。根据牛某某的供述，其通过家里××牌笔记本电脑、××牌移动硬盘进行</u>
<u>犯罪活动，电脑以及移动硬盘内可能有证明牛某某设置钓鱼网站的有关证据，需</u>
<u>要予以扣押。</u>

地点：<u>××市××路××号506室</u>

过程和结果：<u>4月5日，侦查人员邀请××街道办事处工作人员王某某作为见</u>
<u>证人，经出示扣押决定书，执行了扣押。牛某某的妻子赵某某在场。</u>

<u>侦查人员在506室主卧室内发现××牌笔记本电脑一台（生产编号：××××）、</u>
<u>××牌移动硬盘两个（生产编号：××××），会同在场人员对笔记本电脑、移动硬</u>
<u>盘的外观、使用状况进行了检查，并对上述物品执行了扣押。牛某某的妻子赵某</u>
<u>某能够配合扣押工作，对扣押活动没有意见。</u>

<u>扣押清单一式三份，一份已交犯罪嫌疑人牛某某的妻子赵某某收执。</u>

侦查人员：<u>李某某</u>

记录人：<u>张某某</u>

当事人：<u>   </u>

见证人：<u>王某某</u>

其他在场人员：<u>赵某某</u>

第×页　共×页

任务小结

本学习任务介绍了什么是查封、扣押，帮助学生掌握侦查封、扣押的条件，

以及进行查封、扣押所必需的相关基础知识，培养学生按要求进行查封、扣押的业务技能和基本运用能力。

思考题

1. 什么是查封、扣押，如何理解？
2. 试述查封、扣押的条件。
3. 试述如何执行查封、扣押。
4. 试述对查封、扣押财物、文件的处置。

任务训练

训练项目：模拟查封、扣押

一、训练目的

通过模拟查封、扣押训练，帮助学生加深对查封、扣押的理解，掌握查封、扣押的条件，培养学生在司法实践中进行查封、扣押的操作技能和实际运用能力，学会制作规范的查封、扣押材料。

二、训练要求

1. 明确训练目的。
2. 掌握训练的具体内容。
3. 熟悉训练素材。
4. 按步骤、方法和要求进行训练。

三、训练条件和素材（具体训练条件和素材可根据训练目的及训练重点由训练指导教师选择、调整）

（一）训练条件

模拟查封、扣押训练场所，查封、扣押相关法律文书，模拟查封、扣押的相关财物、文件。

（二）训练素材

20××年×月××日，××县公安局在打击盗抢机动车专项斗争中，对周某某涉嫌盗抢机动车立案侦查，并于2010年××月××日对周某某予以刑事拘留，后经××县检察院批准对周某某实施逮捕。在侦查过程中，发现周某某家中停放着两辆可能涉嫌周某某盗抢机动车案件的进口轿车，一辆是进口本田，另一辆是进口斯巴鲁轿车。此外，周某某家里有一个保险箱，内有40万元现金。

四、训练方法和步骤

在指导教师指导下，学生分组模拟各角色（侦查人员，以及见证人、被查封、扣押人和其他相关人员）在训练室进行训练，具体方法和步骤如下：

1. 准备素材，确定训练方式，学生复习有关查封/扣押的基础知识，做好模拟查封、扣押情景场所及配套基本器材、设施、设备准备工作。

2. 实训指导教师介绍训练内容和要求，发放准备好的案例素材。

3. 学生阅读素材，掌握查封、扣押的相关事实和材料，在指导教师的指导下形成情景模拟方案。

4. 学生分工负责的形式进行角色分配，具体可按侦查人员、侦查部门负责人以及见证人、被查封或扣押人、其他相关人员等进行角色模拟分配，实际操作时可根据情况进行添加或删减角色，排列组合形成情景模拟团队，如添加或删减被害人、协助人员、无关人员等。

5. 完成模拟查封、扣押及执行情景操作，对素材案例中没能提供的条件，由学生酌情进行合理设计和补充。

6. 整理训练成果，形成书面材料。

五、训练成果

1. 完成查封、扣押所涉及材料的制作，并将书面材料交训练指导教师。

2. 总结训练成果，写出训练心得体会。

3. 指导教师进行讲评及训练成绩考核、评定。

拓展阅读

学习任务十五　查询、冻结

任务目标

知识目标：通过本学习任务的学习，培养学生知道什么是查询、冻结，了解查询、冻结的对象、内容和相关法律、法规，掌握查询、冻结的方式和方法，以及实施查询、冻结的相关基础知识。

能力目标：通过本学习任务的学习、训练，培养学生树立合法查询、冻结意识，具备在司法实践中严格按照法律规定，运用所学的知识、技能和能力进行查询、冻结的业务技能和运用能力。

任务概述

近年来，随着我国社会主义市场经济的快速发展，涉及经济领域的刑事案件数量一直呈上升趋势，涉财案件大量增加。在经济犯罪案件和涉财案件中，犯罪人会以存款、汇款、债券、股票、基金份额等财产形式隐匿、转移非法所得。因此，在刑事案件侦查，尤其是经济案件侦查中，及时迅速地使用查询措施发现、查明犯罪嫌疑人的存款、汇款、债券、股票、基金份额等财产，并予以冻结，越来越重要。这就需要知道什么是查询、冻结，明确查询、冻结解决的问题，掌握查询、冻结的条件，按照相关要求进行查询、冻结，在最大限度地挽回国家和公民的损失的同时为揭露、证实犯罪提供证据。

任务基础

一、什么是查询、冻结

查询、冻结，是指根据侦查工作需要，侦查机关依法向银行、邮局和其他金融机构了解犯罪嫌疑人违法所得的存款、汇款、债券、股票、基金份额等财产的具体情况，并通知银行、邮局和其他金融机构暂时停止支付犯罪嫌疑人财产的一项侦查措施。查询、冻结包括查询和冻结两项措施。查询，是指通过向银行、邮局和其他金融机构调查询问，了解犯罪嫌疑人及相关人员的财产状况，如账号、开户信息、股票、基金、证券代码、份额、存汇款日期、金额、经手人、收款人的姓名、地址等情况。冻结，是指侦查机关通知有关银行、邮局和其他金融机构，依法暂时停止支付犯罪嫌疑人及相关人员的存款、汇款，停止犯罪嫌疑人及相关人员对涉案的债券、股票、基金份额行使管理、使用、处分等权利的侦查措施。需要注意的是，这里的"犯罪嫌疑人"包括自然人和单位。

二、查询、冻结解决的问题

在侦查经济领域犯罪时，查询、冻结是常用的一种侦查措施，由于当前金融工具发达、信用制度健全，结算、支付大多不再以现金形式进行，而是通过金融票据完成。因此，通过查询、冻结，往往能取得较好的效果。查询、冻结在侦查破案中解决的问题主要有：

（一）可以发现犯罪线索，为案件侦查提供依据

侦查机关通过查询犯罪嫌疑人的存款、汇款、债券、股票、基金份额，可以发现其资金收支、交易、运转情况，掌握可疑资金流向，从中分析判断和搜集犯罪线索，为深入侦查提供依据。

（二）可以查获犯罪证据、判明案件性质、认定犯罪

通过查询、冻结犯罪嫌疑人的存款、汇款、债券、股票、基金份额，追查可疑资金所涉及的人员和财物情况，可以进一步查明案情、获取证据，查清犯罪嫌疑人的犯罪事实，为刑事诉讼的顺利进行奠定基础。

（三）通过查询、冻结，追缴赃款、赃物，避免或减少经济损失

侦查破案在追求破案效率的同时，要最大限度地提高侦查效益。侦查机关在侦破如走私、贩毒、洗钱、经济诈骗等涉及经济的犯罪案件时，通过查询、冻结，进而追缴赃款、赃物，可以努力避免或减少国家、单位和公民的财产损失，同时也可以有效防止这些款项被再次用于犯罪活动。

三、查询冻结的要求

（一）查询、冻结的主体

查询、冻结的主体是侦查机关。我国现行刑事诉讼法明确规定人民检察院和公安机关可以查询、冻结犯罪嫌疑人的存款、汇款、债券、股票、基金份额等财产。可以看出，查询、冻结的权力属于侦查机关。国家安全机关、军队保卫部门、监狱在侦查自己管辖的刑事案件时，可以参照人民检察院和公安机关依法行使这一侦查措施。

（二）查询、冻结的对象

查询、冻结的对象是犯罪嫌疑人的存款、汇款、债券、股票、基金份额等财产。需要明确的是，查询、冻结的财产仅限于犯罪嫌疑人的财产，不包括犯罪嫌疑人家属、子女、父母或其他亲属、朋友的财产。犯罪嫌疑人的上述财产，不仅包括犯罪嫌疑人以本人的名义存入的财产，还包括犯罪嫌疑人以他人的名义存入的财产；不仅包括犯罪嫌疑人存进、汇进的款项，还包括犯罪嫌疑人取出、汇出的款项；不仅包括查询时还在犯罪嫌疑人账户上的款项，还包括在一定时期内犯罪嫌疑人账户上存进、取出的财产的整体流动状况。

（三）查询、冻结要根据侦查工作的需要

所谓查询、冻结要根据侦查工作的需要，包括三方面的含义：一是所要查询、冻结的财产必须与犯罪及犯罪嫌疑人有关，即属于犯罪嫌疑人或者与其涉嫌犯罪有牵连的人的财产。二是查询、冻结涉案财产，是为了防止赃款转移，挽回和减少损失的需要。三是查询、冻结的财产，是为了发现新的犯罪线索、顺线调查，扩大侦查战果的需要。

（四）查询、冻结应当依法进行

查询、冻结必须依有关法律法规的规定进行。按照法律规定进行审批、实施，按照法律规定解除冻结，依法接受监督。

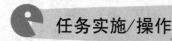 任务实施/操作

一、查询、冻结的审批

查询、冻结涉及财产权利，在采取查询、冻结侦查措施时必须慎重。查询、冻结犯罪嫌疑人及相关人员涉案财产，必须依法履行以下相关审批手续：

（一）呈批

查询、冻结犯罪嫌疑人及相关人员的涉案财产，必须履行法定的审批手续。侦查办案部门认为需要向银行、邮局或者其他金融机构查询犯罪嫌疑人及相关人员涉案财产时，要制作呈请查询报告书，写明查询理由和法律依据，报县级以上侦查机关负责人批准。在查询的基础上，办案部门认为需要银行、邮局或者其他金融机构协助冻结犯罪嫌疑人及相关人员涉案财产时，应当制作呈请冻结报告书，报县级以上侦查机关负责人批准。

（二）审批

呈请查询报告书或呈请冻结报告书经县级侦查机关负责人审核后，认为符合查询或冻结条件的，批准同意查询或冻结；认为不符合查询或冻结条件的，不予批准查询或冻结。批准同意查询的，由办案部门制作查询通知书，作为依法查询的依据，通知银行、邮局或者其他金融机构协助查询；批准同意冻结的，由办案部门制作冻结通知书，作为依法冻结的依据，通知银行、邮局或其他金融机构执行。

二、查询、冻结的实施

（一）查询的实施

查询时，侦查人员要向银行、邮局或其他金融机构出示查询通知书、本人工作证或执行公务的证明文件。将查询通知书正本和回执联交银行、邮局或其他金融机构协助查询。正本由协助查询单位留存，作为协助查询犯罪嫌疑人及相关人员存款、汇款、债券、股票、基金份额等财产的依据。回执联和有关查询材料由协助查询单位填写并加盖公章或者查询专用章后退回侦查机关，侦查终结时存入诉讼卷。侦查人员不得亲自查阅账册，对查询协助单位提供的查询情况，应当保密。侦查机关进行查询时，有关单位和个人应当配合。所谓配合，主要是指应当为侦查机关的查询工作提供方便，提供协助，不得以保密为由进行阻碍。

（二）冻结的实施

银行、邮局或其他金融机构接到侦查机关冻结犯罪嫌疑人财产的通知后，应当立即冻结犯罪嫌疑人及相关人员的存款、汇款、债券、股票、基金份额等财产。实施冻结时应当注意以下几个问题：

1. 冻结的期限。按照相关法律规定，冻结财产是有期限限制的。如冻结存款、汇款的期限是 6 个月，冻结债券、股票、基金份额等财产的期限为 2 年。有特殊原因需要延长的，侦查机关应当在冻结期限届满之前办理继续冻结手续。每次存款、汇款续冻期不得超过 6 个月，每次债券、股票、基金份额等财产的续冻期不得超过 2 年，逾期不办理继续冻结手续的，到期视为自动解除冻结。所谓特殊原因，是指重大、复杂的案件，期限届满不能侦查终结的；对犯罪嫌疑人可能判处 10 年以上有期徒刑，期限届满不能侦查终结的；在侦查期间，发现犯罪嫌疑人另有重要罪行等情况的。

2. 不得重复冻结。对犯罪嫌疑人及相关人员的存款、汇款、债券、股票、基金份额等财产，侦查机关根据侦查需要可以多次查询。但这些财产如果已被冻结的，侦查机关不得重复冻结，但可以轮候冻结。重复冻结，是指对冻结期限内犯罪嫌疑人及相关人员的涉案财产再次进行冻结。轮候冻结，是指已冻结的犯罪嫌疑人及相关人员涉案财产冻结到期或者原冻结单位解除冻结后，侦查机关可以依法进行冻结。侦查机关在冻结犯罪嫌疑人及相关人员的存款、汇款、债券、股票、基金份额等财产时，如发现上述财产已经被冻结，应当与有关银行、邮局、其他金融机构密切联系，掌握解冻时限，及时轮候冻结。

3. 争议协商解决。公、检、法等机关因冻结犯罪嫌疑人及相关人员涉案财产事项发生争议时，应当协商解决，协商不成的，应当报共同的上级机关决定；没有共同上级机关的，报由其各自的上级机关协商解决。

4. 有关单位和个人的配合义务。根据我国现行刑事诉讼法的规定，侦查机关冻结犯罪嫌疑人及相关人员存款、汇款、债券、股票、基金份额等财产时，有关单位和个人应当配合，不得以保密等各种理由进行阻挠。

5. 依法及时解除。犯罪嫌疑人及相关人员的涉案财产被冻结后，有以下两种情况可以解除冻结：一是逾期自动解除，即冻结期限届满而不办理继续冻结手续的，视为自动撤销冻结；二是依法通知解除。根据我国现行刑事诉讼法的规定，对冻结的犯罪嫌疑人及相关人员的财产，经查明确实与案件无关的，应当在3日以内依法办理解除手续后，通知原银行、邮局或者其他金融机构解除冻结，并通知被冻结财产的所有人。

6. 对被冻结财产的处理。对被冻结财产应根据不同情况予以不同的处理：对冻结的上述财产，侦查机关应当告知当事人或其法定代理人、委托人有权申请出售。权利申请人申请出售被冻结的财产，确有正当理由，且不损害国家利益、被害人、其他人的合法权益，不影响诉讼正常进行的，经县级以上侦查机关负责人批准，可以出售或变现，所得价款继续冻结或由侦查机关指定专门账户进行保管；对于侦查中犯罪嫌疑人死亡的，对其存款、汇款、债券、股票、基金份额等财产应当依法查证其来源和性质后，提出处理意见报同级人民法院裁定，并根据人民法院的裁定通知冻结犯罪嫌疑人存款、汇款、债券、股票、基金份额等财产的银行、邮局或其他金融机构上缴国库或者返还被害人；对于冻结在银行、邮局或其他金融机构的存款、汇款、债券、股票、基金份额等财产，在侦查终结后，应当向人民法院随案移送该银行、邮局或其他金融机构出具的证明文件，待人民法院作出生效判决后，由人民法院通知该银行、邮局或其他金融机构上缴国库或返还被害人。

任务实例/呈现

领导批示	同意。 李某某 20××年××月××日
审核意见	拟同意查询，请李副局长批示。 李某某 20××年××月××日
办案单位意见	调查李某某涉嫌盗窃案需要，建议查询。 吴某某 20××年××月××日

呈请查询存款报告书

　　犯罪嫌疑人李某某，男，1978年10月20日出生于××省××县，居民身份证号码××××××××××××，汉族，初中文化，农民，户籍所在地：××省××县××派出所，家住××省××县××乡××村。违法犯罪经历：20××年××月××日因打架斗殴被××县公安局行政治安拘留10天。20××年××月××日李某某因涉嫌盗窃罪被××县公安局拘留，同年××月××日经××县人民检察院批准、××县公安局执行予以逮捕。

　　现呈请查询犯罪嫌疑人李某某的存款，理由如下：

　　20××年1月31日深夜，犯罪嫌疑人李某某到××县××小区××栋叶某某家盗窃，窃得手机一部、笔记本电脑一台、现金6800元。后在××县×路公交车上实施扒窃时，被××县公安局反扒的公安民警当场抓获，并从其身上查获被盗手机两部、钱包三只。

　　经对犯罪嫌疑人李某某的住处进行搜查，发现其有一张建设银行储蓄卡（账号：×××××××××××××），怀疑该卡存有涉案资金。

　　根据《中华人民共和国刑事诉讼法》第×××条之规定，拟对犯罪嫌疑人李某某在建设银行的存款进行查询。

　　妥否，请批示。

××县公安局刑事犯罪侦查大队

20××年××月××日

本学习任务介绍了什么是查询、冻结，帮助学生明确查询、冻结在侦查中解决的问题，掌握查询、冻结的要求，以及进行查询、冻结所必需掌握的相关基础知识，培养学生按要求进行查询、冻结的业务技能和基本运用能力。

思考题

　　1. 什么是查询、冻结？查询、冻结在侦查中能解决什么问题？
　　2. 试述查询、冻结的要求。
　　3. 试述如何查询、冻结。

任务训练

训练项目：模拟查询、冻结

一、训练目的

　　通过模拟查询、冻结训练，帮助学生加深对查询、冻结的理解，掌握查询、冻结的内容及要求，培养学生在司法实践中进行查询、冻结的操作技能和实际运用能力，学会制作规范的查询、冻结材料。

二、训练要求

　　1. 明确训练目的。
　　2. 掌握训练的具体内容。
　　3. 熟悉训练素材。
　　4. 按步骤、方法和要求进行训练。

三、训练条件和素材（具体训练素材可根据训练目的及训练重点由训练指导教师选择、调整）

　　（一）训练条件

　　模拟训练场所、银行卡、法律文书材料、多媒体设备等。

　　（二）训练素材

　　20××年4月2日，××市公安局经济犯罪侦查支队接某银行客户经理王某报案称，被3人利用虚假的购货合同资料，以三户联保的形式，从某银行分别贷款150万元共计450万元，后3人改变贷款用途，用于归还个人债务和消费，至今没有归还，给某银行造成损失448万元。

　　经查，20××年5月，××纺织品市场某家纺经营部负责人孙某某为取得某银行个人"生意贷"循环贷款，通过虚构与薛某某购买帆布的购销合同，采用孙某某、刘某某、付某某三户联保的方式，向某银行贷款 150 万元、期限 1 年。后改变贷款用途，将部分贷款转移至本人在××银行的账户，部分贷款分别用于购买股票、基金，部分贷款被其挥霍用于日常生活中，贷款合同到期后，犯罪嫌疑人孙某某没有偿还贷款及部分利息，且担保人刘某某、付某某也拒不履行担保责任，共造成某银行支行直接经济损失 1 496 243.77 元。

四、训练方法和步骤

在指导教师指导下，学生分组模拟各角色（侦查人员，银行、证券机构工作人员）在训练室进行训练，具体方法和步骤如下：

1. 准备素材，确定训练方式，学生复习有关查询、冻结的基础知识，做好模拟查询、冻结情景场所及配套基本器材、设施、设备的准备工作。

2. 实训指导教师介绍训练内容和要求，发放准备好的案例素材。

3. 学生阅读素材，掌握查询、冻结的相关事实和材料，在指导教师的指导下形成情景模拟方案。

4. 学生以分工负责的形式进行角色分配，具体可按侦查人员、侦查部门负责人、银行、证券机构工作人员以及其他相关人员等进行角色模拟分配，实际操作时可根据情况进行添加或删减角色，排列组合形成情景模拟团队，如添加或删减被害人、知情人、无关人员等。

5. 完成模拟查询、冻结及处置情景操作，对素材案例中没能提供的条件，由学生酌情进行合理设计和补充。

6. 整理训练成果，形成书面材料。

五、训练成果

1. 完成查询、冻结所涉及材料的制作，并将书面材料交训练指导教师。

2. 总结训练成果，写出训练心得体会。

3. 指导教师进行讲评及训练成绩考核、评定。

拓展阅读

学习任务十六　刑事鉴定

任务目标

知识目标：通过本学习任务的学习，培养学生知道什么是刑事鉴定，理解刑事鉴定在（狱内）侦查中的作用，了解刑事鉴定的种类，掌握刑事鉴定的相关知识和方法。

能力目标：通过本学习任务的学习、训练，培养学生具备在司法实践中严格遵循法律规定，运用所学的知识、技能和能力进行刑事鉴定相关工作的业务技能和运用能力。

任务概述

随着现代科学技术的不断发展，刑事犯罪出现越来越多的专门性问题。在刑事侦查中常常需要解决这些专门性问题，才能准确地查明案情和认定案件事实。在现代侦查的侦查措施体系中，刑事鉴定由于其科学性而逐步被认为是最可靠和最有力的解决专门问题的侦查措施。这就需要知道什么是刑事鉴定，明确刑事鉴定在侦查中的重要作用，了解刑事鉴定的种类，并能够结合案情和侦查需要，按照相关规定和要求，运用刑事鉴定这一侦查措施，有效地解决刑事侦查中遇到的专门性问题。

任务基础

一、什么是刑事鉴定

鉴定是刑事诉讼法明确规定的侦查措施之一，在案件事实认定中具有重要作用，有时发挥着关键性作用。刑事鉴定是司法鉴定的重要组成部分，是指侦查机关在刑事案件侦查过程中，为解决案件中的专门性问题，指定或委托具有专门知识和技能的人，运用自然科学和社会科学的相关原理和方法进行鉴别和判断，以揭露、证实犯罪的技术方法的总称。侦查机关在刑事案件侦查过程中，往往会遇到一些专门性的问题，如指纹、生物检材、微量物证、枪弹痕迹、尸体、人身伤害、精神状况等。只有这些专门问题得到解决，才能为侦查破案提供线索和证据，进而查明案情和认定案件事实。而这些专门性问题的解决，必须由具有相应鉴定资格的鉴定人运用科学技术原理、专门技术、专业仪器设备、相关的专业知识和经验，来作出科学的鉴别和认定。

二、刑事鉴定的作用

刑事鉴定在侦查中的主要作用如下：

（一）刑事鉴定是查明案件事实的重要手段

及时查明案件事实是侦查活动的出发点，也是刑事鉴定的目的。在侦查活动中，往往会遇到一些必须解决的专门性问题，如指纹、脚印、枪弹、血迹、尸体、精神状况等，而这些专门性问题必须由具有一定专门知识和技能的人鉴别。因此，刑事鉴定在查明案件事实中具有其他侦查措施所不可替代的特殊作用。

（二）刑事鉴定意见是重要的诉讼证据

鉴定意见是刑事诉讼法明确规定的证据之一，对侦查、起诉、审判、执行有着至关重要的作用，为揭露犯罪，确认犯罪事实，认定犯罪嫌疑人，准确打击犯罪提供了科学的依据。

（三）刑事鉴定是甄别其他证据的科学方法

刑事鉴定的专门性及其结论的科学性，可以审查其他与犯罪有关的证据是否真实可靠，比如鉴定意见与犯罪嫌疑人供述与辩解、证人证言、被害人陈述等是否能互相印证。

三、刑事鉴定的种类

（一）痕迹鉴定类

1. 手印鉴定。手印是人的手掌、手指的正面皮肤在接触一定物体时，在物体表面所形成的痕迹。手印鉴定是指对作案人遗留在现场的手印与犯罪嫌疑人的手印进行特征分析与比对，确定是否为同一人的鉴别、判断过程。手印鉴定在案件侦破中查找和认定犯罪嫌疑人方面发挥着重要作用。

2. 足迹鉴定。足迹是指人赤脚或穿鞋、袜直接踏、蹬、踩客体时，在该承痕客体上遗留的反映形象。按照足迹的造痕体不同进行分类，足迹可分为赤脚足迹、穿鞋足迹、穿袜足迹。人的足部结构、形态的特殊性和行走习惯的稳定性，构成了足迹的相对稳定性和特殊性。足迹鉴定是指根据人体生理学、形态学、运动力学以及物理、化学等学科的基本原理，对作案人在现场所遗留的足迹和犯罪嫌疑人的足迹进行比对、检验、论证，并作出认定同一或否定同一的意见。足迹鉴定可判明案件性质、作案人数，分析足迹遗留人的人身特点和职业特点，从而缩小侦查范围。

3. 工具痕迹鉴定。工具痕迹是指犯罪人持工具破坏或侵害某种客体时，在受力部位上出现的形变。按照形成痕迹的方法，工具痕迹可分为撬压痕迹、打击痕迹、擦划痕迹、剪钳痕迹、刺切痕迹、割削痕迹等。工具痕迹鉴定，是指依据现场工具痕迹的形象特征或其他特性，分析、确定犯罪现场上的工具痕迹是否为某一嫌疑工具所留。

4. 枪弹痕迹鉴定。枪弹痕迹是指枪弹在发射及击中目标过程中形成的能反映枪支机件结构和枪弹特点的痕迹。包括枪痕、弹痕和射击残留物。枪弹痕迹鉴定是指对射出的弹头、弹壳上形成的反映枪支机件特征的痕迹及射击弹孔、射击残留物所进行的检验。通过对枪弹痕迹鉴定，可确定发射弹的种类并对发射的枪支弹药作出具体认定，判明涉枪案件的性质和主要情节，揭露持枪犯罪及作案人员。

5. 车辆痕迹鉴定。车辆痕迹是指车辆与其他物体相互作用而形成的各种痕迹的总称，包括车辆轮胎痕迹、车体痕迹和其他附属痕迹。车辆痕迹鉴定是对车辆痕迹的分析和鉴别，其目的是确定涉案车辆以及查清案件具体情况。

（二）法医鉴定类

1. 法医学鉴定。法医学是指应用医学和其他自然科学的理论和技术，研究并解决法律实践中有关医学问题的学科。法医学鉴定是指法医人员受司法机关的指派或委托，对有关检体（尸体、活体或物）进行检查，作出意见，提供科学证据，以帮助司法机关澄清案件。具体又分为法医病理鉴定、法医临床鉴定、法医物证鉴定、法医毒物鉴定、医疗损害鉴定等。

2. 精神病鉴定。精神病鉴定是根据精神病学的理论和方法，对刑事案件中的犯罪嫌疑人或其他案件相关人的精神状态、刑事责任能力、精神损伤程度、智能障碍等问题进行的鉴定。精神病鉴定是积极的人权保护措施，目的是确定行为人是否具有刑事责任能力，为判断犯罪嫌疑人承担何种刑事责任提供依据。

3. DNA 鉴定。遗传和变异，是生物界普遍发生的现象，也是物种形成和生物进化的基础。DNA 就是一种遗传物质，是基因的主要成分。除了同卵双胞胎，每个人的 DNA 都是独一无二的，但同一人的不同组织的 DNA 却是完全一致的，这就是 DNA 的多态性。DNA 鉴定就是根据 DNA 的多态性原理识别人身的科学活动。DNA 鉴定具有传统法医检验不具备的采集面广、准确度高等优点。

（三）其他物证类鉴定

1. 文件检验。文件检验又称"文检""文书检验"，是指运用语言学、生理学、文字学、书法学、物理学、化学、数学及相关的技术科学方法，检验与案件有关的文件材料，确定其与案件事实或有关人员的关系。文件检验主要包括笔迹检验、文件言语识别、印刷文件检验、复印文件检验、污损文件检验、文件材料（制作、形成文件的物质材料，如纸张、墨水、圆珠笔油、油墨、复印墨粉、铅笔炭黑、印油印泥、胶水、糨糊等）检验、人相检验、书写时间检验、笔痕检验等。

2. 微量物证鉴定。微量物证是物证的一种，是指以其存在状况、外部特征以及品质、性能来证明案件客观情况的量少体微的物质证据。微量物证鉴定亦称"微物鉴别"，是指对涉及刑事案件的可疑微量物证，经预处理后，对其进行检验、检测、分析，并得出鉴定意见的科学实证活动。微量物证具有量少体微、种类繁多、不易发现、杂质混存、鉴别困难等特点。

3. 视听资料鉴定。视听资料是指通过视听录制手段获得的法律事实发生时的声像等电磁信息，是法定证据之一，包括录音、录像和电子数据等。视听资料鉴定是指运用物理学和计算机学的原理和技术，对录音录像带、磁盘、光盘、录音笔、手机、计算机等载体上记录和存储的声音、图像信息的真实性、完整性及所反映情况过程进行的鉴定，并对记录和存储的声音、图像中的语言、人体、物体作出种属认定或同一认定的活动。

任务实施/操作

刑事鉴定应当遵循合法、独立、公开，客观、科学、准确，以及文明、公正、高效的原则，按照刑事诉讼法及相关法律法规的规定进行。

一、呈请审批

在侦查阶段的鉴定是由公安机关、监狱等侦查机关指派或委托进行的。侦查机关在办理案件的过程中，需要指派或委托鉴定机构及具有鉴定资格的人进行鉴定，由办案部门制作呈请鉴定报告书，报侦查机关负责人批准。呈请鉴定报告书应包括：简要案情、需要鉴定的种类、鉴定意见对案件办理所起的作用、拟指派或聘请有鉴定资格人的具体鉴定人或者单位。需要指出的是，刑事鉴定是侦查行为，当事人无权行使。在有些案件中，当事人自行委托鉴定机构鉴定，对其提交的鉴定意见，可进行参考，但不能作为定案依据。如果侦查机关认为该鉴定意见正确，仍需按照规定指派或聘请有鉴定资格的机构进行鉴定后再来认定案件事实。

二、确定鉴定机构和鉴定人

侦查机关对案件涉及的专门性问题进行鉴定，可指派本机关的专职鉴定人员进行鉴定，也可以委托聘请其他鉴定机构具有鉴定资格的人进行鉴定。需要外聘鉴定人时，经有关负责人批准后，应制作鉴定聘请书，通过鉴定人所在单位送交鉴定人。直接由侦查机关的鉴定机构鉴定的，不需要制作鉴定聘请书，直接将检材送交。鉴定机构接收委托不受地域范围限制。鉴定人认为案情重大，自己没有把握的，还可建议聘请其他鉴定人。由于刑事鉴定的内容多种多样，为了更好地实施鉴定，我国有关法律、法规按照鉴定种类，对鉴定人和鉴定机构作了明确规定。例如：痕迹、法医、文书等刑事技术方面的鉴定由县级以上公安机关的刑事技术部门负责进行，由具有鉴定员以上职称的专业技术人员担任鉴定人；精神病鉴定由省级人民政府指定的医院进行；枪弹鉴定由地（市）级以上公安机关进行；等等。

三、送交材料

鉴定材料是认定案件事实的重要材料，也是保证刑事鉴定科学、正确的客观依据。鉴定前，要向鉴定人移交鉴定材料，比如要鉴定的物品、文件、痕迹等。如果鉴定材料涉及国家秘密，还要告知鉴定人保密。鉴定机构要求签订委托书的，应当签订鉴定委托书。鉴定人或鉴定机构在受理鉴定时要对送检材料进行查验，核对检材数量，检查是否原件、原物，包装是否完好，并记录其状态和明显特征。对样本来源和渠道也要进行逐一核实，看是否充分，能否满足鉴定条件，双方还应将鉴定要求等明确下来。为了保障鉴定意见的准确性，侦查机关还要向鉴定人提供鉴定的必要条件，介绍与鉴定有关的案情，明确鉴定要求及要解决的问题，但不得暗示或强迫鉴定人作出某种鉴定意见。鉴定人如认定送交材料不够充分，可以让侦查人员继续补充。

四、实施鉴定

鉴定人应当按照鉴定规则，根据鉴定对象、鉴定要求和已经收到的鉴定材料，运用科学方法进行鉴定，这是刑事鉴定的核心环节，具体包括以下内容：

1. 准备鉴定。应制定鉴定方案，根据案件的实际情况确定鉴定步骤和方法，做好鉴定准备工作，比如需要使用的鉴定仪器、试剂、材料、用品等。

2. 分别检验。采用直接观察法、显微观察法、模拟实验法等技术手段，分别对检材和样本进行检验、检测，发现和确定两者各自的特征，为比较检验提供条件。

3. 比较检验。在分别检验的基础上，对检材和样本的细节特征或物质结构特征进行比较对照，从而确定两者本质属性的异同。

4. 综合评断。对比较检验发现的相同点和差异点进行全面、综合的分析、研究和判断。

五、得出鉴定意见

鉴定人接受指派或委托后，应在法定或约定的时间内完成鉴定工作，出具鉴定意见书，并对鉴定意见负责。具有法律效力的鉴定意见不能以口头告知的方式出具，应当以书面方式出具。表述鉴定意见的法律文书即鉴定文书是一种具有法律意义的反映鉴定委托、鉴定方法、鉴定过程和鉴定结果的法律文书，常见的形式包括鉴定意见书和技术检验报告书。鉴定书中的鉴定意见分为肯定意见和否定意见两种，确因检材不足、缺少鉴定条件时，可根据情况作出倾向性分析意见。鉴定书要按照相关制作要求完成，做到内容全面，分析合理，语言精练，用词准确，最后还要按照程序要求进行签字、盖章。

六、告知鉴定意见

对作为证据使用的鉴定意见，侦查机关在收到鉴定意见后3天内，应当及时制作《鉴定意见通知书》书面告知犯罪嫌疑人、被害人或其家属。侦查机关在告知鉴定意见时，可只告知鉴定意见的结论部分，对于鉴定过程等内容不予告知。

七、补充鉴定和重新鉴定

犯罪嫌疑人、被害人、办案部门或者侦查人员发现下列情形之一时可提出补充鉴定：鉴定内容有明显遗漏的；发现新的有鉴定意义的证物时；对已鉴定证物增加新的鉴定要求的；鉴定意见不完整，导致有关案件事实无法认定的；其他需要补充鉴定的情形。补充鉴定一般由原鉴定人进行，也可以由其他鉴定人进行。补充鉴定是原委托鉴定的组成部分，在审查应用鉴定意见时应把原鉴定意见和补充鉴定意见结合起来使用。

犯罪嫌疑人、被害人或其家属、办案部门或者侦查人员发现下列情形之一时可提出重新鉴定：原鉴定人、鉴定机构不具有原委托事项鉴定资格的；送鉴的材料虚假或被严重污染的；原鉴定程序违法，可能导致原鉴定意见不科学、不准确的；原鉴定依据明显不足的；原鉴定人故意作虚假鉴定的；原鉴定意见与其他证据有明显矛盾的；原鉴定人应当回避而没有回避的；其他应当重新鉴定的情形。重新鉴定应当另行指派或者聘请鉴定人。

需要进行补充鉴定或重新鉴定的，办案部门应当制作呈请补充鉴定或重新鉴定报告，报经县级以上侦查机关负责人批准后，按初次鉴定的规定办理相关手续。县级以上侦查机关负责人不批准补充鉴定或重新鉴定的，应当告知犯罪嫌疑人、被害人或其家属。

八、鉴定意见的审查判断

鉴定意见作为一种诉讼证据，必须经过严格审查，查证属实才能作为认定案件的依据。对于鉴定意见，应当着重从以下几个方面进行审查：首先，审查鉴定人的资格。主要从鉴定人是否具备相应的资质，是否具有解决相关问题的专业知识、能力和经验，是否是本案证人或与案件、当事人有某种关系，可能导致鉴定不公正的情形，等等。其次，审查鉴定材料的来源。对于鉴定材料，要认真进行审查、核对，如材料的来源是否可靠，是否具备鉴定的条件，数量是否足以说明问题，等等。再次，审查鉴定的程序和方法。要注意审查鉴定的程序是否符合相关法律法规的规定和鉴定操作流程要求，鉴定的原理是否科学，鉴定的方法是否合理，鉴定的操作是否规范，使用的仪器设备是否达到要求，等等。最后，应注意与其他证据材料进行对比。在审查鉴定意见时，还应注意和其他已经掌握的证据材料进行对比，注意是否有矛盾，是否能与其他证据相互印证，能否共同形成完整的证据链。如果有矛盾，则要考虑矛盾的性质，以及能否进行合理解释，是否需要补充鉴定或重新鉴定。

任务实例/呈现

· ·

痕迹鉴定书

×公刑技痕鉴字［20××］××号

一、绪论

委托单位：××市公安局刑事犯罪侦查总队

送检人：王某某　毛某某

送检时间：20××年××月××日

简要案情：20××年××月××日，××市××广场发生一起故意伤害案，刑事技术人员勘查现场时，在物证上发现并提取到指纹。

送检材料：

1. 现场指纹一枚。

2. 犯罪嫌疑人韩某某的十指指纹卡样本一份。

鉴定要求：送检的现场指纹是否为韩某某所遗留。

二、检验

送检的现场指纹是用粉末刷显，拍照提取的。所提指纹，乳突纹线为深灰色线，纹线清晰可靠，具有鉴定价值，在纹线中找到可供同一认定的个别特征十二处。

嫌疑人韩某某的双手十指指纹，是用黑色油墨捺印提取的，纹线清晰，乳突纹线为黑色线，检验比对发现韩某某的左手中指指纹同一部位的形态、纹线流向与送检的现场指纹相同，且在相应位置找到相同的个别特征十二处。（详见特征比对照片）

三、论证

送检的现场指纹与嫌疑人韩某某的左手中指指纹，两者同一部位的形态、纹线流向相同，个别特征的种类、数量及相互间隔的线数、距离完全相同，充分反映了两者本质的同一性，构成同一认定的客观依据。

四、结论

送检的现场指纹是韩某某的左手中指所遗留。

鉴定人：李某某

张某某

20××年××月××日

任务小结

本学习任务学习介绍了什么是刑事鉴定，帮助学生了解刑事鉴定的种类，掌握运用刑事鉴定这一侦查措施的相关基础知识，培养学生能够在司法实践中运用所学知识、技能和能力运用刑事鉴定的业务技能和基本运用能力。

思考题

1. 什么是刑事鉴定？试述刑事鉴定的作用。

2. 试述刑事鉴定的种类。

3. 试述刑事鉴定的操作步骤。

4. 补充鉴定和重新鉴定的情形有哪些？

训练项目：模拟刑事鉴定过程

一、训练目的

通过模拟刑事鉴定过程训练，帮助学生加深对刑事鉴定的理解，树立刑事鉴定意识，知道刑事鉴定的作用和种类，掌握刑事侦查中如何进行刑事鉴定，学会读懂刑事鉴定意见书和报告书，培养学生在司法实践中进行刑事鉴定的业务技能和实际运用能力。

二、训练要求

1. 明确训练目的。

2. 掌握训练的具体内容。

3. 熟悉训练素材。

4. 按步骤、方法和要求进行训练。

三、训练条件和素材（具体训练条件和素材可根据训练目的及训练重点由训练指导教师选择、调整）

（一）训练条件

模拟鉴定场所、鉴定相关材料、鉴定所需仪器等。

（二）训练素材

某刑事犯罪侦查大队接到报案称，朱某某，女，73 岁，被人杀死在家中。现场在一居民宿舍楼内一楼其中一房间。死者躺在床上，脸上有血，右胸部位有一伤口，床单上有一血泊。门锁被破坏，上面留有 3 枚新鲜指印，室内物品有被翻动痕迹，地面发现可疑鞋印 5 个。经办案人员摸底排查，找到 3 人有作案嫌疑。

四、训练方法和步骤

在指导教师指导下，学生分组模拟各角色（侦查人员、侦查部门负责人、鉴定人员以及其他相关人员）在训练室进行训练，具体方法和步骤如下：

1. 准备素材，确定训练方式，学生复习有关刑事鉴定的基础知识，做好模拟刑事鉴定情景场所布置及配套基本器材、设施、设备等的准备工作。

2. 实训指导教师介绍训练内容和要求，发放准备好的案例素材。

3. 学生阅读素材，掌握刑事鉴定的相关事实和材料，在指导教师的指导下形成情景模拟方案。

4. 学生以分工负责的形式进行角色分配，具体可按侦查人员、侦查部门负责人、鉴定人以及其他相关人员等进行角色模拟分配，实际操作时可根据情况进行添加或删减角色，排列组合形成情景模拟团队，如添加或删减被害人、知情人、无关人员等。

5. 完成模拟刑事鉴定及处置情景操作，对素材案例中没能提供的条件，由学生酌情进行合理设计和补充。

6. 整理训练成果，形成书面材料。

五、训练成果

1. 完成刑事鉴定过程所涉及材料的制作，并将书面材料交训练指导教师。

2. 总结训练成果，写出训练心得体会。

3. 指导教师进行讲评及训练成绩考核、评定。

拓展阅读

学习任务十七　侦查辨认

任务目标

　　知识目标：通过本学习任务的学习，培养学生知道什么是侦查辨认，理解侦查辨认在（狱内）侦查中解决的问题，了解侦查辨认的对象、内容和相关法律规定，掌握进行侦查辨认所必需的基础知识。

　　能力目标：通过本学习任务的学习、训练，培养学生树立合法调查取证意识，具备在司法实践中严格按照法律规定，运用所学的知识、技能和能力实施侦查辨认的业务技能和运用能力，并能熟练制作侦查辨认材料。

　　辨认是依靠人的感知、记忆、回忆与再认事物的能力进行识别和认证的活动。侦查辨认是侦查机关经常使用的侦查措施之一。通过侦查辨认可以帮助侦查人员发现和审查犯罪嫌疑人，查明不知名尸体的身份及相关情况，发现和确认犯罪现场，查明与犯罪有关痕迹、物品，进一步明确侦查方向，缩小侦查范围，获取、审查犯罪的证据和侦查线索，查清案件事实或澄清犯罪嫌疑。这就需要知道什么是侦查辨认，明确侦查辨认解决的问题，掌握侦查辨认的种类、规则，按照相关要求进行侦查辨认，进而查明案情和揭露证实犯罪，查获犯罪嫌疑人。

任务基础

一、什么是侦查辨认

　　侦查辨认是指侦查人员在刑事案件侦查中，为了查明案件的有关事实，组织被害人、犯罪嫌疑人或者证人对与犯罪有关的物品、文件、尸体、场所或者犯罪嫌疑人进行辨别，找出或者认定曾经感知的特定客体的一项侦查措施。从侦查学角度来看，辨认活动是由侦查人员主持的一种同一认定活动。在案发前或案发过程中，辨认人与被辨认客体有过一定的接触，被辨认物的结构、形态、大小、颜色、规格、型号、新旧等特征，被辨认人的体貌、年龄、身高、性别、口音、衣着、动作习惯等特征会在辨认人头脑中形成一定的反映形象。辨认的过程就是辨认人将被辨认客体的特征同以前感知并保存在大脑中的那个客体特征进行回忆、再认和对比，并作出辨认客体与曾经感知的那一个客体是否同一的结论。侦查辨认的客观依据在于客体在辨认人头脑中形成的形象特征的稳定性和特殊性，同时也受辨认主体自身因素的影响。从心理学上来说，辨认是依靠人的记忆进行的一种再认活动。由于人的记忆是一个复杂的心理过程，其心理机制包括识记、保持、再认和回忆等阶段，各个环节都会影响到辨认结果的准确性。因此，侦查人员在组织辨认时，应当充分注意到这一点，必须按照辨认规则科学地组织辨认。

二、侦查辨认解决的问题

侦查辨认在刑事案件侦查中主要解决以下问题：

（一）确认身份

侦查辨认的结果，可以帮助侦查人员发现和审查犯罪嫌疑人，确认被辨认人是否为被害人、知情人。肯定的辨认结论，可以帮助发现犯罪嫌疑人，确认被害人、知情人的身份；否定的辨认结论，可以帮助侦查人员排除侦查嫌疑，缩小侦查范围。经过查证核实的辨认结论，可以作为认定犯罪的证据。

（二）查明无名尸体

对于无名尸体案件的侦查，通过辨认，可以帮助查明被害人身份，进一步为分析研究案情、确定侦查方向与范围提供支持。

（三）发现和确认案件现场

通过对相关场所或地点的辨认，可以查明涉案地点，包括预谋犯罪、实施犯罪的地点和场所、犯罪后逃跑的路线、藏匿地点，为进一步发现侦查线索、搜集证据创造条件。在有些案件中（如抢劫、强奸等），有的被害人被侵害时对案发现场不熟悉、不了解，只有部分案件现场线索，难以确认发案现场。通过辨认，可以确定案发现场的具体位置，进一步发现案件线索、证据。在有的案件中，为核实犯罪嫌疑人的供述与辩解，或获取、印证其他证据，也需通过辨认确认案件现场。

（四）查明现场痕迹、物品

与案件有关的痕迹、物品、声音、气味、图像、文件等的来源，以及与之相关联的人、事、物的各种信息，需要有关人员进行识别、辨认，从而查明痕迹、物品、声音、气味、图像、文件等的相关信息，确认是否是涉案痕迹、物品、声音、气味、图像、文件等，这对分析研究事件性质、案件性质、案情，确定侦查方向和范围，选择侦查途径等均有十分重要的意义。

三、侦查辨认的分类

根据侦查工作的需要，辨认可分为很多种类，常见分类如下：

（一）公开辨认和秘密辨认

根据辨认方式的不同，可将侦查辨认分为公开辨认和秘密辨认。公开辨认，是在被辨认人或被辨认物的持有人知晓的情况下，组织辨认人进行的辨认。这种辨认多用于对犯罪现场遗留物、不知名尸体和犯罪场所的辨认。有时对已拘捕的犯罪嫌疑人也可进行公开辨认。公开辨认的经过和结果应当制作正式的辨认笔录，此笔录可以作为诉讼证据使用。另外，公开辨认时还应邀两名见证人到场见证。秘密辨认是指在被辨认人或被辨认物的持有人不知悉的情况下组织的辨认。秘密辨认主要适用于侦查过程中发现的犯罪嫌疑人和可疑物品。其优点在于不易被侦查活动相对人察觉而暴露侦查意图，利于保守侦查工作秘密，掌握侦查主动权，便于侦查工作的开展。秘密辨认的结果只能作为侦查线索，不能作为诉讼证据使用，如果需要作为证据，则应重新组织公开辨认。

（二）直接辨认和间接辨认

依据辨认方法不同，可将侦查辨认分为直接辨认和间接辨认。直接辨认就是辨认人通过对辨认客体的直接观察和感知所进行的辨认。例如：直接观看犯罪嫌疑人外貌所进行的辨认，直接听犯罪嫌疑人谈话声音来辨认等。直接辨认对客体的感知比较真实、全面，因此大多数辨认都采取直接辨认的方法。间接辨认是指辨认人通过中间介质了解客体特征，并以此为基础进行的辨认。这些中间介质包括客体照片、模拟画像、录音、录像等。虽然间接辨认不如直接辨认可靠，但是其方法比较简便，在那些不能或不便进行直接辨认的情况下，可以采取间接辨认的方法，如辨认人对无名尸体的辨认大多通过照片间接进行。间接辨认后如果条件允许，可以再安排直接辨认，以保证结论的可靠性。

（三）被害人辨认、证人辨认和犯罪嫌疑人辨认

依据辨认主体不同，可将侦查辨认分为被害人辨认、证人辨认和犯罪嫌疑人辨认。这三种辨认中，以被害人辨认居多。特别是在抢劫、强奸、诈骗等案件中，被害人与犯罪人有过一定的正面接触，对犯罪人印象较深，通过被害人辨认，往往可以直接查获犯罪嫌疑人和赃物。证人辨认包括目睹人辨认和知情人辨认，在侦查实践中也经常运用。犯罪嫌疑人辨认，主要是根据侦查工作的需要，由犯罪嫌疑人识别和指认犯罪工具、涉案物品或犯罪现场。

（四）人身辨认、尸体辨认、物品辨认和场所辨认

依据辨认对象不同，可将侦查辨认分为人身辨认、尸体辨认、物品辨认和场

所辨认。人身辨认是辨认人对被辨认人进行人身识别，以确定人身是否同一的辨认。在侦查中，对人的辨认主要是对犯罪嫌疑人的辨认，一般是为了肯定或否定犯罪嫌疑人的犯罪嫌疑。尸体辨认是对与案件有关的不知名尸体的辨认，一般是为了查明死者的身份，以确定侦查方向和范围。物品辨认是辨认人对涉案物品进行识别，包括对作案工具、赃物、现场遗留物以及其他物证、书证的辨认，其目的在于确定某物品与案件之间是否存在客观内在联系。物品辨认往往是发现嫌疑线索和确定该物品与某人或某案件的关系的重要途径。场所辨认是辨认人对某场所进行识别，它包括对作案现场以及与案件相关的场所的辨认。场所辨认对确定侦查方向和发现犯罪嫌疑人也有着重要作用。

（五）静态辨认和动态辨认

根据辨认对象的状态，可将侦查辨认分为静态辨认和动态辨认。静态辨认是指在辨认客体处于静止状态时对其所进行的辨认。静态辨认一般依据辨认对象的形态特征进行，形象特征是指人的身高、体态，物的形状、质地等外观特征。动态辨认是指在辨认客体处于运动状态时所进行的辨认。动态辨认一般依据辨认对象的动态特征进行的。如站立行走时的习惯性姿势，头颈、躯干、配合性动作形成的整体性特征，言谈时的习惯性姿态及方言、口音、嗓音特征等。侦查实践中，大多数侦查辨认是以静态辨认为主，动态辨认作为补充的方式进行。

四、侦查辨认的规则

辨认过程是一个比较复杂的心理过程，辨认结果经常受到各种因素影响而出现差错。为了减少辨认结果的差错，科学组织辨认就非常有必要。实践证明，侦查辨认如果严格遵守下列规则进行，则可有效减少差错的发生。

（一）事先询/讯问

任何事物能否被人感知，由其自身内在特质的稳定性和特殊性决定，并以一定的特征给人们留下印象，据此把自身与其他事物区分开来。也就是说，在侦查辨认过程中，要把一个事物与另外的事物相区别开来，需要依据该事物一定质量和数量的客体特征。如犯罪嫌疑人的年龄、性别、身高、体型、五官、头发、肤色、语言、体味、气质、个性、习惯动作等人身识别特征，物品、文件的名称、序列号、大小、质量、颜色、质地、品牌、型号、价值、包装、附加物、磨损、使用痕迹等物品、文件识别特征。除此之外，还存在着一些可能会影响侦查辨认人感知辨认客体的相关情况。如辨认人是否具备辨认辨认对象应当具备的知识、技能；辨认人在认知、记忆、识别、再认、表达等方面的能力；辨认人对辨认对象的熟悉程度；辨认人辨认当时的精神状况以及感知辨认客体时的精神状况；辨认人对辨认客体的关注度，感知辨认客体时是否有其他事务或活动；辨认人在感知辨认客体时是否受到干扰和影响，以及这种干扰和影响是否对辨认人感知辨认客体带来影响或制约；当时现场的天气、光线、距离、能见度、人员流动、车流等现场环境条件是否会对辨认人对感知、记忆辨认客体有影响；辨认人是否与辨认客体有着某种关系或联系，这种关系或联系是否会影响辨认；等等。在进行侦查辨认之前，侦查人员应当先询/讯问辨认人。通过对辨认人询/讯问，掌握辨认人进行辨认所依据的辨认客体的特征情况，以及其他有可能影响侦查辨认的相关情况。明确哪些是稳定、特殊性的特征，哪些是易变、一般的特征，哪些是因为犯罪而给辨认对象带来的附加特征，以及辨认会受哪些相关情况影响或制约，从而对辨认人的辨认能力作出判断，为侦查辨认操作和结果评断打下基础。与此同时，也通过询/讯问明确告知辨认人在侦查辨认中的权利与义务。

（二）个别辨认

为了保证辨认结论的客观公正性，防止辨认人受来自其他辨认人、辨认对象的影响，辨认时要进行个别辨认。所谓个别辨认，是指在组织辨认中，当有两个以上辨认人进行辨认，或对两个以上辨认对象进行辨认时，应当分别单独进行，以免相互干扰，影响辨认结果。个别辨认包括三层含义：一是当案件中2个以上辨认人对同一个辨认对象进行辨认时，应让每一个辨认人分别对该辨认对象进行辨认，以免辨认人之间相互影响而使辨认失去客观性。二是当案件中有一个辨认人对2个以上辨认对象进行辨认时，也应该让该辨认人分别对每一个辨认对象进行辨认，以免辨认物之间相互影响而使辨认失去客观性。三是当有2个以上辨认人对2个以上辨认对象进行辨认时，应当由每一个辨认人分别对每一个辨认对象单独进行辨认，以免辨认人、辨认物之间相互影响而使辨认失去客观性。例如：当2个证人对3名犯罪嫌疑人进行辨认时，则应当每个辨认人依次对3名犯罪嫌疑人进行3次，共计进行6次辨认。

（三）混杂辨认

混杂辨认，也称陪衬辨认，主要是针对辨认对象而言的，适用于对人和物品或其照片的辨认。混杂辨认是指对人和物品或其照片进行辨认时，应当选择若干与辨认对象性别、年龄、身高、体态等特征相似的人或其照片，或者种类相同、颜色、质地、外形等特征相似但无关的物或其照片，作为陪衬对象与辨认对象混杂进行辨认。具体陪衬对象的数量，应视不同情形而定。例如：当辨认对象是犯罪嫌疑人时，按《公安机关办理刑事案件程序规定》的相关规定，应至少选择6名以上陪衬对象与之混杂；如辨认的是犯罪嫌疑人的照片时，混杂辨认的照片总数不得少于10张。按《人民检察院刑事诉讼规则》的规定，辨认犯罪嫌疑人、被害人时，人数为5名~10名；辨认犯罪嫌疑人、被害人的照片是5~10张。当辨认对象是物品或其照片时，按照《公安机关办理刑事案件程序规定》和《人民检察院刑事诉讼规则》的相关规定，混杂的同类物品或照片不得少于 5 件。除此之外，对其他照片、录音、录像的辨认，若条件允许，也应当遵守混杂辨认的规则。需要说明的是，对场所、尸体等特定辨认对象进行辨认，或者辨认人能够准确描述物品独有特征的，陪衬物不受数量的限制。对于犯罪嫌疑人的秘密辨认，由于辨认的地点多为日常生活工作的场所，无法由侦查人员安排混杂客体，所以辨认对象往往实际上处于自然混杂状态。

（四）自由辨认

自由辨认是指在进行辨认活动时，应当保证辨认人以自己独立的意志为主导，在不受任何干扰的情况下，自由而独立地进行识别、辨认，侦查人员不得进行任何方式的暗示或者诱导，更不得进行明确的提示。只有当辨认人的心理处于完全独立自主的状态时，才能保证侦查辨认结果的准确、可靠。因此，在组织侦查辨认时，侦查人员不能进行任何形式的诱导、暗示或施加影响，不能让辨认人事先了解有关辨认的情况，不宜告知辨认人犯罪嫌疑人或涉案物品等就在辨认对象之中，也不能让辨认人在辨认前看见辨认对象和知道辨认对象的情况。在辨认过程中，侦查人员可以尽可能为辨认提供符合辨认人接触、感知某客体时的客观条件，为辨认人创造、提供良好的心理环境，可以帮助辨认人全面、细致地观察辨认对象的特征，进行必要的解释，但必须保持客观的态度。

 任务实施/操作 ••

一、辨认的准备

（一）向辨认人了解有关情况

在辨认开始前和辨认结束以后，主持辨认的侦查人员均应对辨认人进行询/讯问，以了解辨认相关的情况。有的案件在组织辨认前就已经对辨认人进行了调查访问或侦查讯问，但在辨认开始以前，仍然应当围绕着辨认人所依据的辨认客体特征情况，以及其他有可能影响侦查辨认的相关情况仔细对辨认人进行询/讯问，这是组织辨认必不可少的程序。辨认结束以后，针对辨认结论，侦查人员还应对辨认人再次进行询/讯问，问明作出辨认结论的依据，以便对辨认结论进行正确的评断。

（二）确定辨认的时间和地点

一般来讲，公开辨认的时间和地点有较大的选择余地。因此，公开辨认应尽量安排在符合辨认人原感知条件、外界干扰较小的环境中进行。秘密辨认要考虑不能让被辨认人察觉，时间和地点的选择余地较小。因此，在安排辨认时间和地点时，既要考虑辨认人的感知条件，又要考虑辨认的保密性。

（三）制定辨认方案

辨认应当有组织、有步骤地进行。因此，在组织辨认活动时，应制定具体的实施方案，准备好相应的辨认条件。方案的内容主要包括人员的分工、辨认的步骤和方法、辨认中可能出现的问题和相应的对策等。

（四）告知辨认人法律责任

辨认前告向辨认人宣布辨认的要求和辨认中应注意的问题，告知辨认人有意作虚假辨认应当承担的法律责任，能增强辨认人的法律责任感和作出客观辨认的责任心。

二、辨认的实施

（一）对人的辨认

对人的辨认可以分为实人辨认、照片辨认、录像辨认和语音辨认等。每一种辨认都有自己的特点，辨认的方法也有所不同。

1. 实人辨认。实人辨认，是指辨认人对被辨认人直接进行辨认。实人辨认，可以结合实际情况，采用列队辨认、群体辨认和单人辨认的方法进行。

（1）列队辨认。列队辨认是指辨认对象排成静止的一队，由辨认人进行辨认。列队辨认一般都是采用公开辨认的方式。侦查人员在组织列队辨认时，应事先通知被审查的嫌疑人，要求他接受辨认，嫌疑人不得拒绝。在实施辨认时，辨认人可以与被辨认人面对面地直接辨认，也可以让辨认人隐蔽起来，对被辨认人直接进行观察辨认。一般情况下，辨认人只对被辨认人的静态特征进行辨认，包括头部及全身的正面、侧面、背面特征。必要时，也可以让辨认人对被辨认人的动态特征（包括坐立及行走姿势等）进行辨认，有时还可以将体貌辨认与语音辨认结合起来进行辨认。

（2）群体辨认。群体辨认是指让辨认人在一群不受约束的人群中辨认出被辨认人。群体辨认多采用秘密辨认的方式。群体辨认可以在有特定嫌疑人的情况下进行，也可在没有特定嫌疑人的情况下进行。在无特定嫌疑人的情况下进行的群体辨认，通常称为"寻找辨认"。群体辨认可在犯罪嫌疑人同意合作的情况下进行，也可不经其同意，在其不知晓的情形下暗中进行。群体辨认的场所依犯罪嫌疑人的情况而定。如果无特定的嫌疑人，那么，辨认的场所应选择辨认对象可能出没的地方；如果有特定嫌疑人，而尚未对其采取强制措施时，应选择有利于辨认人看清，而又不会被嫌疑人发觉的场所进行辨认。

（3）单人辨认。单人辨认是指证人或被害人辨别某一个对象（人或照片）

是否为犯罪人的方法。这是一种最简单的辨认方法，但也是较容易出错的一种辨认。所以我国在侦查实践中基本不采取这种辨认方法。

2. 照片辨认。照片辨认，是指辨认人通过对被辨认人的照片进行辨认的辨认方法。照片辨认一般在不能或不便进行实人辨认的情况下进行。照片辨认也应遵守混杂的规则。混杂的照片，在式样、规格、色彩等方面应与被辨认人的照片相一致。比如，不能把一张大照片混杂于几张小照片之中。照片辨认的照片不能过小，至少应能看清照片上人像的面部特征，在拍摄时间上，应尽可能接近发案时间，以保证辨认结果的可靠性。实践中，由于拍摄技术上的原因，有些被辨认人的照片会歪曲或掩盖某些特征，致使照片的影像与被辨认人本人有较大差别。此种情况不宜进行照片辨认。

3. 视频辨认。视频辨认，是指辨认人通过观看包括被辨认人在内的多个人的视频而进行的辨认。它既具有实人辨认的真实性、直观性，又具有照片辨认的方便性。既能反映被辨认人的静态特征，又能反映被辨认人的动态特征，同时，还有利于消除辨认人的顾虑和紧张心理。视频辨认通过侦查人员对被辨认人摄制视频，然后提交辨认人进行辨认。摄制辨认视频时，要注意保证画面清晰，能充分反映被辨认人的体貌特征，防止影像失真。随着我国各城市街道，重点部位电子监控系统的发展和完善，视频辨认作为一项新的技术方法，在侦查实践中将被广泛运用，成为寻找和确认犯罪嫌疑人的重要手段。

4. 语音辨认。语音辨认是辨认人利用听觉功能，对被辨认人的语音进行辨认。由于人的语音具有特定性和稳定性，这就确保了语音辨认结论的科学性，实践中侦查人员也可以通过语音辨认去寻找和认定犯罪嫌疑人。语音辨认是视觉辨认的重要补充，在实践中主要用于以下两种情况：①在不能进行视觉辨认的条件下运用。如有些犯罪人选择夜晚实施抢劫、强奸、杀人等犯罪活动，或者蒙面作案，辨认人的视觉受到限制，无法感知被辨认人的面貌特征，但是被辨认人在作案过程中说话的语音则会以声音表象的形式留在辨认人的记忆之中。②在能够进行视觉辨认的条件下运用。这可对视觉辨认的结果起到印证的作用。如在视觉辨认之后，再进行语音辨认，使之相互印证，就能提高视觉辨认的可靠性。所以，凡是有条件进行语音辨认的，都应在进行视觉辨认之后，再进行语音辨认，或者二者同时进行。语音辨认在辨认操作上有实音辨认和录音辨认两种。实音辨认是让辨认人直接对被辨认人的声音进行辨认。此种辨认，一般是在有了确定的被辨认人之后进行的。录音辨认，是指辨认人通过听录音对被辨认人进行辨认。录音辨认多用于寻找被辨认人。如在侦破绑架、敲诈勒索或其他用电话进行犯罪活动的案件中，通过组织被害人、知情人听犯罪人作案时的电话录音，往往可以查明犯罪嫌疑人的身份。录音辨认也可适用混杂辨认，即将被辨认人的讲话录音掺杂在几个声音相似的人的讲话录音之中，提交辨认人辨认，以确定该人是否为被辨认人。为了保证辨认的客观准确性，制作辨认录音时，录音所用的材料和工具应符合辨认要求，既要注意录音效果的清晰度，又要保持录音条件的一致性。

（二）对物品的辨认

物品辨认适用于各类案件侦查工作的各个阶段，辨认的物品范围也很广泛，主要包括以下四类物品：一是对不知名尸体的衣物和随身携带的物品的辨认；二是对作案工具、凶器或随身物品的辨认；三是对现场遗留物的辨认；四是对赃物的辨认。对不知名尸体的衣物和随身携带的物品及其照片的辨认，一般采取公开辨认的形式，即公开组织群众及知情人进行辨认，目的在于通过辨认衣物和随身携带的物品，查明死者的身份，为侦查破案提供线索和方向。侦查人员也可按照该物品的生产、流通、使用范围，携带该物品或物品照片到有关地区组织群众对物品进行辨认。对遗留在现场上的作案工具、凶器和随身物品的辨认，一般采用秘密的方法进行辨认。如果犯罪嫌疑人已被拘捕，可以组织被害人、知情人进行公开辨认，为证实和揭露犯罪提供证据。对那些特定特征不明显的现场遗留物，在侦查过程中，可以组织有关的专业人员或专家进行鉴别，确定这些物品的生产、使用单位和销售范围。对侦查过程中查获的赃物应将其提交事主、被害人及知情人进行辨认。赃物辨认既可公开辨认，也可秘密辨认。公开辨认通常是在犯罪嫌疑人被拘捕后进行。对侦查中发现的可疑物品，也应组织事主或财物保管人等进行辨认，以确定其是否为本案的赃物。对物品的辨认同样应当注意贯彻混杂辨认的规则。如果被辨认物品比较特殊，难以找到混杂物，或者被辨认物品特定特征十分明确，经过询问，辨认人对物品的特征，特别是一些特殊的、不易被他人所知的细小特征十分了解的，也可以不混杂陪衬，而将被辨认物单独提交辨认人进行辨认。

（三）对尸体的辨认

尸体辨认是查清尸源的重要途径，是无名尸体案件侦查的首要环节，也是关键性问题。进行尸体辨认时，可以以发现尸体的地点为中心，由近及远地开展，即首先组织现场的群众进行辨认；如果这种辨认不能达到预期的效果，发现不了死者是谁，则应根据已掌握的情况，点面结合，适当扩大辨认的地区范围。尸体辨认不适用混杂辨认的原则，如果是多人辨认，则应贯彻个别辨认的原则。尸体辨认应在法医的协助下，发现、记录好尸体的各种特征，并对尸体做好必要的清理整容。对于已成白骨的尸体，可运用科学技术方法进行必要的颅骨复相。对于尸体上存在的用肉眼无法直接观察到的各种特征，不宜在辨认之前向辨认人公布，而应该在辨认人进行辨认的过程中，向辨认人阐明这些特征，并作为审查评断辨认结论的依据。在进行尸体辨认前，一般无须询问/讯问辨认人。在辨认人作出辨认结论后，侦查人员再详细地询/讯问认定的依据以及最后一次看见死者的时间和有关情况。侦查人员还应结合辨认人的结论，对死者的特征作进一步的检验。

（四）对场所的辨认

在部分案件的侦查过程中，有些案件需要当事人、被害人或其他知情人对犯罪有关场所进行辨认，以获取犯罪证据。组织场所辨认之前，侦查人员应首先对辨认人进行详细的询/讯问，让辨认人仔细回忆场所的环境特征，并根据辨认人提供的情况，分析判断该场所可能位于何处或者可能是哪个具体地点，然后带领辨认人寻找辨认犯罪场所。在实践中，由于辨认人对犯罪场所环境特征的感知、记忆有差错，而往往会发生错认犯罪地点的情况。因此，侦查人员对辨认人指认辨认的场所，应认真进行勘验，仔细寻找犯罪人作案时遗留的各种痕迹物品，并结合辨认人事先关于犯罪事件的陈述，审查评断辨认结论的可靠性。在侦查实践中，往往也会遇到有的犯罪嫌疑人由于犯罪行为的过程较长，情节复杂，涉及的地域范围大，虽能供述自己的犯罪事实，但不能指出作案的确切地点和场所。在这种情况下，侦查人员应让其详细供述犯罪现场的环境特征，然后带领其寻找指认现场，这是场所辨认的一种特殊形式。对场所的辨认不适用混杂辨认的原则，但辨认的其他规则必须遵守。

三、制作辨认记录

公开的辨认应当制作辨认笔录，辨认笔录作为记录辨认过程及结论的载体，在诉讼案卷中是极为重要的诉讼文书，属于刑事诉讼法法定的证据。秘密辨认则应当制作辨认报告。辨认报告不能用作诉讼证据，应归入侦查卷宗，以供案情分析研究，其内容同辨认记录基本一致。辨认笔录制作后，应交给辨认人阅读或者向他宣读，确认没有遗漏和错误，参加辨认的人员均应签名或盖章，包括主持辨认的侦查人员、辨认人、被辨认人、见证人等。辨认照片是辨认笔录必不可少的重要附件。在公开辨认前，应当先对辨认对象和混杂对象进行逐个照相。在辨认过程中，应当把辨认对象和混杂对象混杂照相，在辨认人得出辨认结论后，应当对被辨认出的人或物进行照相。进行公开辨认时，应当进行全程录像。录像内容包括辨认场所、辨认前的询/讯问、混杂情况，辨认人辨认的过程、侦查人员的组织活动等。录像能详细、全面地记录辨认的全过程，为下一步的评断及研究工作留下很好的记录。

四、辨认结论的审查评断

辨认是一种错综复杂的认识过程，受各种主客观因素的制约。侦查人员对辨认结果，无论是肯定的还是否定的，均应结合案件其他证据材料进行甄别核实和分析评断，然后才能作为诉讼证据使用。在审查评断时，一般应注意以下几方面的因素：

（一）辨认人方面的因素

辨认人的感知能力及其主观愿望是影响辨认结果的核心因素。在审查评断辨认结论时，首先就得对辨认人进行全面的分析与评断。要着重注意以下几个方面因素：①注意审查辨认人的生理状况。应查明辨认人是否具备正常的感知能力、记忆能力、再认能力，有无近视、远视、弱视、色盲、色弱、夜盲、听力减弱和健忘等生理缺陷，触觉和嗅觉是否正常，年龄大小等，以及这些缺陷和因素对辨认结果可能造成的影响。②审查辨认人的基本情况。包括与案件及案件当事人有无利害关系、对待辨认的态度、诚信程度等，判明其有无作虚假辨认的可能。③审查辨认人的特殊的识别能力条件。注意了解辨认人的文化程度、生活经历、职业专长和兴趣爱好，进而分析其是否具备对某种辨认客体的特殊识别能力，以及这种特殊的识别能力的强弱，必要时可通过实验加以证实。

（二）辨认对象方面的因素

辨认人是依据记忆中感知客体的特征，同被辨认对象的特征进行对比、识别来辨认的。辨认结果的真实可靠往往也受辨认对象方面的因素的制约。这些因素包括：①辨认对象的特征是否突出。尤其是能够反映客体本质属性的特定特征是否明显，是否容易与其他相似客体区别开来。②辨认对象的特征的稳定程度。在组织辨认过程中，要分析辨认对象的哪些特征稳定性较大、不易改变，哪些特征稳定性较小、容易变化，力求从众多特征中筛选出稳定性较强的特征作为识别、认证特征进行辨认，这样才能使辨认的结果更趋于准确、可靠。③辨认对象的特征的复杂程度。要分析判断辨认对象的特征是否容易被感知、识别或记忆，在辨认人的记忆或再认中是否清晰或充分，以及是否需要辨认人具备某种专门知识才能进行识记和辨认，进而评断辨认人是否具有此种识别辨认能力。

（三）客观条件方面的因素

辨认人对辨认对象的正确感知不仅取决于辨认对象情况和辨认人自身的感知能力，还会受其他相关因素的影响和制约。这些因素主要有：①是否已进行过其他形式的辨认。对于已进行过其他形式的辨认的，就要考虑这一因素对结论可靠性的影响。②辨认人感知时的时间、地点和环境条件。辨认人感知和辨认辨认对象的时间是否充分，地点是否符合条件，环境，特别是光线、地形、距离、角度、方向、气候、噪声等是否与原来的条件相一致。③辨认人感知和辨认时的状态。必须查明辨认人在感知和辨认时状态是否正常。如是否有顾虑、不安、恐惧、惊愕等消极状态，是否存在极度饥饿、疲劳、睡眠不足、负伤流血等不佳状态，精神是否紧张，神志是否清醒，对辨认客体的感知、记忆和识别是否积极主动，并注意评断辨认人的状态对辨认结果的影响。④辨认有无遵循事先询/讯问、自主辨认、混杂辨认、客观辨认等规则。在组织辨认活动中，如不严格按照预置的法定程序和规则行事，就会对辨认结果的可靠性及证据意义产生影响。⑤辨认结果与案件中的其他证据材料的关系。如果辨认结果与其他证据相一致，能够得到相互印证，则说明辨认结果的可靠性较强；反之，则要慎重，要做进一步的调查和研究，甄别真伪。

任务实例/呈现

　　20××年2月22日7时40分，某单位职工刘某某上班时，在该单位办公楼东北270米处土沟内发现一女尸，随即报案。接到报案后，公安机关立即组织侦查人员到现场进行勘查。

　　经现场勘查，发现尸体伏卧于土沟西沿土坡上，衣服上沾有类似煤屑、稻草、棉线头、木渣屑等物，衣服干燥。沿沟底西北坡有一趟旧旅游鞋印，鞋印花纹不清，鞋长27厘米，宽不规则；步幅长短不一，与成趟鞋印有长2米的并行拖尸痕迹，在尸体躯干东侧，有一趟向西南方向的可疑足迹，约长3米，延伸至土坡西岸消失。经法医检验，尸体头部青紫，瞳孔散大，眼结膜高度充血，鼻腔外有血痕，口腔内堵塞一男式灰布裤腿，死者颈部喉头处及两侧有三处表皮剥脱。尸体解剖后发现胃内有米饭粒，土豆丝等物150克，大部分已呈乳糜状，腹部已出现轻度腐败绿斑。经组织辨认，确定死者系某单位职工胡某失踪的女儿胡某某。经对胡某进行访问，得知死者胡某某，14岁，××中学上学，平时不善于与陌生人接触，2月15日13时左右吃完中午饭，13时40分出门去上学，放学未归，这几天家人一直在寻找被害人未果，并于20××年2月16日报警。校方反映，胡某某2月15日下午未来校上课。在现场附近的工人李某、王某反映，2月20日下午，在距尸体现场7米处挖土，未发现尸体。据寻找走失者的人反映，2月19日也曾在现场及附近寻找过，未发现尸体。2月21日20时许当地下了小阵雨，死者衣服及包裹物干燥无雨迹。

　　在现场勘查和初步调查的基础上，××市公安局立即成立了专案组进行调查。根据犯罪人的人身特征及其实施犯罪的条件，在案件涉及的地区内，依靠刑事犯罪侦查大队、公安派出所进行调查摸底；充分发动群众，大量走访，点面结合，争取发现线索和嫌疑人员；调取通信资料，发现与被害人有关联的电讯信息；从被害人到学校沿途为中心向外围扩展调取视频，查找被害人的活动轨迹。借助先进的设备，在××街道的视频中发现一名五十多岁的男子带领着被害人在 2 月 15 日 14 时 02 分出现在××街道。经视频截图，组织周围相关人员进行辨认，确定该视频截图照片人为李某某，51 岁，身高 168 厘米，某单位雇的外省锅炉工。至此，嫌疑人员浮出水面，专案组立即组织侦查人员对李某某实施抓捕。经审讯，李某某交代，平时与被害人比较熟。案发当日，他以赠送从老家带来的零食为诱饵将其骗走，带至锅炉房内将其强奸，因用力过猛失手将被害人掐死，当时比较害怕，遂将被害人尸体藏在锅炉房内，后开始腐败有味道，怕被他人发现，故于 2 月 22 日深夜 1 点进行移尸、抛尸。

任务小结

本学习任务介绍了什么是侦查辨认，帮助学生了解侦查辨认在侦查中能解决的问题，掌握辨认的种类、规则，以及进行侦查辨认所必需的相关基础知识，培养学生按要求进行侦查辨认的业务技能和基本运用能力。

思考题

1. 什么是侦查辨认？侦查辨认在侦查中能解决什么问题？
2. 试述侦查辨认的种类。
3. 试述侦查辨认的规则。
4. 试述如何对人进行辨认。
5. 试述如何对物品进行辨认。

任务训练

训练项目：模拟侦查辨认

一、训练目的

通过模拟侦查辨认训练，帮助学生加深对侦查辨认的理解，掌握侦查辨认的内容及规则，培养学生在司法实践中进行侦查辨认的操作技能和实际运用能力，学会制作规范的侦查辨认材料。

二、训练要求

1. 明确训练目的。

2. 掌握训练的具体内容。

3. 熟悉训练素材。

4. 按步骤、方法和要求进行训练。

三、训练条件和素材（具体训练条件和素材可根据训练目的及训练重点由训练指导教师选择、调整）

（一）训练条件

模拟训练场所，被辨认的物品、照片，侦查辨认记录相关材料，多媒体设备等。

（二）训练素材

20××年××月××日（农历×月十二）0 时 30 分，某厂工人胡某下夜班回家走到一条小路上，突然听到后面有脚步声，胡某顿时紧张起来，当他正想快步脱离时，一个男人拿着刀对着他，并压低声音警告他不许出声音，并要求其把随身财物交出来，胡某被逼无奈，只好将自己的钱包、手机等给该男子。几天后，在同样的位置，又发生一起拦路抢劫案件。20××年××月××日晚上途经该处的路人莫某某被抢劫。犯罪人作案的手段、方法和人身特征、语言均与胡某被抢案件基本一致。

接到报案后，公安机关经并案侦查，发现当地无业青年吴某某有重大嫌疑，后将其抓获，并追缴了部分财物，其中有胡某的钱包，莫某某的手机。公安机关警方通知胡某和莫某某至公安机关进行侦查辨认。

四、训练方法和步骤

在指导教师指导下，学生分组模拟各角色（侦查部门负责人员、犯罪嫌疑人、辨认人以及其他相关人员）在训练室进行训练，具体方法和步骤如下：

1. 准备素材，确定训练方式，学生复习有关侦查辨认的基础知识，做好模拟侦查辨认情景场所及配套基本器材、设施、设备准备工作。

2. 实训指导教师介绍训练内容和要求，发放准备好的案例素材。

3. 学生阅读素材，掌握侦查辨认的相关事实和材料，在指导教师的指导下形成情景模拟方案。

4. 学生以分工负责的形式进行角色分配，具体可按侦查人员、辨认人以及其他相关人员等进行角色模拟分配，实际操作时可根据情况进行添加或删减角色，排列组合形成情景模拟团队，如添加或删减侦查机关负责人、见证人等。

5. 完成模拟侦查辨认及处置情景操作，对素材案例中没能提供的条件，由学生酌情进行合理设计和补充。

6. 整理训练成果，形成书面材料。

五、训练成果

1. 完成侦查辨认所涉及材料的制作，并将书面材料交训练指导教师。

2. 总结训练成果，写出训练心得体会。

3. 指导教师进行讲评及训练成绩考核、评定。

拓展阅读

学习任务十八　视频侦查

任务目标

知识目标：通过本学习任务的学习，培养学生知道什么是视频侦查，了解视频侦查的作用，掌握视频侦查的组织和实施所必需的相关基础知识。

能力目标：通过本学习任务的学习、训练，培养学生在司法实践中运用所学的知识、技能进行视频侦查的业务技能和运用能力，推动侦查破案的效能。

任务概述

视频侦查作为信息化侦查的一种方法，将视频监控技术、图像处理技术以及计算机科学技术引入侦查实践中，是传统侦查与视频监控技术、网络传输、计算机科学等现代科学技术相结合的产物。视频侦查技术作为现代科技手段已被广泛应用于当前刑事案件侦查中，且发挥出的作用越来越明显，逐渐成为刑事案件侦破的支撑技术之一。为有效开展视频侦查，需要知道什么是视频侦查，明确视频侦查的作用，掌握视频侦查的方法，按照相关规定，有效开展视频侦查，丰富收集侦查线索和证据的途径和方法，促进侦查措施与方法的革新和发展。

 任务基础

一、什么是视频侦查

视频侦查是依托视频监控、网络、电子信息等现代科学技术，依法调取视频图像，综合运用其他侦查措施，获取侦查线索和证据，查获犯罪嫌疑人，以实现发现、控制、打击犯罪的重要侦查措施。视频图像形象直观、动静结合，能为分析研究案情提供丰富、直观的资料，为刻画犯罪嫌疑人和再现犯罪提供直接、形象的依据，在当前的刑事案件侦查中的应用越来越广泛，并发挥着日益重要的作用，已成为侦查破案新的支撑技术，也提高了侦查破案率的增长点。

二、视频侦查的特点

与传统意义上的侦查措施与方法相比较，视频侦查主要有以下几个方面的特点：

（一）时效性

视频侦查的时效性主要是针对视频图像数据而言的。视频图像数据能够对特定时间、空间范围内可视的客观存在物进行实时客观且真实的记录，再现特定时空条件下所发生事件的真实情况，且能采取一定的措施与方法有效保存，以便在侦查中及时获取案件相关信息，争取侦查的主动权。需要注意的是，存储视频图像数据设备的容量无论多少，其实际的存储容量总是有限的。因此，视频图像数据实际上均会有一个相对的保存时限。经过此时限后，原来录制的视频图像会被新录入的数据覆盖，故侦查人员应注意在案发之后迅速对图像数据进行采集。

（二）动态性

视频图像是以连续动态图像的方式记录事件发生、发展的过程以及其他相关信息的，较之静态的痕迹物证或其他记录手段形成的材料而言，动态的图像更为形象直观。动态的视频图像可以更加直接地了解与案件相关的人、事、物的相关信息，将整个案件事实在不同时间、地点发生的情形串联起来，进而分析事态的发展变化情况，为侦查工作提供更直接的侦查线索和证据。

（三）客观性

其他侦查线索或证据材料，如证人证言、犯罪嫌疑人供述与辩解、被害人陈述等，在形成过程中会在不同程度上受人为因素的影响和制约。视频监控设备特有的中立性，使其安装之后即可自动运行并客观完整地记录视频监控覆盖范围内的人、事、物的相关情况，并实时传输和存储在系统后台设备中，便于侦查人员随后进行调看、复制和共享，可以反复使用而不失真，其从形成到存储的全过程中不会受人为主观因素的影响，因而具有更稳定的客观性。当然，如果视频监控所获取的图像资料生成后被人为修改或剪辑，那又另当别论。

（四）技术依赖性

视频侦查是现代科学技术成果与侦查活动的有机结合，视频图像的采集、传输、存储、处理、显示等，无不需要相应的视频监控技术设备和现代科学技术予以实现。同时视频侦查技术的更多技术方法的拓展，均需要相应的视频技术和周边技术的发展才能得以实现，如人像识别技术、图像处理与分析技术、传感技术等。因此，良好的视频监控技术设备和现代视频监控科学技术的发展与应用是视频侦查不可或缺的基础条件。

（五）海量性

一般情况下，如果不受人为因素的控制或破坏，视频监控设置会在 24 小时内不间断地进行工作，其在一定时间段内记录形成的图像信息量是相当庞大的。相对而言，监控视频摄入涉及刑事案件的过程及内容，往往可能只是一个短暂的过程，有时摄入的涉及刑事犯罪有关的人、事、物的内容，可以说是以秒为单位来计算的。这相对于一定时间段形成的、庞大的图像信息量的内容来说，可以说是微乎其微的。这就要求侦查人员在收集视频图像信息资料时，应当合理确定视频图像信息资料的范围，以免遗漏侦查线索或增加侦查成本。

三、视频侦查的作用

（一）及时发现，迅速控制犯罪行为

在公共场所、重点区域、部位和要害单位安装视频监控设备，可以实时监控有关目标及周围情况，及时发现犯罪征兆或犯罪迹象，识别犯罪可疑人员，并及时处理，主动进攻，防范和制止违法行为的发生，有效避免危害结果的发生，最大限度地保护社会和公民的合法权益。

（二）回溯查阅，查明案件事实

传统的侦查模式是从案到人，也就是说，侦查人员受理案件时接触的首先是犯罪结果，侦查就是从这些结果中去推导过程，从而查明案情，查找犯罪嫌疑人。视频监控可以生动、形象、准确地再现刑事案件的整个过程及关键细节。甚至在有些案件中，还可以清晰地提供犯罪嫌疑人的体貌特征。所以，通过调取案件视频资料，回放反复查看，可以寻找到与案件有关的要素，从而查明案件事实。

（三）联动监控，动态追踪

在犯罪行为人实施犯罪不久，尚未远离现场的案件中，监控视频可以进行联动接力跟踪，引导侦查人员追缉犯罪行为人。即使犯罪行为人已经逃离犯罪现场，根据视频监控对其逃跑去向踪迹的记录，也可为侦查人员循迹追踪和设卡堵截提供信息支持，引导侦查人员有效识别和抓捕犯罪嫌疑人。

（四）证明犯罪，推进刑事诉讼

视频监控系统所存录的与犯罪有关的影像资料，是案件发生时同步形成的图像信息资料，能够直接反映与案件有关的事实情况，证明力强，属于视听资料的范畴，是我国刑事诉讼法所明确规定的法定证据种类之一。此外，通过视频监控信息资料的运用，侦查讯问阶段讯问犯罪嫌疑人时，不但可以防止犯罪嫌疑人抵赖，巩固讯问成果，还能够提高证明质量，有力驳斥犯罪嫌疑人的虚假供述，促使其认罪伏法，有效推进刑事诉讼进程。

任务实施/操作 ••

开展视频侦查，应当按照一定的流程进行。在视频侦查流程中，调取视频图像是前提和基础，查看视频图像是核心，应用图像信息是目的。这些工作均是围绕着如何让图像信息在侦查破案中发挥作用而服务的。

一、视频图像的调取

（一）了解案情

案件发生之后，侦查人员应及时通过调查取证，了解相关案情。主要了解两个方面的情况：一是了解案件发生和发现的时间、地点、详细经过，有无可疑人员出现，以及物品损失等情况，从而有助于针对性地寻找周边的视频监控；二是对涉案目标的相关识别特征信息进行了解，如作案人数、作案人的特征、携带物品及特征、来去方向、路线、交通工具等，从而有利于发现和梳理视频侦查目标。

（二）了解周边视频监控设施情况

实践中，由于我国视频监控系统安装和管理的主体多元化，所以需要了解涉案现场周围的视频监控设施分布情况，否则有可能会有所遗漏。同时，还要了解各视频监控设施安装的位置，视频探头的方向、角度、覆盖面，视频监控点周边的地理位置、光照条件、自然和人文环境，监控的盲区，等等。

（三）确定视频资料查看范围

在调取视频资料之前，应先查看视频资料，以确定是否与案件有关联。查看视频资料时先确定查看范围，以提高查看效率。对于一般的案件，多以涉案现场为中心，结合案发时间，以控制进出涉案现场路线为原则确定视频图像资料的查看范围；对重特大案件，应选择所有可能与案件有关的监控点，包括出城卡口、重要路线、交通要口、重要地段，以及犯罪行为人有可能逃跑、行经的区域、路线等各类监控点的视频图像资料，并扩大时间范围，做到案前、案中、案后时间段内的视频图像资料全部纳入查看范围。

（四）查看涉案视频

在确定查看范围后，按照"先重点后一般，先中心后外围"的原则，对视频资料进行观看搜索。在具体操作时，要根据犯罪行为实施情况和涉案现场环境，对中心、重要涉案现场的视频进行观看，然后根据通过其他调查取证措施获得的信息，对涉案现场外围视频进行观看。如果发现有涉案或可能与案件有关的视频图像信息资料，应注意进行确定、标记和记录。

（五）调取视频资料

观看视频图像资料后，确定为涉案的，应根据案情和侦查工作需要确定具体视频资料提取的时间段并进行调取。对可能与案件有关的视频资料，如能调取，应予以调取；如不能及时调取的，应当进行封存。对视频资料损坏、被破坏、被删除的，应当及时将视频存储设备封存、调取，及时交有关部门予以处理。但应注意封存、处理后及时通知解除封存或归还。调取视频资料前，应当对该视频监控系统的管理人员进行调查访问，并制作笔录。调查访问时主要了解系统运行的相关状况，包括系统的安装、运行，时间校对是否有误，记录有无偏差、误差，监控画面的角度、覆盖范围、控制能力和盲区，存储介质、方式、时间、压缩比例，播放设备和软件格式，等等。在调取视频资料时，应按照"先校时、后查看、再提取"的原则进行。实践中，视频图像上生成的时间依赖于视频监控设备本身的系统时间，由于操作失误、系统误差等因素，均有可能会导致视频图像资料所显示的时间与标准的北京时间产生误差。所以调取视频资料时要注意查看视频图像显示的时间与北京时间是否一致，如果出现不一致的情况，应进行记录，并采取一定的措施校对时间，为视频资料的使用提供精确无误的时间对接。实践中，不同的视频监控设备的保存格式和操作方式有很大的差异，故调取、保存的方式方法也不尽相同，应注意根据不同的情形采取诸如 USB 接口直接复制，或利用监控管理系统平台、客户端下载，或拆解硬盘拷贝，或直接提取存储介质，或利用信号数据，或直接予以录像等方式进行提取保存。有的视频资料需要其自身的播放器才能播放，故在提取视频资料的同时可视情况需要将该系统的播放器同时采集。调取视频资料的侦查人员不得少于 2 人，并应出具相关证明文书，如果调取的视频资料作为证据使用的，应制作调取笔录，也可视情况制作视频现场勘查笔录。对于调取到的视频资料，应当按照有关规定予以建档管理，专人负责保管，严格实行存取登记制度。

二、视频图像资料的处理

视频图像资料的处理，是指根据侦查的需要，对视频图像资料的大小、格式或不清晰的影像进行必要的技术处理，以提高视频图像资料的利用价值。一般来说，视频图像资料的处理，主要包括以下几个方面：一是模糊、变形图像的处理。对于图像模糊、变形的视频图像资料，可通过专门的图像处理软件进行处理，如影博士。二是视频图像资料大小的处理。对调取的视频图像资料，可根据案件需要进行截取，压缩观看的视频资料范围，减少侦查工作量，提高工作效率。三是视频图像资料格式转换。在做图像处理之前，可根据需要运用工具软件将视频图像资料转换成合适的格式。

三、视频图像信息分析

由于目前缺乏与案件有关的视频图像资料的智能化检索操作系统，故视频图像往往需要侦查人员人工逐段逐帧进行观看，结合案发前后涉案现场的变化，缜密地进行思考、判断，从中寻找出可疑的人员、物品、车辆等，进而通过分析发现侦查线索，收集证据，查获犯罪嫌疑人。

（一）人像分析

侦查破案的过程实际上就是发现犯罪嫌疑人的过程。通过视频图像分析直接发现犯罪嫌疑人也是侦查破案的途径之一。即使没有直接发现犯罪嫌疑人，但视频图像也有可能记录与案件有关人员的信息，如被害人、知情人、目击者等，通过对这些人的分析、研判，进一步追踪或调查，也有可能最终指向、发现犯罪嫌疑人。故除了对犯罪嫌疑人进行人像分析之外，被害人、知情人、目击者等也是重要的分析研判对象，通过对他们进行分析研判，能够还原案件发生、发展过程，直接或间接发现犯罪嫌疑人。一般来说，视频图像资料的被害人、知情人或目击者比较容易确定，对犯罪嫌疑人的确定相对较难一些。实践中常借助犯罪现场的行为过程、已知的目标识别特征、痕迹物证、案发的时空条件、行为的逻辑关系等途径进行体貌特征、生理特征、职业特征或地域特征等内容的分析研判，进一步发现或锁定犯罪嫌疑人。如分析其体态、衣着特征，行走姿势及动作习惯，特殊的风俗习惯等内容。

（二）物品图像分析

根据物质交换原理，犯罪行为人实施犯罪，必然会留下或带走一些物质。如果犯罪行为人作案时携带某些物品，就会出现以现场遗留物、现场遗失物、犯罪携带物等形式存在的与案件有关的涉案物品。如果这些涉案物品的特征能够在视频图像中得以反映，那么这些涉案物品也是视频图像信息研判的重要内容。对于特征明显的涉案物品，可以将其作为视频追踪或视频倒查还原犯罪过程的识别特征；对于有特定的使用、销售、存储范围的涉案物品，就可以借此指示寻找新的视频图像或犯罪嫌疑人、与案件关联人的方向；对于某些有自身的识别信息标志，能够被追踪的涉案物品，如开启状态的手机、带 GPS 的被盗车辆等，也可根据这些识别信息收集新的视频图像。

（三）车辆图像分析

随着车辆使用的普及，涉案车辆也越来越多。因车辆体积较大，特征明显，而且道路交通管理中视频监控设施体系日趋完善，所以视频图像中车辆的分析也逐渐成为视频侦查中十分重要的内容。对车辆的分析一般应结合案发条件、案情、发案时间，对车辆牌照、种类特征、个体特征、车辆行为特征等进行分析。通过车辆分析，可以缩小侦查范围，甚至直接锁定犯罪嫌疑人；通过对其中的被盗抢的车辆的分析，还可以追缴赃物，挽回损失；通过对被害人车辆分析，可以还原被害人生活轨迹，发现侦查线索或信息；对租赁、借用等有一定线索的车辆分析，可以实现以案找车、以车找人，或以人找车、以车找案。

四、视频侦查的运用

通过视频图像，侦查人员可以发现涉案的人、物、事等案件要素，对这些要素在视频图像信息分析中进行深化和扩展，并根据侦查破案的实际需要，以不同的运用方法运用在侦查实践中，进而推进侦查工作。常见的视频侦查运用方法主要有：

（一）图像辨认法

图像辨认法是指用视频监控获取的图像资料，在侦查范围内开展寻找辨认工作，从而发现嫌疑对象或嫌疑交通工具、物品的视频侦查运用。获取侦查对象的图像进行寻找辨认，是侦查中应用最普及、效果最直接的一种侦查模式。实践中，确定犯罪嫌疑人的监控图像常用的方法有：①犯罪行为直接认定法，即侦查人员利用记录犯罪行为的视频资料，直接确定实施犯罪行为的人员，或根据具体人员与犯罪行为之间的关系确定犯罪嫌疑人；②踩点行为认定法，即侦查人员通过对涉案现场案发前的视频资料的分析研判，从中发现和辨别实施踩点行为的犯罪嫌疑人；③人员关联认定法，即从被害人、知情人等人员的行踪视频图像资料入手，在与被害人、知情人等人员有接触的人员中发现并确定犯罪嫌疑人身份；④涉案物品关联认定法，即在确定特定案件发生的时间和空间的前提下，依据涉案物品的外形特征或涉案物品的包裹物、盛装物的特征，利用与犯罪现场相邻近或相关联的场所的视频资料，寻找与涉案物品发生联系的人员，认定犯罪嫌疑人的形象甚至身份；⑤疑点评估认定法，即借助视频监控系统和视频资料，对其中与案件或案件要素（如犯罪时间、犯罪空间、被害人等）发生关联的人员的疑点进行观察、研判与评估，借以认定犯罪嫌疑人的形象甚至身份。在实际应用中，为使图像辨认工作顺利进行，要注意尽量使用低角度、近距离的监控图像。

（二）锁定时空法

锁定时空法是指根据视频监控录像的时间，连贯各监控点间的时空关系，锁定侦查目标对象活动的时间与空间，以此刻画嫌疑对象作案所具备的时空条件，还原作案全过程的视频侦查运用。这一方法通过对视频图像的分析研判，锁定嫌疑对象的时间和空间，确定犯罪嫌疑人在涉案现场活动的时间和空间轨迹，还原作案过程，印证犯罪嫌疑人的供述与辩解，提供定案证据。也可通过查看案发时段视频监控录像，发现在作案时间经过发案点的可能的知情人，给侦查人员提供访问线索，促进调查访问的开展。

（三）目标测量法

目标测量是指通过在现场设立三维立体坐标，用图像处理软件或通过现场实验测算嫌疑对象的特征，确定相关排查条件的视频侦查运用。使用图像处理软件进行测量时，选择视频图像中嫌疑对象及周边参照物最清晰的单帧图片，确定被测量目标和参照物的一定坐标点，通过建立坐标的方式进行测量。现场实验测量的方法是选择视频图像中被测量人最清晰的自然直立的单帧图片，一组人员在监控室实时观察，另一组在现场模拟，并及时用电话或对讲机沟通进行测量。

（四）主动视频法

主动视频侦查法是指监控系统可以根据现场人物活动、环境变化等有选择地记录监控范围内的人、事、物的视频侦查运用。常见的主动视频侦查有下几种情况：一是安装了红外感应探头，程序设计监控范围内如有活动物体便开始自动记录，或者是道路交通中安装了感应程序的卡口、红绿灯、收费站监控（主动闪光拍照）；二是监控系统后台的可控制操作，监控操作员根据监控范围内的具体情况，进行移动搜索、跟踪嫌疑、聚焦目标的操作记录；三是针对犯罪嫌疑人的落脚区域安装临时监控点位，有的还可配置人像自动识别系统，或后台监控实时观看人员，以及时发现犯罪嫌疑人或嫌疑车辆；四是为了解某现场区域性人员活动、物品购买情况，安装临时监控点。主动监控记录的内容集中、针对性强、检索方便。

（五）特征提取法

特征提取法是指把视频图像中，人的视力难以分辨的案件相关的信息特征，运用现代图像处理技术提取出来，确定嫌疑对象可供排查的种类和个体特征，用于视频目标追踪或提供线索以缩小侦查范围的视频侦查运用。特征提取，主要是借助现代图像处理技术，对获取的信息中，人的视力难以分辨的，模糊微弱、细小的特征进行专门的技术处理，使其达到清晰化，或可供辨认的程度。例如：模糊的目标车辆车牌号的显现处理；车辆的类别、特定区域显现处理；嫌疑对象的特征、打扮；随身携带物品辨识；等等。

（六）目标追踪法

目标追踪法是指从视频监控录像中查找确定嫌疑对象后，根据嫌疑对象的可供辨认特征，在其可能的来去路线沿途监控中寻找，进而确定嫌疑对象的行走路线或者落脚点，以缩小侦查范围的视频侦查运用。它分为连线追踪法和圈踪拓展法两种方式。连线追踪法是指从视频监控录像中查找确定犯罪嫌疑人后，根据犯罪嫌疑人的面貌、衣着、车辆等可供辨认的特征，在其可能的来去路线沿途监控中寻找，将出现犯罪嫌疑人踪迹的各点相连，并定时定位，进而确定犯罪嫌疑人的行走路线和落脚点，以缩小侦查范围的视频侦查运用。圈踪拓展法是指从视频监控录像中查找、确定犯罪嫌疑人后，但其来去方向不明时，依据犯罪嫌疑人的面貌、衣着、车辆等可供辨认的特征，以现场为中心，利用周边视频监控点的布局，结合调查访问，向四周扩散搜索，以发现犯罪嫌疑人的踪迹和来去方向的视频侦查运用。在明确犯罪嫌疑人的来去方向后，即可进行连线追踪，进而分析案犯落脚点，缩小侦查范围。

（七）信息关联法

信息关联法是指从视频图像中确定犯罪嫌疑人后，根据其在活动过程中反映出的使用手机、进网吧、住旅馆等情况，及时进行信息关联，拓展查证渠道的视频侦查运用。实践中常用的信息关联法主要有：①手机通话信息联查法。根据犯罪嫌疑人使用手机的情况，分析其通话时间、地点、主叫、被叫等细节，提供技侦部门查证，或获得其手机话单和机主资料后，即可结合常住人口人像信息与视频监控中犯罪嫌疑人的面貌进行比对。②车辆信息联查法。根据犯罪嫌疑人车辆车牌号，结合车辆外观等关联信息提交交管部门查证车主资料，进而将常住人口人像信息与视频监控中犯罪嫌疑人的面貌进行比对。③互联网信息数据联查法。对视频资料中出现的犯罪嫌疑人实施的与互联网发生联系的行为进行研究，发掘特定互联网数据信息，进而确定犯罪嫌疑人的身份或行踪的侦查方法。④住宿信息联查法。根据犯罪嫌疑人进出宾馆、饭店、旅店等的登记记录、住宿来往的人员、时间等关联信息，查证相关线索。⑤痕迹物品信息联查法。通过视频资料发现、提取嫌疑对象有丢弃烟头、口香糖、饮料瓶等相关痕迹物证时，对其进行关联查询，发现犯罪嫌疑人。⑥智能卡信息联查法。智能卡指银行卡、购物卡、消费卡等带有编号和芯片信息的卡。通过对卡内信息资源的掌握和研判，可以追踪卡片关系人的基本信息，及其使用该卡的具体细节，从而确定犯罪嫌疑人的人身形象或者活动轨迹。⑦车载 GPS 联查法。如发现嫌疑对象活动轨迹失踪，还可根据其失踪的时间、地点、人数等关联信息，与装有 GPS 的车辆进行信息关联，进而寻找关联现场或其落脚点。

（八）情景分析法

情景分析法是指侦查人员依据对案情的研究，设想犯罪行为人可能与作案相关的情景，分析犯罪嫌疑人进出现场时可能经过的路线、衣着和携带物品的变化情况、可能使用的交通工具、作案后为销赃等可能会去的场所等要素，结合现场和相关区域周边的交通情况，查看相应的监控视频图像，进而推断、论证犯罪行为人作案过程、携带物品、交通工具及作案应具备的条件等，进而发现犯罪嫌疑人的视频侦查运用。

（九）实验论证法

实验论证法是指通过现场勘查、调查访问，侦查人员在相同地点和环境条件下，模拟犯罪嫌疑人的动作和随身物品，根据监控视频图像间的比对，论证犯罪嫌疑人的作案过程、穿着特征、携带物品和交通工具等的视频侦查运用。

（十）实时抓捕法

实时抓捕法是指通过人机互动的方式，由监控人员在实时观察监控录像时发现预谋犯罪、现行犯罪情况，或是根据已发案件情况，发现犯罪嫌疑人的行动轨迹，直接利用各监控点锁定、跟踪、搜寻犯罪嫌疑人及其行动路线，并即时通知有关部门对犯罪嫌疑人进行抓捕的一种实时视频侦查运用。

 任务实例/呈现 ··

20××年 3 月 8 日，××市某区商业写字楼内，犯罪嫌疑人趁事主王某、孟某外出午餐之际盗走价值 27 000 元的笔记本 2 台，由于案发时正值午餐时间，办公室人员复杂，且作案过程非常短，勘查人员并未在现场提取到有效物证。但是，通过调取中心现场的视频监控，侦查人员确定了犯罪嫌疑人，但由于视频辨识度不高，难以准确识别人脸。视频显示，嫌疑人在完成偷盗后点燃了香烟，这一动作引起了侦查人员的注意，侦查人员开始在外围现场搜索烟蒂，并成功提取到好运牌烟蒂一枚，通过提取的唾液斑，将犯罪嫌疑人锁定，并将其绳之以法。

任务小结

本学习任务介绍了什么是视频侦查，帮助学生明确视频侦查的特点和作用，掌握视频资料调取、研判、使用方法等进行视频侦查所必需的相关基础知识，培养学生按要求进行视频侦查的操作技能和运用能力。

思考题

1. 什么是视频侦查？试述其特点。
2. 试述视频侦查的作用。
3. 试述如何调取视频资料。
4. 结合所学及理解，试述实践中视频侦查的运用。

任务训练

训练项目：模拟视频目标测量

一、训练目的

通过模拟视频目标测量训练，帮助学生加深对视频侦查的理解，掌握视频侦查的具体方法，培养学生在司法实践中运用视频侦查的操作技能和实际运用能力。

二、训练要求

1. 明确训练目的。

2. 掌握训练的具体内容。

3. 熟悉训练素材。

4. 按步骤、方法和要求进行训练。

三、训练条件和素材（具体训练条件和素材可根据训练目的及训练重点由训练指导教师选择、调整）

（一）训练条件

模拟训练场所、视频资料、多媒体设备等。

（二）训练素材

某年 7 月 17 日，在某地发生一起抢劫杀人案件，在案发现场附近调取的视频监控中看到了犯罪嫌疑人的模糊形象，但是难以识别人脸。根据监控图像间的比对，测出犯罪嫌疑人的身高为 170 厘米左右，破案后测得犯罪嫌疑人身高为 168 厘米。

四、训练方法和步骤

在指导教师指导下，学生进行模拟实训，具体方法和步骤如下：

1. 准备素材，确定训练方式，学生复习视频侦查有关的基础知识，分组准备，做好情景场所及配套基本器材、设施、设备准备工作。

2. 实训指导教师介绍训练内容和要求，发放准备好的案例素材。

3. 学生按照要求查看现场摄像头，保证其角度没有变动。挑选不同高度的实验人员在现场相同位置模仿犯罪嫌疑人的动作，或制作一个 2 米长的刻度明显的标杆，将实验标杆置于现场的相同位置，在监控室的同学先全屏回放案犯经过现场时的视频，找到犯罪嫌疑人较清晰的自然直立图片定格，用头部较细的彩色笔在显示屏上点上头顶点和脚底点。

4. 在现场先找出案犯经过时的落脚点，并做上记号，将实验标杆下端放在脚底点位置，自然直立标杆并左右晃动标杆上端使其与屏幕上的头顶点重合，并在标杆上找出头顶点位置，测量头顶点下端标杆的长度，即可得出犯罪嫌疑人的身高。操作中注意可选择不同的角度、位置进行实验，并验证实验的误差和身高数值的准确性。

5. 整理训练成果，形成书面材料。

五、训练成果

1. 完成视频侦查涉及材料的制作，并将书面材料交训练指导教师。

2. 总结训练成果，写出训练心得体会。

3. 指导教师进行讲评及训练成绩考核、评定。

拓展阅读

学习任务十九　网上查控

 任务概述

　　互联网已经成为世界上发展最快、前景最广、市场潜力最大的平台，它从各个方面渗透到了人们的日常生活中，同时犯罪嫌疑人的诸多信息也留存在虚拟空间之中。侦查人员在运用传统侦查模式和侦查方法开展侦查工作的同时，需要紧跟时代步伐，将侦查领域扩展到存储有海量犯罪信息的互联网领域，以互联网应用为依托，通过发现和提取互联网上犯罪信息，并结合侦查工作内网的犯罪信息资源，拓展网上查控。为做好网上查控工作，需要知道什么是网上查控，明确网上查控的优势，掌握网上查控的环境支持和相关方法，按照相关规定，开展网上查控，为有效开展侦查工作拓宽领域。

 任务基础

一、什么是网上查控

　　网上查控，是指针对各类违法犯罪活动，侦查机关依照法律规定，运用互联网知识和互联网技术，通过网上调查与监控，发现违法犯罪线索，收集证据，揭露、证实犯罪的一项侦查措施。互联网在给人们带来方便和快捷的同时，也给形形色色的犯罪人提供了新的犯罪领域。例如：侵犯个人隐私、商业秘密和国家秘密，制造、传播计算机病毒，贩卖违禁物品、管制物品，销售赃物，网络诈欺，妨害名誉，侵入他人网站、主页、电子信箱，网络赌博，网络色情和性骚扰，伪造证件、货币，教唆、煽动各种犯罪，传授各种犯罪方法，恐吓、敲诈勒索，网络贩毒，网络恐怖活动，等等。即便是一些犯罪人不利用网络进行违法犯罪活动，但在生活中也有使用网络的习惯或需要，这也为网上查控提供了可能。如犯罪人在互联网上使用 QQ、微信、电子邮箱、游戏账号、微博、各类论坛及聊天室等常见的虚拟身份进行一些社交、娱乐等活动时，都会在网络空间留下可觅之迹，这就为网上查控提供了可能。

二、网上查控的优势

侦查就是一个收集、分析、整合、传递、运用犯罪信息的过程，通过各种措施和方法占有的犯罪情报信息量越大、越及时，这一犯罪信息查控过程的价值就越高。当前，司法工作的各项业务均在开展信息化建设，各级侦查机关和领导更是高度重视侦查信息化建设，在加大信息技术装备和专业人员的投入，构建现代化侦查工作机制的同时，不断探索侦查工作中运用信息技术和网络技术的有效途径和方法，给当前的侦查工作注入了新鲜血液和活力，极大地优化和丰富了侦查模式与侦查方法，弥补了传统侦查工作的不足。网上查控在侦查实践中的优势日趋明显，具体体现在以下几个方面：

（一）丰富侦查信息资源

在当前大数据时代与信息化侦查的背景下，侦查机关非常重视信息情报资料库建设，积极利用技术手段革新，不断扩充并丰富了信息资源的内容。侦查工作所依托的信息资源涵盖了侦查业务工作信息系统、其他业务信息系统（如常住人员信息、暂住人员信息、罪犯基本信息、罪犯改造信息等）和社会相关行业信息资料（如出行信息、房产信息、住宿信息、网购信息等），为网上查控提供了强大的信息支持。在利用网上信息开展侦查时，侦查机关对与案件有关的信息，可以利用其内部的资源信息（如内网系统中人口信息资源库、刑事案件信息系统、违法犯罪人员信息系统、车辆与驾驶人员信息系统、痕迹物证信息系统、DNA信息系统、指纹数据库等数据资源信息）与外网社会各业务系统信息资源进行关联、比对、甄别和核实，突破地域、行业、人员范围的界限，将侦查工作延伸到各个行业和各个角落，一步步找出有价值的客观信息，为迅速侦查破案提供有价值的线索和证据，极大提高侦查效益。

（二）突破查控手段

网上查控能借助计算机科学技术和网络技术，应用各种信息系统的查询功能，将侦查人员提交的查控条件和查控要求设定为检索条件，选择检索路径，利用计算机强大的自动化运算能力，在很短的时间内完成对海量信息的比对查询。这种"人机对话"和"足不出户"的查控方法，比传统的走街串户、外围走访，更具有先进性、科学性和效率性。

（三）突破侦查模式

传统的侦查模式主要是采取从案到人的模式，重点针对与案件有关的人、事、物的调查核实来发现侦查线索，收集证据，揭露证实犯罪。而网上查控则在从案到人模式的基础上，充分挖掘信息资料的价值和运用空间，形成从物到人、从人到案、从案到案等多种模式，实现信息主导侦查的侦查模式。

（四）提升侦查效益

信息化系统平台一经建成可长期反复使用，其功能可以随着信息化的建设完善和信息量的充实而不断拓展、更新。基于信息化建设成果的网上查控更是受益于大数据时代和信息化建设的成果，实现了以最短时间、最少警力、最低消耗来获取更多的侦查情报信息，收集更多有价值的侦查线索和证据，减少了侦查人力、物力的投入成本，极大地提升了侦查效益。

三、网上查控的环境支持

网上查控作为一种新兴的查控措施，必须得到网络设备、网络技术和网络信息的支持。相应的网络设备、网络技术和网络信息等环境建设是网上查控优势能否发挥的关键。

（一）网络设备

网络设备及部件是连接到网络中的物理实体。网络设备的种类繁多，且与日俱增。基本的网络设备有：计算机（包括个人电脑或服务器）、集线器、交换机、网桥、路由器、网关、网络接口卡（NIC）、无线接入点（WAP）、打印机和调制解调器、光纤收发器、光缆等。网上查控能发挥多少作用，首先取决于在网络设备上能否得到保障。故各侦查机关应根据实际情况，加大对网络设备的投入，为网上查询提供坚实的物质基础。

（二）信息网络建设

侦查信息网络是连接各个信息系统的桥梁，是不同地区、不同业务部门之间实现信息资源共享的纽带，是通过网络进行查控的重要载体，只有建设高效的信息网络系统，才能保障网上查控顺利开展，故应着重抓好纵向和横向信息网络建设。①纵向信息网络建设。纵向信息网络是指侦查信息网络从上到下的覆盖，形成相应的网络层级体系，即全国信息网络和各地方各级信息网络及工作站。此体系建设要确保每一个终端按照相应的授权都能进入信息网络查询侦查工作所需要的信息。目前，各侦查机关所属的行业系统均在开展信息化系统建设，如公安系统的"金盾工程"、司法系统的监狱系统信息化工程建设等。②横向信息网络建设。横向信息网络是指将侦查业务信息网络向其他业务部门（如治安、交巡警、出租车管理、狱政管理、刑罚执行等）的信息网络延伸覆盖，拓展信息来源渠道，实现不同警种、不同业务部门资源共享。同时，在保证安全合法操作的前提下，寻求专门信息网络与社会公共网络拓展渠道，充分利用社会公共网络资源为侦查工作服务。只有通过纵向和横向信息网络建设，才能保证在立体综合的信息网络中有效发挥网上查控的作用。

（三）网络信息支持

网上查控的实施，是基于能使用的违法犯罪情报信息的质与量。可以说，违法犯罪情报信息是网上查控的基础。违法犯罪情报信息主要分布在侦查部门建立的内部情报信息系统中，其他业务部门情报信息系统与社会各行各业情报信息系统也存在许多有助于发现侦查线索和证据的信息资料。这些分散在不同信息系统的情报信息资料，需要通过系统化、网络化的筛选、甄别和链接固定，才能为侦查工作服务。一方面，这需要侦查机关切实加强案件资料（包括已破和未破的案件）、现场痕迹物品资料、涉案物品资料、犯罪方法与手段资料、违法犯罪人员资料等在内的违法犯罪信息资料建设与维护，同时与其他业务部门收集的诸如住宿人员资料、出境人员资料、罪犯资料、刑罚执行资料等在内的可能涉及违法犯罪方面情报信息资料实现共享，使侦查人员在侦查工作中能随时按权限查阅和运用；另一方面，侦查机关应与其他社会职能部门或单位加强联系，并取得他们的配合与支持，打破部门和行业壁垒，将其他社会职能部门或单位的信息资料系统中可能与违法犯罪有关的信息资料纳入侦查运用范畴，为网上查控提供有力的信息支持。

 任务实施/操作 ....

一、网上查控的运用

网上查控作为侦查人员利用互联网开展侦查、缉捕的一种侦查措施，根据侦查目的的不同，其运用操作也不同，实践中常用的主要有以下几种：

（一）网上公布案情

互联网的运用为公布案情提供了更为广阔的空间，警方运用网络媒体公布案情，可以借助庞大的网络用户群及时将案件信息传递到社会各个角落，群众反馈的信息也能通过互联网迅速地传递到侦查部门。网上公布案情的对象不仅是公民大众，也可以是侦查工作部门或其他业务部门，从而使跨地区、跨部门网上侦查协作或串并案成为可能，极大地节约人力、物力成本和侦查资源。

（二）网上比对查询

目前，网络信息库存储的数据信息已日趋成熟，除了违法犯罪人员的信息之外，网络也留下了各种业务和社会相关单位相关人员的信息、线索。因此，借助网上查询比对，查找违法犯罪线索和查控犯罪嫌疑人已成为可能并且非常便捷。对于已发案件，从分析犯罪的规律特点和作案手法入手，运用信息系统查询案件资料，发现串并案线索；从现场痕迹物品、涉案物品、涉案交通工具、犯罪行为人特征等方面入手，借助网络进行比对查询，发现侦查线索，认定嫌疑对象；从分析犯罪行为人使用的通信工具及通信记录入手，进行网上通信信息分析和追踪，锁定犯罪嫌疑人；从现场周围的视频资料入手，实现时空轨迹与网络信息碰撞，确定可疑人员、车辆、物品或其他识别信息；对于无名尸体或失踪人员，可通过网上查询失踪人员信息和无名尸体信息，发现被害人线索，为侦查方向和范围的确定提供依据；等等。

（三）网上查证

对发现的犯罪可疑人员、抓获或留置的可疑人员，收押于看守所、拘留所、强制隔离戒毒所、监狱等的相关人员，盘查、追缉堵截、专项清查发现的可疑人员，常住人口、暂住人口、旅馆住宿人口中的可疑人员等，可以通过及时上网，运用信息比对、关联人员轨迹、网络跟踪、虚错信息纠错、社会信息追踪等方法，检索其身份信息，确定其身份，发现是否为在逃犯罪嫌疑人或是否涉嫌违法犯罪，必要时，可提取其指纹、足迹、DNA 等信息，上网进行检索比对，确定其真实身份和所涉嫌的案件。

（四）通讯查控

现代通信工具（如固定电话、移动电话等）的普及，给人们的工作、生活和学习带来了极大便利，然而也给犯罪人作案带来了便利，甚至成为其作案的工具，当然也为侦查工作提供了可以利用的资源条件。侦查部门通过利用和监控与犯罪有关联或可能有关联的通信工具，可以发现犯罪嫌疑人之间或与相关人员的联系，为查找犯罪线索，发现犯罪嫌疑人提供新的途径。从侦查实践来看，目前主要与技侦部门配合采取技术措施对涉案通信工具进行技术控制，通过对话单信息分析，对抓获的犯罪嫌疑人的通信工具进行控制，以及对通信工具销售点、维修点等进行控制等方式来开展调查和分析研究，发现犯罪线索和证据，寻找和确定犯罪嫌疑人。

（五）网络线索和证据查找

网络线索和证据查找是指通过上网设备（电脑、手机等）、网络提供服务者（网吧、公共上网场所）和网络服务运营商（网站）信息的查询、检索，对违法犯罪人员在网上活动的信息，进行关联、回溯和追踪，发现有关违法犯罪活动的线索和证据的网上查控运用方式。实践中常见的途径和方式主要有：

1. 通过上网设备信息线索查找。这主要是对存储有上网信息的电脑、手机等上网终端设备进行查找，并发现上网终端设备上遗留的上网信息，进而发现涉及违法犯罪信息线索的内容。获取上网终端设备上留存下来的上网信息，通常由侦查人员直接获取或由专业技术部门予以支持和配合。

2. 网络服务信息线索查找。在网上查控中，能够储存违法犯罪线索信息的网络服务信息者主要有两类：一是提供网络服务的网络服务者（Internet Service Provider，简称 ISP），也就是提供网络服务的运营商，如中国电信、中国联通、中国移动等网络公司及其代理服务者。从 ISP 处可以查获上网的 MAC 地址、手机号码、连接时间、登录网址等信息，对网上查控从网络到人、从网络到机、从网络到通讯、从网络到事等方面的信息和线索查询具有十分重要的意义。二是网络内容的网络服务者（Internet Content Provider，简称 ICP），就是通过建立网站提供信息的服务者，如新浪、百度、腾讯等门户网站及其提供 Web 网页的个人网站等。ICP 的数量十分庞大，几乎所有的上网活动都会在 ICP 服务器存储各种各样的信息。对于网络服务信息线索，可以通过以下几种方式获取：一是公开查询，即通过浏览网页、检索等方式获取，如博客、微博、QQ 空间、BBS、贴吧等公开信息中的线索查找。二是依法调取，即通过办理相关法律手续，要求网络服务者提供相应的支持，如需查询 IP 地址、MAC 地址或电子邮件、微信等社交聊天工具等内容作为线索或证据。此外，通过公共场所提供的免费 Wi-Fi 连接上网的终端设备、MAC 地址同样也可作为信息线索查找的途径。三是侦查措施等手段获取，即通过讯问犯罪嫌疑人、询问相关人员、秘密侦查措施等手段获取用户名、登录密码，或直接登录查控对象的账户获取相关信息线索。

3. 上网地点信息线索查找。上网地点信息，是指除上网终端信息和网络服务信息之外，其他诸如从上网人员身份登记信息、监控信息、调查访问网络管理人员等处获取的一些有关的涉网信息。因家中、单位、学校等场合的网络与使用者联系较为紧密，较容易查证，一般涉及违法犯罪的可能性相对较低。当前，公共场所中上网率不断增长，除网吧之外，机场、咖啡馆等公共场所无线网络环境的提供，使得公共场所成为民众使用网络办公、学习、娱乐的有效网络资源补充。故在侦查中应当重视网吧、咖啡馆、机场等公共场所的网络资源的使用。这些公共场所网络使用往往会有身份登记、视频监控、网络资源使用时间段等方面的资料和信息，这为利用网络信息进行线索查找提供了可能。因此，加强对网吧、咖啡馆、机场等公共网络场所上网地点信息的查询和管控，并从中发现各种信息线索将成为网上查询效益提高的增长点。

（六）犯罪嫌疑人查控

网上查控犯罪嫌疑人主要有两种方式：一是利用网络作为工具查控犯罪嫌疑人，即案发后侦查部门及时将犯罪嫌疑人的相关情况和特征详尽地在公安局域网和相关网络上发布，请求其他地区侦查机关和有关单位、部门、人员予以关注并配合进行查控犯罪嫌疑人。二是从与犯罪嫌疑人在网络上有关的信息线索中发现并查控犯罪嫌疑人。当前，网络贯穿人们生活、工作和学习的各个方面，甚至从某种意义上来说，人们在生活、工作和学习中脱离网络已经几乎没有可能，尤其是在城市生活中。违法犯罪人员在作案活动与作案前后的相关活动与网络有着千丝万缕的联系，甚至有的案件本身就是涉网案件。通过网络信息线索的查控，也能发现并获取犯罪嫌疑人的线索和证据，甚至直接查获犯罪嫌疑人。如有的犯罪嫌疑人外逃后，有上网聊天的习惯，通过查获其网名、昵称，侦查人员可以利用网络聊天工具，主动与其聊天或让其他网友与其聊天，设法套出其联系地址、手机、电话等，通过查控信息，进行抓捕。

（七）网上查控赃物及违禁品

在大数据时代，"情报主导侦查"的理念已贯彻于侦查的各个环节。利用犯罪情报信息资源中已存储的相关信息与在案件中发生或发现的涉案赃物、违禁品进行网上比对碰撞，可以借此发现案件线索。例如，其他地区侦查机关在盘问及审查可疑人员时，通过其随身携带物品与网上发布的涉案物品、违禁品进行对比，可以确定该可疑人员随身携带物品是否是网上查控的涉案物品。有的犯罪人员可能将盗、抢的赃物和违禁品（如枪弹、毒品）在网上销售，对此可以通过追查网上的广告，查出广告发布者的 IP 地址、登陆电话等，发现赃物和违禁物品，查获犯罪嫌疑人。同时，侦查机关可以在互联网上发布被盗、被抢财物的名称、种类、特征以及犯罪嫌疑人的特征条件等信息，发动网民提供有关赃物和犯罪嫌疑人的线索，利用网民控制销售赃物、违禁品和查找犯罪嫌疑人。

二、网上查控的具体措施

（一）实时监控、跟踪监控进行网上查控

实时监控、跟踪监控措施是通过对网上信息的浏览和搜索，发现网上有害信息和线索，并予以跟踪和记录。该项措施主要用于搜集以公开和半公开方式提供违法犯罪信息服务、从中谋取利益的犯罪情报，以便及时发现违法犯罪线索并采取有效措施减少损失。需要浏览的网站主要是微信朋友圈、各类论坛、聊天室、

个人主页等。通过实时监控、跟踪监控措施可以侦查的案件类型有：色情网站、非法传销和销赃、反动和非法组织网上聚会、反动宣传、利用网站进行诈骗等。监控获取的信息要及时分析处理，辨别真伪，并进行进一步的跟踪和调查处理。

（二）扫描网上秘密服务端口进行网上查控

随着互联网的发展和普及，为了获得更多的经济利益，越来越多的犯罪人，尤其是犯罪集团开始涉足网络犯罪。扫描手段主要通过专门的扫描工具对网上的秘密服务进行搜索，查明秘密服务的端口并进行连接，发现各种以秘密方式在网上进行违法犯罪活动的组织和个人，通过数据截取技术可以监控犯罪嫌疑人的网络访问，发现各种犯罪活动的线索、证据。有些犯罪，如网上赌博、反动组织网上联络等，是利用专用网路通信软件进行的，在查出犯罪人的 IP 地址后，可以利用扫描工具对网上秘密服务进行扫描，发现已知秘密服务的端口，并确定为案件线索，进行试探连接，分析获取的数据，进行进一步的侦查。

（三）虚拟身份锁定

虚拟身份，是指人们在互联网虚拟空间活动时使用的用户名、称谓或昵称等。目前诸如 QQ、微信、支付宝、手机银行、微博等软件，以及用户在购物、交流、支付、发微博时均有典型的虚拟身份，如昵称、号码、邮箱等。这些虚拟身份通常由一串字符组成，长度不等，有的虚拟身份可以多次变更，有些则不允许变更，具体以各网络服务商的注册规定为准。虚拟身份信息多多少少都会与真实身份信息有着一定的联系或关联，有的在多个虚拟身份信息和虚拟身份用户口令上存在着一定的关联或一致性。可以通过对虚拟身份锁定，并进行虚拟身份信息痕迹分析研判，从中发现相关信息，进而查清事件性质、发现侦查线索和证据，查获犯罪嫌疑人。

（四）发掘社交软件信息

社交软件是指人们在生活、学习、工作中用于交往的各种通信软件。当前人们的社会交往越来越依赖于诸如腾讯 QQ、微信、飞信等各种方便快捷的社交通信软件，也在这些社交软件使用过程中留下了各种信息。这些信息虽然有真有假，但都能在一定程度上体现社交软件用户的相关活动和一些个人相关信息。通过发掘这些社交软件的相关信息，也能为网上查控提供有效线索和证据。如对于腾讯 QQ 社交软件，则可以通过腾讯 QQ 的查找功能，查看腾讯 QQ 用户的昵称、个性签名、性别、年龄、生日、生肖、星座、电子信箱、开通服务、头像等个人信息，通过对这些信息的进一步发掘，则有可能获取腾讯 QQ 用户的真实个人信息或个性特征方面的信息，同时通过这些信息的关联，还可以进一步发现微博、论坛等方面的信息，进一步扩展信息空间；通过对腾讯 QQ 空间信息的发掘，可发现腾讯 QQ 用户的近期动态、照片，以及其他方面与腾讯 QQ 用户本人密切相关的信息；通过聊天记录与传递文件的提取，可以发现侦查线索和犯罪证据；通过腾讯 QQ 以化装侦查的方式，主动与目标对象进行交往，以刺探、贴靠、交谈、交流的方式来获取侦查对象的有关信息，甚至可以向侦查目标发出要约并予以诱捕；如果取得运营商的支持和配合，还可以通过腾讯 QQ 进行布控，以及对 IP 地址、MAC 地址、电子邮箱、用户真实身份等进行查证。

（五）上网场所身份信息调查

按照相关法律法规的规定，互联网上网服务营业场所应当对上网消费者的身份进行核准、登记，以便记录其上网信息，以便在文化行政管理部门、公安机关依法查询时予以提供。但实际上，上网登记落实情况并没有完全到位。而作为提供付费上网服务的网吧，因其大都是 24 小时均提供服务，加上配置有基本的生活设施，进出人员复杂，往往容易成为犯罪人犯罪前后藏身的场所。故通过对案发前后上网场所人员的排查，可以发现犯罪同伙或有关联人员、地域性高危人员、有前科人员、使用虚假身份的人员，并从中发现违法犯罪人员或相关线索、信息。同时，对上网的侦查对象，可根据其上网时间、具体电脑，请网络安全监管部门介入，进一步发现上网痕迹和线索。

（六）地址查控

地址查控主要是指 MAC 地址和 IP 地址查控。

1. MAC（Media Access Control）地址。MAC 地址，即介质访问控制地址，就是电脑上网用的网卡。MAC 地址是在媒体接入层上使用的地址，也就是网卡的物理地址，所有上网设备（包括各种无线网卡、宽带 MODEM、宽带路由器、智能手机等）都有 MAC 地址。每块网卡在生产出来后，除了基本的功能外，都有一个全球唯一的编号标识自己。可以说 MAC 地址和身份证一样具有唯一性和识别性。只要获取到准确的上网设备 MAC 地址，无论是被盗抢的上网设备，还是用于作案的上网设备，均可通过网络服务商对 MAC 地址进行查询，从而实现运用 MAC 地址进行查控上网设备。一般获取 MAC 地址的方法包括以下几种：①通过上网设备及辅助物获取。可以从电脑上找，有些会贴在电脑上，没贴的也能通过在运行中输入 CMD 到 DOS 状态或并输入 IPCONFIG/ALL 得到。也可以从电脑的外包装、装箱单、说明书、保修卡等上面找到 MAC 地址。②通过网络服务运营商倒查获取。一般来说，只要上网设备使用网络，就会在运营商的设备里被记录下 MAC 地址。因此通过网络运营商的网络服务信息，结合涉案上网信息线索，可以查询到上网设备的 MAC 地址。③通过调查获取。部分事主、被害人对网络知识掌握较多，会对自己使用的网络设备的 MAC 地址进行记录、保存或设置，通过对他们的调查，能获取 MAC 地址的信息，也可通过向关联设备保存的 MAC 地址进行排查发现涉案上网设备的 MAC 地址。MAC 地址的查控，视网络服务商的功能和配合度而定。

2. IP（Internet Protocol Address）地址，IP 地址，即互联网协议地址，是 IP 协议提供的一种统一的地址格式，是为互联网中每一个网络和每一个用户终端分配的一个逻辑地址，以此来屏蔽物理地址的差异。IP 地址构成了整个 Internet 的基础，所有的网络活动都需要通过一定的 IP 地址（虽说有不少 IP 地址是动态的）操作。因此，只要是涉网的活动，都可以通过网络服务商查询到相关的 IP 地址。一方面，可以通过 IP 地址直接定位现实的空间地址；另一方面，还可以通过相对固定的 IP 地址反查相关联的 MAC 地址、网络 ID 等账号信息。在有的案件侦查中，可以通过 IP 地址+MAC 地址+互联网账号或银行账号等信息进行关联，拓展信息、线索渠道。

（七）网络信息比对

网络信息比对是指在侦查工作中，侦查机关将各类案件信息汇集建立、整合形成信息资源库，以电脑网络、信息技术对侦查工作中涉及的人、事、物的相关信息、线索进行传递、查询、对比、识别，发现侦查线索，收集证据，开辟侦查工作思路。如网络案情通报、网上认证可疑人员身份、涉案线索信息查询比对等。

（八）开展线索研判并跟踪

通过监控、扫描或举报获取的线索需要进行线索研判，获取有用的情报信息。侦查机关通过电子邮件及其地址、网站网址等对软件中的 ID、BBS 或聊天室的账号等的分析可以进行电子邮件线索分析和网站线索分析。电子邮件线索分析即通过电子邮件的属性可以查出电子邮件的属性以及发送与接收时间。同时，还可根据有关案情，分析邮件地址、邮件主体和邮件抬头，利用监控系统和搜索引擎搜集有关情报，进行调查、跟踪和布控。网站线索分析，是对得到的嫌疑网站或 URL 地址进行初步调查和分析，确定其 IP 地址和 ISP，并发现相关线索，为进一步跟踪调查作准备。在线索研判的基础上，运用常规手段或秘密手段进行跟踪、网上定位嫌疑人，可为侦查破案搜集证据，如侦查机关利用技术设备对特定的或嫌疑计算机及通信设备在运行时产生的电磁波进行侦收、破译，并可以收集到与犯罪有关的信息。

任务实例/呈现

某年 1 月 31 日，北京大学、清华大学、中国人民大学等 12 所大学和北京市公安局 110 接警指挥中心的互联网网站，分别接到一封内容相同的电子邮件，自称是中国反应试联盟，再不能容忍中国腐败的考试制度，要在 2 月份爆炸和屠杀一批教授和老师……血洗校园……该恐怖案件发生后，立即引起北京市党委和政府的重视，北京市刑事犯罪侦查总队特警支队受命破案。

特警支队通过网监部门查找电子邮件来源，锁定其中给各大学的邮件是从黑龙江省佳木斯市永红区"星语"网吧发出，北京警方立即派出侦查人员到佳木斯市开展工作。经与佳木斯市刑侦、网监部门共同工作发现，"星语"网吧管理混乱，不仅没有按要求进行实名制登记上网，而且每台电脑上都擅自安装了还原卡，致使单机使用记录的全部资料被自动删除。因此，侦查工作陷入僵局。随后，技术人员将侦查目标转移到发给北京市局 110 网站的另一个电子邮箱地址上，经网上查询得知，该邮箱网址是通过国外微软网站注册启用的，但有邮箱密码，警方无法打开并进入邮箱浏览，后经聘请北京市计算机网络专家破解密码、打开邮箱，发现了内存的重要相关信息，发现并认定了佳木斯籍北京在校的某大学生，该人因学习成绩不好，与教师产生对立情绪和矛盾，制造了这起恐吓事件。

任务小结

本学习任务介绍了什么是网上查控，帮助学生明确网上查控的优势，了解进行网上查控的环境支持、运用方法和具体措施等进行网上查控所必需的相关基础知识，培养学生按要求进行网上查控的操作技能和实践运用能力。

思考题

1. 什么是网上查控，与传统侦查相比其具有哪些优势？
2. 试述网上查控的环境支持。
3. 结合所学，谈谈对网上查控运用的理解和认识。
4. 试述网上查控的具体措施。

任务训练

训练项目：模拟网上查控

一、训练目的

通过模拟网上查控实训，帮助学生加深对网上查控的理解，掌握网上查控的基本操作，培养学生网上查控的操作技能和实际运用能力。

二、训练要求

1. 明确训练目的。

2. 掌握训练的具体内容。

3. 熟悉训练素材。

4. 按步骤、方法和要求进行训练。

三、训练条件和素材（具体训练条件和素材可根据训练目的及训练重点由训练指导教师选择、调整）

（一）训练条件

网络信息实验实训室及相关的设施设备。

（二）训练素材

某年7月4日，孙某无意中发现一辆未锁的电动车，就推至一维修车摊点，通过修车师傅帮忙，搭线发动了电动车，期间，孙某在一旁观察学会了"搭线"技术。当晚，他在某网站开设网店，3天后就以450元将电动车成功销赃。之后，孙某开始疯狂作案，一旦发现龙头没有锁的电动车就将其推到偏僻处，故技重施，开盖、搭线、换锁、上网发布信息销赃。短短17天，孙某就盗窃电动车16辆，通过网店卖出14辆，销赃获利1.2万元。

四、训练方法和步骤

在指导教师指导下，学生分组模拟各角色（侦查部门负责人员、侦查人员、技术人员以及其他相关人员）在模拟场所进行训练，具体方法和步骤如下：

1. 准备素材，确定训练方式，学生复习有关网上查控的基础知识，做好网上查控相关配套基本器材、设施、设备准备工作。

2. 实训指导教师介绍训练内容和要求，发放并介绍案例素材的相关内容。

3. 学生阅读素材，掌握网上查控的相关事实和材料，在指导教师的指导下形成情景模拟方案，布置模拟网上查控场景。

4. 学生以分工负责的形式进行角色分配，具体可按指挥员、侦查人员、知情人以及其他相关人员等进行角色模拟分配，明确职责任务和工作内容。实际操作时可根据情况进行添加或删减角色，排列组合形成情景模拟团队，如添加或删减侦查部门负责人、专业技术人员等。

5. 完成模拟网上查控组织与实施情景操作，对素材案例中没能提供的条件，由学生酌情进行合理设计和补充。

6. 整理训练成果，形成书面材料。

五、训练成果

1. 完成模拟网上查控，并将操作过程和结果形成书面材料交训练指导教师。

2. 总结训练成果，写出训练心得体会。

3. 指导教师进行讲评及训练成绩考核、评定。

拓展阅读

学习任务二十　通信查控

任务目标

　　知识目标：通过本学习任务的学习，培养学生知道什么是通信查控，理解通信查控在狱内侦查中用以解决什么问题，了解罪犯通信管理的相关规定，掌握狱内通信查控所必需的基础知识。

　　能力目标：通过本学习任务的学习、训练，培养学生树立合法通信查控意识，以及在司法实践中严格按照法律规定，运用所学的知识、技能和能力进行狱内通信查控的业务技能和运用能力。

任务概述

　　狱内侦查的通信查控是对罪犯来往信件和电话情况进行严密控制的措施。它是基于狱内犯罪预防和案件侦查而采取的一项措施，目的在于迅速及时地发现狱内犯罪线索，收集犯罪证据，及时采取相应措施，打击狱内犯罪活动和防止狱内案件的发生。此外，当罪犯脱逃后，如有使用移动通讯工具的情况，亦可根据逃犯使用的通讯工具，进行追踪、确定范围和地点，然后实施抓捕。这就需要知道什么是狱内通信查控，把握通信查控的相关知识，掌握通信查控的方法，按照相关要求，有效组织通信查控，为预防狱内违法犯罪争取主动权。

任务基础

一、什么是通信查控

　　通信，指人与人或人与自然之间通过某种行为或媒介进行的信息交流与传递。从广义上来说，是指需要信息的双方或多方在不违背各自意愿的情况下采用任意方法，借助任意媒质，将信息从某方准确安全地传送到他方的活动。最初的通信方式主要是书信，但在互联网时代，各种电子通讯方式，特别是即时通讯方式，已取代书信成为最主要的通信方式。对自由人来讲，其通信方式有很多种，但对在狱内服刑的罪犯而言，他们在通信的方式上则会受到严格的限制，一般仅限于收寄信件和亲情电话。通信查控，是指狱内相关部门依据我国法律法规的相关规定，对罪犯或与狱内违法犯罪有关的通信进行管控，以获取狱内违法犯罪信息，预防、打击狱内违法犯罪或缉捕脱逃罪犯的一项措施。狱内通信查控主要包括对罪犯在服刑期间收寄的信件、拨打的亲情电话和视频会见的现场等实施的管理控制，但也不排除对罪犯脱逃后在狱外使用的通讯工具的查控。

二、通信查控解决的问题

刑罚执行的人文关怀，使罪犯仍能通过一定的形式与外界保持联系、交流、沟通。根据目前的相关规定，罪犯可通过信件、亲情电话、视频通话等方式实现对外的联系、交流、沟通。通信条件的改善同时也给狱内罪犯传递违法犯罪信息、策划狱内违法犯罪带来了便利。其主要表现为：一是进行违法犯罪预谋、策划；二是利用通信传递违法犯罪信息和实施违法犯罪活动；三是实施违法犯罪后利用通信手段商讨反侦查对策、互相通风报信；四是脱逃、潜逃后与家人、亲友联系；五是作案中借用、盗抢通信工具。通信在为违法犯罪人员提供违法犯罪便利的同时，也为侦查工作提供了可利用的条件。因此，采取一定的措施对狱内通信进行查控，可以发现犯罪信息、线索和证据，查清涉嫌犯罪人员之间或其与外界的联系，为发现犯罪人及其活动情况提供了一条重要的途径。

三、狱内通信的相关管理

（一）罪犯收寄信件的相关管理

罪犯在服刑期间可以与他人通信，来往信件应当经过检查，但罪犯写给监狱上级机关和司法机关的信件，不受检查。罪犯收寄的信件不得含有妨害罪犯改造或者影响监狱安全的内容，发现有下列内容的，应予以扣留：①恶意攻击、诋毁国家现行制度或污蔑党和国家领导人的；②煽动颠覆国家政权、推翻社会主义制度或者分裂国家、破坏国家统一，危害国家安全的；③煽动民族仇恨、民族歧视，破坏民族团结的；④宣扬邪教或者迷信的；⑤污蔑、歪曲监狱民警正当执法行为的；⑥使用隐语、暗语、密码书写或在信纸、信封内外做标记的；⑦涉及监狱民警、职工及其他罪犯家庭住址、通讯号码、账号等个人信息的；⑧散布谣言扰乱社会秩序，破坏社会稳定的；⑨交流案情或涉嫌其他违法犯罪的；⑩其他有碍罪犯改造或影响监狱安全内容的。

（二）罪犯亲情电话的相关管理

罪犯拨打亲情电话须有监区民警在场进行直接管控，罪犯有下列情形之一的，不准拨打亲情电话：①有漏罪、余罪待查的；②正在关押禁闭，戴戒具的；③违反拨打亲情电话制度，被取消拨打亲情电话资格的；④有其他不宜拨打亲情电话情形的。

（三）罪犯视频会见的相关管理

随着通信技术的不断发展，罪犯与其亲属、监护人通过视频会见也成为可能。对于视频会见，按照相关规定。进行如下管理：①有条件的监狱应当设置单独的视频会见室，室内配备必要的设施设备。需要进行视频会见的罪犯，可以向监狱提出申请，监狱准予会见的，应当确定会见时间，通知罪犯亲属、监护人居住地县级司法行政机关和罪犯亲属、监护人。②罪犯亲属、监护人可以就近向居住地县级司法行政机关或者司法所提出视频会见申请。监狱收到司法行政机关提交的罪犯亲属申请视频会见的通知后，应及时进行审核；准予会见的，应及时通知司法行政机关和罪犯亲属、监护人。③罪犯亲属、监护人应当在监狱确定的会见时间到司法行政机关办公场所与罪犯视频会见。

四、罪犯脱逃在外使用的通信工具查控的内容

（一）确定脱逃罪犯使用的通信工具

主要包括：一是根据脱逃现场和脱逃路线及其附近出现的通信工具信号，进行碰撞筛选确定脱逃罪犯使用的通信工具；二是根据通信工具的运动轨迹与脱逃案件发案的时空条件相重合的情况，确定脱逃罪犯使用的通信工具；三是通过被盗抢的通信工具的通话记录确定脱逃罪犯的关系人，进而确定脱逃人员使用的通信工具；四是根据相关人员的通信工具的通话记录，分析确定脱逃罪犯使用的通信工具。

（二）查获脱逃罪犯

侦查人员通过技术手段监控、分析研判脱逃罪犯使用的通讯工具，判断作案时间和与案件有关的其他情况，发现其行踪和落脚点，为抓捕脱逃的罪犯提供线索支持；运用手机信息的定时、定人、定位功能，以及手机长时间不间断的服务功能，侦查人员可以据此确定相关人员的"活动轨迹"，为查获脱逃罪犯提供信息支持；侦查人员也可以通过话单分析等方法，确定其联系比较密切的固定电话、移动电话，进而结合其他侦查措施确定脱逃人员的相关信息，为查获脱逃罪犯提供信息支持；通过对脱逃罪犯盗抢的手机等通信工具的控制，不管被盗抢的通信工具是脱逃罪犯直接自用，还是转卖给别人，侦查人员均可通过技术手段进行秘密控制，发现并查获脱逃罪犯。

（三）监听、监控

侦查人员对脱逃罪犯使用的相关通信工具进行实时监听、监控，可掌握其动

态信息。此外，在对脱逃犯罪嫌疑对象采取跟踪监视、守候监视等外线监控活动中，通信工具的监控能够发挥重要作用，加大监控的力度。

（四）发现确定同案人

侦查人员通过脱逃罪犯使用的通信工具的通话记录，可分析确定与其联系较为频繁的通信工具，并结合该通信工具的相关信息进一步发现与其联系密切的同伙及关系人信息。

（五）收集诉讼证据

侦查人员通过通信工具查控所收集的通信工具及其信息本身就是证据，具有重要证据价值。其主要内容为：一是查获的与脱逃犯罪或其他犯罪有关的通信工具本身就是重要的物证；二是与犯罪有关的通信记录和内容也是重要的书证；三是在有些案件中，犯罪嫌疑人利用通信工具与相关人员联系的通话、录音、视频，是重要的音视频资料；四是侦查人员采取有效措施，促使犯罪嫌疑人与相关人员进行联系，对其通信情况进行监控或录音，这既是重要的证据，也能根据通信内容发现其他证据或证据线索。

任务实施/操作

一、对罪犯来往信件的查控

监狱应指定专管民警对罪犯来往信件进行检查登记，并通过以下操作加强对罪犯往来信件的查控：

（一）认真开封检查

通过认真开封检查，筛查潜藏的物品与信息。根据实践工作经验，外来信件信封上的邮票后可以贴埋现金、书写暗语等。因此，对罪犯信件的信封要进行细致检查，查看信封是否完整、信封邮票是否存在有另外加工、改装等问题，必要时可将罪犯收到的信件邮票进行剥离检查。同时，对信件的左右封口进行拆开检查，对信封的内层，则通过透视检查的方法，使可能潜藏的物品和信息得到及时查获堵截，防范各类影响监管安全事件的发生。

（二）细致检查信件内容

通过细致检查信件内容，进而筛查各类危机信息，并分情况作出处理：

1. 检查中，若发现夹带毒品、现金、刀刃具、移动电话等带有通讯功能的电子产品或其他违禁品的，必须扣留信件，并及时移交狱内侦查部门处理。

2. 对罪犯在信件中提及的消极改造的思想，流露出的对改造现实生活不如意、对管理制度不满等内容，则立即登记在案，由监区民警找到罪犯，进行谈话教育，疏导思想，并狱情信息研判分析，为下一步开展罪犯管理教育工作起到调查摸底的作用。

3. 对于罪犯家属寄来的信件当中，含有家庭变故、妻子要求离婚等信息的，监狱民警应立即上报监区领导，及时研究对罪犯进行告知的方式方法，以解决保障罪犯知情权与罪犯积极改造的和谐统一的问题。

4. 对于信件中发现的有异常思想的罪犯，要及时安排民警与其谈话，加强监控管理，同时在第一时间上报危机干预系统，通过实施心理危机干预措施，将对罪犯的影响降低到最低程度。

5. 对于一些含有违反监狱管理规定内容的信件，则采取监区扣留的方法进行封存，进一步调查后再处理。

（三）如实登记信件

通过建立罪犯往来通信管理登记本，由检查民警如实地登记，认真填写相关内容，建立起罪犯通信的对象姓名、关系、住址明细账，使罪犯的信件内容形成流水账，全部记录在案，便于监区翻查、分析研判，从而使监狱民警及时掌握罪犯与家属、亲友以及外界其他人员的通信内容，以便进行纵向对比和横向分析，发现相关信息、线索，筛查罪犯服刑思想变化。如通过通信双方态度、频率、时间节点等发现罪犯出现的思想问题或者有关狱内违法犯罪的信息或线索，为妥善解决罪犯思想问题或预防、打击狱内违法犯罪提供线索或信息支持。

（四）必要时扣留信件

罪犯来往信件需要扣留的，应经监区长审定，登记后存入罪犯档案；如其中发现有其他政法机关尚未掌握的违法犯罪线索，除扣留信件外，还应对罪犯隔离管理或移交有关部门查处。

二、对罪犯亲情电话的查控

罪犯的亲情电话概不受理从狱外打来的电话，罪犯如需拨打亲情电话，必须在监狱指定的场所，使用监狱统一配置的通话装置。罪犯首次通话前，监区应核实罪犯的亲属关系和电话号码，无误后，由核实人、监区长签字，报监狱狱政管理部门审批，录入监管改造系统。罪犯亲属电话号码发生变化，或罪犯出现暂停通话情形的，监狱应及时作出变更处理。罪犯每次通话前应当提交通电话的理由和主要内容，并由监狱民警按照罪犯预留的亲情电话号码将电话接通之后交与罪犯通话。通话时应当使用普通话，不得使用隐语、暗语或外语。对少数民族罪犯确需使用本民族语言的，应当有翻译人员在场监听或及时安排翻译人员复听。在亲情电话的通话过程中，民警应当实时监听，并对通话的内容进行录音，负责监听的民警若发现罪犯通话有下列情形之一的，应立即中止通话：①利用拨打亲情电话之机与社会上同案犯串通案情、口供，订立攻守同盟或内外勾结的；②使用隐语、暗语或者非规定语种交谈，不听劝阻的；③恶意歪曲、攻击、污蔑党的监狱工作方针、政策的；④通话内容不利于罪犯改造的；⑤通话内容违反法律法规或者影响监狱安全的。在中止通话的同时应在系统评估中注明；对需要证据保全的，按证据取证要求进行保存。罪犯通话结束后，责任民警应于当日将通话内容等情况在电话系统中详细记录，若发现犯罪线索应当及时报告狱内侦查科，对于正常通话录音和记录也应保存至罪犯释放。

三、对罪犯视频会见的查控

视频会见同亲情电话流程相似，参照执行即可。但需要注意的是，视频会见中，因会见双方可直接看到对方的表情，所以要注意观察罪犯与视频会见人员的表情和肢体语言，防止利用表情和肢体语言进行交流。若罪犯或视频会见人员具有下列情形之一的，负责管理的监狱民警应停止或中止视频会见：①会见人与申请时的身份信息不对应的；②散布反动、危害国家安全、危害监狱安全言论的；③视频会见时谈论案情，涉嫌串供、通风报信的；④遥控狱外犯罪活动的；⑤会见谈论内容涉及监狱安全防控工作的；⑥谈论危害监狱安全和其他不利于罪犯改造内容的；⑦使用隐语、暗语和不文明语言的；⑧不服从视频会见现场监狱民警管理的；⑨大声喧哗或举止不文明的；⑩视频会见人员对会见过程进行照相、录音、录像的；⑪未经审批的人员进入视频会见现场的；⑫视频现场杂乱，影响视频会见效果的；⑬其他违反法律、法规以及妨碍监狱管理秩序的。罪犯视频结束后，责任民警应于当日将视频会见内容等情况在会见系统中详细记录，若发现犯罪线索也应当及时报告狱内侦查科。

四、罪犯脱逃后使用的通信工具查控

从罪犯脱逃后使用的通信工具本身来说，有的通信工具是犯罪使用的犯罪工具，有的是脱逃罪犯与相关人员进行联络的通讯工具，有的则是脱逃后犯罪行为侵害的对象。通信工具在犯罪活动中的地位和作用不尽相同，故采取的查控方法也有所区别。实践中常见的主要有：

（一）技术控制

技术控制是指侦查部门与技术侦查部门密切配合，运用技术设备对罪犯脱逃后使用的通信工具进行秘密监控。实践中主要有两种方式：一是通过对罪犯脱逃后所使用的通信工具进行秘密监控，掌握脱逃罪犯的通信情况和行踪动向；二是对与脱逃罪犯有关联的涉案人员的通信工具进行监控，从中发现脱逃罪犯的行踪

和相关情报信息。

（二）话单分析

话单是通信工具使用者进行通信后形成的记录，能反映出使用者的活动规律、联系人员、活动场所等情况。一份通信话单包括机主信息、通话时间、主被叫号码、基站位置、主被叫通话地点等，此外还包括一些诸如通话频率、活动规律、通信工具状态、短信信息、通信工具上网信息、反常情况、充值记录、关系人员等潜在的间接关联信息。需要侦查人员在侦查活动中结合具体的案件情况进行挖掘，以推动侦查活动的进展。当前，通信工具已成为人们常用的联系工具，成为涉案物品出现在越来越多的案件的不同阶段中，从而为侦查活动提供了通信话单的时空轨迹。话单分析就是根据话单时空轨迹与犯罪嫌疑对象或涉案人员的活动轨迹存在关联的原理，充分运用信息关联锁定法、电子串号比对法、信息数据碰撞法、固定电话重点分析法、特殊号码分析法、短信内容分析法、新号码分析法、公共通话追踪法、通信轨迹分析交通工具法、网络觅踪法等方法，来发现包括使用通信工具的脱逃罪犯在内的犯罪嫌疑人的行踪动向，进而发现侦查线索，收集证据，查获犯罪嫌疑人。

（三）通信工具控制

通信工具控制是对脱逃罪犯、犯罪嫌疑人或相关涉案人员使用的通信工具进行的控制，具体分为两种情况：一是被动控制，即控制脱逃罪犯、犯罪嫌疑人或相关涉案人员使用的通信工具，等候其他犯罪嫌疑人员或涉案人员联络该通信工具，迅速查明联络该通信工具人员情况，发现线索，查获相关人员；二是主动控制，即让脱逃罪犯、犯罪嫌疑人或相关涉案人员使用自己所使用的通信工具主动与其他犯罪嫌疑人或相关涉案人员联络，发现其他犯罪嫌疑人员或涉案人员，发现线索，查获相关人员。

（四）其他控制

其他控制包括：一是侦查部门通过对通信工具销售点、维修点等进行控制，发现被盗、被抢的通信工具，如要求通信工具销售点、维修点在销售或维修通信工具时，对通信工具的名称、型号、特征和串号等进行登记，有条件的地方，可考虑登记联网；二是通过秘密和公开相结合的方法，发现被盗、被抢通信工具，进而围绕通信工具开展调查，寻找并发现犯罪嫌疑人。

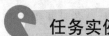 **任务实例/呈现** ·······················

20××年3月12日，××市公安局成功地打掉了×××市以张某为首的黑恶势力

团伙，但该团伙成员2号人物韩某在逃。通过调取韩某手机信息，发现3月14日16时以后韩某使用的手机号在××市漫游，3月15日14时在××市漫游，3月16日11时在××市漫游，3月17日在××市漫游，并于4月18日停机。侦查人员确定韩某极有可能藏身在××市，但是具体地点不详。随后侦查人员将包庇韩某犯罪的韩母抓获。韩母只知道儿子在××市，但是不清楚具体地点。然而她知道儿子在××市使用的新手机号。侦查人员赶到××市。在当地公安机关的配合下调出该手机的通话信息，从中发现一条打到××县消防队一部固定电话的信息。经过查证，据此在××市将犯罪嫌疑人韩某抓获归案。

任务小结

本学习任务介绍了什么是通信查控，帮助学生明确通信查控能解决的问题，了解狱内通信的相关管理制度，掌握对罪犯脱逃在外使用的通信工具进行查控所必需的相关基础知识，培养学生按要求进行通信查控的意识和基本运用能力。

思考题

1. 什么是通信查控？试述通信查控能解决哪些问题。
2. 试述对罪犯来往信件的查控。
3. 试述对罪犯亲情电话的查控。
4. 试述如何进行通信工具查控。

任务训练

训练项目：模拟罪犯信件查控

一、训练目的

通过模拟罪犯信件查控的模拟实训，帮助学生加深对罪犯信件查控的理解，掌握信件查控的具体要求，培养信件查控的操作技能和实际运用能力，能够及时对罪犯信件作出妥善的处理。

二、训练要求

1. 明确罪犯信件查控的目的。
2. 掌握训练的具体内容。

3. 熟悉训练素材。

4. 按步骤、方法和要求进行训练。

三、训练条件和素材（具体训练条件和素材可根据训练目的及训练重点由训练指导教师选择、调整）

（一）训练条件

模拟训练场所、模拟罪犯的信件若干封（可由学生每人书写一份，其中包括训练素材涉及的信件）。

（二）训练素材

罪犯乐某，21 岁，高原大山里出来的孩子，因抢劫罪被判处有期徒刑 4 年 8 个月。他母亲曾是家乡小学的代课老师，他认识的为数不多的几个字也正是受教于他的母亲。因为儿子犯罪，一生自尊要强的父亲接到入监通知书后，写信来宣布与他断绝父子关系。温柔慈爱的母亲断断续续地给他寄了多封书信。他却从来不回。民警曾问他为何如此决绝。他说："我对不起我阿爸阿妈，阿妈教我识字是为了让我懂道理、学做人，不是让我用来坐牢的。"一天，民警检查到寄给他的一封信件，内容非常简单，只有一行字。大概内容是：好好做人，出来了早点回家，我在家等你。这样一封连主语称谓都没有的信，并没有引起民警的注意，确认无夹带后就发给了乐某。当乐某看完信后，当场眼泪喷涌而出，那是一种民警从未见过的哭法，眼泪扑簌地流，口中却没有发出一丝声音。过了许久，他才回答：我阿爸写的信，阿妈是不是没了。后来经过民警电话确认，他没有猜错。此案例中，若民警通过查控发现了罪犯信件中的异常信息，就不能直接将信件交给罪犯，以防止信件内容对罪犯产生不良影响。

四、训练方法和步骤

在指导教师指导下，学生分组模拟各角色（狱内侦查人员、监区民警）在训练室进行训练，具体方法和步骤如下：

1. 准备素材，确定训练方式，学生复习有关信件查控的基础知识，做好实施信件查控的相关准备工作。

2. 实训指导教师介绍训练内容和要求，发放准备好的案例素材。

3. 学生阅读素材，掌握狱内信件查控的相关事实和材料，在指导教师的指导下形成情景模拟方案。

4. 学生以分工负责的形式进行角色分配，具体可按监区民警、狱内侦查人员、狱内侦查部门负责人以及其他相关人员等进行角色模拟分配，实际操作时可根据情况进行添加或删减角色，排列组合形成情景模拟团队。

5. 完成模拟狱内信件查控及处置情景操作，对素材案例中没能提供的条件，由学生酌情进行合理设计和补充。

6. 整理训练成果，形成书面材料。

五、训练成果

1. 完成信件查控所涉及材料的制作，并将相关材料交训练指导教师。

2. 总结训练成果，写出训练心得体会。

3. 指导教师进行讲评及训练成绩考核、评定。

拓展阅读

学习任务二十一　查控涉案物品

任务目标

知识目标：通过本学习任务的学习，培养学生知道什么是查控涉案物品，理解查控涉案物品在侦查中的重要作用，了解制约犯罪人处置涉案物品的因素，掌握开展查控涉案物品工作所必需的基础知识。

能力目标：通过本学习任务的学习、训练，培养学生在司法实践中运用所学的知识、技能和能力开展查控涉案物品工作的相关业务技能和运用能力，发现涉案物品下落和侦查线索。

 任务概述

刑事案件发生后，一旦有涉案物品存在，侦查机关应迅速部署调查、控制涉案物品，发现侦查破案线索，获取犯罪证据，查获犯罪嫌疑人，收缴涉案财物，挽回或减少被害人的损失，总结犯罪活动中涉案物品的新特点、新动向，为有针对性地做好防范犯罪和制定侦查对策提供有力依据。这就需要知道什么是查控涉案物品，明确查控涉案物品在侦查中的重要作用，了解犯罪嫌疑人处置涉案物品的制约因素，结合案情和侦查需要，按照相关规定和要求，运用查控涉案物品的方法，有效开展查控涉案物品工作。

 任务基础

一、什么是查控涉案物品

查控涉案物品，是指侦查人员在侦查破案过程中，通过公开或秘密的工作方式，对与案件有关联的物品进行调查和控制，查清楚其来源、去向，从而获取犯罪线索和查缉犯罪嫌疑人的一项侦查措施。涉案物品一般是指现场遗留物、作案工具、赃款赃物、交通工具、通信工具等。查控的方法可根据案件情况、涉案物品的具体情况，以及其他相关情况，灵活采取各种公开和秘密的方法进行，力求发现涉案物品的来源、去向，从中获取线索、证据，查获犯罪嫌疑人。查控涉案物品是具体的侦查措施与长期的侦查基础业务的有机结合，不仅仅在案件侦查中发挥着作用，而且也贯穿于侦查基础业务建设的始终。

二、查控涉案物品的作用

（一）发现案件线索

案件线索是与案件有关的一切情况和信息。这些情况和信息总是依附于与案件相关的人、事、物，并通过人、事、物反映出来。刑事案件发生后，涉案物品本身及其存放的场所、流通的渠道、处置的过程等，总是与特定相关的人、事、物发生这样和那样的联系或关联，而且通过各种各样的形态、形式反映出来。通过这种联系、关联和反映，能够直接或间接地揭示涉案物品与犯罪及犯罪人发生的各种联系。因此，通过查控涉案物品，我们能掌握涉案物品与案件相关的情况和信息，从而为我们发现侦查线索提供依据。

（二）收集犯罪证据

在侦查活动中，有些涉案物品是连接犯罪与犯罪人的中介物品，有些是犯罪行为的目标。查控涉案物品，是建立犯罪人与犯罪直接联系的重要途径，也是确定犯罪人犯罪行为的重要依据。从这个意义上来说，查控的涉案物品是揭露和证实犯罪的重要证据。一般情况下，犯罪人为切断这种联系或达到自己的作案目的，必然会采用各种方法使用、买卖、转移、隐藏、销毁涉案物品，在这些涉案物品被使用、买卖、转移、隐藏、销毁的过程中，都可能不同程度地暴露在社会及周围群众的视线中，还会形成其他证据，这些证据在多数情况下都是通过查控涉案物品所收集的，如作案工具，通过调查和控制查获的赃款赃物，处理涉案物品形成的遗骸、痕迹或物品等。

（三）查获犯罪嫌疑人

侦查活动中，通过查控涉案物品能够发现与涉案物品有关联的人，虽说与涉案物品有关联的人不一定是犯罪嫌疑人，但犯罪嫌疑人肯定与涉案物品存在着某种关联。可以这样说，与涉案物品有关联的这些人当中，有的就是犯罪嫌疑人，有的虽说不是犯罪嫌疑人，但可以通过对其进一步查控，顺藤摸瓜，进而查找、发现、确定、抓获犯罪嫌疑人。如有的犯罪嫌疑人作案后会自己支取或者抛售、窝藏、转移、处置涉案物品，当侦查机关查获到支取或者抛售、窝藏、转移、处置涉案物品的人时，也就查获到了犯罪嫌疑人；有的犯罪嫌疑人自己不敢支取或者抛售、窝藏、转移、处置涉案物品，会让他人代为支取或者抛售、窝藏、销赃、转移和处置，这时通过查控涉案物品，一方面能查获其同案犯，另一方面可通过同案犯进一步追查犯罪嫌疑人。有的犯罪嫌疑人利用通信工具犯罪或与同案犯相互联络，通过通信工具的查控，也可以发现犯罪嫌疑人以及其同案犯。此外，窝赃、销赃活动本身就是一种犯罪行为，需要按照法律规定追究刑事责任。查控赃物，既是查获窝赃、销赃犯罪嫌疑人的有效措施，也是打击窝赃、销赃犯罪的有力措施。

（四）挽回被害者的损失

及时调查和控制涉案财物，犯罪人则难以处置、挥霍涉案财物，能够实现追缴涉案财物的目的，可以为国家、集体和个人追回或缴获被犯罪嫌疑人侵占的全部或部分财物，挽回或减少被害人的经济损失。同时，通过将赃物退还给失主和失物招领等工作，又可以教育有关单位和群众提高警惕，加强对犯罪的防范工作，减少国家、集体和个人的财产被犯罪侵害而导致的损失，并拉近广大群众与侦查机关的关系，进一步激发有关单位和群众协助侦查机关侦查工作的积极性，从而更加有力地配合侦查机关开展预防、打击刑事犯罪活动的斗争。

（五）研究涉案物品的新动向

通过查控涉案物品的信息反馈，可以帮助我们认识刑事犯罪中涉案物品的新动向、新特点，研究涉案物品发展规律和发展趋势，为侦查机关有针对性地做好防范工作和制定侦查对策提供有力依据。

三、犯罪人处置涉案物品的制约因素

犯罪人实施犯罪之后，如何处置涉案物品是每个犯罪人都要面临和思考的问题。受主客观条件的影响和制约，犯罪人处置涉案物品的方式和方法并不能随心所欲。侦查人员查控涉案物品，要结合案情，根据犯罪人处置涉案物品的具体情况，合理预判涉案物品的去向，把握犯罪人处置涉案物品的制约因素，有的放矢，抓住关键，争取查控涉案物品的先机。

（一）犯罪人自身因素

每个犯罪人的作案动机与目的、智商、兴趣、爱好、特长、心理个性、人生经历、犯罪经验、社会阅历、受教育情况、接触环境、职业技能、朋友圈等方面之间均存在着一定的差异性，犯罪人在处置涉案物品过程中，即使是相同类型的案件或者不同案件相类似的涉案物品，均会或多或少会受到这些差异性的影响，呈现出各种各样的态势，但却又与犯罪人这些自身因素息息相关。如有些心理素质差、犯罪经验少的犯罪人，在实施犯罪之后，内心不安，会急于处置涉案物品，以尽早脱离嫌隙；而有些犯罪经验丰富，有自己处理赃物渠道的犯罪人，则会静观其变，待到时机成熟再处置涉案物品。有的犯罪人作案后会销毁、隐匿、隐藏涉案物品，以切断涉案物品与案件、与自身之间的联系或线索；有些犯罪人作案后肆无忌惮、毫无顾忌，仍然在自己的生活、工作或学习场合中使用涉案物品；有些涉案物品则属于犯罪人自身的嗜好，其会对涉案物品进行收藏。

（二）涉案物品情况

不同的涉案物品有着自身的属性、社会价值、用途、特性，以及对犯罪人不同的作用、意义，这些对犯罪人作案后处置涉案物品的方式、方法和途径有着重要影响。如有的涉案物品具有明显的犯罪行为人个人识别特征，犯罪行为人则会采取一定的措施与方法对其进行掩盖、掩饰或毁坏；有的案件涉案物品数量众多、体积大、重量重，犯罪人不便搬运，可能会先隐藏在现场附近合适的场所，然后再另选时机搬运；有的涉案物品具有显见的经济价值，犯罪人则可直接消费或实现其经济价值；有的涉案物品需要通过变卖才能消费或实现其经济价值，那么犯罪人必须采取一定的渠道、方式与方法进行销赃，并寻找销赃的渠道、途径、去向和场所。

（三）侦查机关查控情况

侦查机关对涉案物品或涉案物品相关、相类似物品的控制性基础业务建设和案件发生后采取的查控措施的覆盖面和力度，以及对案发地的社会控制情况，也会对犯罪人处置涉案物品产生重大影响。在侦查机关日常的阵地控制、控制销赃等基础业务开展得好的领域或渠道，犯罪人则不会轻易通过这些领域或渠道处置涉案物品；反之，犯罪人则可能通过这些领域或渠道进行销售、变卖或处置涉案物品。有的案件发现及时，侦查机关响应快速，迅速展开追缉堵截、摸底排查等措施，犯罪人若发现情况不妙，则可能通过就地隐藏、转移、毁灭或抛弃等方式来处置涉案物品；反之，就会给犯罪人提供从容处置涉案物品的机会。

（四）涉案物品的处置方式

涉案物品大多是认定犯罪人作案的直接证据，为逃避侦查和打击，犯罪人作案后均会采取各种方法与手段对涉案物品进行处置。犯罪人处置涉案物品的目的一方面是隔断自身与涉案物品、涉案物品与案件的直接联系，以规避侦查；另一方面是获的一定的物质利益或其他利益，满足犯罪人的非法需求。犯罪人处置涉案物品的方式主要有：①转移涉案物品。犯罪人持有涉案物品，总是会担心被侦查机关查获而惊恐不安，通常会考虑采取一定的方式方法将涉案物品转移到自认为安全的地方或场所。②隐藏涉案物品。有的犯罪人会根据侦查机关的侦查工作动向，判断自己面对的形势，将涉案物品进行隐藏，等待时机，伺机进行销售、销毁、转移或另行处置。③销毁涉案物品。销毁涉案物品是犯罪人基于某种目的销毁涉案物品。如割断自身与案件的内在联系，报复涉案物品持有人等。销毁涉案物品从某种意义而言，即销毁了揭露证实犯罪的重要物证。但需要指出的是，经过侦查所获取的犯罪人销毁涉案物品的痕迹、遗骸或过程又成了证明犯罪人处理涉案物品的重要证据。④自用、抵债或赠送。有的犯罪人获取涉案物品是为了满足自身对涉案物品的占有、使用的愿望，有的涉案物品本身是犯罪人日常生活、学习或工作可以自用的物品，有的涉案物品可能因其价值而被犯罪人用以抵债或赠送他人。⑤销售。不少刑事案件都直接或间接地与经济利益有关联，涉案物品中的赃物在刑事案件侦查中的地位和作用不可忽视。犯罪人常见的销赃方式有：摊点低价销赃、利用专门从事销赃的窝点或渠道销赃、暗中物色场外销赃、改头换面销赃、预售销赃、变相销赃、异地销赃和网络销赃。犯罪人无论采取哪一种处置方式，均需要犯罪人以一定的行为或活动来完成，而这些行为或活动过程都会留下一些线索或信息。这些线索或信息会成为犯罪人的处置涉案物品的制约因素，并为侦查机关查控涉案物品所用。

四、查控涉案物品注意事项

（一）严守纪律，杜绝贪赃枉法

在查控涉案物品工作中，时常会遇到一些颇具诱惑力的情形。如有的正在转移、销售、隐藏、销毁涉案物品的犯罪嫌疑人会因为被发现而丢下涉案物品逃跑；有的会在被发现查获涉案物品时而以部分或全部涉案物品的经济价值或其他财物对查控人员行贿；有的会在查控人员面前低价推销各种物品。面对这些情形，单独执行查控涉案物品的侦查人员，尤其是在协助查控涉案物品的秘密力量，如果没有严格的纪律约束，稍一疏忽，就会涉及收、藏、私分涉案物品的贪赃枉法行为。因此，对查控涉案物品的人员，要加强纪律和法制教育，保持高度警惕，做到"常在河边走，就是不湿鞋"。

（二）快速反应，主动查控

查控涉案物品是一项紧急侦查措施，时间性很强。发案后，一旦了解涉案物品的特征和掌握有关涉案物品的去向后，就应立即布置，以快制快，力争人、物俱获，切不可坐失良机，造成无法弥补的损失。

（三）妥善处置查获物品

对于查控工作中查获的物品，经过核实，确属涉案物品的，应及时提取或彻底追缴，不能提取或追缴一部分放走一部分；不属涉案物品的，应及时退还原主；对一时查不清楚的涉案物品，可先作为可疑物品进行登记保存，同时安排力量尽快查明情况。对扣缴的涉案物品，要办好法律手续，开列扣押清单，并指派专人妥善保管，防止损毁、变质和腐烂。

（四）加强协作配合。

查控涉案物品工作常涉及多个警种、多个部门，甚至还涉及多个地区，为有效开展工作，要搞好各警种、各部门、各有关地区的协作配合。协作配合中，要坚持依法办案，克服本位主义和地方保护主义思想，积极协调，主动支持配合。

（五）掌握涉案物品的流向动态。

应注意加强侦查情报信息及相关侦查基础业务建设，并通过分析研究查控涉案物品所获取的信息资料，掌握犯罪人处置涉案物品的特点、流向动态等。根据这些特点和动态，制订有针对性的工作措施，掌握查控涉案物品工作的主动权。

任务实施/操作

一、查清涉案物品的情况

（一）了解涉案物品的基本情况

查控涉案物品的前提，就是要掌握涉案物品的基本情况，只有这样才能有针对性地采取查控措施。不同的涉案物品有不同的特性、价值、用途、使用或处理方式。侦查人员应通过其他措施与方法尽可能查清以下问题：①涉案物品的基本情况，包括涉案物品的名称、品牌、种类、数量、规格、尺寸、质地、颜色、质量、体积、外形、新旧程度等特征；②涉案物品的价值，包括在侦查中的价值、使用价值、商业价值、收藏价值等；③涉案物品的用途，包括专用、民用、公用、自用等；④涉案物品的产销情况，包括涉案物品的生产厂家、产地、生产日期、销售方式、销售或配送范围、使用范围等；⑤涉案物品的使用特征，主要指涉案物品在使用过程中形成的一些独特特征，如使用过程的破损特征、磨损特征、维修特征、记号、特殊标记等；⑥犯罪人与涉案物品的联系，包括犯罪人与涉案物品的关系、知情情况、选择情况。在了解涉案物品的基本情况时，应注意涉案物品本身有无发生变化、改装、改变等方面的可能。

（二）了解涉案物品可能关联的人员情况

在了解涉案物品基本情况的基础上，应结合案情、数据分析及其他相关情况，在确定的侦查范围内调查、了解可能与涉案物品相关联的人员，着重调查、了解下列人员：①对涉案物品有所需求的人员情况。应了解在一定的范围内对涉案物品有需求的人员以及需求的程度。②可能持有、使用、销售或购买涉案物品或类似涉案物品的人员情况。要全面清查一定范围内曾经使用、持有、销售或购买过涉案物品或类似涉案物品的人员情况。③寄存、托运、邮寄涉案物品或类似涉案物品的人员情况。有的犯罪人惧怕自己在携带、保管涉案物品过程中被发现或发觉，往往会采取寄存、托运、邮寄等方式暂时实现涉案物品与自己分离，故应注意对这些相关场所和人员进行调查，以发现涉案物品相关线索。④毁坏、抛弃涉案物品或类似涉案物品的人员情况。有的犯罪人作案后，抛弃、毁灭作案工具、物品，有的基于各种原因无法变卖赃物，又担心暴露，也会销毁、抛弃赃物。侦查人员应注意了解这方面的情况，以发现涉案物品相关线索。⑤经济反常人员情况。应注意调查了解近期在经济上有所反常，经常或间歇性出入一些高档消费或超出正常收出消费场所的人员。

二、确定查控涉案物品的范围

应注意根据案情，涉案物品的种类、特征，结合社情、环境和查控条件，以及犯罪人处理涉案物品的规律特点来准确确定涉案物品查控范围。

（一）现场遗留物的查控范围

现场遗留物也称犯罪相关物品，是指与犯罪有关的能够证明案件真实情况且遗留在现场的各种物品、物质。如犯罪人在作案现场留下的工具、凶器、随身物品、指纹、脚印、唾液、衣物、毛发等。现场遗留物一般是侦查人员分析判断犯罪嫌疑人特征，刻画、寻找、发现犯罪嫌疑人的重要证据或线索。现场遗留物的查控范围一般视遗留物的特征，以及产销、使用情况来确定查控范围。

（二）涉案交通工具的查控范围

随着社会生活水平的提高，犯罪人在作案时也会考虑选用快捷的交通工具来提高作案的效率，在有的案件中，交通工具也会成为犯罪人选择的作案目标。通过设卡堵截，利用车辆信息可以查控犯罪人使用的交通工具；也可以通过查找涉案交通工具有可能途经的地方、地段进行调查，发现涉案交通工具；如果存在隐藏、改装涉案交通工具的，可对可能的隐藏场所或改装的场所或地点进行调查、搜查来发现涉案交通工具。此外，交通工具的来源、车主信息也是侦查人员查控的关键信息。

（三）涉案通讯工具的查控范围

通过通信工具信号的定位，能够快捷并准确地锁定犯罪嫌疑人藏匿的区域，然后可通过搜查、蹲点守候、伏击犯罪嫌疑人或将其直接抓捕；犯罪嫌疑人逃跑的，可组织人员在其可能逃跑的方向、路段、交通场所进行布控和搜捕；对于被害人的通信工具，可以通过技术监控查找使用人及关联人，也可通过二手手机流通渠道和交易场所进行查控。

（四）赃物的重点查控范围

犯罪人通过犯罪获取赃物后，都会采取各种手段对赃物进行处置。对赃物处置的目的，一方面是满足犯罪人的非法需求，使其获取一定的物质利益；另一方面是通过对赃物的处置，割断赃物与自身的直接联系，从而逃避侦查。

1. 犯罪人处置赃物的主要方法。

（1）销售赃物。销售赃物指犯罪人通过销售变卖，将赃物兑换成为现金，以便挥霍、藏匿和逃避侦查。常见的销售赃物方式有：甲地作案，乙地销售；摊点销售，廉价出手；物色买主，暗中销售；化整为零，批量多次销售；改头换面，折价出售；伪造身份，冒名顶替销售；真实身份，非法销售；以物易物，推销销售；伺机作案，预收销售；网络平台，隐蔽销售；等等。需要指出的是，销售赃物作为一种交易活动，其与正当的交易活动相比，具有对抛售物品的未知性、抛售行为的紧张性、抛售心态的迫切性和成交价格的低廉性等方面的特点。这些特点是我们在查控赃物工作中识别、区分销赃活动与正当交易活动的重要依据。

（2）隐藏赃物。犯罪人在实施犯罪后，有时并不急于销售、转移、使用赃物，而是将赃物隐藏起来，再寻找机会处理。犯罪人隐藏赃物的原因多种多样，有的是等待时机，伺机处理；有的则是了解市场行情，伺机销售；还有的是惧怕严厉制裁，将赃物隐藏以留下退路。有些情况下，犯罪人隐藏赃物需要在他人的协助下才能完成，这是发现隐藏赃物线索的一个有利条件。

（3）转移赃物。有的犯罪人手持赃物会出现不安全的心理状态，通常会考虑如何将赃物转移到安全地方；有的犯罪人惧怕亲朋好友或有关群众发现或觉察其犯罪事实而转移赃物；有的犯罪人是因不便携带而将赃物通过邮局或车站寄、托运回家；有的犯罪人是由于惧怕受到侦查打击和法律的制裁，担心暴露而主动将赃物转移。

（4）使用赃物。赃物一般都有使用价值，犯罪人通过犯罪获取赃物的主要目的就是挥霍享受。对于赃物的使用，侦查中一般难以控制，但可以通过深入地调查可疑对象的收入情况、消费反常情形、行为异常现象等来发现线索。

（5）毁灭赃物。有的犯罪人会通过毁灭赃物达到割断其与案件内在联系的目的；有的犯罪人通过犯罪获取赃物的目的是报复被害人，获取赃物后也会毁灭赃物；有的犯罪人毁灭赃物是为了转移侦查工作视线，逃避法律制裁，如在私仇杀人案件和奸情杀人案件中，犯罪人为了掩盖其与被害人的特定因果联系，而故意将现场上的某些"赃物"拿走后毁灭，以制造图财杀人的假象。毁灭赃物从某种意义而言，也可以说是毁灭了揭露证实犯罪的重要物证。但是，毁灭赃物不可能不暴露出任何迹象，不可能不遗留任何痕迹。通过勘验所获取的犯罪人毁灭财物的痕迹往往是证明其犯罪的新的物证，经过调查所获取的犯罪人毁灭赃物的迹象、遗留物或过程又成了证明犯罪人处理赃物的重要证据。

2. 赃物的查控范围。对于赃物的查控范围，应具体问题具体分析，根据犯罪人处置赃物的规律和特点适时而定。对于涉案赃款，一般应考虑赃款的消费去向，重点查控范围有：金融机构、邮局、银行等，作案人有可能投资的行业与项目，商品销售场所，吃、喝、住、行、玩乐、娱乐场所，等等；对于赃物，重点查控范围一般是犯罪人销售、使用、转移、隐藏和销毁赃物所涉足的行业和场所、地点。这要求侦查人员必须根据不断变化的销赃方式和态势规律，随时调整查控赃物的范围，做到及时查控，严密查控，不留死角。一般来说，应着重考虑下列范围：①公共场所，如广场、公园、各类交易市场、车站、码头、机场、影剧院、娱乐场所、物流集散地；②运营中的交通工具，如出租车、公交车、长途汽车、火车、轮船、飞机等；③各类回收行业及场所，如各种废旧品收购站或回收站、旧货交易市场、二手交易市场、文物珠宝收购点；④维修加工场所，如家用电器、钟表、自行车、摩托车、汽车、手机、电脑修理和金银首饰加工场所等；⑤信托寄卖场所，如典当行、寄售行、委托行等；⑥犯罪人吃、住、行、销的场所，如饭店、旅馆、网吧、酒吧、娱乐场所等；⑦商品交易场所，如集邮市场、集市、黑市等；⑧治安情况复杂的地区，如黄、赌、毒多发的地区，城乡接合部及治安死角，流动人员集聚地等；⑨流动收购人员活动场所；⑩各类电子商务平台，如闲鱼网、淘宝网、58同城等互联网购物平台，以及有可能协助赃物销赃的各种网络交易平台；⑪其他可能销售、挥霍、使用、转移、隐藏和销毁赃物的场所和地点。

三、实施查控

查控涉案物品，主要是根据案件性质，通过对涉案物品的查控，本着"依靠行业职工与专门力量相结合，公开行政管理与秘密工作相结合"的原则，通常采用"以人找物"和"以物找人"的方法进行查控。

（一）以人找物

以人找物是指在了解和掌握犯罪嫌疑人的情况下，围绕着犯罪嫌疑人，采取相应的侦查措施，查找或获取涉案物品的工作方法。实践中常用的方法主要有：

1. 通过搜查发现和获取涉案物品。侦查人员可根据侦查中发现的线索、群众的举报材料、犯罪嫌疑人的供述与辩解等情况，对可能隐藏涉案物品的场所依法进行搜查。值得注意的是，进行搜查时要找准时机，行动迅速，检查仔细，如若发现涉案物品已经转移，应该扩大搜查范围或者进行突击性再次搜查。

2. 根据查获的书证、通讯信息所提供的的线索查找涉案物品。在现场发现的书证和通讯工具都可以作为线索帮助我们查找涉案物品。如根据书证的文字内容推断涉案物品的去向，根据书证的笔迹情况找到案件相关人员调查涉案物品。犯罪嫌疑人及被害人使用的通讯工具，目前多为移动电话，由于移动电话在开机工作及待机时均有定位功能（术语为RNP功能）。侦查机关可通过电信管理部门和技术侦查部门定位追踪来查控通讯工具，也可到二手手机市场、典当行业去查控，从而查踪觅迹，发现线索，调查犯罪事实。

3. 通过讯问犯罪嫌疑人查找涉案物品的去向。对于涉案物品的去向情况最清楚的主体无疑是犯罪嫌疑人本人。侦查人员可以通过现已掌握的证据材料，开展审讯，突破犯罪嫌疑人的心理防线，促使其如实交代涉案物品的具体去向，或通过讯问获取涉案物品的相关信息，从而查控涉案物品。

4. 动员犯罪嫌疑人家属或亲友交出涉案物品。对于涉案物品，有的犯罪嫌疑人总会考虑转交给自己最信得过的家属或亲友保管、消费或使用，有的犯罪嫌疑人会考虑到自己无法隐藏涉案物品，而转移给自己的家属或亲友来藏匿，有的犯罪嫌疑人家属或亲友因与犯罪嫌疑人的亲密关系，有可能会知道涉案物品的情况或下落。因此，侦查人员可以考虑以犯罪嫌疑人家属或亲友为突破口，向他们讲明利害关系，争取犯罪嫌疑人家属或亲友的合作，动员他们交出涉案物品或提供涉案物品线索，或通过侦查措施查控与犯罪嫌疑人关系密切的家属或亲友，来发现查控涉案物品的线索或去向。

5. 查询、冻结犯罪嫌疑人存款、汇款，扣押犯罪嫌疑人财产。为了查找涉案赃款赃物，尽可能地减少被害人的损失。可以通过查询犯罪嫌疑人存款、交易、汇款等账户情况，及时掌握赃款流向，借此分析判断和收集犯罪线索，追查犯罪嫌疑人下落，必要时可以采取冻结存款、交易、汇款或者扣押财产的措施。这些措施不仅有利于保全诉讼证据，还可使犯罪嫌疑人被迫交出涉案物品，弥补被害人的经济损失。

（二）以物找人

1. 涉案遗留物的查控。通过现场勘查中遗留的痕迹物品信息，查控涉案物品。有些案件，我们可以通过现场勘查、搜查等侦查措施获取犯罪嫌疑人作案时留下的指纹、毛发、唾液、精斑、作案工具、凶器、随身携带物品，侦查人员可以根据这些涉案物品的特征，掌握涉案物品的产、销、使用情况和信息，并利用各地区或者全国犯罪情报信息系统，查询比对涉案物品、指纹、DNA 信息等犯罪情报信息，从而寻找到犯罪嫌疑线索和犯罪嫌疑人。也可以通过发动群众和秘密力量查找这些物品的所有人、持有人、使用人或其他与涉案物品有关联的人。

2. 涉案交通工具查控。涉案交通工具主要包括犯罪人作案过程中使用的车辆和作为侵害目标侵害的车辆。对涉案交通工具的查控，主要从以下几个方面进行：①通过视频监控系统查明车辆的行驶轨迹，确定涉案车辆的逃跑方向和范围；②可利用已知涉案交通工具的基本信息，运用公安信息平台查询；③运用交通事故处理相关信息；④运用 GPS 数据查明涉案车辆的具体位置、行驶轨迹等；⑤加强交通工具修理场所、二手交通工具交易市场，以及交通工具相关联行业的日常管理和秘密力量管控。通过上述方法和措施查明车辆所有人、使用人或其他相关联人，从中发现线索，缩小侦查范围；也可根据需要采取跟踪、守候、拦截、监控等方法进行控制，或发动群众提供相关信息。

3. 涉案通讯工具查控。对涉案通讯工具的查控，主要从以下几个方面进行：①通过涉案手机、固定电话等通讯工具本身所存储的信息（如手机中保存的呼入、呼出电话信息及时间，发送、接受到的手机短信内容，手机软件、网络使用的信息，程控电话中保存的呼入电话号码等信息）查看比对、询问，据以排查发现线索；②通过通信服务部门对涉案通讯信息进行排查发现线索；③通过移动通讯定位技术锁定目标手机所在位置及行踪定位发现线索；④通过二手手机市场、典当行、寄卖行等行业部门及营业场所进行控制来发现线索；⑤加强社会面，尤其是有可能向路人、行人兜售涉案通讯工具的场所的控制；⑥侦查某些特殊的案件，应侦查工作实际的需要，根据国家相关规定，经过严格的审批程序，还可以采取技术侦查手段来查控。

4. 涉案赃款的查控。涉案赃款一般有现金类和有价证券类两种。对现金类涉案赃款，主要是对作案人转移或使用现金的渠道进行查控。如有的犯罪人作案后会到相应的娱乐场所消费、挥霍，有的会到金融机构进行存储、投资、兑换，有的会隐藏在一定的场所或地点，等等。应注意根据案件特点，分析涉案现金有可能转移、隐藏或使用的特点，采取相应的措施予以查控。对于有价证券类涉案赃款，如银行存折、储蓄卡、信用卡、支票、汇票、汇款单等，应考虑有价证券类赃款使用场合、借助的媒介等，通过取得银行、邮局、消费场所、网络服务等机构、部门、经营者的协助进行查控，寻找、发现犯罪嫌疑人，挽回经济损失。

5. 赃物的查控。赃物的查控，主要根据案件性质、赃物的属性、数量、价值、特征和侦查对象的情况及其所在单位、住址、人际交往关系等确定，按照专门工作与群众路线相结合的原则，在查清赃物的基本情况的基础上，采取公开管理与秘密控制相结合等方式，充分发挥行业职工和秘密力量的共同协力作用，在赃物销售、使用、转移、隐藏和销毁等各个环节中发现线索，查获赃物与犯罪嫌疑人。实践中常见的有效做法是：①及时印发赃物协查通报，请求地区、行业有关行业部门协助查控；②依靠有关行业组成查控赃物的行业网络；③依靠市场监管、治安、海关、边防等职能部门，在日常的行政管理中查控赃物；④布置秘密力量，做好重点查控，切实做到普通查控和重点查控相结合；⑤严密控制销售、使用、转移、隐藏和销毁赃物的窝点和高危区域；⑥组织治安保卫组织和治安积极人员，严密社会面的查控；⑦积极推进技术控制，运用现代科技设备对有关场所和行业进行控制；⑧加强区域协作，控制异地销售、使用、转移、隐藏和销毁赃物。

任务实例/呈现

20××年9月5日15时，一蒙面男子持刀窜入××省××市林某经营的黄金回收店，持刀威逼店主林某，并将其捆绑，抢走店内两件黄金首饰及800元现金。

案件发生后，××市警方迅速成立专案组，展开案件侦办工作。专案民警调取案发地附近的监控录像，发现嫌疑人上身穿一件黑色运动上衣，肩背挎包，但未发现其他有价值信息。经过深入分析，专案组及时调整侦查思路，根据嫌疑人对作案路线熟悉，能够有效规避路面监控的特点，分析嫌疑人为××市本地人的可能性较大。据此，专案组一方面广泛搜集情报，另一方面展开赃物查控，并对本地有抢劫、盗窃、吸毒犯罪的人员展开重点摸排，很快获取到一条可疑线索：10月6日，一名中年男子曾到××市一黄金回收点售卖黄金首饰。警方提取中年男子正面清晰照片，经辨认确定这名男子年龄、身材等特征与嫌疑人极为相似。据此，专案组民警立即围绕中年男子展开工作。通过核查，最终确定中年男子是××市羊二庄的冯某，且此人有抢劫前科。10月12日下午，专案组民警发现冯某驾驶的车辆在××市北外环出现，立即布置警力将冯某抓获。经审讯，冯某供述了9月5日持刀抢劫林某黄金首饰店的犯罪事实。

任务小结

本学习任务介绍了什么是查控涉案物品，帮助学生认识查控涉案物品在侦查中的重要作用，理解犯罪人处置涉案物品的制约因素，明确查控涉案物品的方法、注意事项等开展查控涉案物品工作时所必需的相关基础知识，培养学生按要求开展查控涉案物品的业务技能和基本运用能力。

思考题

1. 什么是查控涉案物品？试述查控涉案物品在侦查中的作用。
2. 试述犯罪人处置涉案物品的制约因素。
3. 试述犯罪人处置赃物的主要方法。
4. 试述如何实施赃物查控。
5. 试述以人找物的查控涉案物品方法。
6. 试述以物找人的查控涉案物品方法。

训练项目：模拟查控涉案物品实训

一、训练目的

通过模拟查控涉案物品训练，帮助学生加深对查控涉案物品的理解，了解作案人常用的处理涉案物品的方式，掌握查控涉案物品的范围和方法，培养学生查控涉案物品的操作技能和实际运用能力。

二、训练要求

1. 明确查控涉案物品的目的。

2. 明确查控涉案物品的具体内容。

3. 熟悉训练素材。

4. 按步骤、方法和要求查控涉案物品讨论和方案策划。

三、训练条件和素材（具体训练条件和素材可根据训练目的及训练重点由训练指导教师选择、调整）

（一）训练条件

模拟训练案例、训练场所、多媒体教学设备、相关法律文书材料等。

（二）训练素材

某年，××市××区有一失明妇女在水中溺死，从尸体上看未发现其他致死手段，为单纯性溺死，难以确定案件性质。但仔细检查死者的衣着发现两个疑点：①死者外套纽扣完好，而内衣未扣，不符合死者的一般生活习惯；②在检查死者口袋时发现了两张电影票，而盲人不能看电影，情况反常。在细致勘查现场后在现场附近草丛里发现了死者生前使用的手机。当询问死者家属时，全家人都说未去看过电影，也没有将电影票放入过她的口袋中。

四、训练方法和步骤

在指导教师指导下，学生分组（2名~3名学生为一小组），采取小组成员合作的形式在训练场所进行训练，具体方法和步骤如下：

1. 准备素材，确定训练方式，学生复习有关查控涉案物品的基础知识，准备好查控涉案物品训练的场所及配套设施、设备和相关的法律文书。

2. 实训指导教师介绍训练内容和要求，发放准备好的案例素材。

3. 学生阅读素材，掌握查控涉案物品的基本要求和方法，学生按小组在指导教师的指导下对案例素材进行讨论，研究案例素材中应查控物品的范围、查控思路和具体查控方法，策划可行的查控涉案物品方案。

4. 学生完成查控涉案物品训练，对素材案例中没能提供的条件，由学生酌情讨论并进行合理假设和补充。

5. 指导教师对各小组在模拟实训过程中存在的问题进行点评，学生按小组整理训练成果，形成书面材料，完成查控涉案物品方案及相关侦查文书制作。

五、训练成果

1. 总结查控涉案物品的训练成果，写出训练心得体会。

2. 指导教师进行讲评及训练成绩考核、评定。

拓展阅读

学习任务二十二　摸底排队

任务目标

知识目标：通过本学习任务的学习，培养学生知道什么是摸底排队，理解摸底排队在（狱内）侦查中的重要作用，掌握摸底排队的条件、范围和方法等开展摸底排队所必需的基础知识

能力目标：通过本学习任务的学习、训练，培养学生在司法实践中运用所学的知识、技能和能力进行摸底排队的业务技能和运用能力，学会发现犯罪线索进而确定犯罪嫌疑人，提高侦查效益。

任务概述

摸底排队是侦查初期的主要侦查活动，是（狱内）侦查破案中常用的侦查措施。摸底排队是侦查机关在长期的侦查实践中总结出来的一项行之有效的侦查措施，是侦查人员获取侦查线索、收集证据、发现犯罪嫌疑人和侦查破案的有效手段。这就需要知道什么是摸底排队，明确摸底排队的重要作用，掌握摸底排队的条件、要求，按照相关规定，有效开展摸底排队，为侦查工作尽快取得突破创造条件。

任务基础

一、什么是摸底排队

摸底排队，是指在现场勘查、分析判断案情的基础上，在一定范围内发动民警、群众、罪犯，对可疑的人、事、物等进行收集、筛选、查证、甄别，从中查寻犯罪嫌疑人、发现侦查线索或犯罪证据的一项侦查措施。摸底排队是根据相应的条件及客观依据，确定摸底排队的范围，进行评估与排序，区分重点与一般，做好知情人和相关人员的工作，确定重点侦查线索或重点犯罪嫌疑对象，并进一

步查证核实线索，发现犯罪嫌疑人，收集证据。摸底排队工作的具体成效，一方面取决于对犯罪人特征的刻画和摸底排队范围的确定，另一方面取决于侦查人员的工作态度和方法。摸底排队工作要做到"肯定有理由，否定有依据"，这种肯定的"理由"和否定的"依据"会成为日后认定案件事实的依据。

二、摸底排队在侦查实践中的重要作用

摸底排队在侦查中的具有十分重要的作用。其作用主要表现在：

（一）查寻犯罪嫌疑人

无论是"由事到人"的侦查模式，"由人到事"的侦查模式，还是"由人到人"的侦查模式，侦查过程中极为重要的环节就是寻找并发现犯罪嫌疑人，而摸底排队就是发现犯罪嫌疑人的重要方法。

（二）寻找侦查线索

在摸底排队过程中，通过对犯罪嫌疑对象的调查，不仅可以发现与案件相关的涉案物品、犯罪动机、犯罪过程等线索，以确定侦查方向，发现犯罪嫌疑人，还可能发现其他案件的线索或是新的案件信息，为侦查破案服务，也有助于及时做好防控工作。

（三）发现并收集证据

进行摸底排队，发现犯罪嫌疑人的过程，也是侦查人员对各种信息、证据加以收集、对比，进行综合分析、判断和取舍的过程。这些用以确认犯罪嫌疑人的各种痕迹、物品、言词类信息、视频资料等也会在侦查过程中转化为物证、鉴定意见、被害人陈述、证人证言、视听资料等证据。

（四）优化模式增强素质

摸底排队工作的高效开展可以促使侦查模式的优化，并倒逼侦查人员素质的提升。正是由于摸底排队在侦查中能够发挥十分重要的作用，侦查机关、侦查人员也必然会加以重视，不断优化侦查模式，加大对摸底排队的相关业务建设的投入力度。而基于侦查人员素质决定着摸底排队的成效，为了更高效的开展摸底排队工作，侦查人员也必须提高自身素质以应对这项工作的挑战。

三、摸底排队的条件

摸底排队是一个查清摸底排队对象"底细"的过程。开展摸底排队，必须有足够的条件和依据来确定摸底排队的范围，并借助这些条件和依据在划定的范围内进一步寻找侦查线索、发现犯罪嫌疑人。摸底排队的条件是在初步侦查所创造的条件的基础上，分析判断刑事案件的相关要素，进而通过刻画犯罪人应当具备的作案条件来确定的，案情不同，摸底排队的条件也不尽相同。侦查实践中，

通常借鉴作案过程，将摸底排队分为犯罪预备、实施犯罪、犯罪后延续活动等三个阶段所具备的摸底排队条件。

（一）犯罪预备阶段

1. 作案内在动机条件。某些案件，如杀人、伤害、投毒等，犯罪人与被害人之间一般存在某种利害关系。这种利害关系在外界条件刺激下或矛盾的不断激化下会转化成为犯罪动机，如仇恨、债务等。还有存在报复社会、心理变态等因素的一些特殊案件。因此，侦查机关要厘清被害人与哪些人具有何种性质的矛盾、利害关系或特殊因素，抓住犯罪人的作案动机和目的，将其作为一个重要条件来排查犯罪嫌疑人。

2. 作案外在因素条件。有的案件内在动机方面的因素并不突出，但是目标对象所具备的某些情况，可能会引发犯罪人的犯罪动机，进而从事犯罪活动。如有些侵财案件中，嫌疑对象具有亲人重病、经济拮据、负债等情况，则被视为具有作案因素。

（二）实施犯罪阶段

1. 作案时间条件。任何案件都是在一定的时间内发生的，作案时间条件是摸底排队的首要因素。时间的一维性，决定了一个人在特定的时间内只能从事一项活动。因此，在侦查实践中通常从摸底排查对象是否具有作案时间的条件入手，对犯罪嫌疑对象进行审查，在此基础上再考虑是否具备其他作案条件来进一步确定犯罪嫌疑。一般来说，能够确定不具备作案时间的嫌疑对象，均可果断地排除。当然，侦查人员在排查过程中要警惕并注意辨别犯罪嫌疑人为达到以假乱真、转移侦查视线、逃避打击的目的，而在作案时间上采取反侦查手段。如雇凶杀人、假人证、假物证、打时间差、遥控作案等。

2. 作案空间条件。通常而言，任何案件均脱离不了一定的场所空间，犯罪人实施犯罪必然在一定的场所空间内进行。因此，案件发生过程中，是否接触、进入现场空间就成为排查犯罪嫌疑对象的一个重要条件。监狱作为一个封闭的特殊环境，监狱人民警察对罪犯的管理非常严格，因此，狱内案件多发生在实体空间，涉及虚拟空间的案件少有发生，这为狱内案件摸底排队创造了较理想的空间条件。

3. 作案工具及特殊技能条件。犯罪人在实施犯罪时，往往借助于一定的工具、物品。那么，是否具有或有条件获得涉及案件的工具、物品，也成为排查犯罪嫌疑对象的一个重要条件，尤其是某些涉案工具、物品具有明显的特征，能反映出使用人的职业特点、专门知识、使用习惯和其他特征等，更具有摸底排队条件价值。有的案件犯罪人凭借其掌握的专门的技术、技能进行犯罪活动，往往反映出犯罪人具备某种专门的技术、技能的特殊技能条件。依据专门技术、特殊技能进行摸底排查，也能有效地提高摸底排队工作的效率。如利用爆破技术进行爆炸活动，利用医疗知识杀人等案件。当然，侦查人员也需考虑到犯罪人盗借劳动现场工具、自制工具、作案后工具磨损、销毁作案工具等复杂情况。

4. 现场遗留痕迹、物品条件。在任何案件的实施过程中，由于各种原因犯罪人总会在实施犯罪的现场留下宏观的、具体的或者微观的痕迹、物品。这些遗留的痕迹、物品种类繁多，大小不等，大到各种工具、衣物，显而易见的痕迹，小到头发、微量物品，潜在的细小痕迹，无论大小，都具有犯罪人的相关信息或线索，均可以作为排查犯罪嫌疑对象的依据。

5. 知情条件。有些犯罪案件，从犯罪人侵犯目标及现场情况看，犯罪人了解内情，能顺利进入现场，接近作案目标，恰当把握作案时机，对侵害对象及相关情况是知根知底的，并利用了这种知情条件为实施犯罪带来便利，使作案更加顺利。一般来说，具备知情条件的犯罪人，通常与被害人、事主或现场具有某种联系，侦查人员可以据此合理地划定摸底排队范围。特别是那些知情面窄、侵犯目标隐蔽、熟悉现场的案件，知情条件就愈发重要。当然，也不排除犯罪人为作案而事先踩点或犯罪人判断准确，以及一些偶然因素的介入，会导致犯罪人貌似具有一定的知情条件，需要侦查人员综合各种信息细致研判、甄别。

6. 体貌特征条件。体貌特征是直接认定犯罪嫌疑人的重要依据，摸底排队应对具备所发案件犯罪人体貌特征条件的对象进行重点排查。体貌特征包括静态体貌特征和动态体貌特征。静态体貌特征通常是指人体在面容、长相、体型、体态等方面所具有的特点。动态体貌特征是指人的行走姿势、习惯动作等。有的案件中，犯罪人与被害人、事主、知情人有过一定程度的正面接触，会暴露自己的体貌特征而为侦查人员掌握；有的案件中，侦查人员可以通过对现场痕迹、物品的分析研究，来判断犯罪人的体貌特征。

（三）犯罪后延续活动阶段

1. 拥有赃款赃物条件。侵财类案件中，赃款赃物的持有人，必然与案件存在着某种联系。有的案件中，犯罪人是以获取财物为直接目的的，在犯罪得手后，便具备持有赃款赃物的条件。而有的案件虽然犯罪人不是以侵财为目的，但也经常顺便对侵害对象的财物进行侵害或发生关联。因此一旦发现赃款赃物，就可以从物到人追查作案人，特别是那些具有明显特征的赃款赃物，更是发现犯罪嫌疑人的有利条件。

2. 言行反常条件。犯罪人作案后，其心理活动往往处于一定程度的不安之中。为了进一步掩盖罪行，逃避侦查，犯罪人总要进行最大限度的自我控制，但是言行不一致的冲突带来的言行反常是一定心理状态的必然反映，有所暴露不可避免，这是不以犯罪人的主观意志为转移的客观规律。如平时沉默寡言的，犯罪后多言活跃。因此，言行反常应作为排查犯罪嫌疑对象的一个条件。当然，反常举动还跟每个人的心理素质、意志及犯罪经验等有一定的关系，故决不能仅根据言行反常表现就确定犯罪嫌疑对象，要慎重对待，切忌主观臆断。

以上条件，都是摸底排队的参考依据，这些摸底排队条件具备的越多则摸底排队工作的准确性相对越大，嫌疑对象的嫌疑程度就越高。可是也要注意在某些特殊情况下，虽然掌握的摸底排队条件较少，但摸底排队条件的质量较高，疑点比较突出，认定嫌疑对象的嫌疑程度也能达到较高的水平。需要指出的是，现代社会和监所管理已引进了视频监控管理系统。因此，（狱内）侦查机关在摸底排队中，还应当拓展思路，不仅要坚持发挥传统摸底排队条件在案件侦查中起到的重要作用，还要充分重视大数据资源，利用案发现场周边的视频监控系统，以及现场勘查中获取的各种手机、电脑、网络信息等，从海量的各类视频、网络、电子数据等信息资源中筛查、甄别，找到侦查的突破口。

四、摸底排队的要求

（一）全力投入

摸底排队作为一项工作量大、耗时费力的艰苦工作，不太可能一开始就产生效果，漫长的摸底排队工作进程和一次次的失利，容易使侦查人员产生厌战倦怠情绪和麻痹思想，这是一定要注意避免的。在摸底排队工作中，侦查人员不管被分配在哪一片、哪一线上，都应从思想上高度重视，尽职尽责，全力投入，在自己负责的范围内，精心梳理，认真排查。

（二）全面细致

摸底排队必须做到既全面又细致，切忌粗枝大叶，敷衍塞责。"全面"要求侦查人员在摸底排队工作中，一定要深入群众，通过各种渠道，全面收集嫌疑线索和证据，尤其要注意收集群众或其他罪犯对案件经过和案件背景的议论、检举和揭发，获取全方位的信息；"细致"要求排查人员在划定的范围内进行地毯式摸底排队，绝不能漏掉一个片区、一个单位、一个人员对象。如果某个环节的摸底排队工作不全不细，马虎走过场，就有可能导致整个摸底排队工作前功尽弃。

（三）尊重客观

摸底排队工作重要证据，重调查研究，必须坚持从实际情况出发，尊重客观事实，防止先入为主，偏听偏信。重点线索要查证，一般线索也要核实；肯定犯罪嫌疑的线索要收集，否定犯罪嫌疑的线索也要收集。不能主观臆断，抱着主观偏见搞摸底排队，戴着有色眼镜搞查证。

（四）及时反馈，适时调整

在摸底排队过程中，摸底排队人员获取的各种有价值的线索和信息，要及时向指挥人员汇报，为指挥人员正确决策提供信息支持。同时，要注意增强摸底排队人员之间的信息交流、交换，发挥信息共享所带来的效应，最大限度地发现和运用各种信息和线索。对所获取的各种信息与线索，指挥人员和摸底排队人员应及时研判，一旦发现原来的方法、方向或范围有误或不当时，要及时果断地根据信息研判结果予以调整。

（五）靠前指挥

靠前指挥对侦查指挥人员的要求。由于摸底排队的前期工作对后期工作的影响极大，为保证达到全力投入、全面细致、尊重客观的要求，侦查指挥人员应当靠前指挥，加强督察，发现问题苗头要及时研究处置。同时还应采取一些制度性的保障措施，如签订责任书、随机抽查、破案后倒查等，以切实保证摸底排队的效果。

任务实施/操作

侦查实践中，摸底排队要经过摸底排队范围的确定、全面排查和重点排查等步骤。

一、确定摸底排队的范围

摸底排队的范围，是侦查人员在现场勘查、分析判断案情的基础上依据摸底排队条件寻找和发现犯罪嫌疑对象的空间范围（地域范围）和社会范围。摸底排队的空间范围，是指犯罪人可能的吃、住、行、销的区域和场所。摸底排队的社会范围，是指犯罪人可能的身份、工作职业、行业范围以及与被害人、事主存在某种利害关系、知情条件等方面的范围。准确确定摸底排队的范围，直接关系到摸底排队的进程和成效。确定摸底排队的范围要具备科学性和接近性。摸底排队范围的科学性，是说摸底排队的范围必须根据所掌握条件，结合现场条件、案件性质、案件相关因素来综合确定，并将具备条件的犯罪嫌疑对象包括进去，绝不能漏掉真正的犯罪嫌疑人。摸底排队范围的接近性是指摸底排队的范围越小越好，努力接近摸底排队的范围要求。这就要求摸底排队范围的确定应努力做到最优化，力求准确，大小适宜。实践证明，摸底排队的范围太大，会增加工作量，分散力量，延误战机，使犯罪嫌疑人有更多时间逃避或对抗侦查；摸底排队范围太小，有可能漏掉犯罪嫌疑人。因此，吃透案情，根据案件实际情况，正确确定摸底排队范围，是摸底排队的关键。此外，摸底排队的范围随着侦查工作的深入，犯罪线索的不断增多，案情的发展变化，随时都可能进行调整。

二、全面排查

全面排查，也称普遍排查或全面摸底，是指在已经确定的摸底排队范围内，根据摸底排队的条件，利用各种力量，逐人排查，全面寻找、发现具备摸底排队条件的犯罪嫌疑对象和嫌疑线索。

（一）内部排查

监狱民警平日在对罪犯进行日常管理时，具备得天独厚的优势：情况熟、人头熟、线索反应快，同时由于在监狱管理中设立了信息员，因此狱内侦查的摸底排队工作也可以在监区、分监区领导甚至监狱领导的主持下，召开由监狱民警或者其他工作人员参加的案情分析会议，扼要介绍案情，说明犯罪特点，发动监狱民警和职工了解情况，发现可能作案的嫌疑对象。同时，发挥重视狱内耳目的作用，安排狱内耳目接近嫌疑对象，寻找线索。需要强调的是，摸底排队对象要绝对保密，即使在案件破获之后，也不要泄露信息，以免影响监管改造工作的正常开展。

（二）发动群众参与排查

公布案情，是全面排查的典型方法，是侦查工作贯彻群众路线的体现。侦查实践中，通过向社会面公布案情，不仅能发动群众提供线索，起到教育群众、增强群众防范意识的作用，而且还能形成强大的舆论攻势和给犯罪人带来压力，促使犯罪人有所反应，或者是进一步暴露，或者是投案自首，有些知情人和犯罪人的家属还能规劝犯罪人投案自首。如轰动一时的"2009内蒙古越狱案"就是在群众的帮助下很快抓获了4名越狱重犯。需要注意的是，并不是任何案件都可以采取公布案情的办法，也不是案件的任何情节都可以公布。公布案情，要坚持"服从领导、确立目标、控制内容"的原则，既要做到有利于群众提供线索，又要不暴露侦查工作的秘密。

（三）借助犯罪情报资料进行排查

"情报主导侦查"的理念已经深入人心，并早已在摸底排队实践中得以广泛应用。不少犯罪人连续作案，且带有习惯性特征，留下了相同或相似的体貌特征、作案手段、作案工具、涉案物品、习惯动作等线索资料。侦查机关在日常工作和侦查破案活动中积累了丰富的犯罪情报资料，可以充分运用犯罪情报资料为排查犯罪嫌疑对象提供便利条件，对所掌握的犯罪人的体貌特征、作案手段、作案工具、涉案物品、习惯动作等线索资料，在犯罪情报资料库中去检索、对比，一经发现，侦查工作就有了明确、具体的对象，促使侦查工作快速推进。

（四）借助大数据排查

侦查人员进行摸底排队，还可以依托大数据，进行网上摸底排队。借助海量网络信息平台数据资源，将现场勘查或调查中已经掌握的犯罪线索资料，在网络信息平台数据资源中进行查询或自动比对，从而寻找、发现犯罪嫌疑人。如利用犯罪人活动轨迹和犯罪时空之间的内在联系，通过通讯工具基站的变化和搭乘交通工具出行信息系统等轨迹信息系统，排查、发现外来流窜作案人员；借助于旅馆住宿和租住人员等信息系统，查询与已知犯罪嫌疑人同住一个房间或同时住店、离店人员，从而排查、发现未知的犯罪同伙；依据现场指纹及 DNA 等痕迹物品、作案工具、赃款赃物，通过查询相关信息系统，发现犯罪嫌疑人。

三、重点排查

重点排查也称筛选重点、重点核查，是指对全面排查发现的嫌疑对象和线索，按照摸底排队的条件，进行逐个分析研究、调查核实、反复筛选，找出重点嫌疑对象，进一步缩小侦查范围，以便集中力量开展深入调查的摸底排队活动。对于疑点突出和集中，具有一定证据支持作案嫌疑，缺乏无罪证据支持的嫌疑对象应列为重点犯罪嫌疑对象，并缩小侦查范围。需要注意的是，在重点排查过程中，作出的每一个结论性决定，比如排除一般嫌疑对象或者确定重点嫌疑对象等，都应当经过核查证实，必须有扎实可靠的证据材料，切实做到排除理由充分，怀疑依据确凿，而不能仅凭部分证据材料就轻率作出结论，以免影响侦查工作进程。

摸底排队是为侦查破案这项中心工作服务的。因此，摸底排队应从实际需要出发，不宜随意放弃。倘若第一次摸底排队未能奏效，侦查人员应根据案情变化，重新调整工作部署，进行第二次摸底排队，这既是对案情认识逐步深化的结果，也是摸底排队侦查人员踏实敬业、细致严谨的良好职业素养的具体体现。

任务实例/呈现

20××年 7 月 16 日 16 时，××市公安局××分局接到××派出所报告，在其辖区××小区 2 栋 1 单元 802 室发现一具尸体。接到报告后，侦查人员迅速赶到现场进行现场勘查。

现场勘查时在门的外侧发现一纸袋，袋内装有一个塑料袋，塑料袋内装有垃圾、手机电池一块、充电器一个及首饰等物。进门紧靠门的鞋柜上有一串钥匙、一把汽车钥匙、一个黑色女式挎包（挎包拉链处于完全拉合状态，包内有驾驶证等物），南侧门柱旁有一个装有 10 只一次性鞋套的塑料袋。厨房橱柜上的刀架的一个插孔空着。在室内过厅地面上发现有小点状花纹的残缺足迹，该足迹花纹特殊，不像常规的鞋底花纹，拖痕明显。客用卫生间的门呈开启状态，卫生间内，在洗漱台面盆池内侧及边缘均发现可疑血水印迹，面盆上的水龙头上有可疑血水

印迹；在卫生间放有一把拖把和一只红色方形塑料桶，桶内有一块浸透可疑血迹的抹布，桶壁上有可疑血水印迹，在桶把上发现一枚残缺可疑血手印；在卫生间马桶盖上发现可疑血水印迹和一枚残缺可疑血手印，打开马桶盖见马桶底部有可疑血水，在马桶下面的地面上发现少量可疑血水印迹和小点状花纹残缺足迹，该足迹和过厅足迹同样花纹特殊，不像常规的鞋底花纹，拖痕明显。在衣帽间衣柜柜底有一具女尸，衣柜内侧柜壁下端见可疑片状血迹，侧背板下端发现有可疑点状血迹。主卧室内的被褥整齐，主卧室及主卧室内的卫生间未见异常。

经法医尸体检验，尸体上着黑色T恤，T恤向肩方上拉，腰部外露，腰部发现可疑片状血迹，下穿一条蓝色牛仔裤，牛仔裤左臀部和右膝部染有可疑血迹，双脚穿一双肉色丝袜，右脚丝袜向脚尖部位拉出；尸体颈部发现细条状勒痕，颈部见锐器创2处，左胸部见锐器创3处，死亡原因系失血性休克死亡。所提取的可疑血迹经检验系死者的血所形成。

经调查访问，死者蒋某（女，33岁，某会计事务所注册会计师）当天未去上班，事务所8点30分打电话她还接听，9点15分给她打电话没人接听，因单位有要事找她，故单位派人到死者家里查看，发现死者的车停在楼下，敲门无人答应，于是报警，经消防人员从9楼翻窗入室打开门，和公司员工一起进入室内查看，在衣帽间的衣柜内发现死者；据死者朋友反映，死者7月15日晚上10时和朋友逛完商场后各自回家，死者在家里时一般着睡衣。

据此，侦查人员经分析认为：①案件性质为入室抢劫杀人，鞋柜上的女士挎包只有驾驶证等物，未发现手机、钱夹、现金等贵重物品，室内抽屉有明显翻动迹象，门外侧塑料袋内物品分析为作案人挑拣剩余丢弃的价值较低的物品；②作案人为男性，与死者在某种程度上认识，所以死者才放心让其和平进入室内，而且死者身上没有抵抗伤痕；③作案人数为1人，地面上及卫生间发现的拖痕明显、有小点状花纹的特殊足迹分析为塑料制鞋套所留，与南侧门柱旁塑料袋内鞋套比对花纹种类相同。一般一袋一次性塑料鞋套为12只一袋，现场未找到另外2只，说明可能作案人作案使用了2只；④作案人待业或收入较低，具有一定的文化知识和反侦查意识，可能有前科劣迹；⑤作案人与死者关系并不密切，死者单身且生活富裕，与死者收入、身份相差较大；⑥能在死者面前戴脚套而又不被死者引起警觉的，很可能是送水工或家政服务人员。

综合以上分析，侦查人员迅速确定了侦查方向和范围，决定重点对本市送水、保洁等家政人服务人员进行了解排查。经过对本市多家家政服务公司共计千余人进行排查，确定李某等5名家政服务人员为重点嫌疑对象，经进一步调查、核实，其中另外4人不具备作案时间而被排除，剩下的李某嫌疑上升，但案发后李某不知去向。于是侦查人员对李某的住所进行搜查，在李某宿舍的箱子里找到被害人的钱夹和手机。经侦查人员多方努力，最终抓获了李某。经讯问，李某承认自己在给被害人做保洁服务时认识被害人蒋某，并留了蒋某的电话。因手头拮据，遂产生抢劫的念头，因给蒋某做家政服务时发现蒋某单身且富裕，于是打电话骗蒋某称公司抽奖回馈客户，蒋某是保洁公司的幸运客户，可免费享受家庭保洁服务。在取得被害人同意并约定时间后，李某新买了一袋塑料鞋套，于当天一大早来到被害人处，被害人蒋某开门让其进屋并向其交代保洁服务内容转身去卧室时，被李某从后用尼龙绳勒昏后拖至衣帽间衣柜旁，随后到厨房取刀将其杀死后塞进衣柜，然后翻走一些财物，打扫了现场后离开。

任务小结

　　本学习任务介绍了什么是摸底排队，帮助学生明确摸底排队在（狱内）侦查中的重要作用，掌握摸底排队的条件、范围、要求和操作等进行摸底排队所必需的基础知识，培养学生按要求进行摸底排队的业务技能和实际运用能力。

思考题

　　1. 什么是摸底排队？试述摸底排队在侦查实践中的作用。
　　2. 试述摸底排队的条件，结合实例说明这些条件在侦查中的应用。
　　3. 试述侦查实践中摸底排队的方法。
　　4. 试述摸底排队工作流程涉及具体步骤。

任务训练

　　训练项目：模拟摸底排队

　　一、训练目的
　　通过模拟摸底排队训练，帮助学生加深对摸底排队的理解，能够根据案情确定摸底排队的条件、范围，并采取正确的方法进行摸底排队，培养学生在司法实践中进行摸底排队的操作技能和实际运用能力。
　　二、训练要求
　　1. 明确训练目的。
　　2. 掌握训练的具体内容。
　　3. 熟悉训练素材。
　　4. 按步骤、方法和要求进行训练。

三、训练条件和素材（具体训练条件和素材可根据训练目的及训练重点由训练指导教师选择、调整）

（一）训练条件

模拟训练场所、模拟训练案例、作业用纸、多媒体教学设备等。

（二）训练素材

20××年5月3日，某小区发生一起案件，王某、杨某夫妇在家中被杀，家中18万元现金遗失，室内地面有大量血迹，客厅茶几上有两杯未喝完的茶。调查中，死者的女儿反映，其父4月29日收取贷款12万元，因准备买车就存放在家中，其间父亲王某曾透露有生意上的朋友想借一笔钱做生意，但未说具体人；当天中午12点半她曾打电话回家，是母亲杨某接的电话，下午4点回家看到惨状后立即报警；茶几上茶杯不是父母使用的，他们平时都用自己的专用茶杯。据邻居反映，当天并未看到王某、杨某夫妇离家。

四、训练方法和步骤

在指导教师指导下，学生分组在训练室进行训练，具体方法和步骤如下：

1. 准备素材，确定训练方式，学生复习有关摸底排队的基础知识，做好摸底排队训练配套基本器材、设施、设备准备工作。

2. 实训指导教师介绍训练内容和要求，发放准备好的案例素材。

3. 学生阅读素材，掌握摸底排队的相关事实和材料，在指导教师的指导下形成摸底排队训练方案。

4. 2名~3名学生为一小组，形成摸底排队团队。

5. 各小组经过讨论，汇报讨论过程并提交讨论结果。内容包括：本案犯罪人应具备的条件、摸底排队的范围和方法。有不同意见时，可保留各自的意见、观点与依据。

6. 教师点评与总结，学生整理训练成果，形成书面材料。

五、训练成果

1. 完成摸底排队讨论，并将讨论过程和结果形成书面材料交训练指导教师。

2. 学生总结训练成果，写出训练心得体会。

3. 指导教师进行讲评及训练成绩考核、评定。

拓展阅读

学习任务二十三 盘 查

任务目标

　　知识目标：通过本学习任务的学习，培养学生知道什么是盘查，掌握盘查的特点、对象、基本要求，以及盘查操作的相关知识和方法。

　　能力目标：通过本学习任务的学习、训练，培养学生树立合法盘查意识，具备在司法实践中严格按照法律规定，运用所学的知识、技能和能力进行盘查的业务技能和运用能力。

 任务概述

　　在侦查、清查、巡逻、设卡与处理治安案件等多众多场合下，恰当地实施盘查，能够及时有效地发现违法犯罪嫌疑人，并相机予以缉捕。盘查是在严密观察、发现了可疑人员的基础上采取的一种措施，也是人民警察执法实践中难以全面、合理、正确掌握的难点、重点工作，人民警察每年因盘查失误而导致的伤亡数量十分巨大。这就需要知道什么是盘查，把握盘查的法律依据，正确识别盘查对象，按照相关要求，有效开展盘查工作。

 任务基础

一、什么是盘查

　　盘查是指人民警察在警务活动中，依法对可能具有违法犯罪嫌疑的人员进行盘问和检查，识别、判断其身份，发现违法犯罪事实和证据，以发现或确认其是否有违法、犯罪行为或重大犯罪嫌疑，并采取相应处置措施的警务行为。实践证明，在侦查、清查、巡逻、设卡与处理治安案件等许多场合下，恰当运用盘查措施与战术，能够及时有效地发现违法犯罪人员或犯罪嫌疑人，便于警方果断采取行动，相机予以缉捕。可以说，盘查是警务工作中一种行之有效的措施。

二、盘查的特点

(一) 盘查判断的主观性

盘查是人民警察依法对可能具有违法犯罪嫌疑的人员进行盘问和检查的活动。盘查实质上是针对有一定违法犯罪嫌疑的人员,而盘查对象是否有违法犯罪嫌疑的判断是依赖于执行盘查的人民警察根据被盘查对象的表象、迹象而进行的主观判断来确定的,具有很大的主观性和随意性,这种主观判断是否准确,又是通过依法盘问检查的结果来进行实际验证的。而无论这种主观判断是否准确,盘查应随即结束,并根据实际情况予以放行或移交有关部门处理,不要纠缠不清。

(二) 盘查对象身份的不确定性

在盘查当时,被盘查人是否真正是违法犯罪人员是处于不确定状态的。盘查活动中,人民警察只能通过观察,抓住表现在嫌疑人身上的某些蛛丝马迹来发现疑点,确定盘查对象。并通过盘查弄清被盘查人身份、事件性质、相关物品的相关信息,及被盘查人与其他人、事、物的关系,来确定被盘查的人员是否真的是违法犯罪人员,或是否具有违法犯罪行为。有的被盘查人经盘查后确系违法犯罪人员,有的却不是。即便有些盘查对象是经过群众举报的,其违法犯罪嫌疑具有比较明确的指向性,但仍然不能确保盘查对象就一定是违法犯罪人员。

(三) 反抗的突然性

由于被盘查人是否是违法犯罪嫌疑人员具有不确定性,一些企图逃避打击的违法犯罪人员可能会采取对抗盘查的反抗或攻击行为,一些没有违法犯罪的人员,也可能由于对盘查行为的不理解、不配合、不支持,或基于其他原因,对盘查人员实施反抗或攻击行为。无论是哪一种情形下导致的反抗或攻击行为,其反抗或攻击行为的时间、空间,反抗或攻击的手段,如突然袭击、拳打脚踢、行凶袭警、抢夺武器或者转身逃跑等,均具有突发性,不易事先察觉。故盘查人员应正确认识这一特点,提高警惕,做好盘查中的安全防护。

(四) 盘查环境的复杂性

盘查环境,特别是地形地物等自然因素、现场人群的密集程度、交通流量等其他因素,都直接或间接地对盘查工作产生着不同程度的影响。作案后脱逃的犯罪嫌疑人有的在偏僻地区或山村院落中隐藏活动;有的潜入人群拥挤的公共场所。特别是在一些公共场所,违法犯罪嫌疑人与广大群众混杂在一起,且违法犯罪嫌疑人员特征又不明显,这就为人民警察发现、识别违法犯罪嫌疑人带来了极大的困难。同时,由于处置地点及周围环境等因素的影响,即使发现了违法犯罪嫌疑人拒绝盘查或暴力反抗,周围群众的围观也会直接影响人民警察察的盘问、检查、缉捕和武器、警械的使用,甚至会造成违法犯罪嫌疑人的脱逃和周围群众的伤亡。

三、盘查的对象

明确盘查的对象，是实施盘查的前提。盘查对象是不确定的，人民警察要结合现场情况、案情，以及相关情况，收集相关信息，对有关人员进行观察、识别，确定盘查目标和对象。人民警察除了对正在实施违法犯罪行为的人实行盘查、缉捕、讯问之外，下列人员亦应列在盘查范围之内：①身份可疑的人。如不讲真实姓名，住址、身份不明的人；身份证与本人不符的；持几个身份证或者身份证明的人；言谈与举止或穿着与气质不相称的人等。②体貌或面部表情可疑的人。如体貌似被通缉的犯罪人员的；有意遮掩面部或进行化装改变本来面目，体态可疑的人；面带疲劳困倦之意或惊恐之状的人；身负可疑外伤或者身染血迹、污痕的人等。③行为可疑的人。如有异常表情或异常行为，在人群中溜进溜出的人；无所事事却在居民区、商场或者银行等地窥测的人；逼近妇女、儿童与之同行的人；见到人民警察躲躲闪闪、表情惊慌、快步离开或突然奔跑逃离的人等。④携带可疑物品的人。如携带看似作案工具的人；带大量现金的人；带包裹遮遮掩掩、怕动怕碰的人；携带可能是毒品、违禁品的人等。⑤带有犯罪可疑迹象的人。如身负可疑外伤、身上有血迹或污渍的人；衣物被撕扯或破损严重的人；自行车、摩托车、汽车等交通工具有撬痕或损坏等情况的人。⑥其他可疑人员。如相处人员搭配关系可疑的人；人员表情与身份不相吻合的人员；衣着不伦不类、衣着与行为反常的人；活动时间、地点可疑的人员等。

四、盘查的要求

（一）最低配置

执行盘查任务时，必须按照足以完成任务和保证人民警察人身安全的最低警力标准进行编组配置警力。通常情况下，应保证 2 人以上警力，应有 1 名人民警察为主盘问或检查，其余作为警戒或协助人员。执行盘查任务时，还应配备足以保证完成任务和确保人民警察人身安全的武器装备。有条件的部门应对执行巡逻盘查勤务的人民警察每人配备手枪、警笛、警棍、对讲机、手铐、公文夹等单警装备。

（二）保持高度警惕性

在盘查中，不论双方力量对比如何，人民警察都要始终保持高度警惕性。执行盘查任务时，在战术部署上应安排一定警力担负警戒任务，选择有利位置，占据有利地形，严格控制对方，密切注视盘查对象的行为及其周围的可疑动向，以防被盘查人伺机逃窜、袭警或反抗，避免造成不必要的损失。一旦发现可疑情况，应立即示警，并迅速采取果断措施予以处置。

（三）表明身份

在盘查中人民警察首先应表明身份，该要求有三个作用：一是表明盘查的身份和行为的合法性，促使盘查对象配合人民警察的行为；二是可以起到威慑盘查对象的作用；三是可以得到人民群众的理解和支持，避免引起不必要的麻烦。

（四）人物分离

实施盘查时，对携带可疑物品的人员，必须实行人、物分离，责令其将其物品放置在安全位置后，让被盘查人员远离可疑物品，先对被盘查人员进行盘问和检查，再对可疑物品进行盘问和检查。盘查过程中，不得让被盘查人自行翻取物品，以防被盘查人员趁机使用装在携带物品中的凶器、武器行凶顽抗。发现有毒、放射、爆炸等危险物品，应立即疏散群众，封锁现场，并迅速对可疑人员实施控制。同时，对危险物品采取安全措施，通知专业人员排除危险。

（五）妥善处理

对盘查的后续工作，一定要妥善处理，不可留下任何的"后遗症"。一般来说，对能够排除嫌疑的被盘查人应予放行，对不能排除违法犯罪嫌疑的被盘查人应依法继续进行盘问检查，对查获的违法犯罪人员或重大犯罪嫌疑人，应立即缉捕并搜身。

 任务实施/操作 ··································

一、明确分工，做好准备

盘查开始前，执行盘查的人民警察应按不同盘查任务的要求进行组织，并进行合理分工，明确各自职责。参与盘查的人民警察应认真检查自己的装备，做好各项准备工作。盘查时，盘查人员之间的配合、协调、沟通十分重要，故还应明确相互之间的沟通联络方式，做好相互支援、相互协助的保障措施，确保在发现盘查对象的异常举动后，能迅速协调使用优势警力。

二、接近截停盘查对象

盘查中，当发现可疑人员时，应采取恰当的方式接近盘查对象，并采取相应的方式截停后，方可进行展盘查。虽然截停盘查对象具有很大的随机性，但截停盘查对象的主动权掌握在人民警察手中，故接近、截停盘查对象要尽可能选择对执行盘查任务的人民警察相对有利的地点或位置、方式进行。选择盘查的位置应宜明不宜暗、宜宽不宜窄、宜直不宜弯，尽可能选择有依托或容易得到支援的地点或场所。截停盘查对象的方式，从站位上来讲，主要有正面拦截、侧面拦截和背后拦截。正面拦截，是指人民警察在盘查对象正面直接发出拦截信号、命令，这在一般的盘查中常用。其优点是盘查对象容易接受拦截命令或信息，缺点是不太安全，人民警察容易受到突然攻击。侧面拦截，是指人民警察在盘查对象侧面发出拦截信号、命令。这种截停方式主要针对危险的盘查对象而使用。其优点是减少人民警察受到盘查对象攻击的可能性，不足之处是盘查对象不容易接收拦截信号、命令。后面拦截，是指人民警察发现盘查对象后，尾随其后，经过进一步观察后，从其后面发出拦截信号、命令。这种拦截方式在实际运用中使用较少。其优点是盘查对象警惕性较少，减少人民警察被突然攻击的可能性，缺点是盘查对象不容易接受拦截信号、命令。

三、表明身份

截停可疑人员后，人民警察应立即表明身份，告知人民警察的权利和被盘查人的义务。值勤人民警察应在距其 2 米~5 米的地方举手示意其停下，然后向其敬礼，出示证件，并表明意图，如"我是人民警察，现依法对你进行检查，请予以配合"。

四、选择恰当的站姿和站位

盘查站姿是实施盘查时人民警察应保持的距离和姿态。进行盘查时，人民警察应在距盘查对象 1.5 米~2 米处，侧身站立，重心在两脚之间，眼睛注视对方双手、肩部和眼睛，并注意防备，特别是注意武器的防备。审视证件时，可后退一步，适当拉开距离，然后再进行盘查。盘查站位是实施盘查时人民警察之间的位置关系和人民警察与盘查对象所处的位置关系。在执行盘查任务中，人民警察站位形式大体可分为侧应站位、前后站位、左右侧应站位、三角站位、弧形站位等。侧应站位是负责盘问的人民警察站在盘查对象左前侧 1.5 米~2 米处，负责警戒的人民警察站在盘查对象右前侧 2 米~3 米处，2 名人民警察与盘查对象形成 90 度角；前后站位是负责盘问的人民警察侧面面对盘查对象，站在其左前侧1.5 米~2 米处，负责警戒的人民警察站在盘查对象右后侧 2 米~3 米处，2 名人民警察的视线错开；三角站位是 3 名人民警察呈等边三角形与盘查对象相距 1.5米~2 米距离站位，负责盘问的人民警察侧面正对盘查对象，其余两名人民警察位于盘查对象左右后侧进行警戒，将盘查对象围在中间；弧形站位是盘查对象背靠墙面等障碍物，3 名人民警察以半弧形与其距离 1.5 米~2 米站立，负责盘问的人民警察侧面正对盘查对象，其余 2 名人民警察位于盘查对象左右前侧进行警戒。

五、盘问

盘问要由浅入深，问明盘查对象的姓名、住址、籍贯、工作单位等信息，查验身份证、暂住证和其他相关证件，核实盘查对象的身份等相关情况。应仔细询问其从什么地方来，到什么地方去，去干什么。并弄清其携带物的来源、有无证明及其他相关内容等。盘查中应注意其表情、动作、语言的逻辑性以及其说明事情的内在联系，善于发现疑点。实际盘查活动中，可以借鉴和运用"十看十对"的方法："看证件对姓名、看面貌对年龄、看举止对职业、看原籍对口音、看言行对学历、看衣着对身份、看物品对来由、看同伴对关系、看去向对方位、看神情对心态。"

六、检查

检查，通常是指对盘查对象的证件、人身、行李物品以及其所处环境、地点的检查。检查的基本顺序是证、人、物。

1. 证件检查。盘查时，通过认真查验身份证、暂住证和其他相关证件，核实盘查对象的身份。证件检查时，应令盘查对象出示证件，并密切注视其动作。接过证件时，应当后退至安全距离，眼睛始终注视着盘查对象，同时查验证件。查验证件时，应当将证件举至约同肩高，使证件与盘查对象同处于视野范围内。

2. 人身检查。人身检查是指对盘查对象人身可能随身携带、藏匿的危险物品和犯罪证据，依法进行搜索、检查的行动过程。进行人身检查时，必须保持高度警惕，要在盘查对象已经被完全控制的情况下进行，防止其反抗。检查主要按从上至下，从右至左的顺序进行，重点是上肢、头部、脖颈、衣领、前胸、腋下、腰部、腿部和脚下等部位，严禁采用有辱人格的方式进行人身检查。对女性检查，除非有危及检查人员人身安全或直接危害公共安全的可能，一般应由女性人民警察进行。

3. 物品检查。物品检查主要是对盘查对象的行李、包裹等随身携带物品进行的检查。对物品的检查必须由盘查的人民警察进行，严禁由盘查对象自行翻拿。基本程序与要求是：分工要明确，特别要加强对盘查对象的警戒。查验物品要按一问、二看、三听、四闻、五摸、六开的顺序进行。要轻开、慢拉，谨慎开启，防止内有爆炸物或其他危险物品。检查物品时要从上往下地进行，轻拿轻放，防止损坏。不能随意掏底取物，更不能反复翻动。对赃物、凶器，不要大把抓，应用干净的布、塑料袋或者戴手套拿取，防止破坏痕迹。

七、盘查后续工作

对经过盘查解除怀疑的人，应当立即归还其证件、物品，礼貌予以放行，并做好解释工作。对经过盘查不能解除其犯罪嫌疑的，执行盘查任务的人民警察应当采取一定的安全措施将其带回单位，按法定程序继续留置盘问。对盘查活动情况，应按要求做好记录；对于盘查对象携带违禁品、危险品的，应予以扣押或收缴；对需要作证据使用的物品、文件，按相关案件处理程序规定处理；盘查过程中出现人员伤亡的，应保护好现场，迅速上报，并采取措施予以处置和救治。

任务实例/呈现 ....

为进一步净化社会治安环境，努力提升群众安全感和满意度，深入推进"两抢一盗"专项行动。××县特巡警大队按照《关于全面推进进攻性巡逻盘查工作方案》的要求，根据"警力跟着警情走""情报主导警务"的指导思想，通过认真开展治安形势研判，有针对性地开展盘查工作，抓获了1名犯罪嫌疑人。

20××年8月9日凌晨，××特巡警大队便衣小组队员在开展夜间巡逻盘查工作时，在巡逻至××县汽车站"迪胜特"网吧时，有人报案声称手机被盗并发现了可疑人员。该巡逻小组队员接到指令后迅速赶到现场，发现报案人所指认的可疑男子在现场面露疑虑神色和紧张表情，于是便衣队员上前表明身份对该男子进行盘查。该男子见是警察盘查，顿时更加紧张起来，对警察盘问的问题答非所问，脸色惊恐。便衣队员见此情形，就一边盘问一边进行信息核查，随后决定将该青年男子带回大队进行深度盘查。经深度盘查，确定该可疑人员为岑某某，系××县××镇人，他对凌晨在"迪胜特"网吧盗窃他人手机的犯罪事实供认不讳。

任务小结

本学习任务介绍了什么是盘查，帮助学生了解盘查的特点、对象，探讨了盘查的实施操作方法和要求，培养学生按要求进行盘查的相关业务技能和基本运用能力。

思考题

1. 什么是盘查？试述其特点。

2. 试述盘查的对象。

3. 结合所学和实例，阐述如何进行盘查及其注意事项。

训练项目：模拟盘查

一、训练目的

通过模拟盘查实训，帮助学生加深对盘查的理解和认识，掌握盘查的策略和方法，培养学生在司法实践中盘查的业务技能和运用能力。

二、训练要求

1. 明确训练目的。

2. 掌握训练的具体内容。

3. 熟悉训练素材。

4. 按步骤、方法和要求进行训练。

三、训练条件和素材（具体训练条件和素材可根据训练目的及训练重点由训练指导教师选择、调整）

（一）训练条件

模拟相关场所及配套基本器材、单警装备、电动车等。

（二）训练素材

20××年××月××日凌晨，××市公安局××区分局巡警大队民警带领辅警夜间巡逻至××区××镇××路×××路口时，发现一骑电动车的男子由西向东快速驶来，电动车上捆绑有两个白色装满物件的编织袋，该男子眼神闪烁、神情慌张，见到巡逻人员后，停车欲掉头往西逆行。

四、训练方法和步骤

在指导教师指导下，学生分组模拟各角色（人民警察、辅警、可疑人员）在训练场所进行训练，具体方法和步骤如下：

1. 准备素材，确定训练方式，学生复习有关盘查的基础知识，做好包括模拟盘查的情景场所及配套基本器材、设施、设备准备工作。

2. 实训指导教师介绍训练内容和要求，发放准备好的案例素材。

3. 学生阅读素材，掌握盘查的相关事实和材料，在指导教师的指导下形成情景模拟方案。

4. 学生以分工负责的形式进行角色分配，具体可按人民警察、辅警、可疑人员以及其他相关人员等进行角色模拟分配，实际操作时可根据情况进行添加或删减角色，排列组合形成情景模拟团队，如添加或删减路过人员等。

5. 完成模拟盘查情景操作，对素材案例中没能提供的条件，由学生酌情进行合理设计和补充。

6. 整理训练成果，形成书面材料。

五、训练成果

1. 完成盘查完整视频，并交训练指导教师。

2. 总结训练成果，写出训练心得体会。

3. 指导教师进行讲评及训练成绩考核、评定。

拓展阅读

学习任务二十四　车辆查控

任务目标

　　知识目标：通过本学习任务的学习，培养学生知道什么是车辆查控，理解车辆查控在侦查中解决什么问题，掌握车辆查控的特点、适用条件、基本要求、查控基本方法等进行车辆查控所必需的基础知识。

　　能力目标：通过本学习任务的学习、训练，培养学生树立合法车辆查控意识，具备在司法实践中严格按照法律等规定，运用所学的知识、技能和能力进行车辆查控的业务技能和运用能力，并能注意策略和方法。

任务概述

　　车辆查控是警察勤务中一种行之有效的手段。在追缉、拦截、盘查、清查等许多查控场合下，恰当地运用车辆查控战术，能够查明案件的事实、收集和保全证据、制止违法犯罪活动、查获嫌疑车辆和捕获犯罪嫌疑人。车辆查控强度大、技术要求高、安全注意事项多，十分考验查控人员的专业素质。这需要知道什么是车辆查控，把握车辆查控的适用条件，掌握车辆查控的方法，按照相关要求，有效组织车辆查控，为侦查工作赢得主动权。

任务基础

一、什么是车辆查控

　　车辆查控是指人民警察为发现违法犯罪嫌疑线索、获取违法犯罪证据、查明案情和缉捕违法犯罪嫌疑人，而依法对嫌疑车辆及驾驶或乘坐该车辆的违法犯罪嫌疑人员进行追缉、拦截、盘查、清查等查控行动所运用的技术、战术的措施。

二、车辆查控的特点

（一）潜在的危险性

车辆查控中所涉及的案件多系严重暴力性犯罪案件。严重暴力性犯罪人员多是亡命之徒，作案手段极其残忍，报复社会的心理恶性膨胀，往往会孤注一掷，不计任何后果的，其可能抵制与对抗人民警察的查控行动，甚至采取攻击行为。此外，查控过程中如果未能对车辆进行有效的控制，车辆本身就具有冲撞、碾压等极强的杀伤力和破坏力。

（二）查控情况的多变性

在对车辆的盘查中，由于可疑人员驾驶车辆始终处于高速游动状态，情况的变化是随时的、无常的。另外，汽车内部是一个相对封闭的空间，并且存在从外向内观察的死角，即使是已经被截停下来的车辆，车内情况以及嫌疑人员执行命令情况也是有很大变数的。因此，车辆盘查要求盘查人员不要墨守成规，如遇到突发事件，需要保持沉着冷静，审时度势，以变制变，抓住战机，果断出击，并尽量做到出奇制胜。

（三）较强的机动性

机动车辆具有高速机动的特点，小型车更为突出，小型车车体较小，转弯半径小，起步、倒车速度快，机动灵活，给实施截停和查控带来很大的难度。人民警察必须快速反应，以快制快，以快取胜，最大限度地缩短反应时间，先发制敌，主动进攻，取得主动，获取最大的车辆查控效益。

三、车辆查控的适用条件

车辆查控是发现、截获、控制嫌疑车辆，进而发现违法犯罪嫌疑线索，获取违法犯罪证据，查明案情，缉捕违法犯罪嫌疑人的有效措施。但车辆查控并不是普遍适用于每个案件的，而是有一定的适用条件的。一般来说，车辆查控主要适用于以下几种情况：①机动车被盗、被抢的；②违法犯罪人员驾驶、乘坐或劫持车辆潜逃，车型、颜色、牌照号码等特征可供识别的；③违法犯罪人员的人身形象有比较明显的暴露，或者具有特殊标记，能判明其乘车逃窜方向和路线的；④违法犯罪人员盗窃、抢劫的财物量多、体重，有利用车辆运输的可能，且正在潜逃之中；⑤有利用车辆进行走私、贩毒或贩运违禁物品嫌疑的；⑥接到上级或友邻地公安机关查控嫌疑的指令或通报的；⑦作案现场留有车辆痕迹，可供查控截获的；⑧人民警察在巡逻、执勤、盘查、清查等警务活动中发现嫌疑车辆及人员的；⑨在其他警务活动中发现嫌疑车辆线索的。

四、车辆查控的基本要求

(一) 依法处置，因案施策

车辆查控是警察的一种执法行为，是人民警察依照国家法律行使职权的活动，任何人不得妨碍和阻挠。同时，它又是严格受法律法规约束和监督的行为。在车辆查控中，应严格遵守《刑事诉讼法》《人民警察法》《人民警察使用警械和武器条例》等有关规定。因案施策，是指在制定、实施查控行动方案时必须从客观、具体、动态的实际情况出发，要针对案件的特定情况，灵活确定处置对策。要因案施策，必须吃透案件。对一些特别重大的案件，指挥员和参战人员必须尽可能全面地了解查控对象的个性特点、犯罪动机，犯罪已造成的危害的结果，携带何种凶器及性能等信息。

(二) 统一指挥，协同作战

车辆查控情势变化快，来势猛，机动性、突发性、对抗性强，涉及多地区和多警种，必须加强组织，统一指挥，切忌各行其是、多头指挥。协同作战是指在统一指挥的前提下，各参战地区、各种警力，以及各执行小组之间要加强纵向、横向联系，互通情报，密切配合，互相支援，在查控行动中配合默契，发挥总体作战优势和凝聚力。

(三) 快速反应，措施落实

快速反应是车辆查控能否取得成功的关键，也是衡量人民警察队伍战斗力的主要标准。这就要求：首先，接警后要快速反应，快速出击，在最短的时间内到达现场处警。其次，在车辆查控过程中，遇有情况变化，要及时采取相应对策，快速作出有效反应。措施落实，是快速反应的保证，如果措施不落实，部署和对策再好，投入警力再多，车辆查控也难以成功。宏观措施、局部措施、某一拦截关卡的措施，都要逐一落实。参战人员要认真负责，坚守岗位，保持警惕。

(四) 超量估敌，确保安全

超量估敌，是指人民警察在执行车辆查控时，对现场形势在危险方面做到超量评估，做好防控准备。车辆查控过程中，由于目标车辆和驾乘人员情况不明，需要多搜集信息，了解情况，并适当把困难评估足一些，这是确保安全的前提和条件。当然，超量估敌是有条件、有限度的，要从实际情况出发。确保安全，一是参战民警要保持高度的警惕性，以避免不必要的牺牲；二是特别强调确保群众安全。参战民警不能鲁莽地向尚未确认身份的可疑对象开枪，以免误伤无辜人员，对混在群众中或劫持人质的违法犯罪嫌疑人，要慎重处置，确保人质的安全，防止伤及群众。

任务实施/操作

一、收集信息，分析判断

对涉案车辆，应尽快通过各种渠道和情报信息了解车辆识别特征，同时还应了解和掌握驾车人和乘车人的情况。如车辆是否涉嫌犯罪，车型、车牌号和特征，车内是否有违法犯罪人员，涉案的案件性质和案情，涉案人员的人数、特征，是否携带凶器、武器或爆炸物品，车内有无被劫持人员，车辆去向，必经道路，等等。在上述情况不明的情况下，人民警察应注意从车辆的行驶状态，车辆的外部特征，司乘人员的行为、举止以及通过检查车辆的相关证件、资料、随车物品等方面，去捕捉可疑线索，进而采取进一步行动。观察和识别可疑车辆主要考虑：①车辆行驶状态异常。是否存在起步停车异常、停车位置异常、驾驶动作慌乱、车辆行驶摇摆不定、对交通信号及标志反应异常、遇有警察出现突然变向行驶或犹豫不定、突然加速减速、企图逃窜等。②车辆外部特征异常。注意观察汽车牌照和车辆外观是否异常，车身是否有明显损坏迹象，车辆是否符合被盗、被抢及驾车作案的特征，车辆的型号、颜色、牌照与被通缉车辆特征是否一致等。③车辆证照异常。注意发现是否存在证照被涂改、行驶证记录与车辆不符、前挡风玻璃应贴放的相关证照异常等。④车体结构异常。是否有发动机编号和车架号异常，或车体改装迹象等。⑤车辆载物异常。车辆内是否有非法携带枪支、弹药、毒品和其他违禁物品，是否载有非法出版物、走私物、管制刀具等，是否载有与通缉、通报案件赃物证据相似物品，或不能说明载有物品情况等情况。根据所获的情报信息，要认真进行分析与判断，及时制定行动计划和应急方案。并在执行车辆查控时，注意随时掌握最新情报信息动态，及时对行动计划进行补充、充实、调整。

二、明确分工，注意配合

车辆查控前，要按照行动方案对参与车辆查控的参战人员进行警力部署和明确分工。需要注意的是，分工要明确，有主有次，主是接近、盘查车辆的人员，次是掩护、防御、策应的人员。在分工的基础上，应做到任务明确，注意沟通协调，使参战人员相互之间密切配合，形成车辆查控的团队。每个参战人民警察在查控前还应认真检查武器装备、警用器械的配备及性能情况。对于暴力型犯罪嫌疑车辆的查控，通常将警力部署分为相互之间能照应，不能有岔路口的三个点。即观察点、拦截处置点和火力控制点。观察点前置于拦截点 1.5 公里~2 公里处，主要负责对嫌疑车辆的先期识别、观察，将情况及时上报指挥员，并负责在行动开始后控制、疏导路面后续车辆，以及对掉头逃窜的犯罪嫌疑车辆实施拦截。拦截处置点主要负责对暴力型犯罪嫌疑车辆实施第一次拦截，并在截停后对违法犯罪嫌疑车辆以及人员进行控制与处置。当出现违法犯罪嫌疑车辆不听指挥、强行闯卡时，进行追击、围堵。火力控制点置于拦截点后 0.3 公里～0.5 公里处，主要负责对闯卡的犯罪嫌疑车辆实施强行拦截，并在截停后对违法犯罪嫌疑人以及车辆进行控制与处置，以及在行动开始后控制、疏导路面车辆。

三、选择地点，截停车辆

由于车辆查控往往会涉及暴力型犯罪人员，极易发生战斗。因此，截停车辆的地点应有所选择。一般应选择视野开阔、便于拦截检查和警力部署的地点，并考虑尽量避开人群、居民密集区、密林区、易燃易爆和剧毒化学物品仓库所在地等复杂地段或场所，以及尽量避免或者减少战斗发生时会对无关人员和公私财产造成损害的地点。实践中可考虑选择在车流量和行人均较少的弯道处、上坡处、收费站等能使车辆减速的地段、地点实施拦截。如果选择的截停地点不具备自然的拦截条件，可以人为设置减速或障碍设施，以达到减速的目的。截停车辆的方式有公开、秘密和公开秘密相结合等三种。公开截停是指车辆查控人民警察以公开身份进行截停。实践中常会以该任务以外的正当合理的警务活动理由截停车辆，以防打草惊蛇，被对方抢先行动，如检查车辆违章、检查违禁物品等。秘密截停是指车辆查控的人民警察不暴露身份和查控意图进行的截停。一般借以普通公民的身份，制造或选择适当的截停理由进行截停嫌疑车辆。如制造交通事故现场，进行电力、公共设施施工等。车辆查控的人民警察在正式接触违法犯罪可疑人员之前，不暴露身份和查控意图（必要时可隐蔽地向司机表明身份，争取其配合），待查控任务结束后，再视情况表明身份，做好解释工作。公开秘密相结合截停，通常是在已经确认查控目标就在嫌疑车辆上时采用。由公开的执勤人民警察和借助某种身份进行掩护的人民警察相配合实施截停后再进行查控。常用的方法为先由借助某种身份进行掩护的人民警察借故将嫌疑车辆截停后，再由着装人民警察实施查控。有条件或者有必要时，着装人民警察先在预定地点设伏，由借助某种身份进行掩护的人民警察借故提前上车，暗中观察车内情况，设法接近、控制目标，至预定地点时，以合理理由使司机停车，形成里应外合，协同查控违法犯罪人员。截停车辆的拦截方式一般根据现场的具体情况进行选择，常用的拦截方式包括：手势指挥拦截、警示牌拦截、路障拦截和利用现场环境人为制造事故拦截等。

四、实施查控

（一）核实情况

当嫌疑车辆被截停后，执勤的人民警察应立即利用情报信息系统或与指挥中心联系，核实被截停车辆相关信息，确定是否属于嫌疑车辆。

（二）严密控制

在核对情况的同时，查控的人民警察应观察嫌疑车辆有无异常情况，重点控制车内人员和车辆。命令司机熄火，将钥匙扔出或放在车顶上，车内人员将手放在视线可及的范围内（如方向盘、前排座椅背上），然后令其摇下玻璃或打开车门。

（三）谨慎接近

先由指定民警喊话，警告车内人员不要乱动，服从命令，其他民警按照部署监视和控制人员、车辆及整个现场。接近嫌疑车辆时，应从车辆的右侧慢慢接近，按右前观察车牌及保险杆处、右侧车内情况和引擎盖处、后侧观察车尾牌照及后备厢、车辆左侧接近驾驶员位置处的路线逐步推进，接近时应与嫌疑车辆车体处于平行线内，距离宜小不宜大，在接近到能看清车内全景较佳位置时，应停下来仔细观察车内是否正常，然后再继续接近。接近过程中要始终注意车内人员的双手有无异常举动，如有情况应根据"先躲避后反击"或"边躲避边反击"的原则进行应对。

（四）实施盘查

在确定安全的前提下，执行盘查任务的人民警察应慢慢接近驾驶室位置，但不宜离车太近，保持一定的距离到驾驶室门后侧，用膝盖顶住车门或手扶车门上沿，命令驾驶员出示证件并接受盘查，检查时应密切注意车内情况。如需车内人员下车接受检查，应指令驾驶员两手伸出车门外，从外面将车门打开，慢慢离开驾驶室，举手下车至指定地点，由负责查控的民警将其控制后再进行盘查。然后依次指挥副驾驶、后排人员逐一下车至指定地点，实施控制后再进行盘查。如需对车厢进行检查，应当将车内所有人员下车并控制后，将车门和行李箱、后备厢谨慎打开后再由人民警察对车辆进行检查。对一般车辆的检查，通常应按查证、查人、查物的顺序进行；对涉嫌暴力违法犯罪的车辆查控，应注意车内可能全部或大部是违法犯罪人员，个别乘客有可能是人质，也可能是被胁迫或者不知情者。此种情况的违法犯罪人员往往涉嫌暴力罪行，持有凶器、武器甚至爆炸物品，极易反抗、闯卡或做出其他危险举动，应提高警惕，谨慎盘查。如果违法犯罪人员有暴力反抗、逃跑等拒捕的紧急情形，应当视情依法采取强制手段，果断地予以制止。如果车辆查控过程中人民警察依法使用了警械、武器，造成人员伤亡的，应当视情分为若干个小组，分别进行抢救伤员、保护现场、押解违法犯罪嫌疑人的工作，并及时向上级和当地公安机关报告。指挥员与负责保护现场的人民警察，应当配合上级和当地公安机关完成现场调查后，再组织撤离现场。

五、车辆查控后的处置

经车辆查控，发现违法犯罪嫌疑人员的，应立即予以控制，并将情况及时上报，对其采取一定措施后带回单位留置后继续审查；发现违法犯罪嫌疑人员携带毒品、淫秽物品等违禁品或管制刀具、武器、易燃、易爆、剧毒、放射性等危险物品的，应当予以收缴或扣押；发现用作证据的物品、文件，应当根据案件性质，按相关案件办理程序规定处理；没有发现问题的，应立即交还证件，做好解释工作，礼貌放行。查控结束后，应将情况及时上报，清点武器、装备、人员后，有序撤离现场。车辆查控过程中出现人员伤亡的，应立即向上级机关报告，报告人民警察的身份、目前所在位置、采取措施情况、人员伤亡情况、现场情况、联系方式，并迅速对伤员采取临时性救治措施，根据需要及时通知急救中心急救，同时保护好现场。

查控车辆时应注意的事项

一、在嫌疑车辆前站立或没有设置安全区域，被嫌疑车辆突然开车撞出或被其他来往车辆误伤。

二、接近嫌疑车辆时，没有监视车内人员，贸然打开车门。

三、面对被查车辆司机门站立，被对方开门撞击，特别是盘查大货车，被门撞击的严重性最大。

四、将头探入嫌疑车辆内，易遭对方突然袭击。

五、没有要求嫌疑车辆熄火、摇下车窗玻璃。

六、检查车后备箱没有监视对方。

七、对大货车检查时，没有仔细从后向前查看。

八、登上客车检查时，没有占据前、中、后位置，多点监视，没有对客车司机进行特别要求，如暂时没收车钥匙等。

九、发现嫌疑车辆，即开车追上别靠对方车辆，企图迫使其停车或驱车与对方车辆并驶，命令对方停车。

十、嫌疑车辆停车后，将警车停在对方车辆前方，完全暴露在对方视线之中。

　　十一、停车距嫌疑车辆太近，遇有情况，不便及时起动汽车，也易被对方倒车突然撞击。

　　十二、盘查嫌疑车辆时，面对对方司乘人员围攻，警察没有足够重视并采取相应预防措施。

　　十三、当被查车辆司乘人员不听从警察的指挥时，没有提高警惕，没有想到对方消极抵抗可能隐藏的原因。

 任务实例/呈现

　　20××年8月，×××省某市公安局刑警大队上街巡逻，发现一辆白色桑塔纳车可疑。由于该车车窗玻璃上贴有"太阳膜"，导致车内情况无法看清，民警示意其停车接受检查。但该车不但不停，反而疯狂向前逃跑，民警随后驾车直追，嫌疑车辆被追到走投无路而不得不停下来，当民警走下警车从侧面径直上前去盘查时。突然从嫌疑车辆车窗内伸出一支枪管，两声枪响，一民警应声倒地，当场牺牲，嫌疑车辆又疯狂地逃离了现场。

任务小结

　　本任务介绍了什么是车辆查控，帮助学生明确车辆查控在侦查中解决的问题，掌握车辆查控的特点、适用条件、基本操作要求等进行车辆查控所必需的基础知识，培养学生按要求进行车辆查控的操作技能和实际运用能力。

思考题

　　1. 什么是车辆查控？
　　2. 车辆查控的特点有哪些？
　　3. 试述车辆查控的适用条件及基本要求。
　　4. 结合民警查控车辆遭袭案，阐述如何进行车辆查控。

训练项目：模拟车辆查控

一、训练目的

通过模拟车辆查控训练，帮助学生加深对车辆查控的理解，掌握车辆查控的特点、方法和要求，培养学生在司法实践中进行车辆查控的相关业务技能和实际能力。

二、训练要求

1. 明确训练目的。

2. 掌握训练的具体内容。

3. 熟悉训练素材。

4. 按步骤、方法和要求进行训练。

三、训练条件和素材（具体训练条件和素材可根据训练目的及训练重点由训练指导教师选择、调整）

（一）训练条件

模拟训练场所、车辆、拦截车辆设施、单警装备、武器、警械、警车等。

（二）训练素材

20××年××月××日，××市公安局××区分局巡警大队民警在辖区开展设卡勤务时，一辆缓缓驶来的黑色轿车引起了民警的注意。该车原本正常向前行驶，当车辆接近设卡的民警时，突然减速急转弯溜进了路旁的加油站。开始，民警以为该车是到加油站加油，可是半个多小时该车也没有从加油站开出来，这引起了民警的注意，初步判断一定内有隐情，民警随即到加油站寻找该车踪迹。经过仔细查找，民警最终在加油站一处隐蔽角落里发现了嫌疑车辆。此时驾驶员正悠闲地躺在车内玩手机，看到突然出现的民警，驾驶员表现异常紧张，汗从额头上流了下来。

四、训练方法和步骤

在指导教师指导下，学生分组模拟各角色（民警、驾车司机，以及其他相关人员）在训练场所进行训练，具体方法和步骤如下：

1. 准备素材，确定训练方式，学生复习有关查控车辆的基础知识，做好模拟查控车辆的情景场所及配套基本器材、设施、设备准备工作。

2. 实训指导教师介绍训练内容和要求，发放准备好的案例素材。

3. 学生阅读素材，掌握盘查的相关事实和材料，在指导教师的指导下形成情景模拟方案。

4. 学生以分工负责的形式进行角色分配，具体可按民警、驾驶员，以及其他相关人员等进行角色模拟分配，实际操作时可根据情况进行添加或删减角色，排列组合形成情景模拟团队，如添加或删减围观群众、加油站工作人员等有关人员。

5. 完成模拟车辆查控情景操作，对素材案例中没能提供的条件，由学生酌情进行合理设计和补充。

6. 整理训练成果，形成书面材料。

五、训练成果

1. 完成车辆查控完整视频，并交训练指导教师。

2. 总结训练成果，写出训练心得体会。

3. 指导教师进行讲评及训练成绩考核、评定。

拓展阅读

学习任务二十五　跟踪守候

任务目标

知识目标：通过本学习任务的学习，培养学生知道什么是跟踪守候，明确跟踪守候在侦查中的作用，了解跟踪盯梢的原则、梢位的种类、跟踪的形式以及守候监视的适用范围和守候监视点的选择，掌握跟踪守候的组织和实施方法。

能力目标：通过本学习任务的学习和训练，培养学生在司法实践中严格按照法律规定，运用所学的知识、技能和能力开展跟踪守候的业务技能和运用能力。

 任务概述

跟踪守候是侦查中对侦查对象的活动实施有效监控的常用侦查措施，也是侦查人员必备的侦查业务技能。对侦查对象进行跟踪、守候，掌握侦查对象的活动情况，并巧妙取证，是获取破案线索和依据的重要方法与手段。跟踪守候是秘密性侦查措施，其政策性、法律性和技术性都较强，需严格遵守相关原则，根据不同对象的特点或情势灵活运用。这需要知道什么是跟踪守候，明确跟踪守候在侦查中的作用，掌握跟踪盯梢的原则、梢位的种类、跟踪的形式以及守候监视的适用范围、地点选择，并能够结合案情和侦查需要，按照相关规定和要求，运用跟踪守候的方法，有效开展跟踪守候工作。

 ## 任务基础

跟踪守候分为跟踪盯梢和守候监视两种，二者都属于外线侦查的常用方式。

一、跟踪盯梢

（一）什么是跟踪盯梢

跟踪盯梢，是指侦查人员对侦查对象进行流动的、隐蔽的尾随监视，通过观察、监视以获得侦查对象的活动情况及犯罪证据的一种秘密侦查措施。广义的跟踪有三种主要方法：一是流动跟踪，指侦查人员徒步或驾车尾随侦查对象；二是定点跟踪（守候监视），是指侦查人员在某一固定位置对某一区域、某个物品或某个人进行连续性的监视；三是电子跟踪，即运用电子、机械或其他仪器设备来截取电信或谈话内容，掌握侦查对象的活动情况。在跟踪过程中，侦查人员通过对侦查对象进行观察、监视，掌握其活动情况，为侦查破案提供线索和收集证据。

（二）跟踪盯梢的作用

具体而言，跟踪盯梢有如下几方面的作用：

1. 获取侦查线索。通过跟踪盯梢，可以了解侦查对象的活动情况，进而查明其真实身份、工作状况、家庭住址或落脚点，确定犯罪团伙内部或对外联系，掌握犯罪团伙成员之间或对外活动情况，明确犯罪成员之间或对外交往关系，发现同案犯及其他相关人员等，为侦查破案提供线索。尤其是在初步确定侦查对象、案情尚不明朗、采取其他措施难以取得实质进展时，在不触动侦查对象的情况下，通过跟踪盯梢可以发现大量的侦查线索。

2. 收集证据。通过跟踪盯梢在掌握侦查对象的活动情况的同时，对犯罪活动过程中可以作为证据使用的相关内容，可运用相关的侦查措施予以固定，进而收集证实犯罪的证据。如在有涉案物品的案件中，犯罪嫌疑人一般会根据案情或形势对涉案物品采取使用、买卖、转移、隐藏、销毁等方式进行处置，通过对犯罪嫌疑人及其处置涉案物品行为的跟踪，可以掌握其处置涉案物品的情况，进而直接发现、查控涉案物品，获取证据。在有的案件侦查中，通过跟踪盯梢，可以发现收集其他证据的时机或条件，为收集其他证据创造条件。

3. 配合其他侦查措施运用。有的案件侦查中，可以通过跟踪盯梢为其他侦查措施的采取或核实情况提供支持或配合。如可以通过跟踪盯梢进行核实或考查内线侦查或技术侦查获得有关案件线索或信息的真伪、可靠程度；通过跟踪盯梢掌握侦查对象的活动规律或相关信息后，配合搜查、逮捕等侦查措施；通过跟踪盯梢核实考查秘密力量的工作，考核其所获得的情报的真实性、客观性。

4. 控制犯罪。通过跟踪盯梢，如发现侦查对象实施或预谋实施犯罪活动，可根据当时的具体情况和情势进行有效控制、制止犯罪，可当场采取措施将其抓获，也可采取其他有效措施避免危害结果发生。对侦查对象可能对证人、被害人构成威胁或危害的，通过跟踪盯梢可采取有效措施予以排除或对证人、被害人加以保护。

（三）跟踪盯梢的原则

在开展外线侦查时，必须严格遵守"严密控制，积极侦查，内紧外松，不露形迹"的原则。跟踪盯梢作为外线侦查的一种方式，除了必须遵守外线侦查的原则外，还应以"不丢不露"为原则，"不丢"是指要保持能连续监视侦查对象的活动情况，不能脱梢，"不露"是指不暴露自己。跟踪的目的是监控侦查对象的活动情况，在跟踪盯梢过程中，侦查对象一旦发现被跟踪盯梢，则会采取一定的措施或手段来反跟踪盯梢或应对侦查，故跟踪盯梢要做到"不丢不露"。但由于跟踪盯梢的过程中存在诸多不可控因素，加之每次跟踪的任务不尽相同，因此在坚持"不丢不露"的前提下，侦查人员也要灵活应对，不能盲目追求"不丢不露"。在特殊情况下，有时难以兼顾做到"不丢不露"，这就要根据当时的情势和侦查工作的需要，充分衡量"丢"和"露"在具体侦查活动中的利弊，有时选择"宁丢不露"，有时则会选择"宁露不丢"。如在跟踪过程中，发现侦查对象有毁灭证据、逃跑、自杀等企图时，要"宁露不丢"；在跟踪集团犯罪的重大嫌疑人员时，由于内幕尚未查清，一旦露梢可能会影响全案的侦查，则应"宁丢不露"。

（四）梢位的种类

梢，是指参与跟踪盯梢的侦查人员。梢位，是指侦查人员在跟踪盯梢过程中所处的位置。

1. 梢的种类。梢按任务和作用的不同，可分为主梢、副梢和机动梢。①主梢。主梢距侦查对象的距离较近，负责直接监视侦查对象的活动。②副梢。副梢距侦查对象的距离较远，主要负责直接观察外围的情况，配合主梢工作。③机动梢。机动梢位置相对比较灵活，主要起联络、策应作用。

2. 梢位。梢位是指侦查人员对侦查对象进行跟踪盯梢时所处的位置和角度。梢位的种类可分为正梢、侧后梢、前后梢、三角梢等。①正梢，位于侦查对象的正后方，是监视侦查对象的最佳梢位。其任务是直接监视侦查对象的活动，伺机取证，一般由一名侦查人员担任，又称"单线跟踪"。②侧后梢，位于侦查对象侧后方，在侦查对象侧面略后的位置进行跟踪监视，一般由两名侦查人员担任，又称"双线跟踪"。③前后梢，又称"交换梢"，一种情况是两名侦查人员分别在侦查对象的侧前方和侧后方，另一种情况是两名侦查人员分别在侦查对象的正前方和正后方。这两种情况下，前后梢可视情况变换位置，进行有效的跟踪监视；④三角梢，也称"多人跟踪"，是三名以上的侦查人员呈三角形的位置跟踪监视同一侦查对象，是三人以上跟踪时的常用梢位。这种梢位的特点是机动灵活，易于攻守，便于控制。

（五）跟踪的形式

1. 尾随跟踪。这是一种最常用的基本跟踪形式，由侦查员尾随在侦查对象之后进行跟踪监视。

2. 交换跟踪。这是指主梢、副梢、机动梢相互轮换位置并相应变换职责进行监视控制。交换跟踪可以有效掩蔽侦查人员的跟踪活动不被侦查对象所发觉。

3. 分段接力跟踪。这是根据侦查对象的活动规律，安排侦查人员预先埋伏在其必经的道路、场所附近，分段接力进行跟踪监视。

4. 迂回跟踪。侦查人员在遇到不易尾随跟踪的地段时，采取短距离不尾随跟踪，而从街巷两侧或两建筑物之间的空隙迂回先行包抄的方法进行监视控制。迂回跟踪是尾随跟踪、接力跟踪、交换跟踪等跟踪方式的综合运用。

5. 间接跟踪。在某些特殊情况下，暂时无法跟踪侦查对象时，可对其同案关系人、家属、亲友、有关物品的携带人进行跟踪监视控制，以达到寻找侦查对象下落的目的。

以上跟踪的形式在实际中，既可以单独运用，也可以混合或交替使用，必要时，还可以采用公开与隐蔽结合、内外结合的方式进行跟踪盯梢。

二、守候监视

（一）什么是守候监视

守候监视又称蹲坑守候，是指侦查人员选择适当隐蔽地点，通过观察、监视，以收集证据、掌控犯罪嫌疑人的一种秘密侦查措施。守候监视属于一种静态监视，即对特定地区、特定人物的秘密监视。

（二）守候监视的作用

守候监视的作用主要表现在以下几个方面：

1. 配合其他侦查措施运用。在侦查实际工作中，一些侦查对象作案手段高明，反侦查能力较强，使得侦查机关通过外围侦查措施难以发现有效线索或收集证据。在这种情形下，通过守候监视，可以掌握侦查对象的活动规律，为其他诸如密搜、密捕等侦查措施的有效实施提供信息；也可以配合跟踪盯梢，进行秘密拍照、录像和监听，及时发现侦查对象处置涉案物品以及掩藏和毁灭其他证据的行为，并采取有效措施做到人赃俱获；还可了解侦查对象的接触人员，发现可疑人员和同案犯，扩大侦查线索。

2. 为打击团伙作案提供信息。团伙犯罪具有涉案人数较多、组织关系复杂等特点，侦查机关面临侦查取证难度大、打击难以彻底的问题。而打击团伙作案中的关键是要掌握团伙成员以及成员之间的关系，尤其是主要成员之间、主要成员与其他参与人员之间的关系。通过守候监视，可以掌握侦查对象的社会交往情况、团伙成员之间的关系，为全面、深入、有效打击团伙犯罪提供信息支持，为下一步的侦查工作找到突破口。

3. 发现、抓捕犯罪嫌疑人。在侦查活动中，有些犯罪嫌疑人的身份虽已明确，但由于其居无定所、活动隐蔽，一时难以及时将其缉捕归案，通过对其活动的场所进行守候监视则可发现其行踪，进而把握时机将其抓获。对于系列案件的侦查对象，可以通过对其犯罪时空条件进行分析，研究侦查对象作案的规律和特点，在其可能继续进行犯罪的地点进行预伏守候，打击现行，保护可能侵害的目标。在有些案件中，还可与辨认等侦查措施相配合，寻找、发现、指认、抓获犯罪嫌疑人。

（三）守候监视的适用范围

守候监视一般在以下场所进行：

1. 住所。对住所的守候监视包括对侦查对象住处、临时藏身、落脚的地方、同案犯住处和亲戚朋友住所的守候，以发现侦查对象及其来往接触的人员。

2. 预谋或实施犯罪的场所。侦查人员已经掌握侦查对象预谋在某地实施犯罪，或某一区域内连续发生某一类似案件，可以在这些地方进行守候监视。

3. 侦查对象的必经之路以及与其他人员联络接触的场所。侦查人员如果掌握了侦查对象的日常活动规律，可以在其外出必经之路以及与其他人员接触的场所进行守候监视，以发现线索。

4. 特定场所。犯罪嫌疑人实施犯罪，尤其是侵犯财产类犯罪，一般会到地下赌场、娱乐场所等特定场所大肆挥霍，可以对这些场所进行守候监视以发现侦查对象。

（四）守候监视点的选择

能否发挥守候监视的作用，守候点选择的恰当与否至关重要。选择守候点应当遵循既隐蔽又适宜观察、监视侦查对象的活动，既能出击，又能堵截，既保密又安全的原则，按照"现成""就近"的要求，结合具体的案情、守候监视的任务、侦查对象的特点、守候场所的周边环境等情况来选择守候点。选择守候点要尽可能做到合情合理，不露破绽，特别是长期守候点，以免引起他人尤其是侦查对象的怀疑。同时，要积极争取当地群众的协助，考虑到各种情况发生时可供利用的各种条件。通常使用的守候监视点有：专用守候点，这种守候点较为固定，一般建在交通要道、复杂地区、复杂场所附近；临时守候点，这种守候点是根据具体案件侦查的需要，为了监视特定的侦查对象而设立的；眺望守候点，这种守候点的设立，因受监视环境所限，不宜在临近目标住处选点监视，因而在远处或制高点设点，对侦查对象进行监视。

任务实施/操作

任务项目一　跟踪盯梢

一、跟踪盯梢前的准备

（一）组织力量，确定跟踪人员

应根据案情所确定的跟踪盯梢任务、侦查对象的人数和具体情况，选择相应数量的侦查人员。注意这些侦查人员身高、体态、相貌、年龄等人身特征不应引人注目，并且具有外线侦查经验，有一定的跟踪盯梢和反跟踪的技能。

（二）熟悉案情，明确任务

参加跟踪盯梢的侦查人员，要了解、掌握案情和侦查对象的有关情况，明确跟踪的任务。具体来说，主要掌握侦查对象的姓名、绰号、化名、居住地址、体貌特征、个人特长、习惯、嗜好、家庭及亲属情况、落脚点和工作单位等情况，并熟悉侦查对象的五官、身材、体态、步态、衣着、行为习惯等特征。在跟踪盯梢之前，侦查人员还应对跟踪盯梢区域的人员情况、车辆流动情况、地理环境、人文环境、风土人情等情况进行详细、深入的了解。在此基础上，进一步明确侦查人员的具体任务，并制定详细的跟踪盯梢实施方案，提前约定联络方式、方法，预估跟踪盯梢可能出现的情况，设计好各种应急的处置方案。

（三）识别侦查对象

准确识别侦查对象是跟踪盯梢的一个重要环节。识别不准就会跟错人而贻误战机。识别侦查对象，应首先看照片认人，然后直接观察识别人。直接观察识别时应由远及近进行，把人身形象、动作习惯、面貌特征等看清、认准、记牢。在此过程中，侦查人员要自然大方，注意沉着冷静，切忌慌张直视或指指点点，同时要注意不同的侦查人员要分别在不同地点进行识别。

（四）进行必要的物质准备

跟踪盯梢不只是为了观察侦查对象的活动情况，同时还要做好相应的协同工作和记录、固定工作，故应根据跟踪盯梢的方式和场所的不同，做好必要的物质准备工作。如各种通讯工具、交通工具、监控设备、摄像、照相、夜视设备、必要的证件、武器、警械等。使用的所有设备均应经过检查，保证性能可靠。此外，侦查人员还应准备急需的服装、足够的现金。

（五）制定跟踪方案

跟踪方案的内容应包括：跟踪人员、交通工具；可能跟踪的地区的地形地貌情况；侦查人员相互联络的暗语；反跟踪时的处置方案；遇到可疑人员时的追查方法；遇到紧急情况的处理预案等。总之，跟踪方案要将可能出现的每个细节都考虑周详，使侦查人员有足够的思想准备，做到临阵不乱。

（六）必要的化装

一般说，侦查人员进行跟踪盯梢会借助一定的社会人员身份来掩护自己，为防止侦查人员暴露或引起侦查对象的注意，侦查人员应当进行必要的化装。化装因案、因人、因地、因时而异，总的要求是尽量大众化、多样、灵活，注意与跟踪环境及自身借助的身份相协调，力求身份、外表、装束、语言、行为、举止之间协调，避免因言行举止、穿着打扮、随身物品不协调而引起侦查对象的注意、警觉从而暴露自己。

二、实施跟踪盯梢

（一）徒步跟踪

徒步跟踪主要适用于比较繁华的城市街道、公共场所。徒步跟踪环境比较复杂，侦查人员要根据环境、不同的侦查对象来决定跟踪的距离和位置。徒步跟踪总的要求是：繁跟紧，疏跟远，不繁不疏靠近点，狡猾对象需防范。

1. 城市街道跟踪。城市街道比较复杂，为确保"不丢不露"，要因地制宜，及时调整跟踪的距离。其主要方法是"近跟远吊，拐弯抢角"。"近跟"就是在人车拥挤的闹市地段，利用人群、车辆作掩护进行近距离跟踪；"远吊"就是在行人稀少的地段，拉开距离，采取迂回堵截，主副梢随时换位等方式进行远距离跟踪；"拐弯抢角"是指在接近十字路口或拐弯处，副梢要抢先到路口的某一角上，策应主梢，监控目标。

2. 公共复杂场所的跟踪。商店、商场等公共复杂场所人流量较大、过道狭窄、出口较多，容易脱梢。因此，跟踪距离必须适中，梢位分布必须合理。对于公共复杂场所的跟踪可采取前后梢、三角梢进行尾随、交换、迂回跟踪。当侦查对象进入小店铺时，因空间较小，侦查人员一般不要跟入，可在外面选择有利地形进行守候；当侦查对象进入中型商店时，部分侦查人员可尾随跟入，其余人员在出口处守候；对于出入口较多、多楼层的大型商场，可尾随跟入，分楼层控制，采用前引后跟、侧面尾随的方式，留少数侦查人员在出口处把守；当侦查对象进入电梯时，如人多有掩护条件时，才能和侦查对象同乘一个电梯，最好是在目标到达的楼层的上面一层出电梯。

（二）车辆跟踪

1. 汽车跟踪。汽车跟踪是难度最大的一种车辆跟踪，其特点是速度快、活动的范围大，难以预估突发情况，跟踪监视的车辆目标大，不易隐蔽，近了易暴露，远了易脱梢。因此，在进行汽车跟踪前，侦查人员需记准车辆的特征及车牌号；跟踪用车要安装先进的通讯设备、监控设备等；要熟悉跟踪区域的交通线路及沿途情况。汽车跟踪一般分为单车跟踪、双车跟踪和多车跟踪三种形式。单车跟踪，是用一辆跟踪车进行跟踪，必须紧跟被跟踪车辆，同时利用一切可以利用的掩护物使自己处在被跟踪车辆后方视野之外，做到"不丢不露"；双车跟踪，通常是一辆车紧跟着被跟踪车辆担任指挥任务，用对讲机指挥其他跟踪监视车辆，并传递情报，主梢车、副梢车应适时交替，以免引起侦查对象的怀疑；多车跟踪，具有更大的机动灵活性，多个梢位车辆可以经常的调换，不易被目标发现。

2. 公共汽车跟踪。当侦查对象乘坐公共汽车时，侦查人员也应随车跟踪。上车后侦查人员不要闲聊或走动，以免引起注意；下车后，不可立即紧跟侦查对象，而应拉开一定距离进行跟踪，或由接应的侦查人员接替跟踪。公共汽车跟踪，最好采取车上车下相结合的方式进行跟踪，即车上有人监控目标，车下有人跟车接应。若遇侦查对象突然上下车时，可能是测梢，此时不可硬上硬下，可由车外副梢设法赶到下一车站，在下一站上下车，以防被侦查对象察觉。

3. 徒步车船混合跟踪。侦查对象外出活动，可能会换乘不同的交通工具，这就要求侦查人员必须做好多种形式的跟踪准备。徒步车船混合跟踪正是为了适应目标活动的这一特点而运用的一种跟踪方法。侦查对象先是徒步行走，然后突然登车或上船，在这种情况下，侦查人员应迅速缩短距离，可乘同一车（船），在车（船）上监视，其余侦查人员可利用相应的交通工具尾随跟踪或者接应替换。尾随侦查对象上下车（船）时，最好采取异门上下、同上不同下或异站上下等方式。

（三）长途跟踪

长途跟踪，是指侦查对象离开居住地，去外地活动时，侦查人员对侦查对象采取的一种跟踪方法。长途跟踪一般应由两名以上侦查人员进行，事先应设计好周密的跟踪方案并准备好各种必需的物品。途中要随时与有关侦查机关取得联系，并得到有关方面的配合和协助。到达目的地之后，侦查人员要立即与当地侦查机关取得联系，请求接梢。如果未能及时与当地侦查机关取得联系，或当地侦查机关因故未能接梢，侦查人员应继续跟踪，待侦查对象落脚后再继续与当地侦查机关联系接梢。长途跟踪根据侦查对象所乘交通工具的不同，其具体方法也略有不同。

1. 火车和轮船上跟踪。在长途跟踪之前，发现侦查对象已经购买外出的车（船）票时，要尽可能查清起程日期、车（船）次和目的地等情况，事先和当地侦查机关取得联系，预先约定接梢。如未能查获上述情况，要严密控制车站、码头及可能的进入口，防止丢梢。长途跟踪一般以二人以上为宜，一人与目标同厢同舱，便于观察监视，另一人或两人负责监视侦查对象离开车厢、船舱的活动。中途停车停船时，如侦查对象下车（船），另一名侦查人员可随同下车（船），负责监视，同车厢、船舱的侦查人员要随时做好下车（船）准备，一旦侦查对象突然离开车站、码头，要及时尾随跟踪。到达目的地后，另一车厢、船舱的侦查人员应抢先下去与当地侦查机关接梢的侦查员联系交接。

2. 飞机上跟踪。飞机跟踪，一般是侦查人员化装成旅客对侦查对象进行同机监视。大多数情况下应事先与民航公安保卫部门联系，飞行时由他们在飞机上协助监控，到达目的地后由当地侦查机关接梢后继续跟踪。

3. 长途汽车上跟踪。长途汽车的特点是行程远，途中停站多，车内旅客定员，侦查人员难以掩护，无论是车上监视，还是车下跟踪难度都很大。因此，一般采取同车伴随监视，途中侦查人员替换的方式，或者采取侦查人员同车伴随和先遣预伏相结合的方法。

（四）农村地区跟踪

农村地区地广人稀，村落分散，村民之间相互了解、熟悉，跟踪起来非常困难。因此，在农村地区跟踪，要从实际情况出发，采取跟踪和定点控制相结合的方法，具体方法如下：

1. 远吊眺望与分段预伏接力相结合。侦查人员应充分利用地形掩护自己，将侦查对象掌握在视线之内，远吊眺望，逐段接替，或采取远距离前引后跟的方式进行跟踪。

2. 结伴同行。由一名侦查人员装扮成外出办公事或走亲访友的模样，编造合情合理的理由，与侦查对象"结伴同行"，当行至需要分手处适时分手，由其他侦查人员接梢。

3. 先遣布网、预伏跟踪。如果事先掌握了侦查对象所去农村某地，应派侦查人员先期到达，请求当地基层党政组织协助，做好监控准备工作，张网以待。向基层干部、群众布置任务时应明确、具体，同时要搞好保密教育工作。

三、对侦查对象测梢和反盯梢的处置

在跟踪过程中，侦查对象经常采用一些方法测试自己是否已经被跟踪以及发现被跟踪后采取一些方法反盯梢。因此，侦查人员必须了解侦查对象测梢和反盯梢的常用伎俩。

（一）侦查对象测梢的常用方法

侦查对象常用的测梢方法包括：出门时眺望观察，回来时回头察看；行进中故意弯腰系鞋带，趁机回头观望；漫不经心地四面环顾或突然改变行走速度，改变行走方向；行走在狭窄小巷，突然折回；利用路边商店的橱窗玻璃观察背后的情况；扔下一张纸片或其他小物品，观察是否有人捡起或引起注意；在公共场所观察是否有人从手里拿着的报纸、杂志上面或旁边进行窥视；驾驶车辆过程中突然调头或在十字路口突然变道拐弯；将车开过路口的绿灯后突然加速；等等。

（二）侦查对象反盯梢的主要方法

侦查对象反盯梢的主要方法包括：在公共汽车将要开动时突然跳上或跳下，或前门上车快速地在后门下车；在商场、游乐场等场所，从前门进去迅速地从侧门或后门离开；故意向人多拥挤的地方走去或向与自己身高、穿着相似的人靠拢；进行简易化装，通过更换衣帽、改变发型、装成残疾人等方式来改变相貌特征；行进中与无关人员搭话或与素不相识的人装成亲密的样子，或直接向侦查人员问路问人，迫使侦查人员停止跟踪。

（三）对脱梢、反盯梢的处置

如侦查对象发觉自己被跟踪，企图摆脱时，侦查人员应当即进行主、副梢易位，以迷惑目标，同时向指挥人员报告请示处理。侦查对象已摆脱了盯梢，侦查人员要保持冷静，根据脱梢周围环境和目标活动规律，设法寻找，同时向指挥员报告请求派人前往目标住处或经常出没的场所寻找和堵截。侦查人员发现目标有反盯梢迹象时，务必沉着、冷静，采取相应对策，设法摆脱。

任务项目二 守候监视

一、守候监视的准备

守候监视是一项非常艰苦的工作，同时具有一定的危险性，有时兼有侦查和拘捕双重重任。因此，要求侦查人员事先必须做好充分的准备，切忌仓促上阵。具体的准备工作包括如下内容：

（一）组织力量、明确分工

执行守候监视任务，必须挑选精干的侦查人员，明确分工，把具体任务落实到每个侦查人员身上。布置任务要具体并充分估计到各种可能出现的情况，周密地制定应变对策，做到统一思想、统一行动、听从命令、服从指挥、临场不乱，各自保证完成任务。

（二）熟悉案情，掌握侦查对象的情况

分析、掌握案情和侦查对象的情况，是成功实施守候监视的基础。采取守候监视之前，侦查人员必须事先熟悉案情，掌握侦查对象的相貌特征、身体状况和着装打扮、性格特点、有无凶器及凶器的种类，明确守候监视地点的地理位置、周围环境等，要做到知己知彼，因案施策，因人施策，防患于未然。

（三）实地观察场所，选择好监视点

守候监视点既要能够隐蔽自己，又要能够有效监视侦查对象的活动。故实施守候监视前，要对守候地点的周围环境、交通情况、出入口等进行实地勘查，根据现场情况合理选择监视点和布设守候人员。

（四）做好必要的物资准备

必要的物资准备主要包括交通工具、化装器材、枪支弹药、观测仪器（红外线夜视仪、望远镜）、照相录像器材、通讯器材以及防护装备。使用前要做最后检查，保证性能良好。特殊情况下，还要备有一定数量的食品、饮料、雨具等。

二、守候监视的实施

守候监视的方法要根据案件和侦查对象的具体情况，因案、因人、因地、因时而定，一般来讲，守候监视的方法主要有定点守候、伏击守候、拘捕守候和巡查守候四种。

（一）定点守候

定点守候是指在侦查对象的住处、落脚点及其他有关场所周围建立固定的守候点，以某种名义为掩护，凭借视线或通过技术器材，对侦查对象的活动进行监视控制的守候方法。定点守候是侦查人员在固定的守候点，专门监视侦查对象的活动情况以及与其接触的有关人员，发现和扩大侦查线索，必要时还要进行密拍密录和监听，故在守候点的侦查人员要尽量减少出入，以免引起他人怀疑。此外，一个守候点应当保证有两名以上的侦查人员，便于轮流监视，每人每次监视的时间也不宜太长，避免因疲劳而出现失误。

（二）伏击守候

伏击守候是指在侦查对象经常活动的场所或连续发生同类案件的地点，选择隐蔽守候点，由侦查人员埋伏守候，对侦查对象进行监视或适时捕获的一种守候方法。在侦查过程中，如果得知侦查对象经常出没某些场所或可能在一个地区连续作案，侦查人员即可在其出没的场所或可能的作案地点附近，事先选择适当的守候点，进行秘密的监控，从而发现和捕捉犯罪嫌疑人员。采用这种伏击守候的方式时要统一指挥，伏击范围要大一些，侦查人员要分散把住各个通道要口，并事先确定好联络的信号和方法。同时，侦查人员也要做好隐蔽和掩护，不能在行动前暴露自己，否则会打草惊蛇。

（三）拘捕守候

拘捕守候，是指对已经批准拘捕的犯罪嫌疑人，因侦查工作的需要不宜采取公开的方式拘捕，由侦查人员隐蔽在犯罪嫌疑人的住所或其他相关场所周围，待目标出现予以拘捕的守候方法。这种守候分为守候捕人和捕人后守候两种方法。

守候捕人是指为了抓捕犯罪嫌疑人，在其可能出现的场所进行守候，一旦对象出现立即拘捕的一种方法。捕人后守候是指为了扩大侦查线索、发现同案犯，查明犯罪嫌疑人是否用暗（记）号与同案犯联系等情况，在捕人后留下侦查人员在拘捕地点进行守候监视。

（四）巡查守候

巡查守候又称"寻查守候""活动性守候"，是指在侦查对象可能作案或经常出现的场所进行流动巡查，以发现线索，查找犯罪嫌疑人的一种侦查措施。巡查守候有三种形式：

1. 以人找人，就是利用被害人与犯罪人有过一定时间的接触、可能认出犯罪人的条件，由侦查人员带其到犯罪人可能出没的场所、路线进行守候，发现、捕获犯罪嫌疑人。

2. 以物找人，是指侦查人员根据现场遗留物所表明的范围和来源，或犯罪嫌疑人犯罪所得赃物的处置过程、渠道，在一定场所守候监视，发现犯罪嫌疑人。

3. 以照片找人，是指侦查人员根据犯罪嫌疑人的照片，在其可能活动落脚的地点守候，截获犯罪嫌疑人。

 任务实例/呈现 ···

20××年4月初，山东省×县个体老板闻某某（化名），筹集了130万元现金来到江苏省×××市×县××港口，准备买一批木材回山东省×县销售。

4月17日，闻某某通过一个熟人认识了东北某木业公司的两名业务员张某、武某。会面后，武某先带他到江苏省×××市××县港务局港埠公司货场2号堆看了木材，谈妥以每立方米1830元的价格卖给他700余立方米木材。他觉得这两名地道的东北人热情、直爽、够朋友。如果生意成功，他可以赚到10万元钱，这样几次下来，他就可以回山东省开个公司，再……想到这里，他心里美滋滋的。下午5时，闻某某带着130万元现金来到金三角大酒店401室张某、武某的房间。张某、武某住给他一张空白的木材发货指令，让他自己填，闻某某觉得这是对他自己的信任，便爽快地付了钱，并邀请张、武两人和一些朋友到饭店喝酒。刚喝了几杯酒，张某、武某声称有事先离开了，闻某某也没有在意，和几个朋友一直喝到夜里10时才回酒店。回到酒店后，他又去401房间，想与张、武两人加深感情，方便以后再做生意。这时服务员过来告诉他，401室两人已于晚上7时退房了。闻某某惊出一身冷汗，如梦方醒，立刻到江苏省×××市×县公安局报案。

接到报案后，江苏省×××市×县公安局刑侦大队立即开展调查。警方找来东北那家木业公司负责人询问情况，那位负责人声称，他们公司没有接到此项业务，并且2号堆的木材也不是他们公司的。经对闻某某提供的发货指令初步鉴定，发现该指令上的公章与真实公章明显不符。显然，这是一起蓄谋已久的诈骗案件。

为了尽快抓获案犯，江苏省×××市×县公安局立即成立了专案组，迅速开展侦查工作：一是派人进驻金三角大酒店，摸清张、武两人的真实身份及联系电话；二是派出三路人马分赴上海、××市、××市火车站进行堵截，第四路人马北上，沿途开展调查访问；三是利用秘密侦查手段，对张、武两人使用的通讯工具进行监控；四是及时向沿线公安局发出通报，请求协查。

专案组进驻金三角大酒店后，迅速查明了张、武两人的真实身份：张某，男，37岁，辽宁省××市人；武某，男，35岁，吉林省××市人。专案组通过多种途径，在获得两人的手机号码后，立即向江苏省×××市公安局领导汇报了案情，并在有关部门的支持下，对张、武两人的手机进行监控。4月18日凌晨2时，江苏省×××市局传来消息，张、武两人在山东省××市出现，专案组随即指挥第四路侦查员火速赶往××市，并请求××市公安机关协助查控，但张某、武某已乘出租车离开了××市，去向不明。目标失踪，专案组决定收兵。

为了尽早破案，追回赃款，专案组派员对张某、武某的情况进行了详细的调查，对案情进行了深入的分析，决定以静制动，采用最艰苦、最耗时的蹲点守候的办法在张、武两人的老家守株待兔，不抓获犯罪嫌疑人誓不罢休。专案组兵分两路赴张某、武某老家开展工作。到达张某老家辽宁省××市、武某老家吉林××市后，专案组在当地公安机关的大力协助下，很快弄清了他们的全部社会关系。侦查人员认为，张某、武某一定会和家中联系，只要密切注视其家庭成员的活动，就能发现蛛丝马迹，抓获他们。经向专案组领导请示后，侦查人员决定在辽宁省××市和吉林省××市分别蹲守。侦查人员化装成打工人员，分别在张某、武某主要家庭成员住址附近租了民房，监视他们的活动情况，并物色秘密力量进行工作。经过五十多天的蹲守，侦查人员终于有了收获。6月5日，在吉林省××市，侦查人员从武某亲戚那里得到消息，晚上武某的侄子要到武某的躲藏处接武某到××市与其亲人见面。获此信息，侦查人员兴奋不已，马上与当地公安局取得联系，决定两地警方联手实施抓捕行动。当晚，抓捕组兵分三路，第一路赴武某的躲藏处进行搜查，第二路在其躲藏处到吉林省××市的路途中设伏守候，第三路赴武某家中伏击守候。最终，武某在去吉林省××市的路途中被抓获。6月16日，在辽宁省××市蹲守的侦查人员亦掌握了张某的行踪，于当夜将其抓获。

任务小结

本学习任务介绍了什么是跟踪盯梢和守候监视，帮助学生明确了跟踪守候的作用，掌握跟踪盯梢的原则、形式和守候监视的范围、守候监视点的选择等基础知识，培养学生能够在司法实践中恰当运用所学知识、技能进行跟踪守候措施。

思考题

1. 什么是跟踪盯梢？试述其在侦查中的作用。
2. 试述跟踪盯梢的原则。
3. 试述如何选择守候监视点。
4. 试述跟踪盯梢与守候监视的联系与区别。
5. 试述如何组织实施跟踪守候。

任务训练

训练项目：模拟跟踪守候

一、训练目的

通过模拟跟踪守候实训，帮助学生加深对跟踪守候相关知识的理解和认识，培养学生在司法实践中开展跟踪守候的业务技能和实际运用能力。

二、训练要求

1. 明确训练目的。
2. 掌握训练的具体内容。
3. 熟悉训练素材。
4. 按步骤、方法和要求进行训练。

三、训练条件和素材（具体训练条件和素材可根据训练目的及训练重点由训练指导教师选择、调整）

（一）训练条件

对讲机、相机、车辆、笔纸、化装服饰以及经费保障等。

（二）训练素材

某小区发生一起杀人抢劫案件，犯罪人深夜窜入一户人家中，杀害业主，抢走现金 2 万元以及首饰等财物。经侦查，发现该小区物业管理公司的保安李某有重大作案嫌疑。侦查人员获得重要线索，得知犯罪嫌疑人李某将到市区购物，可能会与同伙接头。为了弄清本案赃款赃物的去向以及同伙人员情况，经领导批准，需要对犯罪嫌疑人跟踪守候。

四、训练方法和步骤

在指导教师指导下，学生分组模拟各角色在训练场所进行训练，具体方法和步骤如下：

1. 准备素材，确定训练方式，学生复习有关跟踪守候的基础知识，做好包括跟踪守候模拟情景场所及配套设施、基本器材、设备等相关准备工作。

2. 实训指导教师介绍训练内容和要求，发放准备好的案例素材。

3. 学生阅读素材，掌握跟踪守候的相关事实和材料，在指导教师的指导下形成情景模拟方案。

4. 学生以分工负责的形式进行角色分配，具体可按侦查人员、侦查部门负责人、侦查对象以及其他相关人员等进行角色模拟分配，实际操作时可根据情况进行添加或删减角色，排列组合形成情景模拟团队，如添加或删减侦查对象亲朋好友、同案犯、其他无关人员等。

5. 完成模拟跟踪守候及处置情景操作，对素材案例中没能提供的条件，由学生酌情进行合理设计和补充。

6. 整理训练成果，形成训练书面材料。

五、训练成果

1. 完成跟踪盯梢操作视频制作，并将视频材料交训练指导教师。

2. 总结训练成果，写出训练心得体会。

3. 指导教师进行讲评及训练成绩考核、评定。

拓展阅读

学习任务二十六 缉捕行动

任务目标

　　知识目标：通过本学习任务的学习，培养学生知道什么是缉捕行动，明确缉捕行动的特点和原则，熟悉缉捕行动的谋略运用，掌握缉捕行动的相关知识和基本方法。

　　能力目标：通过本学习任务的学习、训练，培养学生在司法实践中严格按照法律规定，运用所学的知识、技能参加缉捕行动相关的业务技能和运用能力。

 任务概述

　　缉捕行动泛指人民警察对各种违法犯罪人员或犯罪嫌疑人实施的抓捕活动。刑事侦查中，除了要查明犯罪事实，收集确实、充分的证据，还应当将犯罪嫌疑人抓获归案，以保证刑事诉讼活动顺利进行。然而，由于种种原因，总有一些犯罪嫌疑人畏罪潜逃，更有某些犯罪嫌疑人或脱逃人员穷凶极恶，负隅顽抗，使得缉捕与反缉捕成了非常激烈的对抗活动。为高效地履行侦查职责，需要知道什么是缉捕行动，了解缉捕行动的特点，明确缉捕行动的原则，学会缉捕行动的策略并加以运用，并能够结合案情和侦查需要，按照相关规定和要求，运用缉捕行动这一侦查措施，有效地解决缉捕犯罪嫌疑人或在逃人员过程中遇到的各种问题。

任务基础

一、什么是缉捕行动

　　缉捕行动是一种对人的强制性侦查措施，泛指人民警察在发现各种违法犯罪人员或犯罪嫌疑人后，采取策略、措施或使用警械、武器等工具使其自愿或被迫到案的活动。这里所说的缉捕行动，则是指人民警察采取相应的策略、措施或使用警械、武器等工具，将逃跑在外的犯罪嫌疑人或脱逃人员抓捕归案的一系列作战行动。在逃的犯罪嫌疑人，是指侦查机关已经立案侦查因涉嫌犯罪行为而潜逃在外的犯罪嫌疑人，或是应经批准采取强制措施，在强制措施采取前闻风而逃的犯罪嫌疑人。脱逃人员是指已经被采取强制措施、判处刑罚，从羁押场所、刑罚执行场所脱逃的人员。在缉捕行动中，应当根据案件性质、缉捕条件、缉捕人数、缉捕对象的特点及配合度，以及缉捕对象是否携有凶器、武器、危险物品等不同情况，采取相应的策略与措施。

二、缉捕行动的特点

（一）强制性

缉捕行动是国家暴力适用于缉捕对象的一种强制行为，是法律强制性的具体体现，这是由国家法律的特点决定的。缉捕行动是体现法律强制性最直接、最突出的一种具体手段。当然，这种强制性表现出来的力度和方式同样也取决于缉捕对象对缉捕行动的配合度，缉捕对象的配合度越高，这种强制性表现出来的力度和方式则相对较弱；反之，随着缉捕对象的不配合度的增加，这种强制性表现出来的力度和方式则随之越强烈。

（二）危险性

缉捕行动通过缉捕人员与缉捕对象直接接触而完成，是一种面对面的、直接的交锋。缉捕对象出于逃生的本能，均存有较强的防卫意识，随时可能会进行反抗，甚至是用凶器、枪械等暴力工具攻击缉捕人员。缉捕人员在实施缉捕行动时可能会面临激烈的搏斗，时刻存在着负伤、牺牲的可能性。

（三）应变性

侦查活动中，情况复杂多变，敌我双方的情势瞬息万变。缉捕行动面临的情势也会因面对不同的缉捕对象，或在不同时间、不同场合的同一缉捕对象而随时发生变化。因此，缉捕人员采取的缉捕行动也必须在行动方案、行动部署、行动时间、行动地点、具体战术、行动程序、措施方法等方面根据情势变化适时调整。这就要求缉捕人员必须因情施变，抢先施变，才可能获得缉捕行动的主动权。

（四）谋略性

缉捕行动带有很强的武力对抗性，同时也是缉捕行动人员和缉捕对象斗智斗勇的过程。缉捕行动人员处于与犯罪人员对抗的最前沿，缉捕行动中稍有疏忽，就可能导致缉捕行动受挫、失败，乃至付出惨痛代价。缉捕行动要行之有效，减少伤亡和付出，需要进行精心策划，严密部署，运用合适的缉捕战术，才能适应缉捕行动本身的规律，有效打击犯罪活动及保护自身安全。

三、缉捕行动的原则

（一）获取情报，周密准备

掌握犯罪活动情报，是缉捕行动展开的前提，缉捕行动依赖且受制于情报的准确获取。只有犯罪活动情报及时、准确、可靠，缉捕行动的组织和实施才能顺利进行。情报的不准确或不及时，会给缉捕行动的实施造成困难，甚至引发更为严重的后果。同时，实施缉捕行动要进行周密策划，拟定战术方案，并注意预设几种预备处置方案和应急办法。同时根据具体情况进行周密部署，做好各项准备工作，要做好统一指挥组织协调，避免多头指挥造成混乱。

（二）依法实施，保证安全

缉捕行动依法实施是依法办案的体现。缉捕行动的实施主体是侦查机关，适用对象是符合拘留、逮捕条件的犯罪嫌疑人，同时要严格按照法定程序进行，要注意合法使用武器、警械。缉捕人员在实施缉捕行动时，要高度警觉，提高自我保卫意识，确保自身安全。同时还要注意保护缉捕场所周围其他人员的安全，做好解救、保护、安全警卫等各项准备工作，防止危害的发生。在缉捕行动展开后，要确保安全，防止不必要的人员伤亡。

（三）主动出击，随时应变

缉捕行动一般要主动出击，先发制敌或化被动为主动，以保障缉捕行动的成功。在执行时，缉捕人员在思想上要保持高度的警惕性，做好随时行动的准备。一旦抓捕时机成熟，要迅速行动，果断出击。在执行缉捕行动的过程中，行动对象逃避缉捕的手段多种多样，现场情况也会瞬息变化，缉捕人员必须要随着情况变化随时调整缉捕行动战术，及时采取相应对策，以变应变，以变治变，才能抓住稍纵即逝的有利时机，不受制于缉捕行动对象，保证缉捕行动的成功。

（四）合理配置，通力协作

规模较大的缉捕行动，涉及面广，投入力量大，需要对参战警力、资源进行行合理配置，通力协作。警力、资源的配置一般应对缉捕对象形成包围状态，抓捕组、控制组和接应组都应安置在不同位置上，合理配置、调度有方，以便切断缉捕对象的逃跑路线，将其牢牢控制住。在行动中，各组人员应根据情况需要，按警戒、盘查、搜查、抓捕、救援、机动等具体任务事先分工，统一指挥、各负其责、通力协作、互相支持、做好接应，避免漏洞的发生，保证缉捕行动的成功。

四、缉捕行动中的谋略运用

缉捕行动情况复杂，应根据案件的条件、缉捕对象的不同使用不同的谋略，从而保证缉捕行动的成功。缉捕行动实践中常见的谋略形式如下：

（一）不战而胜

这是在缉捕行动中争取以和平的方式促使缉捕对象自动投降的谋略运用方式。具体分为以下几种方式：

1. 进行威慑。针对缉捕对象害怕受到法律制裁的畏罪心理，利用国家法律的威严，使缉捕对象产生强大的心理压力，用语言、警用器械对其进行震慑，促使其认罪伏法，束手就擒。

2. 政策攻心。任何缉捕对象都有其性格特征与心理弱点，缉捕人员应提前掌握这些情况，据此对缉捕对象进行反复强烈的心理刺激，减少并消除其对抗情绪，促使其放弃抵抗，自动投降。

3. 分化瓦解。缉捕人员通过寻找、利用或制造缉捕对象之间的矛盾，对其内部进行分化，使其发生内讧，分崩离析，瓦解缉捕对象的整体力量，从而分而治之，逐一逮捕。

（二）制造假象

制造假象是缉捕行动一种基本方式，是缉捕人员根据和利用已经掌握的情报，通过制造假象来迷惑缉捕对象，使其产生错觉，从而判断失误做出错误反应和行为，使缉捕行动成功。

1. 欲擒故纵。缉捕人员对缉捕对象隐藏自己的缉捕意图，故意先不缉捕，放长线、钓大鱼，争取将更多嫌疑对象或是重要的缉捕对象一网打尽。这种谋略方式一般用于证据掌握不太充分、重要缉捕对象未被发现或是缉捕对象隐藏较深的情况下。在运用时一定要注意不能引起"故纵"对象的怀疑，同时还要做好监控，防止其脱控逃跑。

2. 声东击西。缉捕人员根据缉捕对象所处的环境，伪装向其他方向进攻或借假象分散缉捕对象的注意力，使其产生错觉放松警惕而被捕获。在使用时可以借用各种方式，比如故意发出声响、丢弃物品等，目的是分散或调开缉捕对象的注意力，在实施缉捕时还要注意选择缉捕对象的薄弱环节和防卫弱点。

3. 假意妥协。当缉捕对象占据优势，比如以伤害人质、进行破坏的手段进行要挟，情形不利于缉捕人员时，为避免造成损伤，缉捕人员可以先假装妥协和让步，假意让缉捕对象逃走，并事先在其逃跑路线上设伏，让其自投罗网。

（三）迂回缉捕

迂回缉捕是缉捕人员在实施缉捕行动时，借助与缉捕对象有关的人、事、物及其他们之间的相互关系来缉捕缉捕对象。

1. 顺藤摸瓜。缉捕人员在不惊动缉捕对象及其有关人员的情况下，利用和其有关的人、事、物及他们之间的关系，采取措施，顺线调查，获得更多侦查信息后再予以缉捕。这种方式主要适用于那些缉捕对象的行踪、动向难以发现的缉捕行动。

2. 里应外合。缉捕人员将已经投案自首的或是被逮捕后愿意立功的缉捕对象予以释放，后让其打入缉捕对象内部，作为内应，为缉捕行动创造有利条件和时机，并配合外部缉捕人员成功实施缉捕行动。

3. 迂回伏击。缉捕人员根据掌握的情报，在判明缉捕对象逃跑去向的基础上，选择在其必经之路或可能去的地点设伏，待其出现进行突然袭击，予以缉捕。这种谋略的运用，能够节省大量人力、物力、财力。需要注意的是一定要对缉捕对象的逃跑方向判断准确。

（四）使用武力

使用武力是缉捕人员在紧急情况下，采取必要的武力手段，使缉捕对象受到必要的影响或伤害后再实施的缉捕。

1. 武力威慑。在负隅顽抗的缉捕对象面前，炫耀缉捕人员的强大武力，对其施加心理压力，使其认识到反抗缉捕是徒劳的，并利用其求生本能，促使其放弃抵抗，自动投降。在具体使用时，如果威慑不成则可转为直接强攻。

2. 软硬兼施。缉捕人员以强大的武力作为后盾，一方面在缉捕对象面前炫耀武力，必要时也可给予缉捕对象一定的强硬手段，给缉捕对象造成心理压力；另一方面利用缉捕对象的恐惧心理，对其进行攻心、劝降。进而彻底摧垮缉捕对象的精神防线和斗志，使其恐慌，争取缉捕行动的成功。

3. 武力强攻。在面对极其危险的缉捕对象且其他谋略不适合使用的情况下，可以直接使用武力对缉捕对象进行伤害甚至消灭。这种方式需要缉捕人员在人数、装备上尽可能地占据优势，在实施的时候要注意保证缉捕人员的人身安全。武力强攻重在行动果断，坚决歼灭，适用于负隅顽抗、危险性强的缉捕对象。

任务实施/操作

一、缉捕行动前的准备工作

（一）收集信息，分析缉捕对象的活动规律

缉捕对象及其关系人的信息，是发现缉捕对象，有效实施缉捕行动的基础和前提。故应通过调查走访、网络通信技术分析、侦查基础工作、行业系统信息、互联网信息等方式查明缉捕对象及其关系人的信息。缉捕对象的信息主要包括个人身份信息、体貌特征、心理特征、前科劣迹、生活经历、生活习惯、职业状况、职业特长、家庭情况等个人信息，开设的银行账号、股票基金等资金信息，缉捕对象名下的车辆、房屋、物品、手机等财产或工具信息，缉捕对象的QQ、电子邮件、微信、网络购物内容、网络游戏内容等网络信息，等等。缉捕对象关系人的信息，主要是通过绘制缉捕对象的社会关系图谱，厘清缉捕对象的家庭成员和外围社会关系，通过缉捕对象关系人的活动获得的近期资金流动、财产变动、物品流转、反常现象等信息，以及关系人的通信信息，包括常规的电话、邮件、电报、包裹等，也包括QQ、微信、其他社交软件等网络通信信息。

（二）分析缉捕对象心理

不同的人有不同的心理特点，不同犯罪类型的涉案人员、在逃人员在不同的逃避缉捕的阶段，均有着不同的心理活动和心理状态。例如：有的犯罪嫌疑人作案后内心斗争十分激烈，会出现强烈的畏罪和恐惧心理；有的缉捕对象不知何去何从，会出现盲目、敏感心理；有的脱逃人员会寻找社会关系，以期获得喘息、了解信息、得到物质帮助或精神鼓励，而出现社交亲和心理；有的缉捕对象思想波动较大，会出现后悔、侥幸、犹豫等心理；有的缉捕对象经过一段时间调整，罪责感降低、焦虑减轻，会出现苟安心理；等等。加之每个缉捕对象因其经历、性格、遇到的困难和障碍、生存技能等方面的不同，导致他们的心理状态也不尽相同。分析缉捕对象的心理，针对其心理特点和心理状态的差异有针对性地因人施策，对于侦查机关采取恰当的侦查措施、有效实施缉捕具有重要意义。

（三）分析缉捕对象的潜逃规律

缉捕对象对抗缉捕或潜逃是有一定规律可循的。这种规律受社会主客观条件的影响和限制，也受缉捕对象的年龄、职业、文化、经验、技能等自身条件的影响和限制。每个缉捕对象对抗缉捕或潜逃都是在特定的社会环境下，综合自身条件而付诸行动的结果。因此，在缉捕行动采取之前，应当注意结合案件性质及罪责的严重程度、自然人文环境，缉捕对象的潜逃动机、社会交往关系、社会阅历与犯罪经历、职业技能和生存能力等因素来分析研究缉捕对象的潜逃规律。

（四）发现缉捕对象

在收集信息、分析缉捕对象心理、把握缉捕对象潜逃规律的基础上，根据不同的情形，选择查找缉捕对象的途径和方式，进而发现缉捕对象。主要的途径和方式有：

1. 通过缉捕对象的关系人发现缉捕对象。有的缉捕对象对抗缉捕或潜逃会借助关系人的帮助或协助来实现，因而缉捕对象的关系人可作为侦查机关发现缉捕对象的一种途径。缉捕对象的关系人主要包括其家庭成员、亲朋好友及其他缉捕对象认为值得信赖的社会人员。对于缉捕对象的关系人，可通过正面工作，取得关系人的合作、协助，发现缉捕对象或缉捕对象线索；也可通过直接调查、外围监控、隐蔽探查等方式来获取缉捕对象藏匿地点、潜逃地或相关线索，进而发现缉捕对象。

2. 架网布控。对缉捕对象可能潜逃、藏匿的地点、藏身落脚的相关场所，可采取动员从业人员、发动基层治安组织、悬赏通告、技术侦查等方式进行架网布控，发现缉捕对象或线索。架网布控范围相当广泛，涵盖缉捕对象潜逃可能涉及的衣、食、住、行的相关场所，包括车站、码头、机场、交通工具、商场、市场、旅馆、饭店、歌舞厅、录像厅、网吧、游艺厅、影剧院、洗浴场所等。

3. 通信查控。当前，人们的生活越来越依赖于现代通信技术和网络技术产生的各种通信联系，缉捕对象与外界进行联系也同样对各种通信工具有很大的依赖。在电信、技侦等部门的配合下，对缉捕对象的固定电话、移动电话、上网设备等通信工具进行跟踪、定位，开展网络监控、扫描、跟踪、追踪，以及通信、网络数据的分析处理，也是查明缉捕对象活动踪迹的重要途径和方法。

4. 网上追逃。网上追逃是指运用计算机网络技术，检索查询可疑人员和缉捕对象的资料，以发现缉捕对象的途径和方法。这种途径和方法借鉴现代技术成果，实现信息资源共享，极大地拓展了查询、比对的范围，为缉捕行动发现缉捕对象克服了时间、空间上的限制，解决了人工难查、漏查的问题，极大地提高了工作效率。

（五）熟悉情况，做好行动计划

缉捕行动前，侦查人员要了解、核实、熟悉缉捕对象的姓名（包括曾用名、乳名、绰号、网名等各种场合和领域的称谓名）、性别、年龄、体貌特征、具体住址（包括经常、临时等住址）、职业、工作单位、家庭情况、主要社会关系等基本情况，以及实施缉捕行为的主客观条件，缉捕对象近期的活动情况，可能实施缉捕的具体场所或地点及周围的环境条件，等等。还应根据案件性质、缉捕对象的特点和活动规律、参与缉捕的力量等，做好行动计划。行动计划要做到精心计划、万无一失，多准备几套方案，并对可能遇到的情势变化做好预判，提前研究好相应的处置对策。

（六）做好其他相关准备工作

实施缉捕行动之前，为保障缉捕行动的顺利进行，应做好其他相关保障工作。如缉捕行动前与有关单位或部门（包括缉捕对象所在单位、缉捕对象所在地辖区派出所、缉捕对象居住地基层单位组织、看守所、其他需要协助的单位或部门）做好协调、联络工作，取得有关单位或部门的支持、配合和协助。同时做好下列工作：做好参战人员、协助人员的思想教育和保密教育，增强参战人员和协助人员的信心和责任心，提升斗志和士气，防止走漏风声、打草惊蛇；做好缉捕行动前的武器、戒具、交通、通信、照明、其他用品等物质准备工作；准备好法律文书、材料；等等。

二、前期的缉捕行动

（一）组织缉捕力量

1. 确定缉捕人员数量。参加缉捕行动的人数应当适中，以能够控制现场局面、控制缉捕对象为限度。缉捕行动的负责人在分配缉捕任务时，应根据缉捕对象的人数、作案背景、心理状态、武器持有情况、缉捕环境条件及是否有潜在援助力量等因素，决定缉捕人员及人数。缉捕人员过多可能会对缉捕行动造成不良影响，过少则难以完成缉捕任务。如果参加缉捕行动人员的数量不是太多，应尽量安排同一地区、同一警种、同一层级的警察执行，尽量避免混合编队。特殊情况下，需要配合作战时，一定要明确责任，区分主辅，以免指挥混乱。

2. 统一指挥，明确职责。整个缉捕行动要有统一的指挥人员，务必做到统一号令、统一纪律、统一步调。若分组行动，每个小组要指定负责人。缉捕行动指挥人员应将缉捕对象的犯罪背景情况、人身特征等相关信息介绍给所有缉捕人员，让大家明确缉捕任务和承担的具体职责，以利于行动中相互配合。同时还要保证缉捕人员相互之间能够准确识别，这一点在夜间行动时尤为必要，可在行动前见面认识或佩戴识别标志。

（二）确定适宜的缉捕地点、时机与方式

缉捕地点的确定应以有利于缉捕人员的突然进攻而不利于缉捕对象的反击为原则，在哪里缉捕有利就在哪里缉捕。比如说，对于室内缉捕对象，可以入室缉捕，也可待敌外出或诱敌外出进行设伏缉捕；对于室外缉捕对象，可以夹击抓捕、引诱抓捕，也可守候抓捕、跟踪抓捕。缉捕时间一般要求是越快越好，但也要灵活掌握，何时有利就何时缉捕。在选择时机时应综合考虑缉捕对象周围的环境及附近人员的活动情况，有无持有武器，戒备程度如何等因素。能速战则速战，不宜从速则相机而战，并要随机应变，做好多手准备。比如，对于室内的缉捕对象，即使确定第二天拂晓入室抓捕，也应做好室外伏击的准备，一旦缉捕对象外出即可随机应变实施缉捕。缉捕方式是多种多样的，无论采取哪种方式，均应做到出其不意，出奇制胜，以确保缉捕人员的安全，有效制服缉捕对象。

（三）隐蔽接近缉捕对象

发现缉捕对象的行踪后，不管是出于监控目标还是捕捉目标的目的，都必须采取隐蔽、秘密的方式接近缉捕对象的所在地点，否则可能会打草惊蛇，导致缉捕对象逃窜或武力对抗。隐蔽接近缉捕对象，应着便装行动，停放车辆时要在缉捕对象的可视范围之外，尽可能避免使用有警用标志的车辆。缉捕人员到达缉捕对象所在地附近时应分散推进或梯次推进，以免引人关注。在行动前要预先分析并控制可能影响隐蔽接近缉捕对象的偶然因素，比如缉捕场所的犬吠声、护家犬的扑咬等。

三、中期的缉捕行动

（一）进行现场控制

缉捕行动人员隐蔽集结在缉捕对象所处地点附近之后，必须组织力量进行现场控制，占据出入口、制高点，对外围进行必要的警戒。对于处于室内或洞穴、丛林中的缉捕对象，应首先观察判明进入通道上有无报警装置或"陷阱"，如有应将其破除再实施缉捕。

（二）贴靠缉捕对象

缉捕行动中难度最大的环节不是制服环节而是贴靠环节。稳妥的贴靠方式应与缉捕地点和缉捕时机结合起来确定，产生突然袭击之效果。通常情况下有以下几种贴靠方式：

1. 天然型贴靠。天然型贴靠是指针对在公共场所活动的缉捕对象，缉捕人员以普通公众面目出现，接近缉捕对象的方式。这种方式不用刻意化妆，自然接近，适用于室内公共场所（如宾馆、商店、娱乐场所等）及室外公共场所（如街道、马路、公路等）。

2. 利用型贴靠。利用型贴靠是指缉捕人员利用缉捕对象的各类关系人来麻痹缉捕对象，创造良好的缉捕条件，适时突然贴靠的方式。比如：秘密扣留缉捕对象同居的人员，利用其钥匙开门进入贴靠；让缉捕对象的亲友、熟人出面叫门或约到适宜贴靠场所；由与缉捕对象共同活动的人员作为内应，暗中创造条件（如分离缉捕对象的武器、打开门锁等）进行贴靠。

3. 迷惑型贴靠。迷惑型贴靠是指缉捕人员假借其他身份或名义，正面接近缉捕对象的贴靠方式。假借的身份常有以下几种：以服务员身份叫门接近，以物业管理人员身份叫门，以求助者身份接近，以醉酒人、寻衅滋事者身份接近，等等。

4. 引诱型贴靠。引诱型贴靠是指缉捕人员针对缉捕对象的职业特点、特长爱好、兴趣需求等情况，在其所处地点附近布阵设饵，引诱其主动接近的贴靠方式。投放诱饵的类型，要根据缉捕对象的个人特点及周围环境而定。

5. 突袭型贴靠。突袭型贴靠是指缉捕人员采取秘密或公开逾越障碍（如破锁、踹门等）方式，在缉捕对象未察觉或未及抵抗的情况下，闪电贴靠的方式。采取这种方式，必须要知己知彼，对缉捕对象的作息规律、所处环境以及戒备状况等详细、准确地了解；还要把握好时间，快速出击，不能给缉捕对象留下警觉反抗的时间，避免形成对峙或造成人员伤亡。

（三）制服缉捕对象

对缉捕对象完成贴靠后，就要对其实行强制措施，将其置于完全无法反抗的境地，进而予以制服。制服缉捕对象的方式主要有两种：一种方式是直接钳制。缉捕人员贴靠缉捕对象后，在其未反应过来的瞬间，突然钳制其双手，使其失去反抗能力。如果缉捕对象手中持有武器，应迅速夺取武器，予以上铐进行控制。实施直接钳制时应尽可能从侧面或背后出击，避开正面，以防受伤。另一种是先控制再钳制。缉捕人员先使用枪支等武器使缉捕人员受控不敢妄动，再令其扔掉武器举起双手使其无反抗能力，最后再接近上铐对其实现钳制。如果缉捕对象极度危险，上述方法均不能保障人员安全，则在特定条件下可对其进行击毙。

四、后期的缉捕行动

对缉捕对象进行制服后，还要对其实施搜查、押解，以消除潜在危险。这一环节如出现问题，整个缉捕行动将前功尽弃。

（一）搜查

搜查是缉捕行动中必不可少的一个环节。在实践中，主要存在以下两方面的问题：一是制服缉捕对象后因疏忽大意而忘记人身搜查；二是人身搜身不彻底。比如搜出一两件武器或凶器后就浅尝辄止，未进一步发现其藏在隐蔽处的武器或凶器。这容易导致缉捕对象利用武器或凶器行凶顽抗，夺路逃窜。除了人身搜查，还要注意搜查缉捕对象的处所，收缴其藏匿的武器或罪证。

（二）妥善押解

在制服缉捕对象并进行搜查后，应及时将其由缉捕现场押解至侦查机关或看守所。实践中，常见的押解方式有乘车押解和徒步押解。乘车押解的，要对汽车门窗进行检查，对车内物品进行清理，防止缉捕对象跳车逃跑或就地取物开铐、割绳，并要保证人数上的优势，路线也要有所选择。徒步押解要避开人员稠密、拥挤的道路或处所，避开密林、农作物、陡路等可能会发生押解对象逃跑、行凶、自杀的路段，尽可能选择通畅的道路。押解过程中一定要使用械具限制其人身自由，还要全程严密监视。

任务实例/呈现

20××年6月19日××市发生特大持枪抢劫杀人案之后，××市警方在巨大的社会舆论压力下数月缄口不言，一直专注破案。之后，××案件相继发生，为××市所发案件侦破提供了新的线索，××市警方在若干关于案情的传言中，坚定自己的判断，最后把破案目标紧紧盯在一个与张某有关系的女人身上。

9月13日，这名小名为某某、真名叫杨某某的28岁女人，突然离开居所，有明显的逃跑迹象。为此，一直守候在外的警方人员拘捕了她。经过对杨犯审讯，杨犯交待，她曾于9月5日见过张某，张某因缺钱花，以6万元价格卖掉了一辆蓝色桑塔纳车。由此，漏网在逃的首犯张某开始浮出水面。

9月19日晚8时，××市警方获得消息，一名湖南男子与一名全姓女子联系，说晚9时"在上次下雨的地方"交一包东西。警方根据情况推断"下雨的地方"一是××市××区×××处，一是××区×××处，于是在两处布置警力实施缉捕。当日晚9时50分许，一穿深蓝色圆领衫的男子到×××处，回头望一眼后，径直朝等候在一暗处的女人走去。突然，他停下脚步，两人仅简单交谈几句，那名男子便取过了一个沉甸甸的旅行包，转身欲走。说时迟，那时快，3名埋伏在附近的侦查人员如猛虎下山般扑向此男子。那人反应极快，右手急向腋下伸去，侦查人员眼明手快，一把将其右手反扭，夺下其已握在手中的一支"五四"手枪（事后查明该枪子弹已上膛）。这时，蓝衣人似乎意识到末日已经来临，他拼命地扭曲身体、弯腰收脚想站立起来，口中"啊——啊——"地大叫着，异常恐怖。随后，侦查人员扒下其左脚鞋袜，发现其脚板心有一颗绿豆大小的黑痣！并喝问："你叫什么名字？""张某！"被抓获的此人正是×××系列持枪抢劫案首犯张某。随后侦查人员打开蓝色旅行包，里面是178发子弹和一枚军用手榴弹。

整个抓捕过程仅持续了短短几分钟，张某被带上一辆110警车，警方所有人员、车辆于5分钟内全部撤离完毕。至此，作恶于××市、××省、××省，公安部A级一号通缉犯张某在他犯案最多的××市落网。

任务小结

本学习任务介绍了什么是缉捕行动，帮助学生了解缉捕行动的特点，掌握缉捕行动的原则、策略运用，以及实施缉捕行动的相关基础知识，培养学生在司法实践中恰当运用所学知识、技能进行缉捕在逃犯罪嫌疑人或脱逃人员的业务技能和基本运用能力。

思考题

1. 什么是缉捕行动？试述缉捕行动的特点。
2. 试述缉捕行动的原则。
3. 试述缉捕行动中的谋略运用。
4. 试述如何开展缉捕行动。

训练项目：模拟缉捕行动

一、训练目的

通过模拟缉捕行动实训，帮助学生加深对缉捕行动的理解，掌握缉捕行动相关知识，培养学生在司法实践中参与缉捕行动的业务技能和实际运用能力。

二、训练要求

1. 明确训练目的。

2. 掌握训练的具体内容。

3. 熟悉训练素材。

4. 按步骤、方法和要求进行训练。

三、训练条件和素材（具体训练素材可根据训练目的及训练重点由训练指导教师选择、调整）

（一）训练条件

模拟室内缉捕场所、手枪、手铐、警车等。

（二）训练素材

20××年1月，接特情报告，公安部督捕在逃重大持枪入室抢劫杀人案犯李某某潜入本市活动，但居所不定，位置不清。后经多种侦查手段得知：该案犯现化名林某某，伪装成台湾商人在本市与旧时同伙联络，企图合伙作案并劫款外逃。该案犯及其同伙现已"踏点"多处，定于1月30日晚7点，在本市某宾馆203房间内与其联络的8人会面。8人中，其中5人与主犯李某某曾共同实施过暴力犯罪，判刑并执行后释放；2人资助过李某某逃窜；1人与李某某是远亲关系（为我方特情人员）。该案犯警惕性高，枪不离身，会面宾馆处于繁华闹市区。现上级指令将李某某以及涉嫌犯罪成员缉捕归案。

四、训练方法和步骤

在指导教师指导下，学生分组模拟各角色（缉捕行动指挥员、缉捕人员以及缉捕对象李某某及其同伙等）在训练室进行训练，具体方法和步骤如下：

1. 准备素材，确定训练方式，学生复习有关缉捕行动的基础知识，做好模拟缉捕行动的场所及配套基本器材、设施、设备准备工作。

2. 实训指导教师介绍训练内容和要求，发放准备好的案例素材。

3. 学生阅读素材，掌握缉捕行动的相关事实和材料，在指导教师的指导下形成情景模拟方案。

4. 学生分工负责的形式进行角色分配，具体可按缉捕行动指挥员、侦查人员、缉捕对象其同伙等进行角色模拟分配，实际操作时可根据情况进行添加或删减角色，排列组合形成情景模拟团队，如添加或删减宾馆服务员、其他房客等。

5. 完成模拟缉捕行动及处置情景操作，对素材案例中没能提供的条件，由学生酌情进行合理设计和补充。

6. 整理训练成果，形成书面材料。

五、训练成果

1. 完成缉捕行动方案策划，并将书面材料交训练指导教师。

2. 总结训练成果，写出训练心得体会。

3. 指导教师进行讲评及训练成绩考核、评定。

拓展阅读

学习任务二十七　通缉、通报

任务概述

　　通缉、通报、悬赏通告、边控通知是侦查机关在侦查破案的过程中，为取得相关地区侦查机关、其他部门或人民群众的支持与协助而采取的一项紧急侦查措施。通过通缉、通报、悬赏通告、边控通知，侦查机关之间或侦查机关与其他部门、社会群众之间互通情报、通力合作和协同作战，堵截、查获、控制犯罪嫌疑人、被告人、脱逃人员，查明涉案物品、不知名尸体身源、失踪人员、案件线索，发出预警，等等。这需要知道什么是通缉、通报、悬赏通告、边控通知，明确通缉、通报、悬赏通告、边控通知在侦查中的作用，了解通缉、通报、悬赏通告、边控通知的种类、条件等基础知识，并能够结合案情和侦查需要，按照相关规定和要求，运用通缉、通报、悬赏通告、边控通知等侦查措施，有效地开展侦查活动。

 任务基础

一、通缉

（一）什么是通缉

通缉是公安机关为了缉捕在逃的犯罪嫌疑人、被告人，或越狱在逃的犯罪嫌疑人、被告人、罪犯，以通缉令的形式，通告各有关地区的公安机关、有关单位、部门、公民予以协助缉捕其归案的紧急性侦查措施。依照刑事诉讼法的规定，通缉这一侦查措施，只能由公安机关实施。根据我国监狱法的相关规定，监狱发现在押罪犯脱逃，应当即时将其抓获，不能即时抓获的，应当立即通知公安机关，由公安机关负责追捕，监狱密切配合。故监狱发生罪犯脱逃的案件后，监狱若不能即时将其抓获，需要公安机关配合抓捕时，可由公安机关在一定范围内发布通缉来抓捕脱逃罪犯。但对于所通缉抓捕的脱逃罪犯的基本信息，监狱应当及时向公安机关提供。通缉通常以通缉令的形式发布，并可以发往各地区的公安保卫部门、国家机关、企事业单位、人民团体和广大群众。对于被通缉的在逃人员，任何公民一经发现，都有义务将其扭送到公安机关、人民检察院或人民法院进行处理。

（二）通缉的对象

一般来说，通缉的对象需要满足以下条件：一是在逃的人员具备刑事诉讼法规定的逮捕的条件；二是在逃人员的身份已基本查明；三是在逃人员下落不明。司法实践中，通缉的对象主要包括以下几种情形：①已经批准、决定逮捕或依法应当逮捕，身份已经查明的在逃犯罪嫌疑人、被告人；②已经决定拘留而逃跑或下落不明的现行犯或有重大嫌疑的人员；③被采取拘留、逮捕措施后从羁押场所脱逃的犯罪嫌疑人、被告人；④在押解途中或讯问期间乘机脱逃的犯罪嫌疑人、被告人；⑤在刑罚执行期间从刑罚执行场所脱逃在外的罪犯。

（三）通缉的作用

1. 抓获在逃人员，有效揭露和打击犯罪。通过发布通缉令，可以使有关地区、单位及广大人民群众及时知晓在逃人员的情况，有效地调动有关地区、单位及广大人民群众的力量协同作战，弥补侦查机关人力、物力、财力的不足，使犯罪嫌疑人无法藏匿，有利于侦查机关抓住战机，发现其行踪动向，及时将在逃人员抓捕归案。在逃人员被抓捕归案后，侦查机关可以通过讯问、搜查、辨认等其他侦查措施，获取证据、认定犯罪，进而有效揭露和打击犯罪。

2. 消除犯罪条件，预防新的犯罪发生。通过发布通缉令，可以使有关地区和单位迅速启动各种缉捕、防范措施，消除可能有利于犯罪嫌疑人重新犯罪的条件和途径，形成一种强大的进攻态势，使犯罪嫌疑人无法犯罪，从而有效地防止新的犯罪发生。

3. 交流犯罪信息，有效打击跨区域犯罪。通缉令是刑事犯罪情报资料的重要来源，它不但有利于侦查机关的刑事犯罪情报资料的建设，且通过通缉令的发布，使包含犯罪嫌疑人的特征、犯罪活动的规律特点等方面的犯罪情报信息得到及时地传递、交流，改变侦查机关各自为战的局面，从而实现侦查机关资源共享，有效协调各地的警力，共同作战。这对于打击和查获跨区域犯罪具有重要作用。

（四）通缉的分级发布

公安部的通缉令分成 A、B 两个等级。公安部 A 级通缉令是为了缉捕公安部认为应该重点通缉的在逃人员而发布的命令，是在全国范围内发布的级别最高的通缉令，主要适用于情况紧急、案情重大或突发恶性案件。通过 A 级通缉令通缉的重大在逃人员必须是需要抓捕并能够明确锁定的在逃人员。公安部 B 级通缉令是公安部应各省级公安机关的请求而发布的缉捕在逃人员的命令。2000 年 2 月，公安部对重大在逃人员实行 A、B 级通缉令。在此之前通缉令不分等级，也不设悬赏金。实行分级后，A 级通缉令的悬赏金不少于 5 万元且不封顶，B 级的悬赏金不少于 1 万元。在奖励方式上，A、B 级通缉令也略有不同：对抓获 A 级被通缉人或者提供关键线索的有功单位或个人，由公安部给予奖励；对抓获 B 级被通缉人或者提供关键线索的有功单位或个人，则由申请发布通缉令的省级公安机关给予奖励。

二、通报

（一）什么是通报

通报，是侦查机关之间交流犯罪情报信息，请求予以协助发现、调查、收集犯罪证据和侦查线索，或对犯罪嫌疑人、涉案物品进行查控的一项侦查措施。通报是单位发出的内部文件，它不同于通缉，不能公之于众。通报发出单位一般是侦查机关。通报接收单位是有关地区的侦查机关，对非侦查机关和广大公民一般不发通报，如有必要，可以发悬赏通告。通报的内容，既可以是有关案件的情况，也可以是协查的有关情况。通报的目的：一是交流犯罪信息，便于有关地区的侦查机关了解犯罪动态，布置有关方面的措施，做好相应的防范工作；二是扩大线索来源，发现串并案件线索；三是请求有关地区的侦查机关协查有关情况，提高侦破效率。

（二）通报的作用

1. 通报是广泛开辟侦查线索来源的有效方法。犯罪的智能化、流窜化以及侦查机关警力、财力的紧张，使得传统的现场勘查、摸底排队等措施的作用受到一定的限制，各地侦查机关要在大区域内直接开展侦查活动比较困难。而通过发布通报，通报范围内的有关侦查机关就可以组织专门力量，或结合自己的日常工作，有针对性地进行调查，从而提高发现重要情况和线索的可能性。这对于广泛开辟犯罪信息渠道，提高侦查效率，减少不必要的工作量和警力、财力的消耗都具有十分重要的意义。

2. 通报是侦查机关之间加强横向联系的纽带。通报是加强各地侦查机关的横向联系，增加侦查机关整体作战能力的重要手段和有效方法。通报能传递犯罪信息，使各地侦查机关及时了解外地的治安情况、犯罪动态，并增强其预判能力，掌握打击和控制犯罪的主动权；通报能沟通各地案件的有关情况，从中发现可以串联的相同类型的案件，有利于各地侦查机关共同开展侦查工作；对通报的查证工作，可以加强各地侦查机关在工作上的协调和配合。

3. 通报是收集犯罪情报资料，充实信息平台的重要途径。侦查信息化是侦查工作的发展趋势，建立起完善的信息平台是当前侦查机关与刑事犯罪作斗争的重要硬件支持。通报中包含刑事案件、犯罪人、犯罪规律和特点、犯罪手段等许多有价值的情况，这些情况既是动态的犯罪情报，又是颇具研究价值的犯罪情报资料。采取通报交流，可以刷新和激活信息，切实发挥信息平台的作用。把已查实的通报进行储存，对以后审查惯犯、累犯有重要作用；把许多没有查实的通报，通过整理归类存档，则成为以后发现有关犯罪线索的对照依据。通过对通报有关内容的研究，可以总结出许多对侦查、防范控制工作具有指导意义的经验和规律。因此，重视和强化通报意识与通报机制，是当前和今后刑事情报基础工作的一个重要方面。

（三）通报的种类

侦查机关使用的通报可以分为两大类：一类是请求有关地区的侦查机关协助调查、查控的通报；另一类是有关犯罪动态信息的通报。监狱经常使用的通报主要是有关犯罪的动态信息通报，包括狱情通报和案情通报。通过狱情通报和案情通报，及时通告监狱近期狱情信息和形势，近期狱内发案情况，对监狱工作进行阶段性小结，同时对监狱安全稳定提出具体要求，也便于各单位之间互通信息，加强交流，共同研究安全管理对策。具体而言，通报的种类主要包括以下几种：

1. 不知名尸体协查通报。有的杀人案件在侦查过程中，经过现场勘查和尸体检验及发动现场周围群众辨认尸体后，仍不能确定死者是谁。为了查清死者的有关情况，推动侦查活动的顺利开展，办案侦查机关可向有关地区侦查机关发出不知名尸体的协查通报，请求有关侦查机关查明死者身份、生前居住或工作的地点。这是侦查不知名尸体案件的过程中一项不可缺少的措施。不知名尸体的协查通报，应将案件发生、发现的时间、地点、经过，死者的性别、年龄、身高发型、身体外表特征，生前患有某种疾病，受过某种创伤或做过某种外科手术，衣服样式、质地、花色和新旧程度，以及随身携带的物品种类、形状特征等作出尽可能详细、准确的描述，并附上死者的面部、衣物和随身携带物品的照片。对于较重要的特征，还应附有该特征的特写照片，并注明该特征的部位。如果尸体已高度腐败或发现的是尸块，面容无法辨认，应通过法医检验确定死者的性别、年龄、身高，以及大致的死亡时间，并对尸体或尸块上发现的各种有价值的特征，尚未腐败的头发、假牙、衣物、首饰等方面的特征应详细、准确地描述，以便于失踪人员的亲属和知情群众辨认。

2. 失踪人员协查通报。在侦查实践中，一旦认为有失踪人员疑似被侵害的，可根据有关情况，判断其可能前往或被害的区域，通过协查通报请有关地区的侦查机关协助查明失踪人员的下落，从而发现隐案，预防系列杀人案件、拐卖人口案件的发生。在受理、查找失踪人员过程中，发现有下列情况的失踪人员，可将其视为疑似被侵害人员：一是人、车失踪的；二是有证据证明失踪人员携带巨款外出后，突然去向不明、生死不明的；三是从事一些特定职业（如非法买卖外汇、娱乐业、家政服务等）的人员，突然失踪且原因不明的；四是未成年人在正常上学、放学、游玩过程中突然失踪，并有证据证明其失踪时有异常情况的；五是人大代表、政协委员、知名人士、民主人士以及其他有一定知名度的公众人物、社会名流等身份特殊人员在正常状况下突然失踪且原因不明的；六是国家机关工作人员、军人和警察失踪且原因不明的；七是外交官员、外国人、华侨、台湾同胞在正常状况下突然失踪且原因不明的；八是失踪人员在失踪前确有证据证明有债务或其他矛盾等并受到他人恐吓、威胁的；九是失踪前后出现其他异常情况的。失踪人员协查通报除介绍失踪人员的姓名、年龄、籍贯、失踪时间、地点外，应重点写明其衣着、体貌特征、随身携带的物品特征，尤其是那些便于查找、辨认的特有特征，并附上失踪人的近期照片。

3. 重大犯罪嫌疑人协查通报。侦查机关正在侦查的案件的重大犯罪嫌疑人潜逃或者本地的流窜犯外逃时，可以向其可能逃往的地区发出通报，请求当地侦查机关协助查找。对已被拘留、逮捕且身份不明的流窜嫌疑犯，可根据其口音、衣着和携带的物品判断其身份和住址，然后向有关地区发出协查通报请求予以协助查明。这种协查通报的内容除了写明重大犯罪嫌疑人所涉及的案件性质、流窜犯的流出时间、主要犯罪活动和作案手段外，应着重把他们的体貌特征、在当地的社会关系写清楚，并附上照片和指纹。

4. 涉案物品协查通报。有些案件，需要有关地区侦查机关配合查控涉案物品的，可通过涉案物品协查通报进行查控，实现以物找人，这是有可查涉案物品案件发现侦查线索和收集证据的重要途径。作案人作案后，会采取各种措施与手段处置涉案物品，侦查机关通过及时发出涉案物品协查通报，请求可能处置涉案物品的有关地区的侦查机关协助查控，往往能够发现涉案物品，进而发现侦查线索，收集证据，挽回损失，甚至发现作案人线索，顺藤摸瓜，发现、查获犯罪嫌疑人。涉案物品协查通报对案情只需作简要的叙述，重点应放在对涉案物品的种类、数量、特征的描述，尤其涉案物品区别于同类产品的特征，力求使查控的涉案物品成为特定物而不仅仅是种类物。例如：手机的电子串号（IMEI 号）、机动车的 VIN 码等。如涉案物品的种类复杂、数量较多，还应在通报后面附上物品清单。对于有特定的识别特征的涉案物品，应专门作出准确的描述。有些涉案物品构造特殊、复杂，不易准确描述，或者涉案物品是不常见的物品，则应附上该类物品的图片，便于有关单位控制，或在追查已捕获的犯罪嫌疑人的涉案物品过程中查找。

5. 案情、线索通报。当前，系列性、跨区域性、流窜性案件不断增加，寻找串并案线索和跨区域侦查线索成为这些案件侦查的重要突破口，尤其某些久侦不破的重大案件，或者可能是外地人、流动人员、连续作案人员或团伙作案人员作案的案件。通过向邻近地区和作案人可能逃亡、居住、停留的地区，以及可能流窜的交通沿线地区的侦查机关发出案情、线索通报，可以请有关地区侦查机关：①注意发现可疑线索，协助破案；②注意分析该地区未破案件中是否有特点类似的案件，以便决定是否需要串并案侦查或组织力量联合侦查；③在已拘捕的犯罪嫌疑人中注意审查是否有利用类似手法犯罪或其他情况相同的犯罪嫌疑人，以便有目的、有针对性地在审讯中追查其过去所犯、尚未被揭露的罪行；④如果考虑到作案人员可能来自监狱或强制隔离戒毒场所，还应向这些部门发出案情协查通报，请对方提供线索，协助侦查。案情、线索协查通报应写明案件发生的时间、地点、犯罪侵害的对象以及犯罪手段、方法的特点。如果作案人在现场上留有指纹、足迹或工具痕迹，且具备鉴定条件，应在通报中附上痕迹的比例照片，并写明勘查鉴定时对痕迹所作出的判断。如果作案人的外貌特征有所暴露，通报还应对犯罪人的体貌特征加以描述。

6. 犯罪动态信息通报。犯罪动态信息通报通常是指上级侦查机关将一段时期内犯罪信息的规律、特点、作案手法与手段、趋势等重要情况及时通报给各级侦查机关，以便各侦查机关部署侦控工作、研究防范对策。此外，当发生严重暴力性犯罪案件后，对可能效仿的地区和犯罪嫌疑人可能潜逃或前往继续作案的地区发出犯罪动态信息，提醒有关地区的侦查机关做好防范示警工作；当发生持枪或抢枪、杀人、抢劫、强奸等案件，重大爆炸案件，驾车行凶和劫持飞机、轮船、汽车等重大恶性案件时，或为了查找某个已潜逃的重大犯罪嫌疑人，侦查机关在积极侦查、缉捕犯罪嫌疑人的同时，可以向犯罪嫌疑人逃跑窜扰的地区发出犯罪动态信息通报，请有关地区的侦查机关预先做好防范，并协助查找线索，缉捕犯罪嫌疑人。犯罪动态信息通报除介绍简要案情外，应着重说明犯罪嫌疑人数量及其体貌特征和特长，作案方式、方法等内容，并重点说明所用枪械武器，车辆的数量、种类、性能、牌号、特征等情况。

（四）通报的发布权限和范围

根据我国有关法律法规的规定，县级以上公安机关有权发布通报，具体是：

各级公安机关可以在自己管辖的地区范围内直接发布通报；上级公安机关可以向下级公安机关发布通报，公安部可以向全国或部分省、自治区、直辖市发布通报；同级公安机关之间也可以相互发布通报，但涉及地区范围较大的重大案件应当报请上级公安机关发布。需要注意的是，下列通报由公安部刑事侦查局发布：①跨省流窜作案嫌疑人员；②需要由全国或有关省、市、自治区协助查破的流窜犯罪案件，协助查控的枪支和重要赃物、罪证，协助查找的无名尸体等；③境内外勾结走私、贩毒、倒卖文物、伪造票证等案件的重大线索，境外黑社会组织和刑事犯罪人员渗入活动的线索，境外对我国进行走私、贩毒、伪造票证犯罪活动的组织、集团情况的案情或线索的通报。通报的发布范围要适当，通报的内容要准确、简明，描述语言要规范。发布通报的单位要写上单位名称并加盖公章，写明文号、电话号码和联系人。通报发出后，如果发现新的重要情况，或者原来通报的情况有误，应及时发出补充或更正的通报。发布通报应注意保密，不得使用明码电报或普通信函传送通报内容。如果发布单位认为有必要向群众公布通报中的某些案情，应将公布的范围和要求写清楚。

（五）通报的形式

通报的形式较为灵活，侦查实践中常用的主要形式有：传真、侦查协作平台发布、电话、函件、电子邮件等。

1. 传真通报。通常情况下，通报经过领导审批后，采取以传真方式把情况通报给相关地区的侦查机关。通过这种形式使得通报内容清楚准确，且能够准确、迅速、便捷地传递通报，避免电话通报由于语言、声音、记录等原因带来的失误。

2. 侦查协作网络平台发布。侦查协作网络平台是侦查机关信息化建设的重要组成部分，近年来，平台的建设发展迅速、功能齐全、性能良好，已成为侦查机关工作现代化的重要支撑。利用侦查协作网络平台发布通报，具有快速、广泛、节省资源、效率高等优势。

3. 电话通报。电话通报是指用电话的方式及时把主要情况通报给所确定的通报范围内的侦查机关。这种方法直接、快速、便捷、范围明确，往往是用于协作事项具体明确，协作对象清晰，以及需要紧急查控的情形。它要求被请求侦查机关认真记录并切实落实，如有必要，请求侦查机关应尽快向被请求侦查机关传递书面、完整而规范的通报内容。

4. 函件通报。函件通报是指通报经过领导审批后，以邮寄方式把通报的事项通报给相关地区的侦查机关。

5. 电子邮件通报。电子邮件通报是指通报经过领导审批后，运用侦查机关网络信息平台，把通报以电子邮件的形式发布。

三、悬赏通告

（一）什么是悬赏通告

悬赏通告，是指侦查机关为了发现重大犯罪线索，追缴涉案物品、证据，查获犯罪嫌疑人，通过广播、电视、报刊、网络等媒体向社会公开发布，要约社会公众提供线索、证据或协助查获犯罪嫌疑人，并承诺支付相应报酬的一项侦查措施。悬赏通告是新形势下专门工作与群众路线相结合的具体形式，是侦查机关寻找潜在知情人、收集犯罪线索和证据的有效侦查措施。通过发布悬赏通告，能调动社会公众的积极性，以协助侦查机关获取重要的破案证据和有价值的涉案线索，节约大量的人力、物力，从而有效地提高侦查机关打击刑事犯罪、维护社会秩序的能力。

（二）悬赏通告的特点

1. 激励性。悬赏通告通过支付一定的酬金或报酬的方式，承诺对社会公众协助侦查机关的行为予以回报或奖励。这个回报或奖励，往往因求助事项的情形特殊而数额较大，具有激励社会公众协助侦查机关发现侦查线索、证据，查获犯罪嫌疑人的性质和作用，这也是其区别于其他侦查措施的关键。

2. 要约性。悬赏通告是侦查机关向不特定的社会公众提出请求案件知情人提供协助，并承诺支付相应报酬的意思表示，在法律属性上属于合同的要约。其表明了侦查机关单方订立合同的意愿，并且只要案件知情人按照悬赏通告的要求提供协助，发布悬赏通告的侦查机关与提供协助的相对人之间就形成了特定的合同法律关系，侦查机关就应当无条件支付悬赏通告中的赏金。

3. 周知性。悬赏通告通过张贴或借助新闻传播媒介向社会公开发布，广泛告知社会各界和公众可以通过协助侦查机关而获取相应的报酬或奖赏，让社会各界和公众普遍地被告知和了解，具有相对的周知性。

4. 法定性。悬赏通告与民事领域的悬赏广告都具有要约性，但悬赏通告具有特殊的法定性，在发布主体、内容、条件和程序等方面有特殊的限定和要求，而民事领域中的悬赏广告对主体、内容、条件和程序等方面并无特殊的限定和要求。

（三）悬赏通告的种类

1. 缉捕重大犯罪嫌疑人。缉捕重大犯罪嫌疑人的悬赏通告是在通缉令的基础上加入报酬或奖赏的内容，侦查机关在查明重大犯罪嫌疑人的身份信息后，发布悬赏通告请求社会公众协助查获犯罪嫌疑人。

2. 征集破案线索。有些案件由于受主、客观条件限制或相关因素的影响，侦查破案过程中可利用的侦查线索较少，为挖掘侦查破案线索来源，寻找案件知情人，可以通过悬赏通告发动社会公众提供各种侦查破案线索。

3. 查找涉案人员。在有的案件侦查过程中，侦查机关通过视频监控获取到涉案人员的图像、声音、体型、体态等方面的信息，并通过悬赏通告的方式向社会公众征集涉案人员的相关情况，促进案件侦破取得实质性进展。

4. 辨认模拟画像。根据被害人或知情人提供的犯罪嫌疑人的相貌特征可绘制成的可供辨认和通缉使用的模拟画像。在模拟画像的具体使用过程中，侦查机关可以通过悬赏通告的方式，调动社会公众辨认、寻找、发现犯罪嫌疑人，并向侦查机关提供破案线索。

5. 查找涉案物品。在涉案物品查控中，对已知的涉案物品，侦查机关可以通过悬赏通告的方式，将涉案物品的相关情况公之于众，征集与之相关的线索。

（四）悬赏通告的条件

悬赏通告应当根据侦查工作的具体情况和客观需要来确定是否发布。一般来说，采用悬赏通告应当符合以下条件：

1. 社会危害性和负面影响大的案件。对于社会危害性和负面影响大的案件，有必要采取悬赏通告的方式，尽快侦破案件，稳定社会秩序，消除社会影响。实践中常见的案件主要有暴力化程度高、犯罪手段特别残忍的案件和系列案件。前者如杀人、碎尸、爆炸、持枪抢劫、暴力越狱等案件，这类案件为社会公众所高度关注，给社会公众、公民人身和公私财物造成极大的危害，社会影响恶劣。系列案件虽说具体个案危害程度不大，但在一定时间内集中发生在一定的区域，给这一区域的社会公众的安全造成严重威胁或影响，也有必要尽快侦破此类案件，消除负面影响。

2. 悬赏通告对象要有明显的识别依据。悬赏通告是发动社会公众在日常生活、工作和学习中寻找和发现涉案人员或相关涉案物品，为侦查破案提供线索和收集证据。悬赏通告对象能否容易为社会公众识别与认知，对悬赏通告能否发挥应有的作用至关重要。如果悬赏通告对象的特征明显、线索清晰，悬赏通告对象一旦在社会公众中暴露，则较为容易、方便地被社会公众掌握，实现悬赏通告目的的可能性就高。反之，则难以收到悬赏通告应有的效果。为此，应充分把握悬赏通告对象明显的识别依据，确保与其接触的社会公众能有一定的依据进行识别、辨认，进而发现、确定涉案人员或涉案物品。例如：涉案人员的体貌、性别、身份、口音、服饰等特征，涉案物品的类别、型号、规格、颜色、质地、标记等特征，尤其是较为独特、容易识别的显著特征。

3. 其他途径难以侦破案件。悬赏通告的主要目的是降低侦查破案成本，提高侦查破案效益。侦查机关在侦破案件过程中是否采用悬赏通告，是需要结合侦查工作的进展和客观需要来进行评估和考量的。只有当其他侦查途径和侦查措施难以有收效或收效不明显，或者不采用悬赏通告难以达到实效时，才能采用悬赏通告。在侦破案件过程中，如果有其他良好的途径可选择，其他侦查措施也能够侦破案件，一般不轻易采用悬赏通告。否则，采用悬赏通告虽能解决侦查破案中的问题，但其负面作用也不可小觑。这些负面作用具体表现为：一是影响侦查机关的形象。侦查破案过于依赖悬赏破案容易给社会公众造成侦查机关办案不力及侦查人员无能的负面印象。二是增加侦查破案成本。侦查破案如果过于依赖悬赏通告，会导致兑现赏格需要支付的报酬增多，造成破案成本增加；三是容易造成侦查机关及侦查人员的依赖心理。侦查工作的艰辛性，决定了如果大量使用悬赏通告来破案，会导致侦查机关及侦查人员不愿通过其他侦查途径和侦查措施积极主动开展侦查，而是被动、消极地坐等线索、证据的出现，从而可能会贻误战机，适得其反。

 任务实施/操作

任务项目一　通缉

一、通缉的审批

需要通缉犯罪嫌疑人的，办案部门应制作《呈请通缉报告书》，说明被通缉人的基本情况、简要案情及通缉的范围、种类、理由等内容，根据通缉的范围报县级以上侦查机关负责人进行审批。超过其管辖范围的，逐级层报至有共同管辖权的上级侦查机关审批。如：需要在全国范围内或跨省发布通缉的，应当逐级层报公安部批准。

二、制作通缉令

《呈请通缉报告书》经负责人批准后，办案人员应制作通缉令。通缉令应按照规定的格式制作，内容应力求具体、简练、明确，使人一目了然，需要对外保密的，应当有选择地进行说明。语言表述应规范、通俗易懂，以便有关部门和群众协助查缉。通缉令根据发布、适用范围的不同分为对内发布联和对外发布联两联。对内发布联是公安机关对侦查机关内部发布、适用的通缉令。对外发布联是公安机关对社会公开发布、适用的通缉令。两者在结构和内容上基本相同，不同之处在于：对内发布联在附件中需要就指纹、DNA 编号等专业事项进行注明，需写明抄送单位；对外发布联在附件仅公开发布犯罪嫌疑人的照片即可。通缉令应当尽可能写明被通缉人的基本情况、在逃人员网上编号（对内发布联）、身份证号码、体貌特征、行为特征、口音、携带物品、特长等信息，发布范围，简要案情，工作要求（对内发布联）和注意事项，联系人及联系方法等内容，有条件的可附上被通缉人的照片，对内发布的通缉令还可附上指纹、DNA 编号和主要社会关系等内容。

三、发布通缉令

由签发通缉令的公安机关负责人根据案情和通缉的需要决定通缉令的发布范围。县级以上公安机关在自己的管辖范围内，可以直接发布通缉令，超出自己管辖范围的，应当将通缉令，连同详细案情材料、清晰的照片或附件样品等报送有决定权的上级公安机关发布。各级检察机关决定的通缉，人民检察院应当将通缉通知书、被通缉人照片，以及简要案情、被通缉人身份、特征等情况说明，一并送达公安机关，由公安机关发布通缉令。国家安全机关、军队保卫部门、监狱等需要通缉的，需商请公安机关发布通缉令。

四、布置查缉

相关公安机关接到通缉令后，应当及时部署查缉，迅速采取有效措施周密地查缉通缉对象，对被通缉对象有可能出入或藏匿的地方进行布控，发动群众提供线索，组织人员进行围追堵截；其他相关单位和公民也应当协助公安机关查缉被通缉对象。一旦抓获被通缉对象后，报请抓获地县级以上公安机关负责人批准后，凭通缉令进行羁押，并通知通缉令发布机关进行核实，办理交接手续。

五、撤销通缉令

被通缉对象归案、死亡，或案件被撤销的，或通缉原因已经消失而无通缉必要的，通缉令原发布机关应当及时撤销通缉令。撤销通缉令，应当制作《关于撤销×公（刑）缉字〔20××〕××号通缉令的通知》的文书，以书面形式在原通缉令发布的范围内及时发布。

任务项目二　通报

一、确定范围

通报要发挥应有的作用，应尽可能做到有的放矢、注重实际效果，防止盲目的发布。一般来说，发布通报之前，应查清涉案人员的主要社会关系、可能的活动区域，可能前往的地点，应了解涉案物品处置可能涉及的区域、领域，并在此基础上合理地确定通报发布的范围。

二、及时发布通告

由于刑事侦查的时间性很强，通报的发布应当遵循紧急性侦查措施的基本要求。一旦刑事侦查存在需要，就应立即发布，不要拖延，以免贻误战机。及时发布通报，虽说可能会出现情况不明、信息不准的问题，但可随着后续侦查工作的开展，根据新的侦查情势和信息，再及时进行更新或补充通报内容。无论首次发布，还是后续更新或变更通报，通报的内容均要求做到简明、准确，通报才能发挥作为紧急性侦查措施应有的作用，故在通报制作中注意把握"人要具体、物要特定、事要关键、形要规范"等基本要求，即通报涉及的人要力求清楚、具体，涉及的物品要力求特定，涉及的事项要注意抓住关键、要点，通报的事项、要求、表述等形式要件要规范、重点突出。

三、专人负责

通报作为紧急性侦查措施，其使用的密度与频率随着犯罪的跨区域、跨领域发展而日趋增多。因此，各侦查机关应当树立侦查整体作战思想，强化侦查协作配合意识，按照长期有效经营思路，确定专门机构并配置专门人员，专门落实和管理通报工作。

四、认真处置

对于重要的通报，应在 24 小时内转发至有关地区、单位、部门，并督促其落实。各实战部门接到通报后，应组织安排人员迅速落实、及时查证，并及时把结果反馈给发布单位。只有这样，通报才能发挥其应有的作用。此外，通报的内容在一定程度上直接反映了犯罪活动情况，也是刑事犯罪情报信息的重要资料。故在及时处置的同时，还应注意将通报作为日常情报信息进行定性、定量、定向分析并归档处理。

五、撤销通报

一旦通报所需要解决的问题已经得到解决，已经发布的通报也就随之失去应有的意义，通报发布单位应立即发布撤销通报的通知，避免浪费人力、物力，保证通报所发挥的作用长期有效并良性循环。

任务项目三　悬赏通告

一、悬赏通告的适用研究

侦查机关应当从刑事案件侦查的实际情况、情形出发，结合悬赏通告发布的条件进行综合分析研究，确定是否采用悬赏通告。如果刑事案件侦查具备其他途径和其他有效侦查措施，则无需采用悬赏通告。

二、确定悬赏通告发布范围

经过研究，确定有必要采用悬赏通告的，侦查机关应当根据选择的侦查途径、确定的侦查范围与方向，结合悬赏通告对象的自身条件和相关情况，恰当地确定悬赏通告的发布范围。如果悬赏通告对象的行踪动向比较明确，悬赏通告的范围则可相对具体些。如果悬赏通告对象的行踪动向不太明确，悬赏通告的范围则可相对大一些。总的来说，就是尽可能地涵盖悬赏通告对象可能出现或活动的地点、领域、区域等，以防遗漏。

三、审批悬赏通告

侦查机关经研究确定需要发布悬赏通告的，应当报经或协调县级以上公安机关批准或同意。如果悬赏通告的发布范围超出其管辖区域的，须报经或协调有管辖权的公安机关批准或同意。

四、制作、发布悬赏通告

侦查机关制作悬赏通告，应当简要列明简要案情、悬赏对象的基本情况和特征、赏格的具体数额、发布机关的联系方式、保密措施及要求等。应重点对悬赏对象的基本情况和特征进行具体描述，并明确赏格的具体数额和联系方式。侦查机关制作悬赏通告后，应当根据侦查破案的需要选择悬赏通告的发布形式，可采用广泛张贴布告、广播播放、通缉令张贴、电视播放、报纸刊登、网络上传、自媒体等方式进行发布。无论采用哪些方式，最终务必争取做到悬赏通告内容家喻户晓、人人皆知，达到充分调动社会公众提供线索和协助侦查的目的和效果。悬赏通告发布后，侦查机关也可根据实际发生的情况发布后续通告，后续通告的内容既可以是案件的新情况，也可是赏格数额的变化。

五、核查判断，兑现奖金

悬赏通告发布后，一般都会收到许多线索，得到许多社会公众的协助。侦查机关对于相关部门、社会公众提供的举报线索、协助事项等进行查证、甄别、核实，并实事求是地作出判断。对于有价值的举报线索、证据，或者重要的协助事项，根据其价值、作用或贡献的大小，侦查机关应当按照"谁悬赏、谁出钱"原则及时兑现悬赏通告中所承诺的赏格，切实做到取信于民。侦查机关不得以任何理由或借口推脱、拖延。赏格兑现通常采取现金支付的形式，并确保举报人个人信息被严格保密。

六、撤销悬赏通告

悬赏通告发布后，案件已经侦破，悬赏线索已查证，涉案物品或证据已被查获，犯罪嫌疑人已投案、被抓获或死亡的，需要协助事项已办妥或不需要协助的，发布悬赏通告的公安机关应当按原发布悬赏通告的渠道、方式及时将悬赏通告予以撤销。

任务项目四 边控通知

边控通知是侦查机关为防止犯罪嫌疑人或在逃的罪犯等边控对象逃至境外，依法通知边境口岸机关阻止其出境并实施抓捕的一项紧急性侦查措施。随着我国与境外的交流、交往日益频繁，境内的犯罪人员想方设法逃至境外以逃避惩罚的情况也随之增多。与此同时，境外人员入境犯罪也时有发生，影响较为恶劣。侦查机关如不能采取相应的边境控制措施防止边控对象逃至境外，势必会导致侦查工作陷入被动。

一、边控通知文书制作

为防止边控对象逃往境外，需要在边防口岸采取边控措施的，应当按照有关规定制作《边控对象通知书》。《边控对象通知书》内容主要包括：姓名（包括化名）、籍贯或国籍、性别、身份证件或护照的种类及号码、年龄、出生日期、职业或社会身份、体貌特征、国内外住址、出入境口岸、入境后到达的地点、交控日期、控制期限、主要问题（阻止边控对象出境的理由与事实根据）、边控的要求及发现后的处理方法、法律依据及说辞、审批机关领导批示、交控单位、联系人、联系电话等内容，并附边控对象近期照片。《边控对象通知书》是填写类侦查文书，办案侦查机关需按要求清楚、完整地填写相关项目。

二、边控通知文书的审批

边控对象通知书经县级以上公安机关负责人审核后，层报至省级公安机关批准后，由省级公安机关通知本辖区内有关边防口岸。需要跨省、自治区、直辖市的采取边控措施的，由省级公安机关直接协调、通知有关省、自治区、直辖市的公安机关。需要在全国范围采取边控措施的，应当层报至公安部批准，由公安部有关主管部门通知全国各边防口岸采取边控措施。

三、边控措施的落实

边控通知文书相关手续办理完毕后，应迅速送达边境口岸机关执行。紧急情况下，需要采取边控措施的，县级以上公安机关可以出具公函，先向当地边境口岸机构交控，但应当在 7 日以内按照规定程序办理边控通知文书的相关手续。边境口岸机关收到边控通知文书后，应及时安排专人负责落实边控工作，对准备出境的可疑人员进行认真盘查，发现边控对象后，禁止其出境。需要注意的是，边控措施只是在一定期间内限制边控对象出境，并不限制其在国内活动的自由，故办案侦查机关采取边控措施如需要同时限制边控对象人身自由的，在送达边控通知文书时，应当随附拘留、逮捕等相关法律文书，边境口岸机关凭随附的拘留、逮捕相关法律文书对边控对象进行扣押。当然，在紧急情况下，边境口岸机关也可凭县级以上公安机关出具的扣押公函对边控对象进行扣押。

四、边控通知的撤销

为增强边控措施的针对性，提高边控工作的效率，避免边境口岸机关的无效工作或导致资源浪费。经核实，发现边控对象投案、归案、死亡，以及有其他不需要采取边控措施的情形的，原发布边控通知的侦查机关，应当通过正式的程序和手续，在原通知范围内迅速发布撤销边控通知，及时撤销边控措施。

 任务实例/呈现 ....

一、通缉令

通缉令（A 级）

×公（刑）缉字〔20××〕××号

20××年××月××日，××省××监狱发生一起监狱服刑罪犯脱逃案件，犯罪嫌疑人武某某（系服刑罪犯）涉嫌脱逃罪。

犯罪嫌疑人武某某，男，汉族，××岁，高中文化，××省××县人，身份证号：×××××××××××××××××××。户籍地址：××省××市××县××镇××村民委员××小组。体貌特征：身高 1.69 米，体型偏瘦，圆脸，后背有一约 5 厘米的刀疤。

公安机关正告犯罪嫌疑人武某某不要再抱有任何侥幸心理和幻想，主动向当地公安机关或拨打 110 投案自首。

××省公安机关请广大人民群众积极配合提供线索，对发现线索的举报人、缉捕有功的单位或个人，××省××监狱将给予人民币 10 万元奖励。

附：犯罪嫌疑人武某某照片（略）

××省公安厅（印）

二〇××年××月××日

二、撤销通缉令

关于撤销×公（刑）缉字〔20××〕××号
通缉令的通知

×公（刑）撤缉字〔20××〕××号

发布范围：<u>各市、区、县公安局</u>

内容：×公（刑）缉字〔20××〕××号通缉令通缉的 <u>犯罪嫌疑人吴某某、田某某</u> 于 <u>20××</u> 年<u>××</u> 月<u>××</u> 日在<u>×××市</u> <u>已被抓获归案</u>，请撤销通缉工作。

××公安局（印）

二〇××年××月××日

三、通报

司法部关于监狱系统近期发生的几起重大恶性案件情况的通报

司通字〔20××〕×××号

各省、自治区、直辖市司法厅（局），新疆生产建设兵团司法局、监狱管理局：

今年1月以来，各地监狱系统认真开展执法、执纪专项教育整顿活动，按照"三个绝对不能，四个绝对不允许"的要求，严格落实各项安全防范制度和措施，监管安全工作的总体形势良好。截止到今年10月底，全国监狱今年共脱逃罪犯×××名，发生狱内案件××起，其中重特大案件××起，分别比去年同期下降××%、××%和××%。但是，近一段时间一些地区的监狱发生了杀害监狱民警、劫持人质等狱内重大恶性案件，这既反映了狱内敌情的严重性，又暴露出监管工作中存在着诸多漏洞和问题。现将有关情况通报如下：

1.……（具体内容略）

2.……（具体内容略）

……

6.……（具体内容略）

针对上述问题，特提出如下要求：

一、……（具体内容略）

二、……（具体内容略）

三、……（具体内容略）

四、……（具体内容略）

请各地接此通报后，立即传达到全体干警，并结合本地区的实际情况，认真贯彻落实。

中华人民共和国司法部（印）

××年××月××日

四、悬赏通告

悬 赏 通 告

20××年××月××日凌晨，××省××市××县××镇××村发生一起故意杀人案，致一人死亡。经侦查，确认王某某（公安部 A 级通缉犯）有重大作案嫌疑。

王某某（别名王某、王某甲），男，39 岁，汉族，初中文化，××省××市××区人，身高 167 厘米左右，体态中等，普通话不标准，带××地口音。案发时蓄山羊胡，两鬓有络腮胡，出逃时上身穿深色棉衣，下身穿深蓝色牛仔裤，脚穿黑色皮鞋或白色旅游鞋，头戴白色鸭舌帽，携带一蓝色双肩包，内装一本算命书，可能携带尖刀一把。

王某某左前臂外侧有香烟烫痕，颈部有一处缝合伤痕，长约 2~3 厘米，嗜烟酒，有驾驶机动车技能，有多年放牧经历，无身份证件，与人沟通时避谈个人及家庭情况，见生人回避，警觉性高，不喜欢出入人员较多的场所，经常以给人放牧、打工、捡垃圾为生。

请社会各界踊跃提供线索，对提供线索或抓获该犯罪嫌疑人的，公安机关将给予人民币 20 万元奖励，并为举报人保密。如有隐瞒不报的，将依法追究其法律责任。

举报电话：0×××-××××××××

联系人：吴警官：1×××××××××

虎警官：1×××××××××

附照片：略

××市公安局（印）

二〇××年××月××日

五、边控对象通知书

边控对象通知书

姓	王	名	某某	相
化名：姓	王	名	某	片
籍贯或国籍	中国	性别	男	
证件种类、号码	因私护照 ××××××××	出生日期	19××年××月××日	
职业或社会身份	×××			
体貌特征	身高：181厘米，体型偏瘦，秃头，椭圆形脸			
住址　境内	××省×××市××区××街道办事处××小区×栋×单元××号			
境外	泰国××府×××120××路			
出境口岸	广州	出境后 到达地点	泰国	
交控日期	20××年××月××日	控制期限至	20××年××月××日	
主要问题	涉嫌故意杀人			
边控要求及发现后 处理办法	立即拘留，并速告××市公安局××分局刑事犯罪侦查大队			
法律依据及说辞	拘留证（×公（刑）拘字［20××］××号）			
审批机关领导批示	同意 　　　　　　　张×× 　　　20××年××月××日		审批批机关（签章）	

交控单位：××市公安局××分局刑事犯罪侦查大队　　　　　联系人：吴××　电话：××××××××

　任务小结

　　本学习任务介绍了通缉、通报、悬赏通告、边控通知等侦查措施，帮助学生知道什么是通缉、通报、悬赏通告、边控通知，明确和掌握运用通缉、通报、悬赏通告、边控通知等侦查措施的相关基础业务知识，培养学生在司法实践中恰当通过所学知识、技能和能力运用通缉、通报、悬赏通告、边控通知等侦查措施的业务技能和基本运用能力。

思考题

1. 什么是通缉？试述通缉在侦查中的作用。

2. 试述通缉的对象，监狱若发生罪犯脱逃案件，如何发布通缉令？

3. 什么是通报？试述通报的种类及发布形式。

4. 什么是悬赏通告？试述悬赏通告的特点。

5. 试述悬赏通告的条件。

6. 结合所学，试述如何实施通缉、通报、悬赏通告、边控通知。

训练项目：模拟通缉、案情通报

一、训练目的

通过模拟通缉、案情通报训练，帮助学生加深对通缉、通报的理解，掌握发布通缉令、通报的内容及程序要求，培养学生在司法实践中运用通缉、通报的业务技能和实际运用能力，并能够制作规范的通缉令、案情通报等法律文书材料。

二、训练要求

1. 明确训练目的；

2. 掌握训练的具体内容；

3. 熟悉训练素材；

4. 按步骤、方法和要求进行训练。

三、训练条件和素材（具体训练条件和素材可根据训练目的及训练重点由训练指导教师选择、调整）

（一）训练条件

模拟训练场所、侦查文书相关材料、多媒体设备等。

（二）训练素材

20××年3月22日凌晨3点30分，××省××监狱民警在押解死缓罪犯黄某某去医院治病时，该罪犯借上厕所之机，从××高速公路××服务区的厕所窗子逃脱。

据悉，罪犯黄某某，男，汉族，36岁，初中文化。身高1.66米，体态偏瘦，方脸，寸发近乎光头，左胸口有榔头文身。逃脱时身穿黑色立领开衫夹克、黑色西裤、蓝色帆布鞋。

目前，警方正在全力抓捕该罪犯中。××监狱发布的协查通报称，凡提供可靠线索者，将给予 5 万元奖励，将在逃人员扭送公安机关者，将给予 10 万元奖励。

四、训练方法和步骤

在指导教师指导下，学生分组模拟各角色（狱内侦查人员、狱内侦查部门负责人员，以及其他相关人员）进行训练，具体方法和步骤如下：

1. 准备素材，确定训练方式，学生复习有关通缉令、通报的基础知识，做好包括模拟发布通缉令、通报的情景场所及相关文书的准备工作。

2. 指导教师介绍训练内容和要求，发放准备好的案例素材。

3. 学生阅读素材，掌握狱内罪犯脱逃后发布通缉令、通报的程序，在指导教师的指导下形成情景模拟方案。

4. 学生以分工负责的形式进行角色分配，具体可按狱内侦查人员、监狱侦查部门负责人、公安机关侦查人员等角色进行分配，实际操作时可根据情况进行添加或删减角色，排列组合形成情景模拟团队，如添加或删减社会公众、知情人、无关人员等。

5. 完成模拟发布通缉令、案情通报的情景操作，对素材案例中没能提供的条件，由学生酌情进行合理设计和补充。

6. 整理训练成果，形成书面材料。

五、训练成果

1. 完成通缉令的制作，并将书面材料交训练指导教师。

2. 完成案情通报的制作，以××省监狱管理局的名义将此次狱内所发生的脱逃案件通报至××省所有监狱。

3. 总结训练成果，写出训练心得体会。

4. 指导教师进行讲评及训练成绩考核、评定。

拓展阅读

学习任务二十八　隔离管理

任务目标

知识目标：通过本学习任务的学习，培养学生知道什么是隔离管理，掌握隔离管理的特点和条件，以及隔离管理业务所需的基础知识。

能力目标：通过本学习任务的学习、训练，培养学生在司法实践中严格按照法律规定，运用所学的知识、技能和能力开展隔离管理的相关业务技能和运用能力。

刑罚执行机关一旦发现在押罪犯涉嫌狱内犯罪，或有未被处罚的罪行需要处理的，或者有严重危害监管改造秩序的，应立即采取隔离管理措施，以保证刑事诉讼的顺利进行和监管改造秩序的安全。为高效地履行狱内侦查职责，维护狱内监管改造秩序，需要知道什么是隔离管理，了解隔离管理的特点，明确隔离管理与禁闭的差别，把握隔离管理的条件，并能够结合案情、狱内侦查和监管改造秩序维护的需要，按照相关规定和要求运用隔离管理这项措施，切实为狱内侦查工作顺利进行和维护监管改造秩序提供有效保障。

 任务基础

一、什么是隔离管理

隔离管理是指国家刑罚执行机关对符合特殊情形的罪犯进行单独关押的管理措施。所谓的特殊情形，是指罪犯具备以下情形的：一是罪犯经医院鉴定患有严重传染性疾病或精神疾病，且不符合暂予监外执行条件，并不利于集体关押的；二是罪犯有狱内犯罪嫌疑，需要立案侦查、起诉、审判的；三是发现罪犯有未被刑罚处罚的罪行，需要查证或查证属实待处理的；四是其他特殊情形不利于集体关押的。从中不难看出,隔离管理可以分为两种情形:一种是为保障狱内监管改造秩序,对具备特殊情形不便于或不利于集中关押的罪犯实行单独关押,在这种情形下,隔离管理是一种狱政管理措施;另一种是为保障刑事诉讼活动顺利进行,而对特殊情形的罪犯实行单独关押。在这种情形下,隔离管理是一项狱内侦查措施。如无特指或说明,对隔离管理的理解和运用属于后一种情形。

二、隔离管理的特点

隔离管理作为保证狱内侦查工作的顺利进行而对涉嫌狱内犯罪的罪犯进行的单独关押措施,具有以下特点:

（一）特定性

隔离管理是一项重要的狱内侦查措施,其自身的特殊性主要表现在适用主体、适用对象、场所等方面。首先,隔离管理这一侦查措施的适用主体是狱内侦查部门及其狱内侦查员,其他部门和人员无权使用;其次,隔离管理的适用对象是狱内依法关押的罪犯中作为侦查、起诉或审判对象的狱内犯罪嫌疑人、被告人;最后,隔离管理必须在监狱具备条件的特定场所设置,设置于禁闭室、严管区或专门的场所,切忌监狱各部门自行随意设置单独拘押室进行隔离管理。

（二）保障性

隔离管理是狱内侦查的程序保障机制,其目的在于保障刑事诉讼活动的顺利进行,以及防止在押罪犯危害监管改造秩序,即防止涉嫌刑事案件的涉案罪犯继续实施其他危害监管改造秩序的危险行为,以及可能实施的妨碍刑事诉讼的行为,如:逃跑,威胁、报复证人或被害人,毁灭、隐匿或伪造证据,串供,等等。

（三）期限性

隔离管理会在一定的期限内改变罪犯的管理和处遇,这种改变具有期限性。依据相关法律法规的规定,审理狱内犯罪案件中,对于案犯单独关押的期限一般不超过 2 个月,案情复杂、期限届满不能终结的重大疑难案件,可以经省级监狱管理机关批准延长 1 个月。狱内侦查部门必须抓紧时间在隔离管理期间内开展侦查工作,隔离管理期限届满仍不能结案的,应当解除隔离管理,采取其他措施,超期隔离管理是违法行为。

（四）严管性

对于隔离管理的罪犯,应当采取与之相适应的管理办法和处遇。按照相关规定,对于隔离管理的罪犯,其管理、考核等同于禁闭、严管罪犯。

（五）程序性

隔离管理的适用必须经过严格的审批程序,切忌先斩后奏,或者只隔离管理不办审批程序。适用隔离管理应当由狱内侦查部门研究决定，按程序依法、依规提出书面申请，说明原因和理由，逐级报刑罚执行机关分管领导审批。

三、隔离管理适用的条件

隔离管理为排除犯罪嫌疑人、被告人妨碍刑事诉讼或可能实施危害监管改造秩序的行为的措施。具体来说分为以下几种情形：

（一）有狱内犯罪嫌疑的

在押罪犯一旦有重新犯罪嫌疑时，必须第一时间进行隔离管理，为防止再犯或其他事故的发生，必要时还要加戴戒具。主要包括两种情形：一种是有证据证明在押罪犯有涉嫌狱内犯罪的，即狱内犯罪的犯罪嫌疑人，包括狱内已发案件的犯罪嫌疑人和侦破的狱内预谋犯罪案件的犯罪嫌疑人。对狱内犯罪的犯罪嫌疑人适用隔离管理，这是为保障狱内侦查活动的顺利进行，排除犯罪嫌疑人妨碍刑事诉讼活动。另一种是有狱内犯罪嫌疑的在押罪犯，即通过狱内侦查工作发现的信息或线索指向有狱内犯罪重大嫌疑的在押罪犯。对有狱内犯罪重大嫌疑的罪犯适用隔离管理，是从保障狱内监管改造安全和稳定来考虑的。这是由狱内犯罪斗争的复杂性和犯罪后果的严重性决定的，也是狱内侦查"预防为主"的工作方针的直接体现。例如，在狱内侦查工作中，通过在押罪犯的检举、揭发、坦白、交待，发现某个在押罪犯有破坏监所安全稳定的重大嫌疑时，狱内侦查部门就应当在第一时间将该在押罪犯进行隔离管理，消除这种破坏监所安全稳定的危险和影响，将损害降到最低限度，并有助于尽快查清其狱内违法犯罪的事实。

（二）有余罪需要处理的

在押罪犯在接受刑罚处罚和改造的过程中，当发现其尚有其他未被刑罚处罚的罪行，需要查证或查证属实的，应当给予隔离管理。简单来说，就是发现在押罪犯可能有余罪需要处理时，应当对该罪犯进行隔离管理。具体而言，分为两种情形：一是刑罚执行过程中，发现在押罪犯涉嫌尚未处理的刑事案件需要查证的；二是在押罪犯涉嫌其他尚未处理的刑事案件已查清，等候处理的。

（三）与重大监管安全事故相关的

狱内重大监管安全事故虽然不一定是狱内犯罪案件，但重大监管安全事故也确实存在狱内犯罪的可能，并且其危害和影响也不可忽视。故当发生重大监管安全事故时，刑罚执行机关应当迅速将事故当事人、参与人、策划人等在第一时间进行隔离管理，以消除影响，控制事态发展，将损失降到最低，并为尽快查清事实，依法、依规做出处理创造条件。

（四）严重违规违纪的

对在押罪犯的严重违规违纪行为，处理不好或不恰当，有可能会导致事态进一步恶化，甚至转化为狱内犯罪。为防止事态进一步恶化、消除影响、查清严重违规违纪事实，需要及时将违规违纪当事人进行隔离管理，以防其再犯或其他不测。

四、隔离管理与禁闭的区别

将在押罪犯隔离管理与将在押罪犯禁闭处罚，均有将在押罪犯单独关押、在押罪犯的处遇上有相似之处的特点，但二者有本质的差异。

（一）性质不同

隔离管理是一种狱内狱政管理/侦查措施，禁闭是一种狱内处罚。隔离管理是为了保障刑事诉讼活动的顺利进行和防止严重危害监管改造秩序，而对符合某些条件的罪犯进行单独关押的管理措施，是一种行为过程；而禁闭是破坏监管改造秩序的事实、情节已经查清楚、证据确凿的前提下，依据监狱法律、法规对当事在押罪犯进行处理的惩罚措施，是一种行为结果。

（二）目的和任务不同

隔离管理是刑罚执行机关主动介入，为保障刑事诉讼活动的顺利进行，防止严重危害监管秩序安全的危险行为发生，通过对在押罪犯的积极干预行为，来制止在押罪犯未发生的、可能对刑事诉讼活动妨害的行为或可能严重危害监管改造秩序的破坏行为。禁闭的目的和任务是刑罚执行机关被动介入，为维护监管改造秩序，通过被动引起的处罚结果，来对在押罪犯已经发生的破坏监管改造秩序行为进行实体处罚，进而教育在押罪犯服从监管改造。

（三）时限不同

隔离管理的时限是侦查（调查）终结、处理结果生效或危险消除为止。依据相关法律、法规的规定，办理狱内犯罪案件中，对于案犯单独关押的期限一般不超过2个月，案情复杂、期限届满不能终结的重大疑难案件，可以经省级监狱管理机关批准延长1个月，期限届满仍不能结案的，应当解除隔离管理，采取其他措施。而禁闭根据我国《监狱法》的规定是7天~15天，禁闭后认错较好的，可以提前解除禁闭，期满后需再行禁闭的必须重新审批。

五、隔离管理应注意的事项

（一）进行必要的检查

对隔离管理对象进行身体检查，主要有两方面的目的：一是人身搜查。通过人身搜查，防止隔离管理对象携带违禁品、危险品进入隔离管理关押场所，排除危险。在隔离管理对象进入隔离管理场所前，监狱民警应对其进行认真的搜身检查；隔离管理对象进入隔离管理场所后，隔离管理场所负责执行的监狱民警也应对其进行认真、严格、细致的再次搜身检查。检查完毕后应让被隔离管理对象换上隔离管理服装，严禁包括原身上穿的所有衣服在内的任何物品进入隔离管理场所。二是医学检查。通过对隔离管理对象进行必要的医学身体检查，一方面评估隔离管理对象的身体机能状况，防止一些有疾病隐患的罪犯在隔离管理过程中产生可能影响生命和健康情况，如发现罪犯自身身体条件不允许进行隔离管理的，应当用其他措施代替隔离管理；另一方面是通过医学检查，发现隔离管理对象是否采取吞食异物、饮食毒物、装疯卖傻、装病伪病等方式蒙蔽监狱民警、逃避隔离管理或规避罪责的情形。

（二）确保安全

在押罪犯无论在何种情形下被隔离管理，对自己的处境、未来，以及面对的处罚缺乏足够的理性认识，其思想极度不稳定，处于极大的波动当中，容易导致被隔离管理罪犯自伤、自残、自杀等行为。这就需要监狱做到：①严格检查。对隔离管理场所要进行严格的检查，必须具备确保安全在万无一失的条件下，才能关押实施隔离管理对象。②严格看管。对被隔离管理罪犯要进行24小时全天候不间断的连续监控、看管。必要时，可对被隔离管理罪犯在隔离管理的同时再加戴戒具，并实行全天24小时不离身的人工包夹看管。

（三）保障基本人权

隔离管理是一项保障刑事诉讼和防止严重危害监管改造秩序行为的措施。被隔离管理的罪犯虽是涉嫌违法犯罪、严重违规违纪、危害监管安全事故的当事人，无论最终查证认定的结果如何，他们依然是人，或者说他们是有可能犯了错的人。故在隔离管理期间，无论是从保障诉讼权利的角度出发，还是基于人道主义，都应当给予隔离管理对象基本的人权保障，尊重其人格人权，严禁刑讯逼供和打骂体罚，保证其吃饱、穿暖，有病得到及时的治疗，以及申诉、控告和检举等诉讼权利得到实现。

（四）禁止接触

隔离管理期间，除办案部门（专案组、调查组）及监狱民警以外，严禁其他部门、警察、人员接触、会见被隔离管理对象。特殊情况下，需要接触、会见被隔离管理对象的，应当经监狱负责人批准并记录在案。办案部门（专案组）警察接触被隔离管理对象也应当记录在案。

任务实施/操作 ···

一、做好审查核实

无论是在哪种情形下对在押罪犯适用隔离管理，均应当结合监狱民警掌握的证据、信息材料、线索，结合隔离管理的条件进行审查核实，以确保隔离管理的正确适用。由于狱内犯罪斗争的复杂性和严峻性，在对信息材料和线索审查时，应当注意遵循"查处情报信息、线索不过夜，宁可信其有、不可信其无，切忌放长线、钓大鱼"的情报信息、线索查处基本要求谨慎进行审查核实。一旦发现相关信息材料或线索，必须第一时间组织调查核实，必要时可对当事罪犯进行讯问，并做好讯问相关记录。

二、办理手续

根据法律和有关法规的规定和要求，进行隔离管理应当由责任办案民警、值班民警、执勤民警或分监区管教民警提出，监区集体研究后根据情况制作隔离管理审批文书，报监狱狱内侦查科/狱政管理科审查核实，经分管监管改造的监狱领导批准，方可实施隔离管理，切忌先斩后奏或者只隔离管理不办审批手续。

三、实施隔离管理

隔离管理审批文书经分管监管改造的监狱领导批准后，监区应及时将被隔离管理罪犯押解到监狱隔离管理场所，并凭经批准的隔离管理审批文书作为执行隔离管理的凭证和依据，与监狱隔离管理场所管理部门进行交付。监狱隔离管理场所管理部门按规定和要求接受隔离管理对象，执行隔离管理。需要注意的是：①要确保押解安全。押解隔离管理罪犯到隔离管理场所途中，为确保安全，必须保证2名以上的押解警力，应当对被隔离管理罪犯加戴戒具。②及时开展侦调工作。罪犯被隔离管理后，监狱职能部门必须组织监狱民警在法律法规规定的期限内抓紧时间进行调查和审讯，及时推进侦调工作，尽快查清事实，获取证据，及时根据事实、证据和情节，依法、依规处理，并在法律、法规规定的时限内解除隔离管理，切忌和杜绝违反规定长时间隔离管理，或以隔离管理代替处罚。③加强教育。罪犯被隔离管理后，监狱民警要根据罪犯被隔离管理的原因，有针对性地开展个别谈话教育工作，让被隔离管理的罪犯知罪认错，消除危险，切实实现隔离管理的目的、任务和效果。

四、解除隔离管理

对隔离管理对象实行隔离管理后，对符合相关规定情形的，应当按相关规定、要求解除隔离管理。如果是被隔离管理罪犯涉嫌犯罪的，经侦查查明其涉嫌的犯罪事实清楚、证据确凿，具备移送审查条件的，应当及时移送人民检察院审查起诉，经人民法院审判并作出生效判决后可解除隔离管理；作出其他处理的，在其他处理生效后亦可解除隔离管理。如果是严重违规违纪、重大监管安全事故，已查清事实，处理结果出来并生效以后，可解除隔离管理。如果是重新违法犯罪、严重违规违纪或其他破坏监狱安全稳定重大嫌疑的信息或线索，待信息或线索指向的事实查清后视情节、影响等情况，解除隔离管理、转为禁闭处罚或作其他处置。如果隔离管理期限届满仍不能结案的，也应按时解除隔离管理，采用其他措施对隔离管理对象进行控制和管理。解除隔离管理时，应当由办案部门、办案民警、隔离管理执行部门和民警对该罪犯的危险性进行充分的评估，针对评估结果，作出该罪犯是否按期解除隔离管理，以及是否回到原改造监区或调换监区的决定。对解除隔离管理回到罪犯群体的罪犯，应当根据评估的结果，明确管理和教育的责任警察，有针对性地采取管控和教育改造措施，必要时落实包夹控制措施和耳目贴靠措施，以确保其安全或以防不测。

任务实例/呈现

20××年12月8日4点20分，××省××某监狱发生一起故意杀人案。罪犯吴某某，男，19岁，汉族，××省××市××县人，因故意杀人罪被××人民法院判处有期徒刑15年，20××年××月××日交付××监狱执行。吴某某送交执行刑罚后，时常违规违纪，反反复复地找警察报告，声称自己于20××年××月××日在××地杀了人，并多次在罪犯群体中扬言要报复监管自己的责任警察王某某，由于该犯反复的反改造言行，遭到罪犯群体的排斥。因此，监区报经监狱批准将其列为顽固危险犯进行包干包夹教育转化。

20××年12月5日，吴某某在罪犯群体中再次扬言要报复自己的责任警察并偷盗同室罪犯的物品，经监区调查核实后，为消除危险，防止再犯，进一步查清事实，报请监狱主管职能部门审批送交隔离管理。因监狱主管职能部门与监区认识不够统一，监狱主管职能部门未同意对该犯的隔离管理，而是要求监区对吴某某进行严格管理。于是监区据此单独找了一间房，将该罪犯实行单独管理，并从罪犯群体中选派一贯改造表现较好的6名事务性罪犯对该犯进行全天24小时的看守。12月7日，监区罪犯生活区水管损坏，水管维修工胡某某（6名事务性罪犯之一）从生产区借了一把扳手到生活区维修水管，修好后未及时归还到生产区，而是存放于对吴某某的严管室。次日4点20分，该扳手被吴某某发现，吴某某随即用该扳手将看管其的事务性罪犯李某某杀害。

本案由于对吴某某隔离管理不及时，造成了严重不可挽回的后果。

本学习任务介绍了什么是隔离管理，帮助学生了解隔离管理的特点，掌握隔离管理的条件，以及适用隔离管理的相关基础知识，培养学生能够在司法实践中恰当运用所学知识、技能和能力适用隔离管理的业务技能和基本运用能力。

1. 什么是隔离管理？试述隔离管理的特点。

2. 试述隔离管理的条件。

3. 试辨析隔离管理与禁闭。

4. 试述如何适用隔离管理。

任务训练

训练项目：模拟隔离管理

一、训练目的

通过模拟隔离管理实训，帮助学生加深对隔离管理的理解，掌握隔离管理相关知识，培养学生在司法实践中适用隔离管理的相关业务技能和实际运用能力。

二、训练要求

1. 明确训练目的。

2. 掌握训练的具体内容。

3. 熟悉训练素材。

4. 按步骤、方法和要求进行训练。

三、训练条件和素材（具体训练条件和素材可根据训练目的及训练重点由训练指导教师选择、调整）

（一）训练条件

模拟隔离管理场所及相关设施设备、戒具、囚服。

（二）训练素材

20××年××月××日21点30分，××省××监狱××监区在押罪犯伍某某在监区洗漱间因与同监舍罪犯王某某发生肢体摩擦，加之两罪犯平时有积怨，遂导致双方由口角纠纷升级为相互殴打。当时其他在场的罪犯劝阻不及，使得伍某某在殴打过程中将王某某打伤。监区管教民警和值班民警闻讯赶到现场后，迅速将事态平息，并将王某某送到医院检查治疗，经医院检查，王某某肝、脾破裂，并因肝、脾破裂形成血肿。

四、训练方法和步骤

在指导教师指导下，学生分组模拟各角色（监区管教民警、狱内侦查人员、监狱负责人、罪犯伍某某、其他罪犯等）在训练室进行训练，具体方法和步骤如下：

1. 准备素材，确定训练方式，学生复习有关隔离管理的基础知识，做好包括模拟隔离管理的场所及配套基本器材、设施、设备的准备工作。

2. 实训指导教师介绍训练内容和要求，发放准备好的案例素材。

3. 学生阅读素材，掌握隔离管理的相关事实和材料，在指导教师的指导下形成情景模拟方案。

4. 学生以分工负责的形式进行角色分配，具体可按监区管教民警、狱内侦查人员、监狱分管教育改造的负责人，以及罪犯伍某某、其他罪犯等进行角色模拟分配，实际操作时可根据情况进行添加或删减角色，排列组合形成情景模拟团队，如添加或删减医院医生、值班民警、其他职能部门监狱民警等。

5. 完成模拟隔离管理适用的相关处置及情景操作，对素材案例中没能提供的条件，由学生酌情进行合理设计和补充。

6. 整理训练成果，形成书面材料。

五、训练成果

1. 完成隔离管理相关文书和材料制作，并将书面材料交训练指导教师。

2. 总结训练成果，写出训练心得体会。

3. 指导教师进行讲评及训练成绩考核、评定。

学习任务二十九　逮　捕

 任务概述

　　在侦查实践所使用的强制措施中，逮捕是最严厉的强制措施，不但限制犯罪嫌疑人、被告人的人身自由，而且持续时间较长。正确使用逮捕，可以有效地防止犯罪嫌疑人串供、毁灭或伪造证据、自杀、逃跑、继续犯罪，有助于全面收集证据、查明案情、证实犯罪，保证侦查活动的顺利进行，同时，也可以发挥刑法的震慑作用。反之，如果逮捕措施运用不当，必将侵犯公民的人身权利和民主权利，损害司法机关的威信。为正确适用逮捕措施，需要知道什么是逮捕，了解逮捕的权限，把握逮捕的条件，并能够结合案情和侦查需要，按照相关规定和要求运用逮捕这项措施，切实为侦查工作顺利进行提供有效保障。

 任务基础

一、什么是逮捕

　　逮捕是指侦查机关为了防止犯罪嫌疑人实施妨碍刑事诉讼的行为，具有社会危险性，依法剥夺其人身自由予以羁押的一种强制措施。逮捕是侦查机关依照法律规定，在一定时期内暂时剥夺犯罪嫌疑人人身自由，并将其收押羁留的一种强制措施。逮捕是侦查阶段所运用的措施中最严厉的强制性措施。在侦查阶段，逮捕后除发现不应当逮捕或符合条件变更强制措施外，被逮捕的人的羁押期限一般要持续到侦查终结、审查起诉、审判，并做出相应处置为止。故正确、及时地适用逮捕措施，能有效地防止犯罪嫌疑人逃避、妨碍侦查，有利于全面收集证据、查明案情、证实犯罪，防止犯罪嫌疑人继续实施危害社会的危险行为。

二、逮捕的对象和适用条件

只有明确逮捕对象，严格掌握逮捕的适用条件，才能够防止错捕和滥捕现象的发生。我国《刑事诉讼法》第 81 条明确规定了逮捕的对象和适用条件。按照该条规定，逮捕的对象可分为普通逮捕和特殊逮捕两种。

（一）普通逮捕

普通逮捕是指在侦查阶段对具有一定社会危险性的犯罪嫌疑人应当依法采取的逮捕。即犯罪嫌疑人具备《刑事诉讼法》第 81 条第 1~3 款规定的情形，应当予以逮捕的。普通逮捕的适用应当具备以下三个方面的条件：

1. 证据条件，即有证据证明有犯罪事实。根据相关规定，有证据证明有犯罪事实是指同时具备下列情形：一是有证据证明发生了犯罪事实。犯罪事实既可以是单一犯罪行为事实，也可以是数个犯罪行为中任何一个犯罪行为事实。对实施多个犯罪行为或者共同犯罪案件的犯罪嫌疑人，具有下列情形之一即可：有证据证明犯有数罪中的一罪的；有证据证明有多次犯罪中的一次犯罪的；共同犯罪中已有证据证明有犯罪行为的。二是有证据证明犯罪事实是犯罪嫌疑人实施的。三是证明犯罪嫌疑人实施犯罪行为的证据已查证属实的。逮捕不同于定罪，逮捕的标准低于定罪的标准，不要求证明犯罪嫌疑人实施犯罪行为的所有证据都已查证属实，只要求有证据已被查证属实即可。

2. 刑罚条件，即犯罪嫌疑人可能判处徒刑以上刑罚。这是关于犯罪严重程度的规定。基于已有证据证明的犯罪事实，根据我国刑法的有关规定，初步判定犯罪嫌疑人可能被判处有期徒刑以上的刑罚，而不是可能被判处管制、拘役、独立适用附加刑等轻刑或者可能被免除刑罚的，才符合逮捕的刑罚条件。

3. 社会危险性条件。由于逮捕是最严厉的强制措施，只有在犯罪嫌疑人具有一定的社会危险性时才能适用。衡量犯罪嫌疑人的社会危险性，一般来说是基于下列情形来确定：①犯罪嫌疑人本人的社会危险性。也就是说，对于可能判处徒刑以上刑罚的犯罪嫌疑人，具备采取取保候审尚不足以防止产生下列社会危险性之一的，应当予以逮捕：一是可能实施新的犯罪的；二是有危害国家安全、公共安全或者社会秩序的现实危险的；三是可能毁灭、伪造证据，干扰证人作证或者串供的；四是可能对被害人、举报人、控告人实施打击报复的；五是企图自杀或者逃跑的。②涉嫌罪行的社会危险性。犯罪嫌疑人涉嫌罪行的严重程度，本身就是其社会危险性的具体体现。依据犯罪嫌疑人所涉嫌的犯罪事实、情节，比照刑法定罪量刑的标准，犯罪嫌疑人可能会被判处 10 年以上有期徒刑、无期徒刑或死刑的，应当逮捕。③犯罪嫌疑人经历或身份的危险性。犯罪嫌疑人屡教不改，曾经故意犯罪，再次涉嫌可能判处有期徒刑的罪行；或者以故意不讲真实身份，妨碍侦查机关调查、核实其真实身份，妨碍侦查，也是犯罪嫌疑人、被告人社会危险性的体现。故我国《刑事诉讼法》规定，犯罪嫌疑人曾经故意犯罪或者身份不明的，应当予以逮捕。

普通逮捕的上述三个条件相互联系、缺一不可。犯罪嫌疑人只有同时具备这三个条件，才能对其逮捕。

（二）特殊逮捕

特殊逮捕是相对于普通逮捕而言，是指对违反取保候审、监视居住规定的犯罪嫌疑人可以依法适用的逮捕。特殊逮捕的适用条件包含两个方面：一是犯罪嫌疑人在侦查阶段被采取取保候审或监视居住的强制措施；二是犯罪嫌疑人在取保候审或监视居住期间违反相关规定，且情节严重。具体来说，主要包括：

1. 犯罪嫌疑人在取保候审或监视居住期间有下列情形的：①涉嫌故意实施新的犯罪行为的；②实施毁灭、伪造证据或者干扰证人作证、串供行为，足以影响侦查工作正常进行的；③对被害人、举报人、控告人实施打击报复的；④企图自杀、逃跑，逃避侦查的；⑤经传讯无正当理由不到案，情节严重的，或者经两次以上传讯不到案的。

2. 犯罪嫌疑人在取保候审期间有下列情形的：①有危害国家安全、公共安全或者社会秩序的现实危险的；②未经批准，擅自离开所居住的市、县，情节严重的，或者两次以上未经批准，擅自离开所居住的市、县的；③违反规定进入特定场所、从事特定活动或者与特定人员会见、通信 2 次以上的。

3. 犯罪嫌疑人在监视居住期间有下列情形的：①未经批准，擅自离开执行监视居住的处所，情节严重的，或者 2 次以上未经批准，擅自离开执行监视居住的处所的；②未经批准，擅自会见他人或者通信，情节严重的，或者 2 次以上未经批准，擅自会见他人或者通信的。

三、逮捕的适用机关

根据我国《宪法》第 37 条规定，任何公民，非经人民检察院批准或者决定或者人民法院决定，并由公安机关执行，不受逮捕。根据我国《刑事诉讼法》第 80 条规定，逮捕犯罪嫌疑人，必须经过人民检察院批准或人民法院决定，由公安机关执行。据此，侦查阶段逮捕犯罪嫌疑人的批准权或者决定权属于人民检察院，侦查机关无权自行决定逮捕。对于侦查机关在侦查中认为犯罪嫌疑人符合法律规定的逮捕条件，应予逮捕的，应当按要求向同级人民检察院提请批准逮捕。人民检察院在侦查其管辖的刑事案件中，认为犯罪嫌疑人符合法律规定的逮捕条件，应予逮捕的，依法有权自行决定逮捕。逮捕的执行权属于公安机关，无论是侦查机关提请人民检察院批准的逮捕，还是人民检察院决定的逮捕，都应当交付公安机关执行。

四、逮捕的特殊情形

根据相关法律法规规定，对逮捕对象和案件性质特殊的犯罪嫌疑人进行逮捕时，要经过有关部门批准或报请有关部门备案，主要内容如下：

（一）逮捕对象特殊的逮捕

主要是指在侦查阶段，对各级人民代表大会代表、政协委员、外国人或无国籍人的逮捕。

1. 人民代表大会代表。根据我国相关法律法规的规定，如果被逮捕的犯罪嫌疑人是县级以上的人大代表，无论是批准逮捕，还是决定逮捕，都应当书面报请该人大代表所在的人民代表大会主席团或者常务委员会许可。对担任上级人民代表大会代表的犯罪嫌疑人批准或者决定逮捕，应当层报该代表所属的人民代表大会同级的侦查机关报请许可。对担任下级人民代表大会代表的犯罪嫌疑人批准或者决定逮捕，可以直接报请该代表所属的人民代表大会主席团或者常务委员会许可，也可以委托该代表所属的人民代表大会同级的侦查机关报请许可。对担任乡、民族乡、镇的人民代表大会代表的犯罪嫌疑人批准或者决定逮捕，由县级侦查机关报告乡、民族乡、镇的人民代表大会。对担任两级以上的人民代表大会代表的犯罪嫌疑人批准或者决定逮捕，依照规定分别向相对应的人民代表大会主席团或者常务委员会报请许可。公安机关在依法执行逮捕中，发现被执行人是县级以上人民代表大会代表的，应当暂缓执行，并报告决定或者批准机关。如果在执行后发现被执行人是县级以上人民代表大会代表的，应当立即解除，并报告决定或者批准机关。

2. 政协委员。对于政协委员，根据我国相关法律法规的规定，依法对政治协商委员会委员执行逮捕前，应当向该委员所属的政协组织通报情况；情况紧急的，可在执行的同时或者执行以后及时通报。

3. 外国人或无国籍人。对于外国人或无国籍人涉嫌普通刑事犯罪的，决定批准逮捕的人民检察院应当在作出批准逮捕决定后48小时以内报上一级人民检察院备案，同时向同级人民政府外事部门通报。上一级人民检察院对备案材料经审查发现错误的，应当依法及时纠正。对于犯罪嫌疑人为享有外交或者领事特权和豁免权的外国人的，应当层报公安部、最高人民检察院，同时通报同级人民政府外事办公室，由公安部、最高人民检察院商请外交部通过外交途径办理。公安机关侦查终结前，外国驻华外交、领事官员要求探视被逮捕的本国公民的，应当及时安排有关探视事宜。犯罪嫌疑人拒绝其国籍国驻华外交、领事官员探视的，公安机关可以不予安排，但应当由其本人提出书面声明。在公安机关侦查羁押期间，经公安机关批准，外国籍犯罪嫌疑人可以与其近亲属、监护人会见，与外界通信。

（二）案件性质特殊的逮捕

案件性质特殊的逮捕，主要是指对危害国家安全案件和涉外特殊案件。

1. 危害国家安全案件。人民检察院审查批准危害国家安全案件，需要逮捕的，在决定逮捕后，应当报请上一级人民检察院备案。

2. 涉外特殊案件。外国人、无国籍人涉嫌危害国家安全犯罪的案件或者涉及国与国之间政治、外交关系的案件以及在适用法律上确有疑难的案件，认为需要逮捕犯罪嫌疑人的，按照《刑事诉讼法》关于管辖的规定，分别由基层人民检察院或者市级人民检察院审查并提出意见，层报最高人民检察院审查。最高人民检察院经审查认为需要逮捕的，经征求外交部的意见后，作出批准逮捕的批复，经审查认为不需要逮捕的，作出不批准逮捕的批复。基层人民检察院或者州、市级人民检察院根据最高人民检察院的批复，依法作出批准或者不批准逮捕的决定。层报过程中，上级人民检察院经审查认为不需要逮捕的，应当作出不批准逮捕的批复，报送的人民检察院根据批复依法作出不批准逮捕的决定。基层人民检察院或者市级人民检察院经审查认为不需要逮捕的，可以直接依法作出不批准逮捕的决定。

 任务实施/操作

一、逮捕的批准、决定

（一）提请逮捕

1. 侦查机关提请逮捕。侦查机关要求逮捕犯罪嫌疑人的时候，应当经县级以上侦查机关负责人批准，制作《提请批准逮捕书》一式三份，连同案卷材料、证据，一并移送同级人民检察院审查。《提请批准逮捕书》应当写明犯罪嫌疑人的姓名、性别、年龄、籍贯、职业、民族、住址、简历、所涉嫌罪行和主要证据，认定的罪名、逮捕的法律依据等。人民检察院在必要的时候，可以派人参加侦查机关对重大案件的讨论。这样可以提前了解案情，为审查批捕作一定准备。

此外，人民检察院在办理审查逮捕案件的过程中，发现应当逮捕而侦查机关未提请批准逮捕的犯罪嫌疑人的，应当建议侦查机关提请批准逮捕。侦查机关认为建议正确的，应当立即提请批准逮捕。

2. 人民检察院审查逮捕。人民检察院在接到侦查机关的提请批准逮捕材料后，由审查逮捕部门指定办案人员进行审查。办案人员应当查阅案卷材料，制作阅卷笔录，提出批准或者不批准逮捕的意见。人民检察院在审查批准逮捕的工作中，如果发现侦查机关的侦查活动中有违法情况的，应当通知侦查机关予以纠正，侦查机关应当将纠正情况通知人民检察院。

3. 人民检察院作出决定。对于人民检察院审查批捕部门办案人员批准或者不批准逮捕的意见，经部门负责人审核后，报请检察长决定。重大案件应当经检察委员会讨论决定。对侦查机关提请批准逮捕的犯罪嫌疑人已被拘留的，人民检察院应当在 7 日内作出是否批准逮捕的决定。未被拘留的，应当在接到《提请批准逮捕书》后的 15 日以内作出是否批准逮捕的决定，重大、复杂的案件不得超过 20 日。人民检察院经审查分别作出以下决定：①对于符合逮捕条件的，作出批准逮捕的决定，制作《批准逮捕决定书》，连同案卷材料等送达侦查机关；②对于不符合逮捕条件的，作出不批准逮捕的决定，制作《不批准逮捕决定书》，说明不批准逮捕的理由，连同案卷材料等送达侦查机关。对需要补充侦查的，应当在送达的同时通知侦查机关，侦查机关依据相关规定处理。

4. 复议、复核。根据刑事诉讼法有关规定，侦查机关如果认为人民检察院不批准逮捕的决定有错误的，可以要求复议。人民检察院对于侦查机关提出的复议要求，应当另行指派审查批捕部门的办案人员进行复议，并将复议结果通知侦查机关。如果复议不被接受，侦查机关还可以向上级人民检察院申请复核，上级人民检察院应当进行复核，复核后作出是否变更的决定，并通知下级人民检察院和侦查机关执行。上级人民检察院的复核决定，是最终决定，侦查机关或下级人民检察院即使有不同意见，也必须执行。

（二）决定逮捕

在侦查阶段，人民检察院决定逮捕犯罪嫌疑人有两种情形：①人民检察院自侦案件需要逮捕的。对于人民检察院自己立案侦查的案件，侦查与逮捕应该分别由不同的部门负责，以加强人民检察院的内部制约。人民检察院对于自己立案侦查的案件，需要采取逮捕措施时，先由侦查部门填写《逮捕犯罪嫌疑人意见书》，连同案卷材料和证据一起移送审查批捕部门审查，最终由检察长决定。对重大、疑难、复杂案件的犯罪嫌疑人的逮捕，提交检察委员会讨论决定。②人民检察院审查提请批准逮捕中需要逮捕的。人民检察院审查侦查机关提出的提请批准逮捕的案件，发现应当逮捕而侦查机关未提请批准逮捕的犯罪嫌疑人的，应当建议侦查机关提请批准逮捕。侦查机关认为建议不正确的，应当将不提请批准逮捕的理由通知人民检察院。如果侦查机关的不提请批准逮捕的理由不能成立，人民检察院也可以直接作出逮捕决定，送达侦查机关执行。人民检察院决定逮捕的，由检察长签发《决定逮捕通知书》，通知公安机关执行。

二、逮捕的执行

（一）执行逮捕

逮捕犯罪嫌疑人，一律由公安机关执行。公安机关接到人民检察院的《批准逮捕决定书》后，应当由县级以上公安机关负责人签发逮捕证；人民检察院决定逮捕犯罪嫌疑人的，由县级以上公安机关凭人民检察院决定逮捕的法律文书制作逮捕证。公安机关凭逮捕证执行逮捕，执行逮捕时，执行人员不得少于2人，且必须向被逮捕人出示逮捕证，并责令被逮捕人在逮捕证上签名（盖章）、按手印。被逮捕人拒绝在逮捕证上签字、按手印的，侦查人员应在逮捕证上注明。逮捕犯罪嫌疑人时，可视情况采用适当的即时强制，包括使用戒具、警械和武器等。逮捕后，应立即将被逮捕人送看守所羁押，并及时将被逮捕人的基本情况、涉案情况、案件承办单位等情况报警务督察部门备案。公安机关到异地执行逮捕时，应携带《批准逮捕决定书》及其副本、逮捕证、介绍信以及被逮捕人犯罪的主要材料等，并通知被逮捕人所在地的公安机关，被逮捕人所在地的公安机关应当协助执行。执行逮捕后，应当将执行情况及时通知人民检察院。人民检察院决定逮捕犯罪嫌疑人的，必要时可以请人民检察院协助执行。对于在逃的犯罪嫌疑人，在人民检察院撤销逮捕决定之前，公安机关应当组织力量继续执行。

（二）通知

对犯罪嫌疑人执行逮捕后，除无法通知的情形以外，应当在逮捕后24小时以内，制作《逮捕通知书》，通知被逮捕人的家属。《逮捕通知书》应当写明逮捕原因和羁押处所。无法通知的情形主要是指：①被逮捕的人不讲真实姓名、住址或身份不明的；②逮捕对象没有家属的；③根据逮捕对象提供的家属联系方式无法取得联系的；④因自然灾害等不可抗力原因导致无法通知的。在无法通知的情形消失以后，应当立即通知被逮捕人的家属。对于没有在24小时以内通知家属的，应当在逮捕通知书中注明原因。对外国籍犯罪嫌疑人依法执行逮捕后，应当在48小时以内层报至省级公安机关，同时通报同级人民政府外事办公室。重大涉外案件应当在48小时以内层报至公安部，同时通报同级人民政府外事办公室。省级公安机关根据有关规定，将外国籍犯罪嫌疑人姓名、性别、入境时间、护照或者证件号码，案件发生的时间、地点，涉嫌犯罪的主要事实，逮捕及其法律依据等，通知该外国人所属国家的驻华使馆、领事馆，同时报告公安部。经省级公安机关批准，领事通报任务较重的副省级城市公安局可以直接行使领事通报职能。未在华设立使馆、领事馆的国家，可以通知其代管国家的驻华使馆、领事馆；无代管国家或者代管国家不明的，可以不予通知。

三、逮捕后的讯问

逮捕犯罪嫌疑人后，人民检察院对决定逮捕的人，侦查机关对于经人民检察院批准逮捕的人，都必须在逮捕后的 24 小时以内进行讯问。发现不应当逮捕的，应当制作《释放通知书》送看守所，看守所凭《释放通知书》立即释放被逮捕人，并发给《释放证明书》。

四、羁押必要性审查

犯罪嫌疑人被逮捕后，人民检察院仍应当对羁押的必要性进行审查。对不需要继续羁押的，应当建议予以释放或者变更强制措施。侦查机关应当在 10 日以内将处理情况通知人民检察院。

五、逮捕的解除、撤销或变更

依照我国刑事诉讼法的有关规定，犯罪嫌疑人被逮捕后，符合某些法定情形的，公安机关、人民检察院根据刑事诉讼法的相关规定，可以或应当依法解除、撤销或变更逮捕，以切实维护被逮捕人的合法权益。

（一）具备法定情形

根据我国《刑事诉讼法》第 74 条的规定，人民法院、人民检察院和公安机关对符合逮捕条件，有下列情形之一的犯罪嫌疑人、被告人，可监视居住：①患有严重疾病、生活不能自理的；②怀孕或者正在哺乳自己婴儿的妇女；③系生活不能自理的人的唯一扶养人；④因为案件的特殊情况或者办理案件的需要，采取监视居住措施更为适宜的；⑤羁押期限届满，案件尚未办结，需要采取监视居住措施的。对于被逮捕的犯罪嫌疑人，如发现具备上述情形的，可以视情况变更为监视居住。

（二）逮捕不当

根据我国《刑事诉讼法》第 95 条规定，犯罪嫌疑人、被告人被逮捕后，人民检察院仍应当对羁押的必要性进行审查。经人民检察院审查，发现不需要继续羁押的，应当建议予以释放或者变更强制措施。有关机关如果采纳人民检察院的建议，应当在 10 日以内，将被逮捕的犯罪嫌疑人予以释放或变更强制措施，并将处理情况通知人民检察院。根据我国《刑事诉讼法》第 96 条的规定，人民法院、人民检察院和公安机关如果发现对犯罪嫌疑人、被告人被采取强制措施不当的，应当及时撤销或者变更。

（三）当事人申请变更

根据我国《刑事诉讼法》第97条的规定，犯罪嫌疑人、被告人及其法定代理人、近亲属或者辩护人有权申请变更强制措施。犯罪嫌疑人被逮捕后，如果犯罪嫌疑人及其法定代理人、近亲属或者辩护人提出变更强制措施申请，经人民检察院和公安机关作出变更强制措施的决定，逮捕则变会变更为其他强制措施。

（四）案件不能及时办结

根据我国《刑事诉讼法》第98条的规定，犯罪嫌疑人被羁押的案件，不能在《刑事诉讼法》规定的侦查羁押期限内办结的，对犯罪嫌疑人应当予以释放；如果需要继续查证、审理的，可以对犯罪嫌疑人取保候审或者监视居住。

（五）逮捕期限届满

根据我国《刑事诉讼法》第99条的规定，人民检察院或者公安机关对被执行逮捕法定期限届满的犯罪嫌疑人，应当予以释放，或者依法变更强制措施。犯罪嫌疑人及其法定代理人、近亲属或者辩护人对于人民法院、人民检察院或者公安机关采取逮捕措施法定期限届满的，有权要求解除逮捕。

任务实例/呈现 ....

一、提请比准逮捕书

＊＊＊公安局
提请批准逮捕书

×公（刑）提捕字〔20××〕××号

犯罪嫌疑人胡某某，男，19××年×月×日出生，出生地××省××市，身份证号码：××××××××××××，汉族，初中文化，无业，户籍所在地××省××市××区××路××号，现住××省××市××区××路××号。犯罪嫌疑人胡某某于20××年曾因抢夺罪被××省××市××区人民法院判处有期徒刑3年，20××年×月×日刑满释放。20××年×月×日因涉嫌故意伤害罪被我局刑事拘留。

辩护律师王某某，××省××律师事务所律师，执业证号：××××××××××××。

犯罪嫌疑人胡某某故意伤害一案，由被害人董某于20××年×月×日报案至我局。我局经过审查，于×月×日立案侦查。犯罪嫌疑人胡某某于20××年×月×日被抓获归案。

经依法侦查查明：犯罪嫌疑人胡某某与吴某、胡某伟三人于20××年9月5

日 11 时许，在××省××市××路××购物广场搬运装修建材，在一楼等待电梯时与董某因挤电梯发生冲突，董某先行动手打胡某某，继而胡某某采用拳打脚踢的方式殴打董某。9 月 29 日，董某经人身伤害法医鉴定，鉴定意见为构成轻伤二级。随后因办案单位无法联系上胡某某，遂于 10 月 21 日对其进行网上追逃。20××年11 月 10 日，办案单位于四川省××市（胡某某住所地）将胡某某抓获，随后将其羁押在××省××市看守所。

认定上述犯罪事实的证据如下：被害人董某的陈述，可证实犯罪事实的发生及被伤害的经过；吴某、胡某伟等证人证言、视听资料、现场勘验笔录，可证实犯罪嫌疑人胡某某实施故意伤害行为的经过；被害人董某的人身伤害法医鉴定意见，可证实被害人董某构成轻伤二级；犯罪嫌疑人胡某某对上述犯罪事实的供述，可与上述证据材料相互印证。

综上所述，犯罪嫌疑人胡某某故意伤害他人身体，其行为已触犯《中华人民共和国刑法》第二百三十四条之规定，涉嫌故意伤害罪，符合逮捕条件。依照《中华人民共和国刑事诉讼法》第八十一条条、第八十七条之规定，特提请批准逮捕。

此致
××市人民检察院

××公安局（印）

二○××年×月×日

附：

1. 本案卷宗×卷×页。

2. 作案现场视频资料光碟一张。

二、批准逮捕决定书

××人民检察院
批准逮捕定书

×检侦监批捕〔20××〕125 号

××市公安局

你局于×月×日以×公（刑）提捕字〔20××〕××号的《提请批准逮捕书》提请批准逮捕犯罪嫌疑人胡某某，经本院审查，认为此犯罪嫌疑人嫌人涉嫌故意伤害罪，符合《中华人民共和国刑事诉讼法》第八十一条规定的逮捕条件，决定批准逮捕犯罪嫌疑人胡某某。请依法执行，并将执行情况 3 日内通知本院。

××人民检察院（印）
二〇××年×月×日

三、逮捕证

＊＊＊公安局 **逮 捕 证** **（存 根）**	＊＊＊公安局 **逮 捕 证**	＊＊＊公安局 **逮 捕 证** **（副 本）**
×公（刑）捕字〔20××〕35 号 案件名称　胡某某故意伤害案 案件编号　××××× 犯罪嫌疑人　胡某某　男/女 出生日期　19××年×月×日 住　　址 ××市××区××路×号 逮捕原因　涉嫌故意伤害罪 批准或决定 逮捕日期　20××年×月×日 批准或决定 逮捕机关　××人民检察院 执 行 人　吴某某、周某某 办案单位　××市公安局刑警大队 填发时间　20××年×月×日 填 发 人　莫某某	×公（刑）捕字〔20××〕35 号 根据《中华人民共和国刑事诉讼法》第 八十条之规定，经 ××人民检察院 批准/决定，兹由我局对涉嫌 故意伤害 罪的 胡某某 （性别 男、出生日期 19××年×月×日，住址 ××市××区××路×号 ）执行逮捕，送 ×× ×市 看守所羁押。 公安局（印） 二〇××年×月××日 本证已于 20×× 年 × 月 ×× 日 17 时向我宣布。 被逮捕人：胡某某 （手印） 本证副本已收到，被逮捕人 胡某某 已于 20×× 年 × 月 20 日送至我所（如先行拘留的，填写拘留后羁押时间。） 接受民警：李某某　看守所（印） 20×× 年×月×日	×公（刑）捕字〔20××〕35 号 根据《中华人民共和国刑事诉讼法》第 八十条之规定，经 ××人民检察院 批准/决定，兹由我局对涉嫌 故意伤害 罪的 胡某某 （性别 男、出生日期 19××年×月×日，住址 ××市××区××路×号 ）执行逮捕，送 ×××市 看守所羁押。 执行逮捕时间：20×× 年 × 月 ×× 日 17 时 属于律师会见需经许可的案件： 是 -/否 公安局（印） 二〇××年×月××日

×公（刑）捕字贰零××第叁拾伍号 （侧栏，中间证）
×公（刑）捕字贰零××第叁拾伍号 （侧栏，右侧证）

此联附卷　　　　　　　　　　　　　　　联交看守所

 任务小结

　　本学习任务介绍了什么是逮捕，帮助学生了解了逮捕措施的有关机关和适用原则，掌握了逮捕的对象和适用条件，以及逮捕实施的相关基础知识，培养学生在司法实践中恰当运用所学知识、技能实施逮捕措施。

思考题

1. 什么是逮捕？试述逮捕的对象和适用条件。
2. 试述逮捕的适用原则。
3. 试述如何实施逮捕。

任务训练

训练项目：模拟实施逮捕

一、训练目的

通过逮捕的模拟实训，帮助学生加深对逮捕的理解，掌握逮捕的相关知识，培养学生在司法实践中运用逮捕措施的相关业务技能和实际运用能力。

二、训练要求

1. 明确训练目的。

2. 掌握训练的具体内容。

3. 熟悉训练素材。

4. 按步骤、方法和要求进行训练。

三、训练条件和素材（具体训练条件和素材可根据训练目的及训练重点由训练指导教师选择、调整）

（一）训练条件

模拟训练场所，手铐、面罩、出警车辆、警用服装、相关法律文书材料等。

（二）训练素材

20××年1月7日上午，孙某某、张某某从××省××市××镇租乘一辆红色桑塔纳出租车（×C×××××），沿××路（3××国道）西向行驶。途中约13时，孙某某称要上厕所，司机便按要求将车驶进路南侧停靠。孙某某用刀威胁司机王某某交出身上钱财（共计人民币1200元），然后以卡颈、殴打等方式把司机打成重伤，再用封口胶封嘴及捆绑手脚后将司机弃之路旁，后开车逃逸。××省××市公安局刑事犯罪侦查大队在当地派出所协助下很快锁定有重大作案嫌疑的孙某某、张某某，但2人已畏罪潜逃，公安机关遂将孙某某、张某某列为重大网上追逃对象。

两周后犯罪嫌疑人孙某某、张某某在××自治区××市被当地公安局缉拿归案。同年12月5日被××市公安局刑事拘留。

四、训练方法和步骤

在指导教师指导下，学生分组模拟各角色（侦查人员，侦查机关负责人，检察人员以及犯罪嫌疑人等）在训练室进行训练，具体方法和步骤如下：

1. 准备素材，确定训练方式，学生复习有关逮捕的基础知识，做好包括模拟实施逮捕的场所及配套基本器材、设施、设备准备工作。

2. 实训指导教师介绍训练内容和要求，发放准备好的案例素材。

3. 学生阅读素材，掌握实施逮捕的相关事实和材料，在指导教师的指导下形成情景模拟方案。

4. 学生以分工负责的形式进行角色分配，具体可按侦查机关负责人、侦查人员、检察人员以及犯罪嫌疑人等进行角色模拟分配，实际操作时可根据情况进行添加或删减角色，排列组合形成情景模拟团队，如添加或删减看守所民警、辩护律师、犯罪嫌疑人家属等。

5. 完成模拟逮捕实施及处置情景操作，对素材案例中没能提供的条件，由学生酌情进行合理设计和补充。

6. 整理训练成果，形成书面材料。

五、训练成果

1. 完善逮捕犯罪嫌疑人的法律文书制作，并将书面材料交训练指导教师批阅。

2. 总结实训成果，写出心得体会，提高实战本领。

3. 指导教师进行讲评及训练成绩考核、评定。

拓展阅读

学习任务三十　侦查讯问

任务目标

　　知识目标：通过本学习任务的学习，培养学生知道什么是侦查讯问，了解侦查讯问的对象、内容和相关法律规定，明确侦查讯问的任务、要求，掌握侦查讯问基本操作、侦查讯问策略与方法运用所需的基础知识。

　　能力目标：通过本学习任务的学习、训练，培养学生具备在司法实践中严格按照法律规定，运用所学的知识、技能开展侦查讯问的业务技能和运用能力。

任务概述

　　侦查讯问是侦查人员获取犯罪嫌疑人真实供述与辩解的一项特殊的侦查措施，是从事刑事侦查工作必须具备的基本侦查业务技能。侦查人员通过侦查讯问，讯问犯罪嫌疑人有无犯罪事实，查清犯罪的动机、目的、手段、情节以及犯罪后果等，证实犯罪，为正确认定犯罪性质和确定罪名奠定基础。同时也有助于侦查机关实事求是地发现和纠正错误，保障无罪的人不受刑事追究。相对其他侦查措施而言，侦查讯问具有直接面对面的"短兵相接"的特点。为有效开展侦查讯问，需要知道什么是侦查讯问，掌握侦查讯问的任务和法律要求，了解侦查讯问策略与方法的运用，按照相关法律法规开展侦查讯问，获取犯罪嫌疑人真实供述与辩解，结合调查取证，查明案件事实真相。

任务基础

一、什么是侦查讯问

　　侦查讯问，也称讯问犯罪嫌疑人，是指侦查机关为了获取犯罪嫌疑人真实供述与辩解，进一步收集案件证据和查明案件事实真相，依照法律规定的程序，以言词方式对犯罪嫌疑人行进行正面审查的一项侦查措施。侦查讯问是侦查过程中的基本活动之一，是犯罪嫌疑人到案后的必经程序。

二、侦查讯问的任务

从侦查实践看，侦查讯问的任务主要有以下几个方面：

（一）准确、及时地查明案件事实真相

案件事实是整个刑事诉讼的基础，只有查清案件事实真相，才能依法打击犯罪，保护公民的合法权益。因此，查明案件事实真相可以说是侦查讯问的首要任务。在侦查阶段，外围调查和侦查讯问是查清案件事实真相的最基本的途径和方法。案件事实真相，应根据我国刑法规定的犯罪构成要件、作案过程来理解。其内容一般包括：①犯罪嫌疑人基本情况。②犯罪事实和情节。即与案件有关的人物、时间、地点、手段方法、情节、目的、动机、后果等任何一个案件不可缺少的要素或影响定罪量刑的各种情节因素。③犯罪嫌疑人实施犯罪行为的主观心理态度。此外，案件事实还应该包括犯罪嫌疑人无罪和罪轻的事实。通过侦查讯问查清案件事实真相，还要需做到准确和及时。准确就是要如实反映案件的客观事实，及时就是要在法定时限内尽快查清案件事实并作出处理。

（二）获取犯罪嫌疑人真实供述与辩解，收集和核实证据

收集到充分、确凿的证据是认定案件事实、追究犯罪嫌疑人刑事责任的前提和依据。犯罪嫌疑人是依照法律确定的，在刑事诉讼活动中不可或缺的诉讼参与人。犯罪嫌疑人对自己是否犯罪，以及犯罪活动的全部情况最为清楚。通过讯问犯罪嫌疑人获取的犯罪嫌疑人供述与辩解，是刑事诉讼法规定的证据之一。在获取犯罪嫌疑人供述与辩解的同时，还可以根据犯罪嫌疑人的供述与辩解来收集、核实其他证据，发现并解决其和其他证据之间的矛盾，补充相应的新证据，完善证据体系，为刑事诉讼活动提供强有力的保障。

（三）追查同案犯，发现其他犯罪活动或线索

侦查工作的整体效益性要求侦查活动不仅要查清犯罪嫌疑人已经被发现或掌握的犯罪事实，还要通过侦查讯问进一步追查尚未被发现或未捕获的其他同案犯罪嫌疑人，发现其他案件的侦查线索，以查破积案、扩大战果。不少案件，特别是重特大刑事案件，往往是系列案、团伙案，犯罪嫌疑人还可能了解其他人员的犯罪活动或线索。所以，侦查人员在侦查讯问中不能就案论案，要在查明所承办案件的事实真相的基础上，注意深挖犯罪嫌疑人实施的其他犯罪，追问是否还有未被捕获的同案犯以及是否了解他人的犯罪活动，并不失时机地调查核对、扩大战果。

（四）保护无罪的人不受刑事追究

惩罚犯罪与保护无辜，是侦查工作任务不可分割的两个方面。侦查讯问，不

仅在于揭露、证实犯罪，依法追究犯罪嫌疑人的刑事责任，还应在侦查讯问过程中注意保护无罪的人不受刑事追究。虽然绝大多数经过侦查讯问的犯罪嫌疑人被依法判决有罪，但由于同犯罪作斗争的复杂性和侦查工作的局限性，加之各种主客观因素的影响，侦查中的疏忽和错误在所难免，导致有的犯罪嫌疑人的确定不够准确或有错误。因此，在侦查讯问中，侦查人员应当充分认识到在侦查讯问中的犯罪嫌疑人仍然存在有罪和无罪的两种可能。对犯罪嫌疑人的无罪或罪轻的辩解，提出新的证据或要求，应耐心细致地听取、认真对待、仔细研究，并及时查证；对侦查中所获的证据材料，应客观公正地进行审查。如果发现犯罪嫌疑人确属错拘错捕的，应当有错必纠，立即解除嫌疑，依法做好相关善后工作，及时避免无辜的人被错误地追究刑事责任，维护犯罪嫌疑人的合法权益。

（五）对犯罪嫌疑人进行法制教育

在侦查讯问中，结合案件事实对犯罪嫌疑人进行法制教育，是我国社会主义法治建设的要求，也是遏制和减少犯罪的需要。通常情况下，侦查讯问是执法机关与犯罪嫌疑人正面接触和交锋的开始，侦查人员应把握住这个机会，运用国家法律、形势与政策、社会主义荣辱观、典型案例等进行针对性的教育。这样，既有利于犯罪嫌疑人如实供述或辩解，也有利于提高其知法、懂法、守法的意识，对整个刑事诉讼活动的顺利进行和实现刑罚的目的，乃至建设社会主义法治国家都有十分重要的现实意义。

（六）收集犯罪资料，研究掌握刑事犯罪动态

要预防和打击犯罪，提高侦查及侦查讯问工作的水平，就必须研究犯罪活动及犯罪嫌疑人反侦查、反审讯的规律和特点，总结侦查及侦查讯问工作成功的经验和失败的教训。侦查讯问人员能够全面掌握案件的整体情况，具有收集犯罪资料、研究犯罪规律和特点的良好条件。并可通过讯问犯罪嫌疑人，了解其犯罪的思想因素、犯罪原因、犯罪手段、犯罪目标、犯罪心理和逃避侦查的伎俩等，发现有关地区、部门存在的弱点和漏洞。这些均能为研究犯罪的规律特点，认识犯罪的主、客观原因，分析刑事犯罪的趋势、动向等提供基础资料。并能结合所掌握的情况有针对性地提出预防、控制犯罪的有效措施和建议，提高司法机关和全社会同刑事犯罪作斗争的能力。

三、侦查讯问的法律基本要求

侦查讯问的法律基本要求是指刑事诉讼法对侦查讯问所作的基本规定，是侦查讯问活动的依据。

（一）侦查讯问人员要求

讯问犯罪嫌疑人必须由侦查机关的侦查人员负责进行。进行侦查讯问时，侦

查人员不得少于2人。侦查讯问是法律赋予侦查机关的权力，只能由法律规定的侦查机关的侦查人员才能行使，其他任何国家机关、团体和个人均无权进行侦查讯问。对人数的要求，是基于侦查人员之间分工合作、互相监督、保证安全、防止意外等方面的考虑。

（二）侦查讯问时限要求

侦查机关对被拘留、逮捕的犯罪嫌疑人，应当在拘留、逮捕后的24小时以内进行第一次讯问，以及时发现并纠正错拘、错捕，保障公民合法权益不受侵犯，同时也便于侦查机关把握犯罪嫌疑人刚被拘捕、立足未稳的有利时机，争取突破案情。对于被拘留、逮捕的犯罪嫌疑人的后续其他侦查讯问，应当在法律规定的办案期限内完成。对不需要逮捕、拘留的犯罪嫌疑人，侦查机关可以传唤其到其所在市、县内的指定地点或者到他的住处进行讯问。犯罪嫌疑人被传唤、拘传持续的时间不得超过12小时；案情特别重大、复杂，需要采取拘留、逮捕措施的，传唤、拘传持续的时间不得超过24小时，不得以连续传唤、拘传的方式变相拘禁犯罪嫌疑人。由此可得知，对被传唤、拘传的犯罪嫌疑人的侦查讯问，应当在12或24小时内完成该次侦查讯问。

（三）侦查讯问地点的要求

犯罪嫌疑人被送交看守所羁押以后，侦查人员对其进行的侦查讯问，应当在看守所内进行。对不需要逮捕、拘留的犯罪嫌疑人，可以传唤或拘传犯罪嫌疑人到其所在市、县内的指定地点或者到他的住处进行侦查讯问。需要注意的是，对于传唤、拘传的犯罪嫌疑人只能在被传唤人、被拘传人所在市、县范围内的地点进行侦查讯问，不得从异地传唤、拘传犯罪嫌疑人进行侦查讯问。

（四）侦查讯问手段要求

侦查人员必须依照法定程序，收集能够证实犯罪嫌疑人有罪或者无罪、犯罪情节轻重的各种证据，严禁刑讯逼供和以威胁、引诱、欺骗以及其他非法手段收集证据，不得强迫任何人证实自己有罪。采用刑讯逼供等非法方法收集的犯罪嫌疑人供述和辩解，应当予以排除。

（五）犯罪嫌疑人诉讼权利保护要求

犯罪嫌疑人在刑事诉讼活动中的诉讼权利，大多体现在侦查讯问中。明确犯罪嫌疑人在侦查阶段的各项诉讼权利，保障犯罪嫌疑人的这些诉讼权利，这对刑事诉讼实现正当程序有着重要的意义。犯罪嫌疑人在侦查讯问中的诉讼权利主要有：辩护权（包括自我辩护权和律师辩护权）、拒绝回答与案件无关问题权、控告权、要求回避权、使用本民族语言进行诉讼权、知道用作证据的鉴定意见和申请补充鉴定或重新鉴定权、申请变更或解除强制措施权、核对讯问笔录权、未成年犯罪嫌疑人法定代理人应当通知到场权、聋哑犯罪嫌疑人应当有通晓聋哑手势人在场权等。保护犯罪嫌疑人的这些诉讼权利，要求侦查人员应当在讯问时将这些诉讼权利义务对犯罪嫌疑人采用适当的方式予以告知，并协助对方正确理解和行使诉讼权利，并对犯罪嫌疑人提出的正当性权利保护要求予以落实与兑现。

（六）固定侦查讯问结果要求

固定侦查讯问结果以传统的讯问笔录和亲笔供词为基本形式。侦查人员在讯问犯罪嫌疑人的时候，可以视需要对讯问过程进行录音或者录像。对于可能判处无期徒刑、死刑的案件或者其他重大犯罪案件，应当对讯问过程进行录音或者录像。录音或者录像应当全程进行，保持完整性。

四、侦查讯问策略与侦查讯问方法

（一）侦查讯问策略

侦查讯问策略，是指侦查人员为了实现一定的侦查讯问目标，在法律允许的范围内，根据具体的侦查讯问条件，运用有关科学原理和实践经验所制定的计谋或策略。侦查讯问中运用侦查讯问策略，就是要在侦查讯问策略的指导下，选择或整合具体的侦查讯问方法和方式，帮助侦查人员克服犯罪嫌疑人所设置的侦查讯问障碍，取得并保持侦查讯问的主导权和主动地位，获取犯罪嫌疑人真实可靠的供述与辩解。在长期的侦查讯问实践中，侦查人员总结和运用的侦查讯问策略有很多，常用的有攻心夺气、重点突破、避实击虚、引而不发和迂回围歼等。

1. 攻心夺气。攻心夺气就是侦查人员根据案件情况，针对犯罪嫌疑人的个性特点和心理状态，对犯罪嫌疑人进行思想、政策、法律、形势与前途教育，纠正其错误的认识，启迪其正确的情感，达到瓦解其对抗侦查讯问的意志，彻底交代罪行的一种侦查讯问策略。

2. 避实击虚。避实击虚是指利用犯罪嫌疑人防御的薄弱环节，造成其疏忽大意、不知所措或自相矛盾，进而使犯罪嫌疑人的防御体系崩溃，不得不如实供述罪行的一种侦查讯问策略。

3. 重点突破。重点突破是指侦查人员在讯问犯罪嫌疑人时，运用已经取得的证据或者利用犯罪嫌疑人的心理弱点，对查明全案具有关键意义的某一环节作为主攻方向，采取正面进攻的方式，迫使犯罪嫌疑人如实供认，从而打开缺口，交代全部犯罪事实或主要犯罪事实的一种侦查讯问策略。

4. 引而不发。引而不发是指通过一定的语言、行为和气氛的影响，使犯罪嫌疑人形成罪行已经被揭发的错觉，从而如实供述罪行的一种侦查讯问策略。

5. 迂回围歼。迂回围歼，又叫迂回渐进、迂回包抄，是指侦查人员采用隐蔽进攻、逐步推进、扫清外围的方式，待时机成熟再正面突击核心问题的一种侦查讯问策略。

（二）侦查讯问方法

侦查讯问方法，是指侦查人员为了实现侦查讯问目的，对犯罪嫌疑人直接实施的，能够促使其如实供述与辩解的各种讯问手段。侦查讯问策略是较为抽象的思想和指导原则，其在侦查讯问活动中的效果要通过具体的侦查讯问方法来实现。侦查讯问方法是具有直接性和具体性的手段，其在侦查讯问活动中的综合运用体现着侦查讯问策略的意图，并接受侦查讯问策略指导。侦查讯问实践中常用的侦查讯问方法主要有说服教育、使用证据和利用矛盾等。

1. 说服教育。侦查讯问中的说服教育，是指侦查人员在侦查讯问中，对犯罪嫌疑人进行政策、法律、形势、前途、道德品质等内容的教育，促其转变错误认识和不良态度，如实供述与辩解的一种侦查讯问方法。说服教育主要解决的是犯罪嫌疑人的思想认识问题，消除其对立情绪，转变其错误认识，晓以利害、认清前途，促其坦白。说服教育一般围绕刑事政策、刑事法律、道德观、人生观、价值观、形势和前途等内容，采取口头、书面材料、电子化、社会力量等教育方式，选择或组合疏导、例证、利害分析、规劝等方法进行。

2. 使用证据。侦查讯问中的使用证据，是指侦查人员在侦查讯问中，为了揭露犯罪嫌疑人的谎言，破除其侥幸心理，打开讯问的僵持局面，针对犯罪嫌疑人抗拒讯问的心理状态，有计划、有步骤地运用证据，促使其如实供述与辩解的一种侦查讯问方法。证据是认定案件事实和定罪量刑的依据，是侦查讯问中对抗双方的核心与焦点。在侦查讯问中使用证据，是促使犯罪嫌疑人如实供述的重要武器与手段。侦查讯问中，使用证据要讲究技巧和方法，无论采用哪一种方法，必须选准使用证据的时机，选择最恰当的方式，分析使用证据的效果，同时不暴露证据的底细，争取使用较少的证据收到最好的效果。侦查人员在侦查讯问中要抓住犯罪嫌疑人罪行突然暴露、尚未作出防御、思想动摇、口供自相矛盾、彷徨犹豫或沉默不语等时机，灵活采用口头表述证据，宣读或出示书面证据，出示物证或物证照片，播放证词、供词录音，播放证据录像，证人、被害人、同案人当面指证等方式，选择或组合直接、间接、暗示、点滴、连续、分解、包围或补充等方法使用证据。

3. 利用矛盾。侦查讯问中的利用矛盾，是指侦查人员在侦查讯问中，通过寻找和制造与犯罪嫌疑人有关的矛盾，选择有利时机，予以揭露矛盾，批驳虚假供述，分化瓦解共同犯罪嫌疑人，促使其如实供述与辩解的一种侦查讯问方法。利用矛盾是侦查讯问中常用的讯问方法，侦查人员在侦查讯问中要善于发现和制造矛盾，正确分析矛盾，妥善利用矛盾，才能有效地推动讯问工作向有利方向发展。侦查讯问中常见的矛盾主要有：犯罪嫌疑人口供中的矛盾，共同犯罪嫌疑人在利害关系上的矛盾，犯罪嫌疑人心理上的矛盾。对于犯罪嫌疑人口供中的矛盾，应注意分析矛盾形成的原因，确定利用的重点并把握时机，灵活采取借题驳斥、事实驳斥、证据驳斥、对质等方法予以解决。此外，还应结合其他讯问方法的运用。对于共同犯罪嫌疑人在利害关系上的矛盾，要收集整理矛盾，分清主次矛盾，选准利用矛盾的突破口，依次讯问，灵活使用激发矛盾、公开揭露、政策攻心等方法予以逐个击破。对于犯罪嫌疑人心理上的矛盾，应着重心理矛盾的焦点或实质性原因，再根据不同情形采取针对性的措施与手段加以矫正或引导，并注意其他讯问方法的渗透与运用。

在侦查讯问实践中，除上述主要侦查讯问方法以外，还有情感影响、社会规劝、查证配合、心理测谎技术、强制措施配合、监管教育配合等辅助方法。这些辅助方法的配合运用可以帮助侦查人员掌握犯罪嫌疑人的心理、思想动态和相关信息，转化其消极的心理障碍，促使其向积极的供述动机转化，弥补常用侦查讯问方法的不足，起到事半功倍的效果。

 任务实施/操作

一、侦查讯问的准备

（一）组织侦查讯问人员

侦查机关应根据案件性质、难易程度，犯罪嫌疑人的人数、个性特点、性别、语言、籍贯、年龄、职业和受教育程度、认罪态度，侦查人员与犯罪嫌疑人的适应性，侦查人员是否有需要回避的法定情形，综合考虑选配、组织相应的侦查人员参与侦查讯问，并进行合理而明确的分工。在具体案件的侦查讯问中，可根据案件和侦查讯问情势，对参与侦查讯问的侦查人员按讯问指挥人员、主审人员、助审人员、记录人员等进行合理分工，并结合具体案件的侦查讯问需要灵活地加以调整，但不得少于 2 人，即至少要有 1 名主审人员和 1 名记录员。必要时，分管侦查工作的领导应亲自参加，指导讯问。

（二）熟悉和研究案件情况

参加侦查讯问的侦查人员应当认真研究案件材料，熟悉案件的各种情况。这些情况主要包括：

1. 案件发生的基本情况。主要有发案时间、发案地点、犯罪现场、被害人等相关情况。

2. 熟悉案件侦破情况。主要有：①案件的分析、推断、结论及依据；②确定侦查方向、范围的确定及其依据；③开展侦查的具体情况；④确定犯罪嫌疑人的依据及线索来源。

3. 犯罪嫌疑人情况。主要有：①犯罪嫌疑人个人及家庭情况；②犯罪嫌疑人受教育程度；③犯罪嫌疑人的社会经历（包括犯罪经历）；④犯罪嫌疑人的社会关系和社会交往情况；⑤犯罪嫌疑人对案件侦查情况的知情程度；⑥共同犯罪中各犯罪嫌疑人的地位和作用。

4. 证据材料和其他材料。主要有：①证据的合法性、有效性和证明力；②案件的材料和证据是否一致，证据是否充分，需要进一步收集证据的情况；③运用证据的效果研判。

5. 案件发展趋势。主要是对所承办案件可能发展的方向和新的线索进行预判和准备；

6. 侦查讯问中可能出现的专门性问题。在侦查讯问的案情和操作中可能会涉及的各个专业领域中的专门性问题，如科学原理、技术规范、历史事件、地理环境等，应尽早进行充实、咨询、委托解决。

（三）分析犯罪嫌疑人心理

每个犯罪嫌疑人因其不同的思想状况、受教育程度、社会阅历、人际交往、个性、气质、性格和身体条件等，其在侦查讯问时的心理状态及变化也是不同的。即便是同一个犯罪嫌疑人，面对不同的侦查讯问情势或不同的侦查讯问阶段，其心理也不尽相同。因此，侦查人员应当认真研究、分析、掌握犯罪嫌疑人在侦查讯问中的心理，并结合案情和侦查讯问情势，确定侦查讯问相应的策略、方式、方法和节奏。侦查讯问人员可通过查阅档案资料、调查走访、分析犯罪现场现象和痕迹物证、秘密观察等方法和途径进行观察、正面接触等来分析犯罪嫌疑人心理。犯罪嫌疑人心理分析的主要内容有：①犯罪嫌疑人的个性特点（性格、气质、能力、兴趣等方面）；②犯罪嫌疑人讯问前、讯问过程中的心理状态；③犯罪嫌疑人主要的供述障碍及其产生的原因；④犯罪嫌疑人极力否认和隐瞒的犯罪事实和情节；⑤犯罪嫌疑人对付讯问的习惯性手法和伎俩等。

（四）制定侦查讯问计划

侦查讯问计划是指对某一具体案件进行侦查讯问时所要采取的步骤、方法和策略等的安排。重大案件应当制定详细的书面计划，一般案件也要有所考虑和安排。侦查讯问计划要在全面熟悉案情的基础上，深入了解被讯问对象心理特点的前提下，结合该类案件侦查讯问的基本方法来制定。侦查讯问计划一般包括以下内容：案件基本情况；通过侦查讯问所要查明的主要问题；犯罪嫌疑人思想动态和个性特点的分析；侦查讯问的步骤、重点和突破口；侦查讯问策略和方法；犯罪嫌疑人可能采取的反讯问伎俩及对策；调查取证的配合及内容、安排；侦查讯问中紧急情况的处置方法等。侦查讯问是一个动态的对抗性活动，侦查讯问计划制定后也不是一成不变的，应注意根据侦查讯问情势、犯罪嫌疑人和其他因素的变化而不断地修改和完善该计划。

（五）选择讯问场所

侦查讯问场所及其环境对犯罪嫌疑人会产生一定的心理刺激和影响，科学合理的选择和设置侦查讯问场所对侦查讯问有着极为重要的意义。选择和布置侦查讯问场所的基本要求是：简洁、安全，不易受外界干扰，设施齐全，便于联系和通讯方便。需要考虑的因素主要有：①符合案情和侦查工作的需要；②有利于犯罪嫌疑人产生供述心理；③占据时间上的优势，有利于把握侦查讯问时机；④有利于营造侦查讯问氛围，渲染气氛。看守所的讯问室是专门为讯问工作设置的场所，具有专业性、保密性和安全性的特点，是理想的侦查讯问场所。实践中也可根据具体情况和条件选择禁闭室、办公室、作案场所作为侦查讯问场所，必要时可考虑易地。

二、选择讯问突破口

（一）什么是讯问突破口

讯问突破口，是指在侦查讯问中对查清犯罪事实具有关键意义，又易于攻破的薄弱环节或共同犯罪中的某个犯罪嫌疑人。在侦查讯问中，要使犯罪嫌疑人从对抗向供述、从不认罪向认罪、从部分供述向彻底供述进行转变，很大程度上取决于讯问突破口的选择和使用。讯问突破口的正确选择和使用，有利于迅速突破犯罪嫌疑人的心理防线、提高办案效率和全面深入追查犯罪嫌疑人所有的犯罪事实。讯问突破口追求的是连锁反应效果，一旦取得实质性进展，就会产生牵一发而动全身的多米诺骨牌效应，动摇犯罪嫌疑人对抗侦查讯问的防御体系，导致其对抗侦查讯问的防御体系全面崩溃，促使犯罪嫌疑人供述。

（二）常见讯问突破口的选择

1. 从犯罪嫌疑人犯罪事实和情节上选择。犯罪事实和情节是一个完整的体系，且事实、情节之间存在着千丝万缕的联系，侦查讯问人员通过认真分析研究案情和掌握的证据情况，对于犯罪嫌疑人的所有事实与情节进行梳理，从中选择能够通过查证并能牵动查清其他案件事实、情节的关键性犯罪事实和情节，首先予以突破，并以此作为基础向其他事实和情节进行渗透、扩散，起到"拔出萝卜带出泥"的效果，推动整个侦查讯问情势向有利方向发展，进而查清案件事实。如：证据比较确实、充分的犯罪事实和情节，与主要犯罪事实有关联的事实和情节，较为公开暴露的犯罪事实和情节，犯罪嫌疑人为掩盖罪行而暴露出的口供中的矛盾，犯罪嫌疑人最担心的事实和情节，犯罪嫌疑人错误估计的事实和情节，只有犯罪嫌疑人知道的特殊犯罪情节等。

2. 从犯罪嫌疑人心理上选择。侦查讯问中，犯罪嫌疑人纠结于自己罪行暴露情况、将来的刑事处罚、未来何去何从等问题，心理活动异常复杂。侦查讯问实践中，侦查人员在认真分析研究犯罪嫌疑人心理的基础上，摸清犯罪嫌疑人在侦查讯问中的心理障碍，找到其心理上的突破口，进而使侦查讯问向着良性运转方向发展。如：犯罪嫌疑人赖以抗拒的精神支柱或者主要心理障碍，能激发犯罪嫌疑人心理向良性转变的事实和道理，犯罪嫌疑人的心理弱点，犯罪嫌疑人可以减轻罪责的犯罪动机等。

3. 从犯罪嫌疑人自身特点上选择。由于自身个性上的差异，每个人自身特点各不相同。这些自身特点对于人的发展来说，并没有严格的好坏之说。但犯罪嫌疑人的某些特点在侦查讯问过程中，则有可能成为侦查讯问对抗活动中的薄弱环节，侦查人员选择这些薄弱环节进行突破，则可摧垮其防线，促使其如实供述自己的罪行。如：犯罪嫌疑人的劣迹前科、内心隐痛、家庭亲情因素、事业基础、特定的日期、性格特点、生活规律、习惯、嗜好、宗教信仰等。

4. 从共同犯罪嫌疑人中选择。对于共同犯罪的犯罪嫌疑人的侦查讯问，不应平均用力，而应从案件的实际情况出发，选择易于突破的犯罪嫌疑人，集中力量从其身上打开缺口，以推进全案侦查讯问工作。如犯罪证据确实的犯罪嫌疑人，初犯或被胁迫参加犯罪的，有悔改、主动赎罪愿望或者动摇、脆弱的，没有与侦查机关打过交道或反讯问经验较少的，与主犯或其他案犯关系不够融洽或有利害冲突的，对全案案情或者对主犯情况了解较多的，年轻的犯罪嫌疑人，等等。

三、开展侦查讯问

（一）第一次讯问

1. 第一次讯问，也叫初讯，是指侦查人员在法定的时限内对犯罪嫌疑人进行的初次讯问。第一次讯问是侦查机关对犯罪嫌疑人采取强制措施后的第一次正面接触和交锋，是侦查讯问工作的开始，其成败关乎着整个侦查讯问过程能否顺利进行，对于整个侦查讯问工作的成败具有至关重要的意义。侦查人员应稳定情绪、集中精力，趁犯罪嫌疑人尚未构筑心理防御体系时，力争突破主要案情，为以后的侦查讯问工作奠定坚实的基础。

2. 第一次讯问的基本操作。

（1）确定对犯罪嫌疑人讯问的接触方式。在第一次讯问中，侦查人员应重视给予犯罪嫌疑人的第一印象，注意给犯罪嫌疑人庄重威严、可敬可亲的印象，处理好接触方式。第一次讯问的接触方式，是指侦查讯问人员与犯罪嫌疑人进入讯问场所的顺序和侦查讯问人员的行为和态度。通常有两种形式可供选择：第一种，侦查讯问人员先于犯罪嫌疑人进入讯问场所。第二种，侦查讯问人员后于犯罪嫌疑人进入讯问场所。

（2）讯问犯罪嫌疑人的基本情况。主要包括：①犯罪嫌疑人基本信息。主要包括犯罪嫌疑人的姓名、别名、曾用名、绰号、出生日期、民族、政治面貌、文化程度、籍贯、工作单位、职业、住址、户籍所在地、身份证号码或服刑地、原户籍所在地、原身份证号码、服刑改造情况等；②犯罪嫌疑人的社会经历、是否受过刑事处罚或者行政处理等情况；③犯罪嫌疑人的家庭成员及主要社会关系情况。

（3）告知相关事项。主要有：①如实供述自己罪行可以从轻或减轻处罚；②对侦查人员的提问应当如实回答，对与本案无关的问题有权拒绝回答；③犯罪嫌疑人的诉讼权利和应履行的诉讼义务。

（4）讯问犯罪嫌疑人是否有犯罪行为。侦查人员在讯问完犯罪嫌疑人的基本情况和告知相关事项后，应当首先讯问犯罪嫌疑人是否有犯罪行为。讯问犯罪嫌疑人是否有犯罪行为的方式主要有：①直接式。侦查人员可直接向犯罪嫌疑人提出涉嫌的犯罪行为，责令其回答。②间接式。如果侦查讯问人员尚无足够证据证明犯罪嫌疑人有罪，或者想使后来的侦查讯问主动一些，可以把犯罪行为用不肯定的语气提出，让犯罪嫌疑人回答。③过渡式。在实践中，侦查讯问人员在讯问犯罪嫌疑人是否有犯罪行为之前会先采用一个过渡性的问话，例如："你知道为什么被拘留吗？"，然后根据犯罪嫌疑人的反应，决定采取何种方式。

（5）听取犯罪嫌疑人的供述和辩解。侦查讯问人员讯问嫌疑人是否有犯罪行为后，应当要求其进行有罪的供述和无罪的辩解。对于犯罪嫌疑人的供述和辩解，侦查人员都应耐心地听取。犯罪嫌疑人的无罪辩解有理有据的，要及时进行核查。如果犯罪嫌疑人的行为不构成犯罪，应立即向有关负责人报告，撤销案件，并解除对犯罪嫌疑人的强制措施。犯罪嫌疑人进行狡辩，也不要轻易地阻止，而应让其充分地"表演"，充分地暴露。

（6）按计划或策略进行具体讯问。在听取犯罪嫌疑人的供述与辩解后，侦查讯问人员根据具体的侦查讯问情势，按照讯问计划和预先确定的突破口，或者根据犯罪嫌疑人陈述中暴露出来的矛盾，采取策略或按计划进行实质性的侦查讯问，促使犯罪嫌疑人如实回答问题，尽早将主要问题或全部问题供述清楚，争取有所突破、推进侦查讯问或查清案件。

（7）适时结束讯问。在犯罪嫌疑人作出有罪供述或无罪辩解的基础上，经过侦查人员按计划或策略进行具体讯问后应根据不同的情形，适时结束侦查讯问。犯罪嫌疑人承认自己有罪，并作出供述，侦查讯问取得实质性进展和圆满效果的，自然可以结束侦查讯问；犯罪嫌疑人不承认有罪，拒不供述或狡辩，侦查讯问没有取得实质性进展，但再持续侦查讯问也难以突破其对抗侦查讯问的防御体系，也应适时结束侦查讯问；犯罪嫌疑人辩解成立并被排除犯罪嫌疑，也应结束侦查讯问。结束侦查讯问时，应当加强对犯罪嫌疑人的思想教育和疏导，提出让犯罪嫌疑人端正态度，进行反省的问题，以便为后期的续讯留下话题或创造条件。对于排除嫌疑的，在结束侦查讯问时要进行安抚，并及时做好相应善后工作。

（二）续讯

侦查讯问中的续讯，是指对犯罪嫌疑人第一次讯问之后，结束侦查讯问之前的历次侦查讯问的总称。根据侦查实践，犯罪嫌疑人在侦查讯问中通过第一次讯问就供述自己罪行的毕竟是少数，大多数均有一个从不愿意如实供述到愿意如实供述的转化过程。要实现这种转化，需要在第一次讯问后经过侦查人员多次续讯的努力才能实现。即便是犯罪嫌疑人在第一次讯问中就愿意如实供述，但侦查人员认识犯罪和调查核实也存在一个不断发展和深化的过程，也需要续讯来核实相关问题和细节。在续讯中，应当根据不同的案情与证据情况，结合犯罪嫌疑人前一次侦查讯问的态度，围绕着犯罪嫌疑人的真实身份、作案过程、作案动机与目的、涉案物品、共同犯罪人情况、定罪量刑相关情节等方面的内容确定讯问的内容，并通过认真审查、调查取证，结合犯罪嫌疑人侦查讯问后的表现，因案制宜、因人制宜的根据案情和侦查讯问的情势发展，有针对性地确定续讯的主题，逐步摸清犯罪嫌疑人的态度，恰当运用侦查策略，灵活采用各种侦查讯问方法，由易到难、多方引导，从不同角度切入问题，努力创造有利于把侦查讯问引向深入的环境和气氛、条件，适时选择讯问突破口，把握最佳战机发起总攻，促使犯罪嫌疑人对案件实质性问题作出如实供述。

（三）结束讯

1. 结束讯，也称最后一次侦查讯问，是指对犯罪嫌疑人在侦查终结时进行的全面系统性的侦查讯问。在侦查讯问过程中，犯罪嫌疑人的如实对案件事实和情节的供述往往不是在一次侦查讯问中获取的，而是分散在不同的侦查讯问活动中，不同的侦查讯问活动所获取的口供是犯罪嫌疑人从不同侧面供述的零碎案件事实与情节，从而导致犯罪嫌疑人的供述缺乏完整性和系统性，也给起诉、审判人员阅卷带来困难。因此，在侦查终结时，运用结束讯对犯罪嫌疑人进行一次全面系统的侦查讯问，就案件全部事实、情节向犯罪嫌疑人进行提问，获取犯罪嫌疑人对案件事实全面、系统、详细的供述，使犯罪嫌疑人对案件事实的供述更清晰、更完整且具有条理性。同时，通过结束讯进一步核对有关证据并告知犯罪嫌疑人用作证据的鉴定意见，进一步确认有关证据的客观真实性和鉴定意见运用的信服力。

2. 结束讯的基本内容。结束讯的基本内容如下：①全面讯问案件事实。具体分为两个步骤：首先，就案件事实提问。把案件事实作为一个完整的命题向犯罪嫌疑人进行提问，责令犯罪嫌疑人就整个案件事实进行全面、系统、详尽的供述，为案件的处理打下基础；其次，就案件情节提问。把对定罪量刑有影响的各个情节，包括法定情节和酌定情节，对犯罪嫌疑人进行提问、核实，巩固定罪量刑的相关情节。②核对证据和告知鉴定意见。在结束讯中，应运用不同的方式、方法，再次向犯罪嫌疑人核对有关定性、定罪的证据，使证据更加确实可靠。并按照规定将用作证据的鉴定意见告知犯罪嫌疑人，征求犯罪嫌疑人对鉴定意见的意见，及时处理犯罪嫌疑人补充鉴定或重新鉴定的申请，保障犯罪嫌疑人的合法权益，并使鉴定意见的运用更具有信服力。③对犯罪嫌疑人进行思想教育。侦查讯问结束后，应根据犯罪嫌疑人的犯罪事实、情节对犯罪嫌疑人进行处置。无论对犯罪嫌疑人进行何种处置，侦查讯问人员应当视案件具体情况和犯罪嫌疑人可能的处理结果，做好结束侦查讯问的相关思想教育工作。有罪的犯罪嫌疑人，进行认罪服法教育；违法的犯罪嫌疑人，教育其接受其他处理；无罪的或被冤枉的犯罪嫌疑人，教育其正确对待强制措施问题，并做好善后工作，告知其依法获取国家赔偿等相关权利。④鼓励犯罪嫌疑人检举揭发其他案件线索。犯罪嫌疑人在社会生活、犯罪活动、羁押期间往往会与其他案件有着千丝万缕的联系，除了自己的违法犯罪行为外，其对其他人员的违法犯罪活动往往也会有所了解，故在结束讯中应注意鼓励和动员犯罪嫌疑人检举揭发其他案件线索，立功赎罪、将功补过，协助侦查机关发现其他犯罪活动或线索。

四、侦查讯问记录

侦查讯问记录，是指侦查人员在侦查讯问过程中，运用一定的方式对侦查讯问过程和结果进行记录、固定的表现形式。侦查讯问记录主要有讯问笔录、书面供词和录音录像三种方式。

（一）讯问笔录

讯问笔录，是指侦查人员在侦查讯问过程中，为了揭露犯罪、证实犯罪，查明犯罪事实真相，如实记载侦查讯问过程和结果情况的文字记录。经过核实的讯问笔录，成为认定案件事实的证据之一，也是现行刑事诉讼的 8 种法定证据的证据材料之一。讯问笔录记录着侦查讯问活动的全过程，记载着侦查人员的侦查讯问方法和步骤及犯罪嫌疑人有罪的陈述和无罪的辩解，反映了犯罪嫌疑人的认罪态度等。它是确定案件性质和对犯罪嫌疑人进行定罪量刑的依据，也是总结办案经验，检查办案质量、正确处理案件和教学科研的重要依据。讯问笔录是一种规范性文书，相关法律法规对其格式、结构和制作程序均有明确的规定，认真按照法定的形式和要求，做好讯问笔录，对于保证刑事诉讼活动的顺利进行，准确有力地打击犯罪，有效地保护公民的合法权利具有十分重要的意义。

（二）书面供词

书面供词，也称亲笔供词，是指在侦查讯问过程中，应侦查人员的要求或犯罪嫌疑人的申请，由犯罪嫌疑人自行书写的供述有关案件情况的文字材料。书面供词经过查证属实后，成为认定案件事实的证据之一。书面供词应当基于侦查员要求或犯罪嫌疑人申请并经侦查人员同意为前提，应当包含一定的内容，符合法定的格式和要求。侦查人员接受书面供词时，应注意在抬头空白处按要求签收，并检查书面供词的书写前提、内容和格式等是否符合相关要求。

（三）录音录像

当前，制作讯问笔录记录侦查讯问过程和结果是通行的基本方法。随着录音录像技术、设备和手段的普及，录音录像也被广泛运用于侦查讯问记录。从客观效果来看，在侦查讯问时同步录音录像，可以使侦查讯问记录保持完整性，更有利于证据保全，有助于侦查人员准确掌握侦查讯问技巧，发现侦查讯问的不足，检验犯罪嫌疑人供述和辩解的可靠性。同时，也有利于防止侦查人员非法讯问和犯罪嫌疑人无理取闹、翻供，还有助于侦查讯问指挥人员及时了解侦查讯问的情势和进展，有效地进行决策、指挥和监督侦查讯问。我国现行《刑事诉讼法》明确规定，侦查人员在讯问犯罪嫌疑人的时候，可以对侦查讯问过程进行录音或者录像；对于可能判处无期徒刑、死刑的案件或者其他重大犯罪案件，应当对侦查讯问过程进行录音或者录像。录音或者录像应当全程进行，保持其完整性。公安部于2014年9月发布的《公安机关讯问犯罪嫌疑人录音录像工作规定》中，就录音录像的案件范围、录制程序要求、资料的管理与使用、监督与责任等方面进行了明确规范和具体细化。

 任务实例/呈现

一、犯罪嫌疑人诉讼权利义务告知书

犯罪嫌疑人诉讼权利义务告知书

根据《中华人民共和国刑事诉讼法》的规定，在公安机关对案件进行侦查期间犯罪嫌疑人有如下诉讼权利和义务：

1. 不通晓当地通用的语言文字时有权要求配备翻译人员，有权用本民族语言文字进行诉讼。

2. 对于公安机关及其侦查人员侵犯其诉讼权利和人身侮辱的行为，有权提出申诉或者控告。

3. 对于侦查人员、鉴定人、记录人、翻译人员有下列情形之一的，有权申请他们回避：

（1）是本案的当事人或者是当事人的近亲属的；

（2）本人或者他的近亲属和本案有利害关系的；

（3）担任过本案的证人、鉴定人、辩护人、诉讼代理人的；

（4）与本案当事人有其他关系，可能影响公正处理案件的。

对于驳回申请回避的决定，可以申请复议一次。

4. 自接受第一次讯问或者被采取强制措施之日起，有权委托律师作为辩护人。经济困难或者有其他原因没有委托辩护人的，可以向法律援助机构提出申请。

5. 在接受传唤、拘传、讯问时，有权要求饮食和必要的休息时间。

6. 对于采取强制措施超过法定期限的，有权要求解除强制措施。

7. 对于侦查人员的提问，应当如实回答，但是对与本案无关的问题，有拒绝回答的权利。在接受讯问时有权为自己辩解。如实供述自己罪行的，可以从轻处罚；因如实供述自己罪行，避免特别严重后果发生的，可以减轻处罚。

8. 核对讯问笔录的权利，笔录记载有遗漏或者差错的，可以提出补充或者改正。

9. 未满18周岁的犯罪嫌疑人在接受讯问时有要求通知其法定代理人到场的权利。

10. 聋、哑的犯罪嫌疑人在接受讯问时有要求通晓聋、哑手势的人参加的权利。

11. 依法接受拘传、取保候审、监视居住、拘留、逮捕等强制措施和人身检查、搜查、扣押、鉴定等侦查措施。

12. 公安机关送达的各种法律文书经确认无误后，应当签名、捺指印。

13. 有权知道用作证据的鉴定意见的内容，并可以申请补充鉴定或重新鉴定。

以上内容，我已看过（已向我宣读过）。

×××

20××年××月××日

此告知书在第一次讯问犯罪嫌疑人或对其采取强制措施时交犯罪嫌疑人，并

在第一次讯问笔录中记明或责令犯罪嫌疑人在强制措施文书附卷联中签字。

二、讯问笔录

讯问笔录

时间20××年9月 15 日16 时10 分至20×× 年9 月 15 日17 时 20 分

地点××省××监狱审讯室

讯问人（签名）林某某 、王某   工作单位××省××监狱狱内侦查科

记录人（签名）王某工作单位××省××监狱狱内侦查科

被讯问人陈某龙 性别男 年龄××岁 出生日期19××年×月×日 原身份证件种类及号码××××××××××××××××× 现住址××监狱××监区×分监区   联系方式×××××××××××   原户籍所在地××省××市公安局××派出所

（口头传唤/被扭送/自动投案的被讯问人于__ 月__ 日__ 时__ 分到达，__ 月__ 日__ 时__ 分离开，本人签名：_____）。

问：我们是××省××监狱狱内侦查科的侦查员（出示工作证），现依法对你进行讯问（传唤），听清楚了没有？

答：听清楚了。

问：你的基本情况？

答：我叫陈某龙，性别：男，19××年×月×日出生，高中文化程度，汉族，出生于××省××市，原身份证号码是：×××××××××××××××××，原户籍所在地为××省××市公安局××派出所，我于200×年×月×日因盗窃罪被××市中级人民法院于以（20××）×中刑终字第××号刑事判决（以具体判决书为准）判处有期徒刑14 年，于200×年×月×日到××监狱执行，现于××监狱××监区×分监区服刑。

问：还用过什么名字？

答：没有了。

问：还有别的名字或绰号、化名、别名吗？

答：我乳名叫小二黑，有个绰号叫"乌龙"，其他的没有了。

（被讯问人签名捺手印）   第1页共5页

问：你被判过几次刑，因什么罪？

答：×次，×××年判了×年，××年判了××年，200×年判了14 年，都是盗窃。

问：说一下你的家庭成员及主要社会关系？

答：父亲：陈某某，75 岁，于××省××市××镇××村×组务农；

母亲：吴某某，72 岁，于××省××市××镇××村×组务农；

妻子：王某某，43 岁，于××省××市××镇××村×组务农；

儿子：陈某，20 岁，于××省××市打工；

女儿：陈某霞，14 岁，于××省××市××中学念书。

问：说一下你的简历？

答：我出生于 19×× 年 × 月 × 日；19×× 年 × 月至 19×× 年 × 月于××省××县××小学读书；19×× 年 × 月至 19×× 年 × 月于××省××县××中学读初中；19×× 年 × 月至 19×× 年 × 月于××省××县××中学读高中，19×× 年 × 月至 19×× 年 × 月于××省××县××单位工作；19×× 年 × 月至 19×× 年 × 月，因犯盗窃罪被××省××人民法院判了 3 年在××省××监狱服刑；19×× 年 × 月至 19×× 年在××省××市打工；19×× 年 × 月至 19×× 年 × 月，因犯盗窃罪被××省××人民法院判了 1 年，在××省××监狱服刑；19×× 年 × 月至 20×× 年 × 月，在××省××县打工；20×× 年 × 月至今因犯盗窃罪被××省××人民法院判了 14 年，被关押于××省××监狱服刑改造。

问：除了上面说的，还有没有其他因违法或犯罪被司法机关处理过的情况？

答：没有。

问：你因为涉嫌脱逃，现依法对你进行讯问，是犯罪嫌疑人，现将《犯罪嫌疑人诉讼权利义务告知书》给你阅读，如果你没有阅读能力，我们可以给你宣读。

答：我可以阅读（看了《犯罪嫌疑人诉讼权利义务告知书》约 5 分钟）。

问：你看清楚了吗（听清楚了吗）？

答：我看清楚了。

问：你还有什么要求？

答：我想请我哥为我聘请律师。

问：本次讯问结束后，我们会把你这一要求转告给你哥哥。不过我要跟你说清楚，根据我国《刑事诉讼法》的规定，犯罪嫌疑人自被侦查机关第一次讯问或者采取强制措施之日起，有权委托辩护人。在侦查期间，只能委托律师作为辩护人。刚才的《犯罪嫌疑人诉讼权利义务告知书》你已经看清楚了，我们再次给

（被讯问人签名捺手印）　　第 2 页共 5 页

你强调一下，你应当如实回答我们提出的问题。根据我国《刑法》的规定，如实供述自己罪行的，可以从轻处罚，并且因如实供述自己罪行，避免特别严重后果发生的，可以减轻处罚。当然，对于与案件无关的问题，你有权拒绝回答，你听清楚了吗？

答：我听清楚了。

问：知道为什么讯问你吗？（为什么对你采取隔离管理措施/拘留吗？）

答：还不因为脱逃在外面 5 天。

问：具体说一下你们这次脱逃的经过？

答：都被抓回来了，还有什么可说的。(低头，闭目，叹气)

问：这是给你坦白的机会，你都不想把握吗？

答：……(摇头不语)

问：你知道，像你这样的累犯，在狱内不安心改造。又脱逃的，法律的惩罚是很严厉的，让你坦白交代，争取宽大处理，是党和政府为了挽救你。(做政策攻心，教育劝导) 说说你们是怎么预谋脱逃的？

答：没有预谋。

问：车间怎么会有哑铃呢？

答：(低头不语)

问：情况我们都查清楚了，说不说只是看你的态度，杨某某不是比你早一天抓回来的吗？

答：我从活动室拿出来放在草丛中，杨某某放在运产品的拖车里弄进来的。

问：说说你们这次是怎样脱逃的？

答：200×年×月×日××时，我们收工时，我躲在车间的衣服堆里，杨某某躲在厕所里。我看杨某某队长带着大家往监舍方向走，就出来把车间大门反锁，杨某某去砸墙，然后他先钻了出去，我也钻了出去。钻出去后，我们把囚服脱掉，朝西面围墙处的电缆沟钻出去，跟几个民工一起走出监狱大门，到大马路坐"的士"到××工地老乡处拿钱，过夜。(脱逃的情况进行细致讯问，全面细致记录，略)

问：杨某某怎么知道躲在厕所里不会被发现呢？

答：我发现收工时杨队长经常不检查厕所，就告诉他。

问：你们怎么知道西面围墙处有电缆沟？

答：我刚来时在3楼车间学习时，从窗户上看到的。

问：说说你们策划这次脱逃的情况？

(被讯问人签名捺手印) 第3页共5页

答：其实我一直都在找机会逃跑，在看守所时，因为没有机会。来到这里后遇到老乡杨某某，我就把想法告诉他，他开始不敢，并说我做不到。最近我看到监狱在搞基建，比较乱，机会很好。遂与杨某某商量逃出去，杨某某也同意了。

问：你们俩是谁提出要脱逃的？

答：我们都想走。

问：是你向杨某某提出的？

答：(点头)

问：是不是你？

答：是。

问：你们商量过几次？

答：我找杨某某谈过好几次，因为我们讲老家话，没人能听懂。

问：杨某某在今年3月才被减刑的，不要把自己做的事推给别人，还有谁参与？

答：没有，人多了不好。

问：出去后第二天你们又去了哪里？做了什么？

答：我们怕老乡告发，第二天天刚亮就离开工地到火车站附近转转，发现一老人活动中心有人打牌、打麻将，我就到附近一个公共汽车站偷了一百多元钱到里面打麻将，晚上也不敢出来，怕被发现，后来就在附近躲了起来。

问：在外面有没有做了什么违法犯罪的事情？

答：就是200×年×月×日×时，我在××省××市火车站附近实施过一次盗窃行为，窃得约150元，还有就是200×年×月×日×时在××处拿了一些苹果吃。

问：你们后来为什么分开呢？

答：因为我说应该出去，到外地去，走远点，在这里迟早会被抓，也没有钱，杨某某怕死不敢出来，他又弄不到钱，我们吵了一架，我生气就先走了，想从小路往老家方向走。不敢坐车，结果还是被抓。

问：还有呢？

答：没有了，要说的，我都说了。

问：好了，今天就到这里，你回去好好想想，下次再谈。

答：好的。

问：我们在对你进行讯问时有没有对你采取刑讯逼供或者威胁、引诱、欺骗等手段？

（被讯问人签名捺手印）　第4页共5页

答：没有。

问：以上所说是否属实。

答：属实。

问：这是本次讯问的笔录，你看（听）一下是否与你所说的相符。

答：好的。（看了约15分钟）

以上笔录，我已看（听）过，与我说的相符。

陈×龙（指印）

20××年××月××日

（拒绝签名或捺手印，予以注明）

侦查员：×××（签名）

记录人：×××（签名）

20××年××月××日

（被讯问人签名捺手印）　第5页共5页

三、书面供词

于20××年5月16日20时43分收到犯罪嫌疑人王某某的书面供词，共1页。

侦查员：李某某、张某某

书面供词

我叫王某某，男，19××年6月28日出生，户籍在××市××县××村××号，现住××县××镇××村××号，在农村务农。根据我本人要求，经公安机关同意，现将本人涉嫌故意杀人的情况作如下交代：

我高中毕业后就在家务农。20××年5月11日，我为了骗取钱财，就编造了欲低价出售贵重"猫眼"宝石的谎言，欺骗我的姑妈王某丽带1万元来我这里进行交易。我姑妈答应第二天来看货交易，并让我到时到汽车站去接她。20××年5月12日13时，我接到了我姑妈的电话，她让我半个小时后到我们县汽车站接她。我于20××年5月12日13时40分在车站接到了我姑妈。我骗姑妈说宝石埋在了我家的田地里，我姑妈就随我到了我们村农田的小河边，趁我姑妈没有注意，我突然将我姑妈推入水中。见我姑妈在水中挣扎，我就跳入水中（水大概有1米深），骑在我姑妈身上，我姑妈面向水面，我右手掐紧她的脖子，左手用拳头猛击其头部左侧（我是左撇子），并将我姑妈头部按入水中。大概过了有4、5分钟，我发现我姑妈不动了，我就认为她已经死了。我于是拉着我姑妈的上衣将我姑妈从水中拖上岸来。由于我姑妈比较胖，拖的时候感觉很重，我把她上衣的纽扣竟然全拉掉了。我把我姑妈的尸体拖上岸后，从她的包里拿走了 12 000 元钱，从她的上衣口袋里搜出了 340 元钱，还把她脖子上的金项链拿走了。拿了这些钱财后，又把我姑妈随身携带的身份证、钥匙、银行卡等能证明她身份的东西也全部取走，随后我又将我姑妈的衣服全部扒光，才把尸体推入水中。我将扒下的衣服、身份证、银行卡拿到离现场 500 米处的小树林里进行了焚烧，并将钥匙顺便扔到了另一条小河里，我认为我已基本上毁灭了罪证。回到家后，我又将我作案时所穿的皮鞋和身上的衣服全部抛入我家后面的池塘内。20××年 5 月 13 日上午，我将抢来的 12 000 元钱用手帕包扎后，埋在我家后院的泥土里，其余的340 元钱还在我的身上。

我杀了我姑妈后，就很害怕，睡不好觉，吃饭也不香，晚上一睡觉就做噩梦。我在杀害我姑妈后的第二天还跑到抛尸地点，跪下给我姑妈磕了 3 个头，希望姑妈原谅我。我当时就想自首，但我仍然心存侥幸，同时我害怕坐牢，害怕被枪毙，就不敢自首。今天你们一找我调查，我就知道我完了。你们给我不断做工作，挽救我。我鬼迷心窍，犯了不可饶恕的错误，我知罪、认罪、悔罪，我请求公安机关能够对我从轻处理。最后谢谢你们对我的挽救！

王某某（指印）

20××年 5 月 16 日

任务小结

本学习任务介绍了什么是侦查讯问，帮助学生明确侦查讯问的任务和法律要求，领会侦查讯问策略与方法的运用，掌握开展侦查讯问所必需的相关基础知识，培养学生能够在司法实践中恰当运用所学知识、技能开展侦查讯问。

思考题

1. 什么是侦查讯问？试述侦查讯问的任务。
2. 试述侦查讯问的法律要求。
3. 试述常见的侦查讯问策略与方法。
4. 试述侦查讯问的准备工作。
5. 试述讯问突破口的选择。
6. 试述第一次讯问的基本操作。

任务训练

训练项目：模拟侦查讯问

一、训练目的

通过模拟侦查讯问实训，帮助学生加深对侦查讯问的理解，掌握侦查讯问的步骤、程序和法律要求等相关基础知识，领会讯问犯罪嫌疑人的策略、方法，学会根据案情制作讯问计划和讯问笔录，树立严格依法进行讯问的观念，培养在司法实践中进行侦查讯问的业务技能和实际能力。

二、训练要求

1. 明确训练目的。

2. 掌握训练的具体内容。

3. 熟悉训练素材。

4. 按步骤、方法和要求进行训练。

三、训练条件和素材（具体训练条件和素材可根据训练目的及训练重点由训练指导教师选择、调整）

（一）训练条件

侦查讯问场所（如果没有专用侦查讯问训练室，可以在办公场所、普通房间或教室进行适当布置），录音录像设备及器材，手铐、脚镣等戒具，笔记本电脑，讯问笔录用纸一套（空白），材料纸，印泥等。

（二）训练素材

20××年××月××日，××省××监狱罪犯吴某某偷走了监狱民警的衣服，利用衣服中所夹带的门禁卡从××监狱逃脱，20××年××月××日，吴某某于××省××市××乡××村被警方抓获。吴某某，又名"吴某飞"，男，19××年××月××日出生于××省××县，汉族，文盲，在家务农，原家庭住址××省××县××乡××村民小组，原户籍所在地××省××县××乡派出所。20××年××月××日，吴某某因抢劫罪被××省××市中级人民法院判处有期徒刑 7 年，20××年××月××日刑满释放。1 年多后的 20××年××月××日，吴某某因抢劫罪被×××省××市中级人民法院判处无期徒刑，剥夺政治权利终身，并处没收个人全部财产。20××年××月××日，在××省××监狱服刑期间，吴某某因拒绝归还同监罪犯王某某存放的衣服，与之发生争吵，在监区生产车间内，吴某某用拳头击打王某某头面部数下，致王某某鼻骨骨折。同年××月××日，××省××市中级人民法院以故意伤害罪判处吴某某有期徒刑 2 年，与其前罪没有执行完毕的无期徒刑，剥夺政治权利终身并罚，决定执行无期徒刑，剥

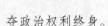

夺政治权利终身。

四、训练方法和步骤

在指导教师的指导下，学生分组模拟各角色（侦查人员、犯罪嫌疑人）在训练室进行训练，具体方法和步骤如下：

1. 准备素材，确定训练方式，学生复习有关侦查讯问的基础知识，做好包括模拟侦查讯问的场所及配套设施、设备准备工作。

2. 实训指导教师介绍训练内容和要求，发放准备好的案例素材。

3. 学生阅读素材，掌握素材的相关事实和材料，在指导教师的指导下形成情景侦查讯问模拟方案。

4. 学生以分工负责的形式进行角色分配，具体可按侦查人员（包括讯问人员和记录人员）、犯罪嫌疑人进行角色模拟分配，实际操作时可根据情况进行添加或删减角色，排列组合形成情景模拟团队，如添加或删减管教民警、辩护律师、侦查讯问指挥人员等。

5. 完成模拟侦查讯问情景操作，对素材案例中没能提供的条件，由学生酌情进行合理设计和补充。

6. 整理训练成果，形成书面材料。

五、训练成果

1. 完成讯问笔录、书面供词等法律文书的制作，条件允许的可考虑同步制作录音录像资料，并将材料交训练指导教师批阅。

2. 总结实训成果，写出心得体会，提高实战本领。

3. 指导教师进行讲评及训练成绩考核、评定。

拓展阅读

学习任务三十一 测谎技术

任务目标

知识目标：通过本学习任务的学习，培养学生知道什么是测谎技术，了解测谎技术的作用，认识测谎技术的科学原理和方式，掌握测谎技术基本操作所需的基础知识和方法。

能力目标：通过本学习任务的学习、训练，培养学生具备在司法实践中严格按照法律规定，运用所学的知识、技能和能力使用测谎技术相关的业务技能和能力。

 任务概述

在刑事侦查实践中，测谎技术其科学性、可靠性有待进一步探索和完善。目前，其结论直接作为诉讼证据的条件尚未成熟，然而，测谎技术已越来越被广泛地运用在侦查活动中，并对及时、有效地破获刑事案件发挥着积极作用，甚至关键性作用。为正确运用测谎技术，做好侦查工作，需要知道什么是测谎技术，了解测谎技术的作用和科学原理，熟悉测谎技术的方式，并按照相关步骤和要求运用测谎技术，从而适应司法实践对运用科学技术手段为侦查破案服务的要求。

 任务基础

一、什么是测谎技术

测谎技术，又称犯罪心理测量，是指以犯罪心理学、生理学、试验心理学和其他相关学科为理论基础，借助计算机与电子仪器，对被测试者进行测试，并将其生理反应进行记录和评判的一门实验心理技术。研究表明，人在说谎时的心理变化必然会引起他的生理参量变化，如皮肤电、脉搏、血压、呼吸等，这些变化不受大脑意识控制，一般只受植物神经系统制约。测谎技术就是通过运用测谎仪器对这些生理参量变化进行测量来分析人的心理变化，从而判断被测试者在测试过程中所说的话是真话还是谎言。

二、测谎技术的作用

测谎技术应用于刑事侦查领域，在世界上已有一百多年的历史。随着对科技强警的重视，测谎技术被视为一种科技手段，越来越受到刑事侦查部门的重视。测谎技术在刑事侦查中的作用主要表现在以下几个方面：

（一）可以快速筛选嫌疑对象，缩小侦查范围

案发后，侦查人员在侦查范围内通过摸底排队锁定的嫌疑对象往往较多，在与嫌疑对象接触的过程中，借测谎技术进行排查，可以排除和案件无关的人，锁定重点嫌疑对象，极大缩小侦查范围，提高侦查效率，节省大量人力物力，达到事半功倍的效果。

（二）鉴别嫌疑对象，查明案件事实

在案件侦破过程中，有时虽发现了重点嫌疑对象，却没有确凿证据，既不能认定又不能排除，致使侦查工作停滞不前。在这种情况下，使用测谎技术则可帮助侦查人员确定该嫌疑对象是否知情，是否为作案人，或者排除嫌疑，及时矫正侦查方向。同时，通过在测试过程中对与案件事实有关问题的设置，还可帮助查明犯罪嫌疑人的作案手法、逃跑路线、犯罪证据的处理，以及揭露其犯罪动机、同案犯人数等案件的有关具体情况，为收集证据提供线索，加快破案进度。

（三）有利于突破犯罪嫌疑人的心理防御体系

在对犯罪嫌疑人进行侦查讯问时，测谎技术的运用过程是考量被测试对象心理压力的过程，也是对被测试对象产生潜在心理影响的过程。测谎技术不仅可以在侦查讯问中探测案情、印证推论，还可以对犯罪嫌疑人有计划地施加心理影响和调控其心理压力，瓦解对方抵触、抗拒心理，促使犯罪嫌疑人的心理防线土崩瓦解，从而主动交代问题。运用测谎技术得出的结论还可印证侦查人员的推理和假定，能为侦查讯问指明方向，提供依据和线索，有助于侦查人员调整侦查讯问策略与方法，帮助侦查人员在侦查讯问中果断正确决策，提高侦查讯问的效益。此外，侦查人员还可运用测谎技术，结合政策教育和使用其他证据的手段，深挖余罪，为破获系列案件提供依据。

（四）审查核实证据

在侦查过程中，因犯罪嫌疑人拒不供认或伪供，致使案件事实、情节无法查清。此时，通过对犯罪嫌疑人进行测谎，可以分析辨别其口供的真伪，排除口供中的虚假成分，使口供与口供、口供与证据之间相互印证，确保证据的准确性。通过测谎技术的运用，还有助于对证人证言、被害人陈述、鉴定意见、物证、书

证、视听资料、电子数据等其他证据进行核实，印证、支持、加固现有证据体系的可信度和证明力。

三、测谎技术的科学原理

"测谎仪"是测谎技术所借助的仪器，是基于心理学、生物学、医学、电学等各种科学的原理研制而成的，其主要的依据是"心理刺激触发生理反应"这一心理学和生物学的基本理论。

（一）心理学原理

真正的作案人，在实施犯罪的过程中，有关犯罪的场景、过程在联想、认知机能的作用下会在大脑中留下痕迹，并保存下来。在测谎时，被测人在被问到有关犯罪的场景、过程等问题时，在注意机能和情绪机能的作用下，其有关记忆就会被唤醒并随之产生一定的情绪兴奋反应，进而产生一定的生理反应，测试人员通过对生理反应图谱的分析来判断被测人是否说谎。

（二）生理学原理

人在说谎时心理变化会产生一系列的生理反应，而这些生理反应不受人的意识所控制，只受植物神经调节。主要有以下四种生理反应：①皮电。当人体受到外界刺激时，皮肤电阻或者电位会产生相应变化，也就是皮电反射。皮电反射与皮肤汗腺有着密切联系，由交感神经传出，是可测的。②动脉血压。在正常的，无外界刺激的情况下，心脏的收缩是有规律的。当人体受到外界的刺激时，心脏的收缩规律会发生变化，导致动脉血压也出现规律性的变化，这种变化是可以通过仪器测得的。③呼吸运动。一般情况下，人是可以自由控制呼吸的，但当人没刻意控制呼吸时，外界的刺激也能够引起呼吸的变化，而这种变化是有规律的，也是可通过仪器记录下来的。④指脉。对于外界的刺激，大动脉的搏动反应会相应的传导到肢体远端的小动脉，即指脉。外界刺激引起的指脉变化可通过精密仪器被记录下来，也是有规律可循的。

四、测谎技术的方式

随着实践的不断丰富，各国发明了多种测谎方式，其中主要有以下几种：

（一）准绳问题测试法（CQT，即 Control Question Test）

准绳问题测试法是目前运用最多的一种测谎方式，1947 年由美国人约翰·里德发明。其突出特点在于测试题目的编排和设计。测试问题主要有三种：①中性问题，也称为不相关问题。主要是一些与案件无关，不需要隐瞒的问题，不涉及人的敏感事情，不会引起被测人的反感。如：今天是星期二吗？目的是缓解被测人的紧张情绪，了解正常状态下被测人的反应图谱。②主题问题，也称相关问题。这是测试的核心问题，是指那些涉及案情的各种问题，如：你在 8 日晚上见过被害人吗？目的是辨别被测人是否作案，是否知情，是否主犯等。③准绳问题，又叫对照问题。是指那些一般违法或违反道德准则的，明知被测人会说谎或可能会说谎的，但与案件无关的问题。如：你从不拿公家的东西吗？其主要作用是造成被测人的心理压力，与其他问题所测到的图谱进行比对分析，以此来判断被测人是否说谎。如被测人在主题问题上反应大于准绳问题，则被认为是说谎，如小于则被认为是诚实的。准绳问题作为被测人是否说谎的标准，其选择和开发是关键和难点。

（二）犯罪情节测试法（GKT，即 Guilt Knowledge Test）

犯罪情节测试法是美国明尼达州医学院教授莱肯于 1958 年提出的，目的是鉴别无辜和罪犯。主要有两类问题构成：①目标问题。即与案件有关的情节或细节问题，且只有真正的犯罪人或知情人才知道。②陪衬问题，或叫参考问题。陪衬问题与目标问题类似，但与案件的情节和细节无关。犯罪情节测试法主要是为了检查被测人大脑中是否留有只有真正犯罪人和知情人才会形成的与犯罪行为有关的"心理痕迹"。当目标问题被提出时，真正犯罪人和知情人脑中的"心理痕迹"就会被激活，产生应激反应进而引起生理变化。但无辜的人对目标问题和陪衬问题的反应不会有太大的差异，这样就能将涉案人和无辜人区分出来。

（三）紧张峰测试法（POT，即 The Peak of Test）

紧张峰测试法的目的与上面两种不同，是为了测试已知的犯罪人在犯罪过程中的犯罪细节。比如：已知被测人实施了犯罪，测试人希望查到其还有无同伙或是否还做过类似案件。在实践当中，紧张峰测试法通常和其他方法结合起来使用。

 任务实施/操作

一、测试前的准备

首先，要尽可能详尽、准确地了解案情，收集资料。向侦查人员了解已经掌握的犯罪信息，比如，犯罪时间、地点、工具，被害人情况等。在了解案情的基础上描绘被测人的心理痕迹并发现案件疑难问题所在。要注意对侦查人员的主观判断有清醒认识，确保测谎的中立性和客观性。其次，要与被测人初步接触，了解其生理、心理的基本状况。对于不适宜做测谎的被测人应作出不予（或暂不予）进行的决定，比如，被测人精神不正常，极度恐惧、焦虑等。最后，还应将测谎仪准备好，检查其是否正确安装，联机是否准确到位等。

二、测前谈话

测前谈话是整个测谎过程中非常重要的一环，可以引导被测人在测试中出现应有的反应及所需要的心理状态。通过与被测人的谈话交流，可以消除其紧张、抵触的心理，说服被测人接受测谎，并赢得其对测谎人和测谎仪的信任。同时还可以强化其说谎的恐惧感，消除其不必要的担心。此外，通过测前谈话还可对测试问题进行预习，为正式测试打下基础。测前谈话要有针对性，尽量包括测试的问题和案件的有关情况，以及说明测试的原理和规则，要避免与被测人争论或闲扯，注意被测人的反应并做好记录。时间长短因人而定，一般 30 分钟~90 分钟为宜。

三、编制测试题目

在完成上述准备工作的基础上，测试人可拟定测试计划，选择测试方法，编制题目。编制测试题目的方式有很多，一般采用准绳问题测试法和犯罪情节测试法。测试题目中要注意收集有效项目的信息量和质量，测试结果才准确。测试题目的数量，根据中国人正常心理实验域值的标准，一般测试题目以 40 道~50 道题为宜。在编制测试题目时应遵循记忆和联想规律，考虑到语言上的地区差异和文化差异，尽量做到口语化、方言化和通俗化，切忌长句。编制测试题目要坚持对事不对人，不带有任何倾向性，力求客观。

四、测试操作

测试操作是整个心理测试的核心。测试时应保持周围环境安静，避免无关因素的干扰。除测试人和被测人外，其他人员不得在场，未成年人可允许其监护人或近亲属在场，以安定其情绪。测谎仪在使用时应根据不同年龄、不同心理素质的被测人适当调节增益值。每套测试题一般要重复 3 遍，期间要注意让被测人适当的休息和调整。测试时，还应注意记录被测人的言语、行为举止，作为分析时的参考信息。

五、图谱评判

实践中使用的测谎仪普遍为多通道心理测试仪，主要有三项反应值：皮肤波、呼吸波、脉搏波。测试时三项反应值形成测谎图谱。评判图谱有同步评判和测后评判两种方式。一般来说，皮肤波值占65%，呼吸波值占25%，脉搏波值占15%。分析时应结合测前谈话以及对被测人言语、行为举止的记录进行综合判断。实际操作中，可借鉴美国的图谱评判方式——质度监控程序，又称"盲人测试"，即对图谱的评判由实地测试人和未参与案件的实地测试人分别进行并独立得出结论，使结论更加客观、公正、准确。

六、测试后的谈话或讯问

测试完毕，要及时运用测试结果提供的方向，对疑点上升的被测试对象进行有策略地谈话或讯问。

测谎结论的准确率及法律效力

从国内外资料来看，测谎结论的准确率可谓众说纷纭，心理测量学界统计的准确率大约为60%~70%，测谎协会统计的准确率大约为70%~80%，司法部门（主要是刑事侦查部门）统计的准确率最高，大约为95%以上。测谎结论的准确率有所差异，与统计基数大小、测谎主体的威信度高低以及对测谎推崇程度的强弱有关。这些数据表明测谎技术具备一定的科学性、可信性，但每个案件千差万别，难以比较，测谎准确与否也只是相对于个案，所以我们对于测谎技术的准确率应当客观看待。

测谎技术在实践中得到了不断的改进和完善，目前已在世界五十多个国家中使用。但对于测谎结论能否作为证据使用，国外作出了不同的选择。美国、俄罗斯、日本等国家允许在刑事诉讼过程中使用测谎技术，而大多数的大陆法系国家依然对测谎技术的法律效力持保留态度，如意大利和法国。我国对测谎技术一直持否定态度，直到20世纪80年代，司法机关才开始对其进行研究。虽然目前测谎技术已被广泛运用到我国的侦查实践中，但测谎结论的证据效力并没有得到法律的明确认可。因此，测谎技术只能作为侦查辅助手段用来帮助审查、判断证据，而不能作为证据使用。

任务实例/呈现

20××年××月××日（农历正月初二），××省××县××镇发生了一起杀人案。××镇财政所会计翟某某被杀死在办公室内，尸体被发现时已死亡多日。经现场勘验发现，作案人在击打被害人头部后，将尸体搬到办公桌后面的床上，用被子盖好，并用衣服将溅了血的椅子盖好，同时将地面上的血迹擦干净；经法医尸体检验认定，被害人死亡时间约为一周前，死于夜间0点左右，由此判断作案时间应为23点半左右。侦查人员分析判断作案人应为熟人作案，作案动机可能为钱财。据此，侦查人员经摸底排查，初步确定5名嫌疑对象，其中4人案发前在楼上打麻将（当时被害人曾在旁观看），4人大约于22点多离开，另一人为院内派出所民警。因1号嫌疑对象办公室与被害人相邻，好赌，手头较紧，又有作案时间，被划为重点嫌疑对象。因为现场被精心伪装，缺少其他物证，案件侦查陷入僵局。办案人员压力很大，决定对嫌疑对象进行犯罪心理测量。

20××年3月12日，公安大学心理测试中心的丁教授来到××县对嫌疑对象进行心理测试。丁教授经过现场勘查、分析，结合法医鉴定结果，对犯罪嫌疑对象拟定了测试题：

1. 你叫某某某吗？

2. 今年是××岁吗？

3. 记得去年12月26日晚上，镇财政所会计翟某某被害的事吗？

4. 翟某某被害，你知道因为什么吗？

5. 翟某某被害，是因为女朋友的事吗？

……

8. 作案人是那天晚上8、9点钟干的吗？

9. 作案人是10点多钟干的吗？

10. 作案人是11点多钟干的吗？

11. 作案人是12点多钟干的吗？

12. 作案人是在后半夜干的吗？

……

17. 作案人当时敲门了吗？

18. 作案人当时是用刀子扎的吗？

19. 作案人当时是用锤砸的吗？

……

27. 作案人用的工具藏起来了吗？

28. 作案人用的工具扔了吗？

29. 作案人现在是想主动讲清楚吗？

30. 你今天讲的都是实话吗？

经过测试，丁教授排除了疑点较大的1号嫌疑对象，并认定2号嫌疑对象为作案人。同时检测出作案人使用锤子杀人，作案人到现场的时间是在22点左右，作案动机不明显，似乎当时并不想杀人。

测试结束，2号嫌疑对象浑身已被汗湿透，尽管他对所有的问题都回答不知道，但心理测试仪已记录下了他内心的痕迹。第二天他主动供认了犯罪过程，并自言："越测越紧张，他们（测试人员）什么都知道，好像是跟着我一起作案一样。"而其供认的情况与丁教授的图谱吻合，其藏匿的工具和扔掉的死者的钥匙、手机均被找到，此案告破。

任务小结

本学习任务介绍了什么是测谎技术，帮助学生了解测谎技术的作用、科学原理和方式，以及进行测谎技术运用的相关基础知识，培养学生在司法实践中恰当运用所学知识、技能开展测谎技术的相关业务技能和基本运用能力。

思考题

1. 试述什么是测谎技术。
2. 测谎技术的作用有哪些？
3. 试述开展测谎技术的过程。
4. 谈谈对测谎结论的法律效力的理解和认识。

任务训练

训练项目：模拟测谎技术

一、训练目的

通过模拟测谎技术实训，帮助学生加深对测谎技术的理解，熟悉测谎技术的作用，掌握测谎技术的内容及程序，培养学生在司法实践中运用测谎技术的相关业务技能。

二、训练要求

1. 明确训练目的。
2. 掌握训练的具体内容。
3. 熟悉训练素材。
4. 按步骤、方法和要求进行训练。

三、训练条件和素材（具体训练条件和素材可根据训练目的及训练重点由训练指导教师选择、调整）

（一）训练条件

模拟测谎训练场所、测试仪、相关材料等。

（二）训练素材

对一起杀人案件的犯罪嫌疑人进行测谎测试，犯罪嫌疑人信息如下：姓名：王某某，男，35岁，初中文化水平。案情：被害人赵某某，女，被人用绳子勒死在路边，与王某某系男女朋友关系。被害人生前曾与其发生口角被人看到。

四、训练方法和步骤

在指导教师指导下，学生分组模拟各角色（侦查部门负责人员、测试人员、被测试人员以及其他相关人员）在训练室进行训练，具体方法和步骤如下：

1. 准备素材，确定训练方式，学生复习有关测谎技术的基础知识，做好包括模拟测谎技术情景场所及配套器材、设施、设备的准备工作。

2. 实训指导教师介绍训练内容和要求，发放准备好的案例素材。

3. 学生阅读素材，掌握测谎技术的相关事实和材料，在指导教师的指导下形成情景模拟方案。

4. 学生以分工负责的形式进行角色分配，具体可按侦查人员、测试人员、犯罪嫌疑人以及其他相关人员等进行角色模拟分配，实际操作时可根据情况进行添加或删减角色，排列组合形成情景模拟团队，如添加或删减被害人、知情人、无关人员等。

5. 完成模拟测谎技术情景操作，对素材案例中没能提供的条件，由学生酌情进行合理设计和补充。

6. 整理训练成果，形成书面材料。

五、训练成果

1. 完成测谎技术测试题的制作，并将书面材料交训练指导教师。

2. 总结训练成果，写出训练心得体会。

3. 指导教师进行讲评及训练成绩考核、评定。

拓展阅读

学习任务三十二　专项斗争

任务目标

　　知识目标：通过本学习任务的学习，培养学生知道什么是专项斗争，掌握专项斗争的条件和要求，以及开展专项斗争的相关知识和方法。

　　能力目标：通过本学习任务的学习、训练，培养学生树立专项斗争的意识，具备在司法实践中严格按照法律规定，运用所学的知识、技能和能力开展专项斗争相关的业务技能和运用能力。

任务概述

　　在与各类犯罪斗争中，除了采取常规的侦查措施外，还需要针对某些突出的违法犯罪活动，采取集中警力、统一部署、专门治理才能将其遏制。专项斗争就是侦查机关在特定时期内，对一定范围内的突出犯罪活动，采取集中优势力量，集中进行整治的有效措施。实践证明，专项斗争是侦查机关在社会治安综合治理上的一项具有战略意义的侦查措施，通过专项斗争破获一批案件，解决了突出的社会治安问题，在震慑犯罪，控制和减少犯罪，恢复社会安全与稳定等方面，发挥着积极作用。为更好地开展专项斗争，这就需要知道什么是专项斗争，掌握专项斗争实施的条件，按照相关步骤和要求开展专项斗争，有效地解决某一时期特定范围内的突出的违法犯罪活动，维护社会的安全和良好的治安秩序。

任务基础

一、什么是专项斗争

　　专项斗争是指侦查机关在特定的时间内，根据社会治安形势和任务的需要，集中力量，有针对性地对一定范围内某类突出的违法犯罪活动采用的专项整顿和集中治理的侦查措施。专项斗争是确保社会安全稳定，维护社会治安秩序的一项行之有效的重要措施，需要侦查机关统一组织、统一领导、统一作战，综合打击已发案件、预防未发犯罪、建设基础业务和进行综合治理。

二、专项斗争的特点

（一）专一性

专一性是指专项斗争目标的专一性。专项斗争是集中解决某一类突出的违法犯罪活动，其所涉及的违法犯罪和侦查对象具有一定的特定性。侦查机关要根据违法犯罪活动和社会治安情况，确定专一的斗争目标，对管辖范围内某时期较为突出的某类违法犯罪活动问题进行治理，切实解决影响社会治安的突出问题，以达到遏制、控制突出的违法犯罪的预期效果，切忌"眉毛胡子一把抓"和"胡椒面到处乱撒"的现象。如：监狱内某一时期的脱逃、打架斗殴、自伤、自残、自杀等行为特别突出，监狱就有必要在这一阶段集中力量开展打击上述行为的专项斗争，以整治所面对的不良监管形势和秩序。

（二）适时性

适时性主要是指开展专项斗争的适时性。当一定的时期内某类违法犯罪活动比较突出时，侦查机关就要果断决策，全力开展工作，解决特定时期影响社会治安的突出违法犯罪问题。因此，专项斗争开展的时间不宜过长，也不宜频繁组织。时间过长，容易虎头蛇尾，失去专项斗争的实效性，也容易导致侦查机关工作人员和相关单位或部门的参与人员长期疲劳作战，影响专项斗争的实质效果。专项斗争组织过于频繁，参战人员疲于应对，发挥不了积极性，效果也难尽人意。

（三）统一性

统一性主要是指专项斗争行动的统一性。专项斗争要取得良好的效果，就需要在党和政府的领导下，侦查机关和其他参战单位或部门统一部署、相互配合、协同作战，发挥专项斗争的整体功效，才能完成专项斗争的各项任务。这就需要做到：①总体战略要统一。要做到"长打"和"短打"的统一，集中打击和日常打击相结合。②工作部署要统一。要做到在一定时间和特定范围内针对突出的违法犯罪进行专项打击后，抓好管理、整改，消除该类违法犯罪生存的土壤，堵塞管理上的漏洞，努力防范和控制该类违法犯罪活动，实现标本兼治。③工作方法要统一。要做到专项斗争创造的声势震慑效应和工作实效相统一，实现专项斗争的效益最大化。④工作机制要统一。要加强侦查机关与其他参与单位之间，以及侦查机关之间和参与单位之间的协作，实行整体作战、统一指挥、协调行动，发挥参战、参与单位的整体合力效应，才能保证完成专项斗争的各项任务。

（四）集中性

集中性是指专项斗争力量的集中性。专项斗争是从实际出发，集中优势警力，采取主动进攻、集中打击的形式解决影响社会治安的某类突出的违法犯罪问题。而专项斗争要有效地解决一定时期和地域范围内的某类突出的违法犯罪问题，往往需要社会各行业、单位、部门的参与与配合，参战和参与人员众多。这要求侦查机关在党和政府的统一领导下，集中警力，统一指挥，多方协作，调集一切有利条件集中对斗争目标进行有力、有效打击，确保专项斗争取得明显、实质性效果。

（五）综合性

综合性是指专项斗争措施的综合性。开展专项斗争，需要综合运用各种侦查策略与措施，各项业务建设有机配合，综合治理，打击已发案件，加强预防未发犯罪，才能使专项斗争向纵深方向发展，确保专项斗争取得应有的效果。

三、专项斗争实施的条件

（一）某类违法犯罪比较突出

专项斗争具有很强的针对性，要求解决某一类突出的违法犯罪活动。只有在某类违法犯罪活动在一定时期、特定的范围内持续高发，并对社会治安秩序形成较大影响时，才能启动专项斗争。因此，要在掌握违法犯罪态势的基础上，善于发现某类违法犯罪有抬头的趋势，并按照"什么违法犯罪突出，就专项整治什么违法犯罪，哪些违法犯罪问题突出，就解决哪些违法犯罪问题"的思路，集中力量，统一部署，集中整治，维护社会治安秩序的稳定。

（二）严重危害社会治安秩序

不同性质和类别的违法犯罪活动往往也会随一定时期、一定范围的政治、经济、文化、环境的形势变化而变化，持续扰乱人们的工作、生活、学习等秩序，给社会治安秩序带来严重的危害和威胁，严重地侵害了群众的合法权益，乃至人身安全。而且长此以往，势必会对社会，乃至国家的稳定与安全构成严重危害。社会治安秩序的稳定，国家稳定与安全的维护，需要侦查机关在党和政府的领导下，针对特定的时期和范围内某类突出的、严重危害社会秩序的违法犯罪问题，集中优势力量，重拳出击，一举扭转不稳定的社会治安形势，稳定群众的安全心理，维护国家的安全与稳定。

四、专项斗争的要求

（一）统一思想

专项斗争在于"专"，即行动和目标的统一。在专项斗争实施前，要统一全部参战、参与单位及其人员的思想，充分认识到违法犯罪活动的危害性和整治违法犯罪行为的紧迫性，以对国家和人民高度负责的态度，抓好专项斗争的各项工作。

（二）加强领导

开展专项斗争要成立党委和主要领导负责、多部门参与的领导机构，设立专门的办公室，集中警力，有效协调，充分发挥各有关部门及相关人员的职能、职责，做到周密部署，精心组织，明确责任，狠抓落实，确保卓有成效地完成专项斗争的各项工作任务。

（三）统筹兼顾

在任何事物系统中，总存在着主要矛盾和次要矛盾。侦查及专项斗争工作是一个系统工程，需要树立全局一盘棋的理念，统筹兼顾，合理安排，既突出重点，又兼顾一般，使各方面的工作协调推进。处理专项斗争与日常侦查破案的关系时，要合理安排，既要做好专项斗争工作，也要做好日常侦查破案工作，使二者相辅相成，共同完成打击与预防犯罪的任务，切不可因为专项斗争忽略了日常侦查破案业务工作，造成顾此失彼。部署专项斗争时，对于一些复杂地区和复杂问题，要认真调查研究，找出症结所在，做到标本兼治。在开展专项斗争过程中，既要注重在形式上轰轰烈烈制造声势，以震慑不法人员，又要从实际出发，解决实际问题，讲究实效。在专项斗争的内容和范围上，既要抓住重点，又要兼顾一般，还应考虑地区和季节等其他非主流方面的特点。在处理打击与防范犯罪的辩证关系中，要在大力开展专项斗争的同时，稳步推进防范犯罪的基础性工作，才能从根本上消除打不胜打、防不胜防的现象。

（四）依靠群众

实践证明，侦查各项工作能否取得良好效果，一个重要的因素是能否得到广大人民群众的大力支持和配合。专项斗争只有依靠和发动人民群众，让广大群众参与进来，得到人民群众的支持与配合，才能使专项斗争发挥应有的威力，切实取得实质性成效。

（五）正确对待

专项斗争不能单纯追求打击犯罪活动的成果，盲目从重从快。专项斗争必须依法进行，按照法定的程序和内容进行，决不允许为制造声势而搞轰轰烈烈的乱抓乱捕而脱离法律法规的约束，也不允许随意将打击对象扩大化。对于首要人员和构成犯罪的人员，绝不姑息，要依法惩处。对于一些危害不大、损害后果不严重、群众反映不大的违法犯罪人员，可以本着"给出路"和"惩前毖后，治病救人"的原则进行处理。

任务实施/操作

一、作出专项斗争决策

在开展专项斗争之前，应对本管辖范围内的违法犯罪、治安秩序的突出问题，以及突出问题形成的原因、发展过程，违法犯罪手段，违法犯罪人员，社会危害性及影响等方面的内容进行深入的调研。并根据调研结果，对一定时期管辖范围内的违法犯罪形势作出分析，比照专项斗争开展的条件对开展专项斗争的重要性和必要性进行研判，在研判的基础上做出开展专项斗争的决策。一旦做出专项斗争决策后，组织者事先应当把开展专项斗争的设想和有关事宜向党委、政府和上级机关汇报，取得党委、政府领导和上级机关的重视和支持。

二、做好专项斗争的各项准备工作

（一）制定行动计划

在开展专项斗争前，首先要确立本次专项斗争的指导思想，让参战部门、人员明确专项斗争的目的、原因和工作重点等情况。与此同时，还要根据前期收集到的信息材料，精心制定专项斗争的行动计划，作为指导开展专项活动的依据和行动准则。专项斗争的行动计划要努力做到细致周到、重点突出、任务明确、配置科学、便于执行和协调等，其内容一般应包括：专项斗争的打击对象和目标，行动时限，行动步骤，组织机构与参与单位及人员分工，各种具体侦查策略、措施的实施细则以及有关制度、要求，等等。

（二）进一步搜集情报信息材料

情报信息资料是开展专项斗争的前提与基础。一旦确定开展专项斗争，要在原有的情报信息材料基础上，围绕着专项斗争的目标进一步搜集情报信息资料。情报信息资料的内容主要包括：确定打击对象的有关犯罪事实材料，准备集中打击对象的调查核实材料，未破案件的有关嫌疑线索等。这些材料的收集，可为分析研究专项斗争目标的特点、规律和发展趋势等提供支持，做到所谓"知己知彼，百战不殆"，提高专项斗争打击的针对性和准确性。

（三）做好战前动员

每一个任务的成功完成，都离不开战前动员部署。专项斗争实施前应对参战人员进行思想动员，分析形势任务，说明开展专项斗争的必要性和紧迫性，调动参战人员的积极性。战前动员工作一般由党委、政府领导出面，向有关方面的负责人和参战部门及其人员着重讲明专项斗争的意义，专项斗争的依据和要达到的预期目的、具体行动时限和步骤、有关法律法规、政策的界限和纪律要求等事项，以保证每个参战、参与人员明确各自的职责和任务，能按要求依法完成本职工作和任务，确保斗争的顺利开展，达到实效。

（四）宣传发动群众

专项斗争的开展，离不开广大人民群众的支持。要根据本地的实际情况，充分利用各种媒体和机会，采取多种形式进行适度宣传，造成强大的专项斗争舆论与声势。一方面，通过宣传国家有关法律法规和政策，动员群众支持专项斗争，发动群众提供情报线索，检举专项斗争的行为和对象，号召违法犯罪人员投案自首；另一方面，通过宣传教育增强社会主义道德观念和法制观念，落实群防群治，促进综合治理。值得注意的是，加大宣传的同时也要注意保守工作秘密，涉及有碍侦查的事项不得报道宣传。如：具体的工作部署和行动步骤、逮捕和处决犯罪嫌疑人的情况、侦查措施、检举揭发人的姓名等。

三、开展专项斗争行动

（一）调查取证

专项斗争的各项准备工作做好之后，应立即根据行动计划展开专项斗争行动，针对突出的犯罪案件或某类违法犯罪问题，充分发挥各种侦查措施与策略的作用，开展调查取证，为后续抓捕各种犯罪嫌疑人创造条件和打下基础。在调查取证的过程中，要注意深化摸底排队，强化信息研判，注意深挖犯罪和对涉案人员的社会关系与活动范围的分析，努力发现深层次的犯罪线索，拓展情报信息渠道。在工作思路上，以打击现行、团伙、系列犯罪为重点，积极挖掘案件线索，实现破一案带一串，提高案件侦破实效。同时，要注意加强侦查基础业务建设，加强社会不同层面的管控，努力挤压违法犯罪的空间。在调查取证操作上要及时、规范操作，提前布局、谋划，严把质量关，为后续的侦查破案、侦查讯问及案件的处理，打下坚实的基础。

（二）全面实施抓捕

经过调查取证，对有主要证据证明涉嫌违法犯罪的违法犯罪嫌疑人员，要在规定的时间内，按照计划应用各种侦查措施与方法进行全面的抓捕，保证在自己管辖范围内尽可能地减少漏网之鱼。对拟抓捕的违法犯罪嫌疑人员，要按规定和要求办理好相关法律手续，做好交通、通讯、武器装备等物质的准备工作，协调好抓捕力量，认真分解抓捕任务，落实责任制，保证所有参战部门、人员统一行动、全面铺开、同时实施抓捕行为，达到使违法犯罪嫌疑人员无处藏身的目的，防止其逃窜或打游击。

（三）深挖犯罪

对被抓捕到的违法犯罪嫌疑人员，要不失时机地进行侦查讯问，正面查证、掌握其涉嫌的违法犯罪事实，同时做好涉案物品和其他犯罪证据的追缴与收集工作。还需要根据群众的检举和违法犯罪嫌疑人员的供述与辩解，采取各种方法和形式，继续调查取证，发现其他案件线索，积累材料，查破积案，深挖余罪、漏罪，扩大战果，为下一次的抓捕行动创造条件。

（四）公开处理典型

为了推进专项斗争工作往纵深方向发展，使效果更加明显。在取得人民检察院和人民法院的支持、配合下，选择从宽和从严处理的典型案件，适当、适度依法公开处理，以体现法律和刑事政策的宽严相济精神，震慑隐藏中还未到案的违法犯罪人员，促使其投案自首，同时也教育广大群众，起到预防犯罪的目的。

四、推进专项斗争

（一）阶段总结，巩固发展

实践证明，开展专项斗争不可能通过一个阶段的行动就实现预定的目标，必须在前阶段努力的基础上，进行阶段性总结，巩固已有成绩，推进专项斗争向纵深方向发展。每一阶段的专项斗争工作任务完成后，应组织参战人员对前阶段的专项斗争工作进行总结。总结的内容主要包括：开展专项斗争前后同期发案率对比情况，实施专项斗争后破获的案件和抓获的违法犯罪嫌疑人员情况，深挖线索和查破积案情况，前阶段成功的经验和应当吸取的教训，当前突出的违法犯罪情势及发展趋势预测，针对各种变化了的一定范围内的违法犯罪情况、形势提出的下一步对策和行动计划，等等。

（二）拓展线索，再次行动

在专项斗争阶段总结的基础上，要抓好已有线索的查证，同时，积极采取各种措施与方法拓展线索渠道，搜集更多的违法犯罪线索，为再次开展专项行动提供支持和做好准备。其主要做法是：对已有的线索进行筛选、摸排，及时组织力量进行查证，并运用证据、线索之间的关联性拓展、发现新的线索和证据；对抓获的违法犯罪嫌疑人员深入开展侦查讯问，促使他们供述余罪的同时，检举揭发其他违法犯罪线索；在日常侦查破案与业务工作中，注意发现新的犯罪线索等。在阶段总结的基础上，根据新拓展的线索，结合专项斗争的形势，再次部署、展开新的专项斗争行动，推进专项斗争，直至达到预定目标和效果。

（三）核销积案，核查隐案

随着专项斗争行动的不断深入，必然会破获大量案件，抓获一些违法犯罪嫌疑人员。对破获的案件和抓获的违法犯罪嫌疑人员，要及时进一步收集、完善、补充证据，认真进行核实、核查，分别处理。对已有未破或新发现的案件，经过核实核查，该立案侦查的，按立案标准、手续及时立案侦查；对已经立案侦查的案件，该撤销、终止的，按规定和要求及时办理撤销、终止手续，并做好善后工作；属其他部门管辖的，应移交有关部门处理；符合侦查终结条件的，按照《刑事诉讼法》的相关规定及时予以处理；对尚不够打击处理的轻微违法人员，要本着教育、感化、挽救的方针，落实帮教措施。在核销积案，核查隐案过程中，应注意发现、分析突出违法犯罪的主客观原因、条件与相关因素，以便为社会治安综合治理提供材料和数据支持。

五、综合治理

（一）全面总结

专项斗争是在特定形势下开展的阶段性的针对突出的违反犯罪集中整治的行动，持续时间不宜过长，达到预期目的后，应及时结束。专项斗争结束阶段，要分别组织有关单位及负责人和参战人员通过视频会、座谈会、交流会、报告会等方式进行全面总结与交流，肯定经验、吸取教训。

（二）做好善后工作

通过全面总结，结合专项斗争取得的成果情况，对在整个行动过程中有功的单位和人员给予表彰和奖励，并做好相关善后处理；对发现的各种情报信息材料，要及时分别处理；对各种在专项斗争行动中的涉案物品、文件、材料、数据等进行妥善处理等。在整个善后的处理过程中，要本着认真负责的态度，妥善完成，以免影响专项斗争的效果。

（三）巩固成果

通过专项斗争，对发现、暴露出来的思想认识、工作、制度等方面的问题和漏洞，要及时提出整改的建议和措施，督促有关单位和部门及时整顿、整改，帮助他们研究、提出综合治理对策；对暴露出来的侦查工作基础业务建设方面的问题，要健全必要的规章制度，加强监督和管理，从根本上减少违法犯罪的条件和诱因；对队伍政治、业务、职业素养，以及资源、设备、设施等方面的问题和不足，要及时进行整改，加强队伍建设，提高队伍的政治、业务、职业素养水平，改善资源、设备、设施配置；结合专项斗争，把"谁主管，谁负责"的治安责任制真正落到实处，并加强治安基础建设，使打、防、建、管有机有效地结合起来，以巩固和发展专项斗争的成果。

 任务实例/呈现

记者近日从××省公安厅获悉，自开展扫黑除恶专项斗争以来，××省公安机关紧盯把持基层政权、操纵破坏基层换届选举、垄断农村资源、侵吞集体资产的黑恶势力等十类打击重点，瞄准土地项目工程、交通运输、民间借贷、贸易市场、采石挖砂等六大突出行业领域，重拳出击，持续发力，所有涉黑案件和重大涉恶案件全部提级侦办。近期，××省公安厅公布了一批扫黑除恶专项斗争典型案例，具体如下：

一、王某某涉黑组织案

20××年至20××年期间，××市××县××乡××村原党支部书记、村委会主任王某某与妻子胡某以及肖某某、吴某某等人，通过在××县参与或单独开设赌局、放高利贷攫取到违法犯罪原始资金。20××年，王某某通过不法手段担任村党支部书记，上任后操纵村委会选举，自己兼任村委会主任。他和胡某、肖某某、吴某某纠集刑满释放的社会闲散人员，有组织地实施开设赌场、非法采矿、非法持枪、非法拘禁、故意伤害、聚众斗殴、寻衅滋事、故意毁财、非法占地、骗取贷款、贷款诈骗等违法犯罪活动，先后非法获取经济利益三千多万元。该组织多次采用暴力手段，任意毁坏他人财物，殴打无辜人员，先后致伤7人，社会影响恶劣。

20××年××月××日，××市公安局对王某某等涉嫌组织、领导、参加黑社会性质组织罪进行立案侦查。20××年××月××日，经检察机关批准，对王某某、胡某等10人执行逮捕。

二、李某涉黑组织案

20××年至20××年期间，为霸占渔业资源、牟取非法利益，××市××县李某纠集多名同伙成立所谓"渔民协会"，出资建造两艘大铁船，以铁船撞击渔民木质渔船，以及聚众斗殴、威胁恐吓、诬告陷害等恶劣手段，强行圈占大片国有海域，非法控制当地13支船队共193条渔船，通过组织非法捕捞、强迫交易等方式聚敛巨额财富。

20××年××月××日，××市公安机关在掌握充分证据后，一举摧毁该涉黑组织，共抓获犯罪嫌疑人101人，涉嫌组织、领导、参加黑社会性质组织、非法捕捞水产品、强迫交易、聚众斗殴等16个罪名，破获刑事案件51起，涉案金额达3亿余元。

20××年5月，此案移送检察机关审查起诉。

三、莫某某涉黑案

20××年4月，莫某某因寻衅滋事罪被××市××区人民法院判处有期徒刑1年9

个月，出狱后仍不思悔改，纠集大批有前科人员实施违法犯罪，逐渐形成了组织严密、分工明确的犯罪组织。该组织以暴力开路，为非作恶，通过强揽工程、垄断砂石料、开设赌局、高利放贷、插手纠纷、暴力拆迁等手段，非法敛财千余万元。

20××年10月，××市公安局对莫某某等涉嫌组织、领导、参加黑社会性质组织罪进行立案侦查。经侦查，查实该组织共作案46起，涉嫌聚众斗殴、寻衅滋事、故意伤害、敲诈勒索、赌博、强奸、强迫交易、非法拘禁等多个罪名。20××年1月18日，××市公安局对莫某某涉黑组织集中收网，共抓获涉案成员72名。

20××年5月，××市公安局对莫某某涉黑案侦查终结，移送检察机关审查起诉。

四、贾某某恶势力团伙案

20××年1月，根据群众举报线索，××市公安局刑警支队和××县公安局对贾某某恶势力团伙进行立案侦查，抓获犯罪嫌疑人10名，破获刑事案件10起。

公安机关查明，贾某某早年因违法犯罪被公安机关多次打击处理，后通过非正当手段当选××县××镇××村村委会主任。20××年以来，贾某某网罗有劣迹人员和社会闲散人员，以暴力手段横行乡里、欺压村民、强揽工程，实施了多起强迫交易和敲诈勒索、寻衅滋事等违法犯罪活动。其中，贾某某涉嫌40多次敲诈在××村开发房地产项目的××某房地产公司，合计金额高达479万余元，严重扰乱当地社会经济秩序，破坏营商环境。

20××年6月，××县公安局对贾某某恶势力团伙案侦查终结，移送检察机关审查起诉。

任务小结

本学习任务介绍了什么是专项斗争，帮助学生掌握专项斗争的条件和要求，以及开展专项斗争所必须掌握的相关基础知识，培养学生在司法实践中恰当运用所学知识、技能参与专项斗争的业务技能和基本运用能力。

思考题

1. 什么是专项斗争？试述其特点。

2. 试述专项斗争的条件。

3. 试述开展专项斗争的要求。

4. 结合自己所学，试设计监狱内打击自伤、自残、自杀违规违纪行为专项行动的实施方案。

训练项目：模拟专项行动

一、训练目的

通过模拟专项行动训练，学生加深对专项斗争的理解，掌握专项斗争要领，学会根据素材分析研究案情与制作专项行动方案，培养学生在司法实践中开展专项斗争的相关业务技能和实际能力。

二、训练要求

1. 明确训练目的。

2. 掌握训练的具体内容。

3. 熟悉训练素材。

4. 按步骤、方法和要求进行训练。

三、训练条件和素材（具体训练条件和素材可根据训练目的及训练重点由训练指导教师选择、调整）

（一）训练条件

模拟监狱或监管场所及相关设施、设备、各种违禁物品、案例及相关资料、多媒体设备等。

（二）训练素材

20××年××月××日，司法部召开加强全国监狱戒毒所管理工作会议，会议通报了下列案件：

1. 20××年××月××日22时，××省××监狱罪犯吴某某在××省××的监舍内用从生产车间带回监舍的刀片自杀身亡。

2. 20××年××月至20××年××月期间，××省××监狱罪犯莫某某，利用家属探监时夹带的手机，在监狱内利用微信等聊天工具涉嫌诈骗4名女网友，骗取钱财十余万元，并利用裸照威胁数名女性。

3. 20××年××月××日下午，××省××监狱罪犯胡某某在心理咨询室利用监狱心理咨询科1名女干警对其进行心理咨询之机，用水果刀将女干警劫持。

4. 20××年××月××日20时，××省××监狱罪犯何某某在劳动车间的样板室内与罪犯伍某某吃饭时发生争执，何某某操起劳动用的铁锤连续击打伍某某头部，致伍某某死亡。

司法部在会议上作出部署，要求在全国监狱戒毒场所开展违禁品、违规品清缴专项整治行动。

四、训练方法和步骤

在指导教师指导下，学生以分工担任的专项行动相关人员的形式在训练室或教室进行案情分析、设计专项行动方案和模拟专项行动训练，具体方法和步骤如下：

1. 实训指导教师介绍训练内容和要求，发放准备好的案例素材及相关资料。

2. 学生阅读案例素材，掌握案例素材的相关事实和材料，在指导教师的指导下形成模拟专项行动方案，并设计、布置训练场景。

3. 对学生进行角色分配，具体可按监狱负责人、监狱各职能部门工作人员、管教民警、罪犯等进行角色模拟分配，实际操作时可根据情况进行添加或删减角色，如添加或删减工勤人员、驻监检察人员、指挥人员等。学生按承担的角色的分配任务。

4. 完成案情分析、设计专项行动方案与模拟专项行动情景操作，对素材案例中没能提供的条件，由学生酌情进行合理设计和补充。

5. 整理训练成果，形成书面材料。

五、训练成果

1. 学生以书面形式完成实训报告，提交相关法律文书材料或操作记录。

2. 总结训练成果，写出训练心得体会。

3. 指导教师进行讲评及训练成绩考核、评定。

拓展阅读

学习任务三十三 专案侦查

　　不同的刑事案件，犯罪主体千差万别，犯罪行为和情节也不尽相同，给社会带来的危害和影响也有差别，对侦查机关的侦查破案工作也提出了不同的要求，侦查机关需要因地制宜地采取相应的侦查举措来应对。对于诸如重大、特大案件，或团伙、集团犯罪案件，以及在一定区域有重大影响的案件，需要侦查机关采取专案侦查的举措来应对，以提高侦查效益。这就需要知道什么是专案侦查，掌握专案侦查的条件，按照相关步骤和要求开展专案侦查，适应司法实践对打击特殊案件的要求。

 任务基础

一、什么是专案侦查

　　所谓专案侦查，是指对一些重要案件或案件线索，根据需要立为专案，组织专门力量实行专案专办，以揭露、证实和制止犯罪为目的的一项侦查破案举措。刑事案件中，有一些是案情比较复杂、危害比较大，涉及面比较广的重大、重要案件，需要组织专门力量，进行专门调查研究，综合采用各种侦查措施与方法，实行专案专办。专案侦查是一种特定的侦查举措，与一般的刑事案件侦查不同之处主要在于：

（一）专案侦查对象的特定性

专案侦查的对象是特定的某些刑事案件，主要是案情复杂、人数众多、情节严重、手段恶劣、社会影响恶劣的，必须由一定数量相对精干的侦查人员实行专案专办的重大、特大刑事案件，或团伙、集团犯罪案件，或在一定区域有重大影响的刑事案件。

（二）专案侦查手段的特殊性、综合性

专案侦查必须采取专案专办的措施进行侦查，强调侦查措施和手段的综合性、特殊性，尤其是秘密侦查、技术侦查手段的运用。

（三）组织形式的临时性

一般刑事案件侦查的组织形式是相对固定的，是侦查机关按职能、职责或案件管辖，以应对不特定的刑事案件为目标，而组建的经常性、稳定的工作机构和团队。专案侦查是侦查机关按具体任务，以应对特定、具体的刑事案件为目标，或以特定的犯罪嫌疑人为对象，临时抽调一定数量的侦查人员组成的临时性的工作机构和团队，这个工作机构和团队随着具体承办案件的存在而存在，随着具体承办案件的终结而解散，并不具有稳定性。

二、专案侦查的作用

（一）有利于提高侦查破案效益

在刑事案件侦查实践中，专案侦查是经常采用的一种有效的侦查形式。在刑事案件多发和警力资源有限的矛盾之下，专案侦查可以建立起各警种、各部门合作作战、整体作战、联动作战的侦查破案格局，整合资源快速侦破案件。从专案侦查的对象不难看出，专案侦查中所要破获的案件基本都是大案、要案。这些大案、要案，案情重大、社会危害性极大、犯罪手段和影响极其恶劣，对于社会的影响和危害都是不可预估的。通过专案侦查，能够及时打击对社会秩序和公民生命财产安全构成重大影响和危害的犯罪，减少这些大案、要案对社会的重大危害和影响，平复公众心理上的不安，坚定社会和民众与犯罪作斗争的信心和决心。从侦查投入和收益上来说，专案侦查通过对有限资源的整合实现了理想的侦查收益。此外，对于侦查机关来说，通过参与专案侦查，侦查人员在侦查破案业务技能和能力方面得到进一步锻炼和提升，这对加强队伍建设，提高侦查破案水平也是极其有益的。

（二）有利于强化侦查职能

侦查机关的侦查职能主要体现在侦查破案方面，尤其是尽快侦破危害后果严重、社会影响恶劣的重、特大刑事案件。专案侦查能够集中优势警力、综合运用各种侦查措施，迅速侦破重、特大刑事案件。因此，专案侦查对于强化侦查机关的侦查职能有着重要的意义。

（三）有助于提高侦查水平和基础业务建设

专案侦查中所要破获的案件基本都是大案、要案，案情特别复杂，情节极其严重，甚至有的还是疑难案件。这些案件侦破难度大，需进行专门调查研究，并综合采用各种侦查措施与方法进行侦查。通过专案侦查这种侦查形式对复杂、疑难案件进行侦破，可以不断提高参战侦查人员的政治素质和业务能力，促进侦查人员侦查水平的提升。此外，侦查机关在专案侦查的过程中需要收集大量的犯罪情报资料和犯罪线索，培养一批刑事秘密力量，完善阵地控制和刑嫌调控工作，从而也促进侦查基础业务建设。

三、专案侦查的条件

根据有关法律的规定，符合下列条件之一者，都应立为专案进行侦查：

（一）重大、特大刑事案件

在侦查实践中，大部分重大、特大刑事案件都会立为专案进行侦查。需要说明的是，并非所有的重大、特大刑事案件都要列入专案侦查的范围。专案侦查主要适用于案情比较复杂，危害后果严重，必须采用综合的侦查措施和特殊的侦查手段才能侦破的重大、特别重大的预谋、现行或疑难案件。这些重大、特大刑事案件往往要综合运用多种侦查手段，动用各方面的人力、物力，长时间攻坚方能告破。如有的重大、特大刑事案件案情况简单、证据和线索充实，通过一般的侦查形式就可侦破，则无需采用专案侦查。

（二）团伙或集团犯罪案件

团伙或集团犯罪是一种犯罪形态，是指多人共同故意，涉嫌一种或数种犯罪。团伙或集团犯罪案件中涉案人数众多，组织严密，分工明确，手段狡猾，主犯、首犯多为累犯、犯罪次数多、主观恶性较大、行为恶劣，涉及面广，危害后果严重，情节复杂，侦破的难度较大，等等。需要集中整合侦查资源才能有效开展、推进侦查工作。因此，此类案件多采用专案侦查的形式进行侦破。

（三）重大影响案件

在一定区域内影响重大的刑事案件，如涉枪涉毒犯罪、有组织犯罪、黑社会性质犯罪、杀人犯罪等。这类案件一般极易对社会造成不良影响，且其不良影响有可能迅速蔓延，影响社会安全稳定和公众的心理，很有必要尽快侦破以消除其不良影响。而且这些案件在处置过程中常需要侦查机关多个部门协作才能完成，有的案件甚至还需要侦查机关以外的其他力量的协助和支持才能完成。因此，这些案件一般都需要组织专门的侦查力量对案件进行专案专办。

 任务实施/操作

一、立为专案

一般来说，刑事案件的立案条件只需要满足有犯罪事实的发生和需要追究刑事责任即可，而拟立为专案进行侦查的案件必须是在普通刑事案件的基础上，符合专案侦查的条件。因此，要在全面准确了解案情的基础上，判断案件侦查的情况和态势，结合专案侦查的条件，确定其是否应立为专案进行侦查。侦查机关对拟专案侦查的案件，应制作《呈请专案侦查立案报告书》报请县级以上侦查机关负责人或相当级别的侦查部门负责人签字审查批准。

二、组建专案工作组

专案侦查工作组，是针对具体专案侦查的案件临时抽调各政法单位或部门人员组成的临时性组织。每个专案组的组成人员由确立为专案侦查的案件管辖范围内相关政法机关的内部人员组成，一般根据案发现场所在区域和立为专案的具体情形，由各级政法机关的领导与侦查人员、其他工作人员组成。由于专案组成员来自不同的政法机关单位或部门，专案组成立后，专案组指挥人员应根据每个成员的特点、专长按专案侦查工作任务的需要进行合理分工，并明确责任，提出工作内容和方法等要求。对于参战成员较多的专案组，可根据需要将参战人员按专案侦查工作需要分为若干专项工作组，并确定一名主要负责人对各专项工作组的工作进行统筹安排和落实。如：调查组、勘验组、视频侦查组、摸底排查组、追缉堵截组、情报信息组、侦查讯问组、侦查联络组、网上追逃组、机动组等。分组后，指挥人员应根据具体情况，将任务分解到各个专项工作组中，明确任务内容和方法、要求，并督促落实，同时还应注意随时掌握各工作组或各块侦查业务工作的进展情况，随时做好沟通、协调，及时对一些具体工作进行指导或决策。

三、组织案情分析

案情分析，是侦查人员通过对犯罪结果的勘查、初查研究，从认识上恢复犯罪实施过程的原状，以确定事件的性质和实施犯罪的有关情况的活动。案情分析自受案开始并随着调查研究的进展逐渐深化，一直持续到侦查终结为止。案情对于正确判定侦查计划，选择侦查方向，确定侦查范围，收集案件证据，追缴赃款、赃物，查缉犯罪嫌疑人，选准破案时机等极为重要。案情分析是开展案件侦查工作的基础，对于专案侦查也不例外。专案侦查的案情分析应注意在尽可能收集足够的案情资料基础上，引导参战人员形成仔细的思考研究精神和正确的思维方法，运用侦查经验和逻辑思维规则，从事物的发展、运动、变化中去研究事件的原貌，认清犯罪事实的真相。同时，还应注意创造能让每个参战人员均能表达自己独立意见的氛围，以充分发挥团队的智慧解决案情分析中的各种问题和困难。随着侦查工作的进展，还应通过各种侦查手段和措施，不断收集和调取有关犯罪事实的新情况、新线索、新证据，不断地对案情进行深入的分析，以推动专案侦查工作的开展。

四、开展并推进专案侦查

专案侦查的案件大多是案情复杂的疑难案件。因此，在专案侦查中要结合案情，具体情况具体分析，灵活、综合地运用各种侦查措施和手段，积极推进侦查的进行。如：在犯罪嫌疑人确定后，要及时制订周密的抓捕计划，对犯罪嫌疑人实施抓捕。抓捕后，迅速进行侦查讯问。对重要犯罪嫌疑人的讯问，应安排侦查骨干力量进行，通过侦查讯问获取更多的侦查线索和证据。此外，在专案侦查的实施过程中往往会由于各种原因导致侦查陷入僵局，导致整个专案侦查工作无法顺利推进。如：分析判断案情缺乏必要的依据，侦查方向确定偏差或侦查范围划定失误，或侦查措施不力，工作不够深入细致等。专案指挥人员一定要保持头脑冷静，善于发挥集体的智慧，认真分析、寻找案件侦查陷入僵局的原因，及时修正侦查计划，调整方案，采取、整合相应的侦查措施，如复勘现场，组织"会诊"，重新调查摸底和审查犯罪嫌疑对象，加强对犯罪情报的收集等，从而打破侦查僵局，使专案侦查案件尽快取得突破。

五、周密部署，做好收尾工作

由于专案侦查具有案件的疑难性、措施的综合性、工作的复杂性等特点，工作中涉及许多的人、事、物的组织与安排。每一个被列为专案侦查的刑事案件，意味着此案的侦破任务之巨，难度之大。这需要办案单位在组织部署上，要做到严密周全、点面结合，对有限的侦查力量进行科学、合理的分配和利用，以最大化地发挥专案侦查的优势作用。在专案侦查工作进入结束阶段时，侦查人员应尽快进行案卷的整理和归档工作。对一些重大、复杂的案件，要组织力量反复对证据材料进行审核，以确保案件侦查工作的质量，圆满完成侦查任务。

任务实例/呈现

20××年6月××日至9月××日，××省××市先后发生了6起8名儿童失踪案件。通过调查发现，这8名男童均为被人以买玩具、食品等为由进行诱骗，应为被拐卖。针对以上案件，当地公安机关虽做了一定工作，但未取得突破。为尽快侦破此案，××市委、市政府立即研究决定成立了由市委领导和公安局主要领导组成的专案指挥部。公安厅也迅速派出以副厅长为组长，刑侦总队长为副组长的协调督导组赶赴××市指导工作。一个由市委、市政府主要领导直接挂帅、统一领导，省公安厅直接指挥协调、现场督导的省、市、县公安机关三级联动、强力攻坚的"××·××"专案侦破领导组迅速形成。专案侦破领导组选调了省、市、县三级公安机关精锐力量组成专案组，迅速开展专案侦查。

专案组经过认真细致地回访案发现场，综合研究分析案情，认定该案系以诱骗为手段、以贩卖儿童盈利为目的，组织较为严密的一个拐卖儿童犯罪团伙所为。并通过组织案情分析，群策群力，准确划定了以××市区域为重点的侦查范围，以查找犯罪嫌疑人和失踪儿童为方向，发动群众积极参与和配合，有针对性地运用综合调查走访、视频侦查、网络查控、内线侦查、阵地控制等十余项侦查措施与方法，全力开展专案侦查的各项工作。在地方党委和政府的高度重视、大力支持，人民群众的积极参与和配合下，各级公安机关、侦查部门和相关单位密切配合、协同作战，经过9天的艰苦努力，案件迅速取得了突破性进展，涉案的10名主要犯罪嫌疑人悉数落网，8名失踪男童全部被解救，全案顺利告破。一个诱骗、转运、贩卖一条龙式的拐卖儿童犯罪团伙被彻底摧毁，沉重打击了犯罪的嚣张气焰，及时消除了社会安全隐患，有效维护了社会治安的稳定。

任务小结

本学习任务介绍了什么是专案侦查，帮助学生了解专案侦查的作用，掌握专案侦查的条件，以及专案侦查所必需的相关基础知识，培养学生能够在司法实践中恰当运用所学知识、技能开展专案侦查的相关业务技能和基本运用能力。

思考题

1. 什么是专案侦查？试述其与一般刑事案件侦查的区别。
2. 试述专案侦查的作用。

3. 试述专案侦查的条件。

4. 试述如何开展专案侦查。

训练项目：模拟专案侦查

一、训练目的

通过模拟专案侦查实训，帮助学生加深对专案侦查的理解，掌握专案侦查的相关基础知识，学会根据素材进行模拟专案侦查，培养学生在司法实践中开展专案侦查的相关业务技能和实际能力。

二、训练要求

1. 明确训练目的。

2. 掌握训练的具体内容。

3. 熟悉训练素材。

4. 按步骤、方法和要求进行训练。

三、训练条件和素材（具体训练条件和素材可根据训练目的及训练重点由训练指导教师选择、调整）

（一）训练条件

模拟监狱及相关设施设备、警车、单警装备、警械、武器、防暴工具、会议室、投影仪、电脑、记录本等。

（二）训练素材

吴某某、何某某均为×××省××监狱服刑的罪犯，且床铺相邻。吴某某和何某某均因被判死刑缓期二年执行，对前途丧失希望，不安心接受改造，产生越狱之念，并形成合意。经过一段时间的观察，两人发现，近期监狱因基础建设，每天有大量的民工出入，监狱管理较为混乱，对民工进出监狱管理不够严格、规范，且本监区管教民警胡某某和杨某某带班时警惕性不高，每次在收工点名时清查人数不仔细，经常有罪犯提前完成任务回监舍后也不仔细核对。两人经过反复商议，最终决定在胡某某和杨某某带班时脱逃，并确定了脱逃细节、逃跑路线、逃跑方式，同时准备了哑铃、衣物。

20××年××月××日至××月××日，两人大多数时间均提前完成劳动任务，提早回监舍。20××年××月××日××时××分，监狱管教民警胡某某和杨某某带班组织劳动收工时，吴某某躲在车间的衣服堆里，何某某躲在厕所里。吴某某在确定管教民警胡某某和杨某某带着其他罪犯往监舍方向走后，就出来把车间大门反锁，何某某随即用事先准备好的哑铃去砸墙，砸开一个洞后，何某某、吴某某先后从洞中钻了出去。钻出去后，两人把囚服脱掉，换上事先准备好的衣服，从车间西面围墙处的电缆沟钻了出去，跟几个民工一起走出监狱大门后迅速逃离。

四、训练方法和步骤

在指导教师指导下，学生分组模拟各角色（狱内侦查人员、监区管教民警、罪犯）在训练室场所进行，具体方法和步骤如下：

1. 准备素材，确定训练方式，学生复习有关专案侦查的基础知识，做好包括模拟专案侦查的场所及配套设施、设备的准备工作。

2. 实训指导教师介绍训练内容和要求，发放准备好的案例素材。

3. 学生阅读素材，掌握素材的相关事实和材料，在指导教师的指导下形成专案侦查的模拟方案。

4. 学生组建团队，分工负责、相互协作形成狱内专案侦查情景，并进行角色分配，具体可按监狱管教民警、脱逃罪犯、其他罪犯、监狱负责人、狱内侦查人员、值班人员等进行模拟角色分配，实际操作时可根据情况进行添加或删减角色，排列组合形成情景模拟团队，如添加或删减民工、公安、相关职能部门的工作人员、值班人员、监狱管理局领导等。

5. 完成模拟专案侦查情景操作，对素材案例中没能提供的条件，由学生酌情进行合理设计和补充。

6. 整理训练成果，形成书面材料。

五、训练成果

1. 完成案情分析与侦查方案制作，并将书面材料交训练指导教师。

2. 总结训练成果，写出训练心得体会。

3. 指导教师进行讲评及训练成绩考核、评定。

拓展阅读

学习任务三十四　并案侦查

　　系列性犯罪一直是严重危害社会治安的突出问题，并案侦查是侦查机关根据同犯罪作斗争的需要，从侦查实践中总结出来的，打击系列犯罪案件的一项侦查措施。并案侦查可以实现侦查资源的有效整合，将原本分散的各个案件的犯罪信息材料集合起来，相互补充、印证和支撑，从而拓宽侦查视野和途径，提高侦查效益。并案侦查既是一项侦查措施，也是一种侦查思路，往往需要综合运用相关原理、知识、技能和能力，积极主动地从各自孤立的刑事案件中找出其中的共同点和内在联系，经过多次、反复和深化的认识才能成功实现。这就需要知道什么是并案侦查，掌握并案侦查的依据，按照相关步骤和要求开展并案侦查，适应社会发展和司法实践对打击系列性犯罪的要求。

 任务基础

一、什么是并案侦查

　　并案侦查，是指侦查机关在侦破案件的过程中，对判断为同一个或同一伙犯罪人所实施的系列刑事案件，合并起来进行整体分析研究，并统一组织侦破的一项侦查措施。并案侦查是在侦查过程中，通过对在一定时期内发生的多起刑事案件的犯罪动机、犯罪对象、犯罪过程、犯罪方法与手段、犯罪痕迹和物品等方面进行分析判断，研究其是否相似或存在着内在的联系，进而确定是否为同一个或同一伙犯罪人所为的系列案件，并将这些系列案件合并组织侦查的侦查措施。系列案件是由同一个或同一伙犯罪人连续实施的多起各自独立，却存在某些共同特征或内在联系的一种或多种犯罪活动的刑事案件。

二、并案侦查的特点

（一）案件的系列性

能够并案侦查的案件必须是两起或者两起以上，即有可能是同一个或同一伙犯罪人所为的系列性案件，通常在案情、遗留痕迹物证、作案时间、作案空间、作案方法与手段、作案工具、侵害对象等方面表现出某种特定的共同特征或内在联系。多起刑事案件既可以是性质相同的，也可以是性质不同的刑事案件；既可以是同一个地区的，也可以是跨地区的刑事案件；既可以是一段时间发生的，也可以是跨度若干年的刑事案件。

（二）作案主体的同一性

并案侦查的前提是侦查员根据系列案件存在的相同特征或某些内在联系，判断多起案件由相同的主体实施，包括同一个犯罪人作案，也包括同一伙犯罪人作案，即多起案件的犯罪人具有同一性。离开主体同一，并案侦查不仅失去了意义，难以发挥应有的作用，还会影响、阻滞侦查工作的进展，甚至离侦查目标越来越远。

（三）侦查资源的整合性

并案侦查可以将多个案件的案件材料进行整合，拓宽侦查途径。同一个或同一伙犯罪人所做的系列案件，在没有并案侦查之前，各个案件之间的痕迹、物证等案件材料是零星、分散的，对案件材料的使用是相互独立的，其能发挥的作用也是相对有限的。通过并案侦查，可以将案件材料进行整合，相互印证，形成合力，有助于侦查人员更为全面、深刻、透彻地认识案情，更为准确地刻画出犯罪人的个人特点，推进侦查工作。同时，并案侦查可以根据案件侦查的需要，采取多地区、多部门、多层次联合办案的方式，有效地整合各个地区、部门、层次的人力、物力、情报信息等资源，有利于发挥侦查机关整体作战的优势。

（四）侦查措施运用的综合性

并案侦查是一种多渠道收集犯罪线索，综合运用多种侦查措施与方法侦破案件的形式。一方面，并案侦查的过程就是综合运用侦查措施和策略的过程。另一方面，并案侦查后，在对案件材料、资源的有效整合的基础上，侦查机关综合运用各种侦查措施与方法，多渠道、多方面发现侦查线索和收集犯罪证据，查明犯罪事实，实现侦查目标。可以说，并案侦查的整个过程就是综合运用侦查措施和策略的过程。

三、并案侦查的意义

并案侦查是侦查机关根据同犯罪作斗争的需要，从长期侦查实践中总结形成的一项重要措施。实践证明，并案侦查是应对系列性犯罪的有效措施，是打击惯犯、流窜犯和犯罪集团的优化手段。

（一）有利于拓宽侦查视野和途径

并案侦查之前，每起刑事案件的痕迹、物品、情报信息等案件材料都是零散、孤立、各自为战的。通过并案侦查把原本零散、孤立的痕迹、物品、情报信息等案件材料集中起来，使侦查机关的犯罪信息量大大增加，有助于开阔侦查视野。同时，多起案件材料的集中，相互印证，使侦查人员对案情的认识和分析更为深入和全面，刻画犯罪人更为细致、准确，有助于正确确立侦查方向，锁定侦查范围，从而灵活有效地采取侦查措施和策略，拓宽侦查工作的新途径。

（二）有助于提高侦查效益

并案侦查能够有效地打击系列犯罪，其主要原因就是它可以把一个单位、地区的分散力量变为多单位、多地区的联合作战，集中优势力量，有针对性地运用综合性措施对案件进行侦查，克服了分散侦查、各自为战的弊端，增强了侦查机关之间整体作战的能力，不仅减少了重复劳动，节省了侦查中人力、物力、财力的投入，而且可以打破区域、部门界限，迅速突破和推动全案的侦破工作。把各自独立的案件材料集中起来，增加案件材料的占有量，使案情分析更为准确，无疑会加快侦查破案的速度和进程。对同一个或同一伙犯罪人实施的系列性案件进行并案侦查，往往能破一案带多案，破现案带积案，从而大大提高了破案的效益。尤其对于犯罪集团或团伙案件，往往可以实现"抓一个破多案，破一片打一串，打一串扫一片，安定一方"的效果。

（三）有助于预防犯罪

掌握刑事犯罪活动的特点、规律与发展趋势，是刑事侦查机关预防犯罪决策的重要依据。通过并案侦查破获的系列案件，无论是其犯罪类型，还是犯罪活动特点与规律，都在一定时期具有一定的代表性，均能反映一定时期犯罪活动的特点与发展趋势，能为分析研究犯罪活动的特点与规律提供信息支持。同时，同一个或同一伙犯罪人之所以能在系列案件中屡屡得逞，也反映出社会防范犯罪方面存在的薄弱环节与不足之处。通过并案侦查，发现防范犯罪方面存在的薄弱环节与不足之处，并有针对性地制定防范犯罪对策，落实防控措施，堵塞犯罪的漏洞，提高预防犯罪的水平。

四、并案侦查的依据

（一）系列犯罪行为的连续性

当前犯罪的动态性、职业化决定了一些犯罪人，特别是累犯、惯犯、犯罪团伙，往往会连续实施犯罪行为。他们在一次犯罪得逞后，非法需求和犯罪心理会逐步强化，会一而再、再而三地继续实施犯罪。同一个或同一伙犯罪人在一定时期内的不同地点实施两起以上犯罪案件的客观存在，是开展并案侦查的主要依据。

（二）犯罪活动的客观反映性

犯罪人实施犯罪活动必然在客观上有一定的行为，特定的犯罪行为必然留下反映犯罪行为的各种信息材料。这些信息材料可表现为因犯罪行为造成的客观环境的变化，如在犯罪现场活动形成的破坏迹象、留下的痕迹、遗留的物品等；也可表现为犯罪行为与周围事物的联系和反映，如目击者所见、与关系人的交往、证人所知的情况、与同伙或亲友间进行的同犯罪有关的活动等；也可能是其他信息材料，如犯罪心理、犯罪网络信息材料。这些都是客观存在的信息材料，是在客观上反映着犯罪行为的。犯罪活动的客观反映性，为侦查人员正确认定案件，寻找并案条件提供了客观依据。

（三）犯罪行为具有特殊性

不同的犯罪人，受不同的生理、心理、文化水平、职业技能、生活环境、社会经历等多种因素的影响，致使其在犯罪方法与手段、侵害的对象和目标、犯罪的时空选择、犯罪的特殊技能、掩盖犯罪的方法等方面表现出不同于他人的特殊性，为对系列案件中多起案件认定为同一个或同一伙犯罪人所为提供了依据。

（四）犯罪活动的相对稳定性

人们在日常生活、工作和学习中，经过反复和多次实践活动，思维、心理和行为均会逐步形成具有一定稳定性的动力定型。这些动力定型一经形成，往往会具有相对的稳定性，并在以后的思维、心理和行为中反复、自动地出现。犯罪人在作案活动、日常生活、工作和学习中的动力定型也会在犯罪活动中自动表现出来。在系列犯罪活动中，经过反复犯罪的活动过程，犯罪人也会形成一些犯罪活动中的动力定型，如作案方法与手段、犯罪心理活动等。同时，特定犯罪人个体情况，比如其体貌特征和与其身份相联系的特征，在一定时期内是相对稳定的，有些内容甚至是终身不变的。可以说，犯罪活动的相对稳定性，为识别、确认并案侦查条件提供了可靠依据。

五、并案侦查的条件

并案侦查的关键，就是发生的多起刑事案件是否为同一个人或同一伙犯罪人实施的。侦查实践中，确定为同一个人或同一伙犯罪人实施多起刑事案件的条件主要有以下几个方面：

（一）现场的痕迹、物证相同或具有内在联系

犯罪人在实施犯罪行为时，往往在现场留下一些痕迹或物证，如手印、足迹、工具痕迹、枪弹痕迹、相关涉案物品等。如果不同案件现场的痕迹或物证通过物证技术鉴定作出了同一的认定，则可直接确认不同案件为同一个或同一伙犯罪人所为。这是确认并案侦查最准确、最直接的条件。此外，如果不同案件现场的痕迹或物品具有某种直接或内在联系，也可作为并案侦查的条件。如：出现在此案的物品是另外一个案件的涉案物品，或者此案的涉案物品在另外一个案件中造成了痕迹等。

（二）犯罪人特征相同或相似

犯罪人诸多特征中，有些特征，诸如犯罪人的体貌特征、心理特征、职业特征、地域特征、技能特征、前科劣迹特征或衣着特征等，具有一定的特殊性和相对稳定性，在侦查实践中能够予以借助来进行人身识别，这也是分析判断多起刑事案件是否为同一个人或者同一伙人作案的重要条件。如果对连续发生的数起案件，经过初步侦查，发现在能进行人身识别的特征上具有相同或相似之处，则可以考虑并案侦查。当然，要注意考虑这些特征在人身识别上的特殊性和稳定性。

（三）作案时间、地点存在共性或某种关联

犯罪时空条件，是犯罪存在的基本形式，也是犯罪人无法回避的客观存在。在一般情况下，犯罪人在实施数起犯罪案件时，在选择作案时间、地点上会有一定的共性或某种关联。如果一定区域内发生的数起刑事案件的作案时间、地点选择具有共性或某种关联，则可以结合其他并案条件来确定是否并案。这种共性或某种关联表现在时间上，可能是某月的某一天或几天，或一天中的某个时段等；在地点上，可能是某个固定的场所，或者是具备某种条件或特点的场所等。

（四）作案手法或行为方式具有相似性

受犯罪行为与其他行为的行为习惯的支配，同一个或同一伙犯罪人的作案手段和行为方式很难自我控制或者改变，具有相对稳定性，且往往会表现出一定的相似性。如：在侵害的具体方法、作案过程、作案工具、被害人损伤部位或者特征、选择现场出入口、伪装或破坏现场方法、作案过程等方面的相似性。如果在多个刑事案件中发现作案手法或行为方式存在相似之处，也可以考虑判断为同一个人或同一伙犯罪人所为，进而实行并案侦查。

（五）侵害对象的相似性

犯罪行为是在一定的犯罪动机驱动下，为实现一定的犯罪目的，针对一定的侵害对象而实施的，而侵害对象反映了犯罪人内心的欲望和心理活动。因此，当一段时间内连续发生的侵害对象或目标相同或相类似的案件，应当进行并案分析，以研判其是否存在内在联系，进而决定是否并案侦查。需要指出的是，有些案件犯罪侵害对象比较复杂，要注意分析犯罪人最初、最本质的侵害对象、犯罪目标，透过现象看本质，判断其侵害对象是否相似或是否存在某种必然联系，进而决定是否并案侦查。

（六）案件之间具有其他内在的联系

有些案件，尽管多起案件在痕迹物品、犯罪人特征、时空条件、作案手法、行为方式、侵害对象等方面不具备相同或相似性，但多起刑事案件中存在着某种内在的联系，也可考虑并案侦查。案件之间的内在联系表现形式是多种多样的，有痕迹物证之间的内在联系，也有涉案人员之间的内在联系，还包括其他特殊的内在联系。如：此案的被害人或犯罪嫌疑人是彼案的犯罪嫌疑人或被害人，此案现场出现的痕迹是彼案现场丢失的物品形成的，此案的现场遗留物是彼案现场丢失的物品，此案的涉案物品与彼案的涉案物品具有其他特殊联系，等等。这些情况可作为并案侦查的重要条件。

需要指出的是，刑事案件的复杂性，导致以上并案侦查条件的特殊性和稳定性在侦查实践中是有差别的，故在并案侦查适用过程中也应有所区别。有的条件能够认定多起刑事案件系同一个或同一伙犯罪人所为，则可确定并案侦查。有的条件只能认定多起刑事案件存在着同一个或同一伙犯罪人所为的可能性，则只能做并案侦查的预判，还需进一步收集、补充材料，在能够认定多起刑事案件系同一个或同一伙犯罪人所为时，才能确定并案侦查。

 任务实施/操作 ....

一、树立并案侦查意识

同一个或同一伙犯罪人实施的系列犯罪常常发生在不同的时空条件下，案件材料信息以不同的形式和类型分别存在于不同的案件，甚至不同的信息系统中。因此，侦查人员在日常的侦查工作中，要树立并案侦查意识，积极主动地关注以往案件、目前案件和未来发案动态和趋势，有意识地从系列案件的每个个案入手，通过多种渠道和途径收集、整理、分析和研判每个案件中的情报信息，深入研究案件与案件之间的内在联系，查找和发现并案侦查条件，及时、有效地进行并案侦查。

二、发现并案侦查线索

确定多起刑事案件系同一个或同一伙犯罪人实施的系列案件需要借助相应的侦查线索，故发现并案侦查线索是实施并案侦查的基本前提。同一个或同一伙犯罪人实施的系列案件，有的是同类案件，有的不是同类案件；有的发生在特定的区域，有的涉及不同的区域。各种案件情报信息分散于不同的案件中以及不同的情报信息系统中，需要侦查人员多途径、多渠道地进行研究分析，发掘和收集并案侦查线索。发现并案侦查线索的途径如下：

（一）从侦查破案中发现并案线索

在侦查过程中，从受理案件到侦查终结的每一个侦查环节，都能够获取侦查情报信息。侦查人员应注意把在受理案件、现场勘查、案情分析、开展侦查、侦查破案、侦查讯问、侦查终结等环节中获取到的案件情报信息，联系以往办理的刑事案件，进行纵向、横向比较研究，寻找相同、相似之处，分析其是否存在着内在的关联，发现并案侦查线索。

（二）从犯罪情报资料中发现并案线索

近年来，侦查机关大力加强刑事犯罪信息化建设，取得了较大成就，构建了较为完善的刑事犯罪情报信息系统。刑事犯罪情报信息系统中的海量信息，为并案侦查提供了极为有利的条件。侦查人员应增强情报意识，重视对刑事犯罪情报资料的运用，通过情报信息的收集、识别、整理、传递、储存、检索、比对、使用等过程，有意识地发现并案侦查线索。同时，侦查机关也要充分利用现代信息化建设成果，及时通过信息化系统发布有关刑事犯罪活动情况和案件情报信息，注意发现其他侦查机关发布的情报信息，加强情报信息交流、沟通、比对，发现本地区与其他地区、本单位与其他单位发生的刑事案件的共同点、相似点，以及内在的关联，发现并案侦查线索。

（三）从调查研究中发现并案线索

为了了解、掌握犯罪形势和动态，制定相应的侦查对策，侦查机关会深入实际对犯罪活动情况进行调研和指导侦查工作。在调查研究和指导侦查工作中，了解掌握一定时期、区域、领域犯罪活动特点、状况和发展规律，往往也能发现一定时期、区域、领域系列犯罪活动的共同规律和特点，发现并案侦查线索。

（四）从犯罪嫌疑人或嫌疑对象中发现并案线索

对侦查中采取强制措施的犯罪嫌疑人，在进行侦查讯问过程中，不能就案办案，应当注意关注犯罪嫌疑人自身和所涉嫌案件的特点，结合其他未侦破案件的具体情况进行对比研究，发现有无相同或相似之处，从中发现并案线索。同时，侦查讯问人员应注意深挖余罪，发现侦查线索，查破积案。对侦查破案过程中发现的嫌疑对象，也应在排查其嫌疑的同时，对其有可能与其他案件有关联的情报信息进行审查，发现是否与其他案件有内在的关联或联系，并从中发现并案侦查线索。

（五）通过相关基础业务发现并案线索

刑嫌调控、阵地控制、刑事特情、刑事技术、技术侦查等基础性侦查业务工作是刑事侦查工作赖以生存和发展的基石，是侦查破案的基础和重要手段。侦查人员通过相关基础性业务工作，控制社会面，及时获取犯罪信息，掌握犯罪动态，有时还可以发现并案侦查线索，甚至直接并案开展侦查。

三、汇总个案材料，审核并案依据

发现并案线索，并不意味着就可以进行并案侦查，还必须对拟并案侦查的个案材料进行汇总，在充分详尽地占有所有个案材料的基础上，对个案进行科学的分析、严格的推理和必要的检验鉴定。并在此基础上，采取特征比较、技术检验与鉴定、归纳与演绎、系统分析等方法进行综合分析和认定，对初步的并案依据逐一进行审核，以确定系列案件是否为同一个或同一伙犯罪人所为，或发现各个案件之间存在的内在关联，再作出是否并案侦查的决定。

四、开展并案侦查

经过审核，对符合并案侦查条件的若干案件，应迅速组织开展并案侦查。在并案侦查中应注意抓好以下几个环节，才能确保并案侦查的效益。

（一）统一组织

一般来说，对于系列案件，往往涉及地域范围较广、参战单位或部门较多，需要有组织保障，组建强有力的组织机构，制定统一的侦查计划，实行专案专办，故侦查机关决定并案侦查后，均会采用专案侦查的形式来开展侦查工作。如果并案的案件在本单位管辖范围内，可以根据实际情况在本单位抽调各部门人员组成一个独立的专案组。如果并案的案件超出本单位的管辖范围，则需要上一级侦查机关派人参加并组织协调，必要时也可由上一级侦查机关直接组织指挥，形成联合专案组。在专案组或联合专案组的统一指挥下，根据并案侦查的部署和要求，对各参加并案侦查的部门和人员进行合理分工，明确责任，密切配合，落实各项侦查措施，集中优势力量、配合优质资源以争取尽快打开侦查工作局面。

（二）重新全面深入分析研究案情

并案侦查之后，要对并案侦查的案情重新进行全面深入的分析研究，在此基础上确定侦查方向和范围，制定侦查计划。要对每个个案的现场情况、痕迹物证、作案时间、作案地点、作案方法与手段、侵害目标、被害人、犯罪嫌疑人等信息，重新进行全面分析研究，必要时可重新勘验现场。在全面、客观地占有系列案件全部信息的基础上，进行分析研究，刻画犯罪人具备的条件，选择侦查途径，确定侦查方向和范围，采取侦查措施与方法，全面开展侦查工作。

（三）采取针对性侦查措施

系列犯罪案件往往具有较明显的规律性。因此，侦查机关应在充分分析研究案情的基础上，根据对犯罪人条件的刻画，综合相关信息，全面分析犯罪人的特点，预测犯罪嫌疑人活动的范围或藏身之处，采取针对性的侦查措施。如：根据系列犯罪案件的犯罪嫌疑人可能是累犯、惯犯或流窜犯的规律，结合对犯罪人条件的刻画，在其可能落脚的地点进行摸底排队，以发现嫌疑对象；针对系列犯罪案件犯罪人可能持续犯罪的特点，结合案发的环境条件，以及案件发展趋势，判断其有可能活动或再次作案的地点或范围，采取守候监视的方式发现犯罪嫌疑人；根据系列犯罪人处置涉案物品的途径和方法的特点，采取阵地控制、涉案物品查控等措施发现犯罪人的涉案物品处置活动，在查获涉案物品的同时抓获犯罪嫌疑人；有条件的，也可利用视频侦查资源、网络侦查资源开展视频侦查和网络侦查等。需要指出的是，系列犯罪案件，往往头绪多，情况复杂多变，有时单一的侦查措施与方法难以取得有效效果，需要侦查机关周密部署，有效使用各种侦查措施，并加强综合运用，从各方面来发现侦查线索或查找犯罪嫌疑人。

 任务实例/呈现 ....

20××年9月1日18时6分，××省××市××区建设西路的农业银行北站分理处门口发生惊天大案，4名持枪劫犯枪杀7人，重伤5人，抢劫运钞车未遂后逃跑。案发后，公安部迅速协调各地警力，从全国抽调刑侦专家组成专案组进行侦查，××市警方也公开悬赏20万元缉拿案犯。经专案组调查和研究分析后认定，××市抢劫案与在××市、××市、××市发生的系列杀人抢劫案为一伙人所为。至此，专案组决定对×、×、×系列杀人抢劫案采取并案侦查。专案组集中各地人力、物力、财力，收集了大量痕迹物证和其他线索，经过艰苦奋战，仅半个多月就成功告破该系列案件，案犯张某于20××年9月19日在××市落网。

据调查，这个以张某为首的具有黑社会性质的犯罪团伙从19××年至20××年的6年时间里，流窜××市、××省、××省3省市，共作案12起，杀死22人，杀伤20人，劫得财物共计价值500多万元。其中，张某参与作案12起；李某某参与作案 9 起；陈某某参与作案 9 起；赵某某参与作案 7 起；王某某参与作案 2 起；严某某参与作案 2 起。张某犯罪团伙装备之精良，组织之严密，手段之残忍，作案时间之长，为中华人民共和国成立以来所罕见。公安部当时将其列为中华人民共和国成立以来"全国第一大刑事案件"。下面是张某犯罪团伙的 12 起血案：

1. 19××年 11 月 26 日，张某在××市××区农贸市场公厕内打死一男子，抢走现金 6000 元；

2. 19××年 1 月，张某在××市××区尾随一名从储蓄所取款的包工头并将其打死，抢走现金 5 万元；

3. 19××年 12 月 22 日，张某等两名歹徒闯入××市友谊华侨商店×××分店，向拥挤的人群开了 6 枪，打死 1 名清洁工，打伤 2 名顾客，洗劫了价值 50 余万元的金银首饰；

4. 19××年 12 月 25 日，张某犯罪团伙在××市上海一百××店，打死 1 人，抢劫了一楼黄金制品柜价值 70 万元的金银首饰；

5. 19××年 11 月 27 日，张某、李某某、严某某等在××省××市友谊商城，打死 2 名营业员，打伤 4 名营业员和顾客，抢走价值 160 万元的黄金制品；

6. 19××年 12 月 19 日，这伙歹徒在××省××市××宾馆开枪打死司机，抢走一辆桑塔纳出租车；

7. 19××年 12 月 20 日，张某犯罪团伙驾驶抢来的出租车由××省驶入××省××县××镇收费站，冲关未成，开枪打死 1 名交通协管员和 1 名治安协管员；

8. 19××年 1 月 4 日，张某、李某某、陈某某、赵某在××省××市××商场黄金柜开枪打死 1 人，抢走价值 350 万元的黄金首饰；

9. 20××年 6 月 19 日，××市××区××路××商业银行发生抢劫案。3 名劫犯打死 1 名银行职工，打伤 2 名保安，打死 1 名出租车司机，抢走 11 万元现钞；

10. 20××年 8 月 15 日，张某犯罪团伙杀害××省××市××县农业银行行长胡某某夫妇；

11. 20××年 8 月 31 日，张某犯罪团伙杀害××省××市出租车司机王某某；

12. 20××年 9 月 1 日，张某犯罪团伙抢劫农业银行××省分行××支行的运钞车。

任务小结

本学习任务介绍了什么是并案侦查，帮助学生了解并案侦查的意义，掌握并案侦查的依据和条件，以及并案侦查所必需的相关基础知识，培养学生能够在司法实践中恰当运用所学知识、技能开展并案侦查的相关业务技能和运用能力。

 思考题

1. 什么是并案侦查? 试述其特点。

2. 试述并案侦查的意义。

3. 试述并案侦查的依据。

4. 试述并案侦查的适用条件。

5. 试述如何开展并案侦查。

 任务训练

训练项目: 并案侦查案例分析

一、训练目的

通过并案侦查案例分析训练,帮助学生加深对并案侦查的理解,掌握并案侦查的相关基础知识,学会根据素材进行并案侦查案情分析,培养学生在司法实践中开展并案侦查的相关业务技能和实际能力。

二、训练要求

1. 明确训练目的。

2. 掌握训练的具体内容。

3. 熟悉训练素材。

4. 按步骤、方法和要求进行训练。

三、训练条件和素材 (具体训练条件和素材可根据训练目的及训练重点由训练指导教师选择、调整)

(一) 训练条件

训练室或教室、机房、并案侦查相关材料、多媒体设备等。

(二) 训练素材

20××年6月10日、7月4日,××省××市××区的公园内发生两起杀人案件,造成2男2女死亡。

1. 20××年6月9日22时,被害人刘某某(女,20岁,××省×××市人,系×××公司会计)与王某某(男,23岁,×××省××县人,系×××公司职员)在位于××省××市××区的××公园内被杀,于次日9时被公园管理处职工发现并报案。经法医检验发现:①王某某血型为A型,刘某某血型为B型;②刘某某阴道中、内裤上发现精液、精斑,经检验为O型血;③两被害人尸体上发现锐器创口共计7

处，初步分析创口为宽3.5厘米的锐器所致。

2. 20××年7月3日21时30分，被害人吴某某（女，23岁，××省×××市×××区人，系××酒店服务员）与何某某（男，25岁，×××省××市人，系×××学校教师）在位于××省××市××区的××滨江休闲公园内被杀，于次日清晨7时被路过该处的人员发现并报案。经法医检验发现：①吴某某血型为O型，何某某血型为B型；②吴某某阴道中发现精液，现场发现的卫生纸团上有精斑，经检验均为O型血；③两被害人尸体上发现锐器创口共计5处，初步分析为长7厘米、宽3厘米的单刃匕首所致。

四、训练方法和步骤

在指导教师指导下，学生以分组担任各侦查工作组角色（侦查人员）的形式在训练室或教室进行并案侦查案情分析训练，具体方法和步骤如下：

1. 实训指导教师介绍训练内容和要求，发放准备好的案例素材，学生了解案情，对自己负责分析的事实做好分析的相关准备。

2. 学生以分工负责的形式进行模拟角色分配，具体可按并案侦查所需侦查人员进行角色分配，实际操作时可根据具体情况进行添加或删减角色。条件允许的，可以通过公安网刑事犯罪情报信息系统检索，对案件进行初步甄别，形成并案报告，寻找破案线索。

3. 确定本次案情分析的重点内容，各参与学生相继发表意见，其他学生可进行质疑、辩论，如此反复，最终得出一致的结论。

4. 整理训练成果，形成书面材料。

五、训练成果

1. 学生以书面形式完成实训报告。

2. 总结训练成果，写出训练心得体会。

3. 指导教师进行讲评及训练成绩考核、评定。

拓展阅读

学习任务三十五　侦查协作

任务目标

知识目标：通过本学习任务的学习，培养学生知道什么是侦查协作，了解侦查协作的原则和种类，理解侦查协作的内容和法律责任，掌握开展侦查协作的相关知识和方法。

能力目标：通过本学习任务的学习、训练，培养学生树立侦查协作意识，具备在司法实践中严格按照法律规定，运用所学的知识、技能和能力开展侦查协作相关的业务技能和运用能力。

任务概述

随着政治、经济、文化、科技、生活等领域的全球化，以及互联网、信息化的普及，人们的活动范围和领域不断拓展，跨地域、跨区、跨国或跨界的各种交往越来越频繁、密集。犯罪作为一种与社会现状与发展有着紧密联系的社会现象，也在不断地呈现出跨区域（跨地、跨区、跨国）或跨界的势态。根据我国刑事诉讼法的有关规定，各级、各地与各侦查机关分别承担不同刑事案件的侦查任务。犯罪活动的跨区域性或跨界发展，常常使得侦查机关若要完成侦查工作任务，需要延伸到自身的管辖范围、行业或领域之外，而侦查协作在解决跨区域性或跨界刑事案件侦查中发挥着重要作用。为此，这就需要知道什么是侦查协作，掌握侦查协作的内容和法律责任，按照相关步骤和要求进行侦查协作，适应社会发展和司法实践对打击跨地、跨区、跨国或跨界犯罪的要求，维护和平与稳定。

任务基础

一、什么是侦查协作

侦查协作是指依照有关规定、协定、条约或约定，侦查机关之间在侦查工作中相互配合与协助，共同完成特定的侦查业务事项的侦查措施。侦查协作是我国侦查机关协同作战原则在侦查工作中的具体体现，是侦查工作的重要形式和措施。侦查协作是侦查机关之间的协同配合，既包括隶属同一系统的侦查机关之间的合作，如甲地公安机关与乙地公安机关之间的侦查协作；也包括隶属不同系统的侦查机关之间的协作。如监狱与公安机关之间的侦查协作。需要说明的是，侦查机关在侦查实践中常常也需要得到其他国家机关、企事业单位的支持与配合。如公安机关在刑事侦查中请求工商、税务、治安管理、交通管理等单位或职能部门协助配合侦查。这种协助与配合是侦查工作依靠群众的重要形式与内容，严格来说不属于法律意义上的侦查协作。

二、侦查协作的特征

侦查协作作为打击跨区域或跨界犯罪的重要机制，主要有以下特征：

（一）特定性

侦查协作的特定性是指侦查协作对象和主体的特定性。侦查协作来自侦查实践的需要，其内容涉及面广、形式多种多样、方法机动灵活。但无论侦查协作的内容、形式和方法如何，均要针对刑事案件这一特定对象的侦查实际需要来进行，各种侦查协作事项始终要围绕着解决涉及不同区域、领域、行业的刑事案件来进行。而且，依据相关法律规定，侦查协作的主体也是特定的，即依法享有侦查权的侦查机关。

（二）多样性

侦查协作的多样性是指侦查协作内容的多样性。侦查协作的内容涉及面广，形式是多种多样的，包含在刑事案件侦查的各种各样的侦查活动中。如：协助调查核实案件线索、协助调查取证、协助抓捕犯罪嫌疑人、代为执行强制措施、联合办案、移交犯罪线索、共享犯罪情报信息等。

（三）协同性

侦查协作的核心要求就是侦查行为的协同性，各侦查机关均应站在防范与打击犯罪，维护社会治安秩序这一共同的侦查目标的框架下，在采取侦查措施、实施侦查活动时，同心协力、步调一致、通力合作，形成协同作战的合力，共同防范和打击犯罪。

（四）机制性

侦查协作涉及不同的侦查机关，为充分发挥侦查工作整体优势，有效防范和打击犯罪，需要在共同的侦查目标指引下，以现代信息化建设成果为基础，以相关的制度为依托和保障，组织、调度、协调各地、各系统的侦查机关的力量，形成侦查工作整体协同作战的大格局机制，才能保证其良好的开展和运行。从侦查实践来看，随着侦查协作在跨区域或跨界刑事案件办理过程中的重要性不断显现，各地侦查机关在侦查实践中不断对侦查协作的内容、形式的总结、丰富和改进，侦查协作已经由原来单一的侦查措施逐渐演变成一种实然的办案形式和侦查工作机制。

三、侦查协作的种类

在侦查实践中，侦查协作由于涉及的主体、内容、范围、层面的不同，其种类也是多种多样的。按照侦查协作层面的不同，侦查协作可以分为国内侦查协作和国际侦查协作。

（一）国内侦查协作

国内侦查协作，是指在国内层面的侦查协作。具体包括境内侦查协作和区际侦查协作。

1. 境内侦查协作。境内侦查协作是指内地侦查机关之间的侦查协作。具体又包括纵向侦查协作和横向侦查协作。纵向侦查协作，是指侦查机关系统内部上下级侦查机关之间在侦查工作事务中的侦查协作。横向侦查协作，是指不同地区或系统的侦查机关之间在侦查工作事务中的侦查协作。其中，横向侦查协作在侦查协作实践中较为常见。

2. 区际侦查协作。区际侦查协作，即区际刑事警务合作，是指在打击跨境犯罪中，内地侦查机关与港、澳、台地区警方之间的协作。区际侦查协作是由我国"一国两制"的特殊国情决定的。区际侦查协作目前主要通过工作会晤、归口联络、对口合作、定期通报、合作办案和联合行动等合作机制进行，其日常性的合作内容主要有代为调查取证、送达法律文书、情报交流、秘密调查、遣返通缉犯和移交涉案物品等。

（二）国际侦查协作

国际侦查协作，是指国际层面的侦查协作，是指在相互尊重国家主权和平等互惠的基础上，按照缔结的条约和协议的规定，我国侦查机关与其他国家或地区警方之间特别的办案协助措施。国际侦查协作一般是通过国际刑警组织或者外交渠道进行的。近年来，随着双边合作协议的日益增多，越来越多的国内外警察机构之间也建立了一定的联系。国际侦查协作主要包括刑事犯罪方面的情报信息的交流与合作、联合侦查、跨境追缉、域外调查取证、追缴犯罪收益、引渡以及含有侦查协作内容的国际条约和警务合作协议规定的其他侦查协作事宜等内容。在我国，公安部是进行国际侦查协作的国家主管机关。公安机关进行国际侦查协作的具体事务则由地方各级公安机关依照职责分工办理。在不违背有关国际条约、协议和我国法律的前提下，我国边境公安机关与相邻国家的警察机关相互进行警务合作可以按照惯例进行，但应当报公安部备案。其他司法机关需要国际侦查协作时，应当通过其国家主管机关与公安部联系，否则公安部可以拒绝办理。

四、侦查协作的基本原则

侦查协作是各地区、各职能侦查机关之间整体协同作战的重要侦查措施，应遵循以下原则：

（一）服务侦查工作需要

侦查协作产生于侦查工作实践，同时又为侦查工作服务。因此侦查协作必须紧紧围绕着防范、发现、控制、揭露、证实犯罪和查缉犯罪嫌疑人而进行，以服务侦查工作需要为主旨，不能随意扩大侦查协作的内容和范围，否则将会影响侦查协作应有的效用。

（二）服务大局

侦查协作是建立在侦查机关之间的互相信赖和尊重的基础上，有组织的进行协作与配合，来预防和打击犯罪的活动。因此，各侦查机关应有大局意识，从预防与打击犯罪、保护人民生命财产安全为根本出发点，坚决杜绝小集体主义、地方、职能、部门保护主义和功利化，要协调统一配合，树立打击、预防犯罪"一盘棋""一荣俱荣、一损俱损"的思想，协调统一，共同完成侦查协作任务。

（三）依法协作

《刑事诉讼法》及相关法律法规对大多数侦查机关的侦查协作内容，无论是在侦查协作范围，还是侦查协作程序，以及侦查协作产生的纠纷等内容，均有明确的规定。无论是请求侦查协作单位，还是侦查协作单位在侦查协作活动中，都必须严格按照法律法规的相关规定确定和审查协作事项，超越规定的事项一律不能协作办理。对于协作事项的办理程序和协作过程中产生的纠纷的处理等，也必须按照相关法律法规的规定办理和处理。

（四）及时协作

刑事侦查的各项活动，均存在着时机性的问题，一旦错过，则时不再来。从侦查工作的任务来说，也要求抓住一切机会，开展侦查协作工作，及时防范和打击犯罪，维护社会治安秩序良性运转。因此，当侦查工作有协作需求时，请求协作的侦查机关应及时依照法定程序向协作侦查机关提出协作请求。协作侦查机关收到对方的协作请求后，要迅速进行审查和处置。经审查可以接收侦查协作请求的，要立即组织专人负责落实，按要求完成侦查协作事项，并将侦查协作事项完成情况及时反馈给请求协作的侦查机关。对不予接收侦查协作请求的，要第一时间答复，详细告知原因或及时转递给有管辖权的侦查机关。协作侦查机关需要请求协作的侦查机关在侦查协作期间进一步提供情报信息及其他支持的，或侦查协作事项完成后反馈给请求协作的侦查机关的，请求协作的侦查机关应当及时配合或作出回应。

（五）无偿协作

按照相关法律法规的规定，对异地、不同职能的侦查机关提出的协作请求，只要符合相关法律法规规定的协作条件，且法律手续齐全的，协作侦查机关必须无条件接收侦查协作请求，及时予以配合和协助，不得拖延、推诿或拒绝，不得收取任何形式的费用和报酬。否则，造成严重后果的，将依法处罚。

（六）明确协作

请求协作的侦查机关需要其他侦查机关协作时，应当认真分析研究案情和侦查工作情况，有针对性地确定侦查协作事项和涉案范围，不能毫无目的性地随意发出侦查协作请求，浪费协作侦查机关的警力、物力等工作资源。协作侦查机关应当认真审查侦查协作事项请求及相关法律手续。对于符合条件且法律手续齐全的，应当明确责任人，落实侦查协作任务，确保侦查协作事项的质量和效率。对于不符合侦查协作条件的，要及时驳回。对于符合侦查协作条件，但法律手续不齐全的，要及时提出完善手续的要求。

五、侦查协作的内容

侦查协作的内容十分广泛，随着时代的发展不断拓展和丰富，概括下来，侦查协作的内容主要如下：

（一）交流犯罪情报信息

准确的犯罪情报信息是侦查决策的基础。犯罪情报信息只有在共同面对预防与打击犯罪的各侦查机关之间有效的传递，才具有其应有的价值，才能发挥情报信息在侦查中的作用。侦查协作的各侦查机关应建设犯罪情报信息交流平台，建立犯罪情报资料交流、交换机制，及时交流犯罪情报信息。因此，在侦查实践中，犯罪情报信息交流成为侦查协作中的重要内容。侦查协作交流的犯罪情报信息是多种多样的，有一定时期或区域内的犯罪活动动态、发展趋势等，也有各种涉案或与案件有关人员各方面的资料，已经或未发生的刑事案件的有关资料，有关各种犯罪活动的人、事、物等犯罪线索资料，犯罪组织和活动的有关情报资料，等等。

（二）协助调查取证

随着社会的不断发展，涉案相关人、事、物的流动性日益增大且频繁，核实案件情况和调查取证，成为侦查协作的主要内容。调查、核实案件情况和调取相关涉案材料大量涉及办案侦查机关之外的区域或单位，需要其他区域或单位的侦查机关大力协助与配合协助。协助调查取证的内容广泛，涉及侦查工作的许多方面。如：协助调查有关案件线索、涉案物品、无名尸体、犯罪嫌疑人信息，协助查询、查封、扣押或者冻结与犯罪有关的财物、文件，等等。

（三）查缉在逃犯罪嫌疑人

随着交通的便利，犯罪嫌疑人作案后，为逃避打击，往往能够迅速逃至外地，从而造成发案地侦查机关查缉的困难。因此，查缉在逃犯罪嫌疑人是刑事侦查协作的经常性工作。协作侦查机关接到侦查协作请求或通缉、通报后，要及时落实侦查协作或通缉、通报的要求。根据被通缉、查缉对象的情况判断其可能的活动范围、涉足场所，迅速布置查缉控制工作，及时将在逃犯罪嫌疑人查缉归案。

（四）查控涉案物品、交通工具

随着交通、物流的便利，异地、跨区域犯罪和处置涉案物品、交通工具也出现常态化趋势。因此，刑事案件侦查中，交通工具、涉案物品处置有可能涉及或流转其他系统领域、区域，负责案件侦查的侦查机关在自己管辖范围内查控涉案物品、交通工具的同时，向有关系统、区域的侦查机关发出协助查控涉案物品、交通工具的请求，通过联动协作查控，收到事半功倍之效果。

（五）异地执行强制措施

刑事案件侦破后，确定的犯罪嫌疑人有可能逃至外地，承办案件的侦查人员往往需要到外地执行强制措施。实践中，承办案件的侦查人员可能不熟悉犯罪嫌疑人所在地的地理状况、周边环境和当地社情，如果没有当地侦查机关的配合，往往会遇到一些意想不到的困难，如遭到不明真相的群众围攻、殴打，甚至抢夺犯罪嫌疑人、扣押执行任务的侦查人员，等等。通过侦查协作，取得当地侦查机关的配合和协助，有利于异地执行强制措施。

（六）联合侦查

并案侦查是打击系列案件的重要措施，而有些系列案件会涉及不同的领域、区域。面对跨系统、跨区域的系列犯罪，涉及的单位或部门应主动积极发现并案侦查线索，积极交流案件情报信息，组建联合并案侦查专案组，集中人力、物力资源，统一调度、协同指挥，集中更多的案件材料，群策群力，深入、系统研究案情，制定可行的并案侦查方案，拓宽侦查途径，落实各项侦查措施，在打击跨系统、跨区域的系列犯罪的同时，实现破一案带多案的效果，提高侦查工作效益。

（七）侦查资源援助

我国幅员辽阔，加之受诸多因素影响和制约，各地社会发展水平不均衡，导致各地、各系统的侦查机关的侦查人员的业务素质、侦查资源和侦查工作的水平与能力存在巨大的差异。有的擅长预防与打击某类刑事犯罪，有的擅长某项侦查业务，有的拥有某领域的高水平专家，有的配有某些高端侦查技术仪器与设备，等等。不同系统、区域的侦查机关在特定的情形下实现侦查资源的支援，不但有助于集中优势的侦查资源办好急需的侦查事务，还可以促进各侦查机关突出侦查工作特色，拓展和强化侦查业务专长，实现优势互补，促进侦查工作的全面发展。如：对案情十分重大而又久侦未破的疑难案件，可以邀请协作侦查机关具有丰富经验或有专业技术特长的人员、专家"会诊"；某些重大、特大案件痕迹、物证检验、鉴定难度较大，可以请求在该项检验、鉴定上有专长的其他侦查机关的专家协助鉴定或复核；侦查机关相互提供侦查资源和技术装备支持，相互弥补资源之不足；等等。

（八）联合行动

针对在特定时期、相应区域或领域普遍存在的性质恶劣、严重影响社会秩序的犯罪活动，相应区域的各侦查机关统一部署，联合行动，集中整治，从而打击这些犯罪活动，恢复社会治安秩序。

六、侦查协作的法律责任

（一）侦查协作事务的法律责任

根据相关法律法规规定，协作侦查机关依照请求协作的侦查机关的要求，履行侦查协作职责所产生的法律责任，由请求协作的侦查机关承担。如：协作公安机关因履行协作职责对犯罪嫌疑人执行拘留，如果拘留错误的，则应当由请求协作的侦查机关承担相应的法律责任，对于造成经济损失需要赔偿的，也应当由请求协作的侦查机关承担。但是，如果协作侦查机关的工作人员的行为与协作事务无关或超越协作事务范围，或协作单位有过错的，应当由协作侦查机关承担相应的法律责任。

（二）履行侦查协作职责的法律责任

根据相关法律法规规定，对不履行侦查协作职责造成严重后果的，对直接负责的主管人员和其他直接责任人员，应当给予行政处分；构成犯罪的，依法追究刑事责任。所谓不履行侦查协作职责，是指协作地侦查机关不按照请求协作的侦查机关的协作要求，认真执行配合、协办侦查事务以及在侦查协作中敷衍塞责的。所谓造成严重后果，是指造成犯罪嫌疑人自杀、逃跑或伪造证据、毁灭证据、转移涉案物品，以及打击、报复证人或控告人等情节严重的行为发生，给侦查工作造成了严重损失的情形。对履行侦查协作职责产生的法律责任，协作侦查机关不按有关规定进行处理的，请求协作的侦查机关可以向协作侦查机关的上级机关反映情况和提出意见。

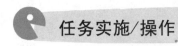

侦查协作是一项依照有关法律法规的规定而开展的侦查措施，需要按照一定的程序和要求进行。在侦查实践中，我国境内侦查协作的实施分为传统侦查协作和网上侦查协作两种方式。

一、传统侦查协作

（一）提出侦查协作请求

侦查协作的前提是请求协作的侦查机关存在需要其他侦查机关协助、配合的相关侦查事务而提出的协作请求，并且需要具有完备的法律手续。因此，除紧急情况外，请求协作的侦查机关需要其他侦查机关提供侦查协作时，应当制作正式的侦查协作法律文书——《办案协作函》，写明的具体侦查事务内容和协作要求，完备相关法律手续，通过采取办案人员前往、信函或传真等方式送达协作侦查机关，提出侦查协作请求。当然，也可以事先通过电话、传真等方式先提出协作请求，再派人员前往协作侦查机关。

（二）审查侦查协作请求

协作侦查机关收到侦查协作请求后，应及时进行认真审查。审查的内容主要包括：协作事务是否合法、明确，相关情况是否清楚，《办案协作函》是否符合要求，法律手续是否齐全。对不合法的侦查协作请求应驳回。对请求不明确或法律手续不齐全的侦查协作请求，协作侦查机关可以要求请求协作的侦查机关明确、补充或补办。对请求协作的侦查机关不予明确、补充或补办的，协作侦查机关可以拒绝其侦查协作请求。经过审查，符合法定协作条件的协作请求，应当及时、无条件的予以接受。

（三）组织落实侦查协作

协作侦查机关经过审查接受侦查协作请求后，应当及时组织人员按侦查协作请求的内容和要求组织落实侦查协作事务，努力完成侦查协作事务，不得以任何借口推诿、扯皮，拒绝办理，否则将承当相应的法律责任。

（四）反馈侦查协作结果

协作侦查机关完成协作事务后，应当及时以书面形式或其他形式将结果反馈给请求协作的侦查机关。请求协作的侦查机关应当及时根据反馈的具体情况积极回应，并做好相关善后工作，尽量减少给协作侦查机关工作上带来的被动。如：及时接受案件材料，派出侦查人员提解犯罪嫌疑人等。

二、网上侦查协作

网上侦查协作是充分利用网络技术和信息技术，以及侦查机关的情报信息系统资源，通过信息化建设的成果，搭建跨区域办案协作平台，同时在县级以上侦查机关设立联络员，通过协作平台点对点直接联系，对已经发生的跨区域流窜性侵财案件开展办案协作的侦查协作机制。

（一）发布信息

请求协作的侦查机关根据侦查工作的需要，将经负责人批准的侦查协作事务的内容和要求，通过联络员在协作平台上直接向协作侦查机关的联络员发出。在发出侦查协作请求之前，请求协作的侦查机关应按要求录入案件情况、犯罪嫌疑人情况、侦查进展等情况，以及侦查协作请求具体事务等内容，填写办理期限与"审批人"等内容。

（二）报请审批

协作侦查机关联络员收到侦查协作请求后，应当立即向负责人报告。经负责人批准后，协作侦查机关布置侦查协作事务的落实与办理工作。

（三）落实协作事务

协作侦查机关按要求完成侦查协作事务后，通过联络员将结果回复给请求协作的侦查机关的联络员，同时传送相关材料和文书。

（四）签收评价

请求协作的侦查机关收到协作侦查机关的反馈结果与材料、文书后，及时审核。审核后在协作平台上进行签收和评价，或撤销侦查协作事务。

 任务实例/呈现 ·······

吴某某，原××省×××市××国有企业法定代表人，因涉嫌贪污公款案件于20××年××月××日被××省×××市检察院反贪局立案侦查，在对其监视居住期间潜逃。经过两年多的侦查，×××市检察院反贪局发现吴某某有可能已潜逃至省城××市的其女儿家。

20××年5月15日上午，××省×××市人民检察院反贪局侦查员李某某一行三人，来到省城××市检察院反贪局请求协查抓捕吴某某。××省××市检察院反贪局接收协查抓捕请求后，立即组织反贪局的侦查人员与×××市检察院反贪局的侦查员共同研究抓捕吴某某的工作方案。考虑到吴某某其女儿居住地并不明确，且也不能确定吴某某是否与其女儿一起居住的情况，抓捕组研究认为找到其女儿的居住地，并核实吴某某是否与其女儿一起居住成为抓捕吴某某的关键。经过××市检察院反贪局与××市公安局联络，请求××市公安局协查吴某某女儿户籍资料及居住地。几经调查，最后确定吴某某女儿居住在××市××区××××小区。考虑到如果直接到其女儿住处进行核查，势必会打草惊蛇，影响核查与抓捕工作，抓捕组经过仔细研究，决定协调××市公安局，以××市公安局××派出所的民警入户调查户籍情况为名，到××市××区××××小区核实吴某某是否与其女儿居住在一起。经派出所民警核实，吴某某自20××年就潜逃至××市××区，与女儿居住在一起，并使用其女儿登记的移动电话与外界联系。

经过抓捕组的周密部署，20××年6月30日下午，抓捕组在××省××市××区×××公园将吴某某顺利抓获。吴某某怎么也想不到，他来省城快3年了，居然还是被检察院反贪局找到并被抓获。

任务小结

本学习任务介绍了什么是侦查协作，帮助学生了解侦查协作的原则和种类，掌握侦查协作的内容和法律责任，以及侦查协作所必需的相关基础知识，培养学生在司法实践中恰当运用所学知识、技能开展侦查协作的相关业务技能和基本运用能力。

思考题

1. 什么是侦查协作？试述其特征。
2. 试述侦查协作的原则。
3. 试述侦查协作种类。
4. 试述侦查协作的内容。
5. 试述如何开展侦查协作。

任务训练

训练项目：模拟侦查协作

一、训练目的

通过模拟侦查协作训练，帮助学生加深对侦查协作的理解，掌握侦查协作要领，学会根据素材制作侦查协作法律文书、审查侦查协作材料，培养学生在司法实践中与侦查协作相关的业务技能和实际能力。

二、训练要求

1. 明确训练目的。

2. 掌握训练的具体内容。

3. 熟悉训练素材。

4. 按步骤、方法和要求进行训练。

三、训练条件和素材（具体训练条件和素材可根据训练目的及训练重点由训练指导教师选择、调整）

（一）训练条件

案例、相关法律文书资料、多媒体设备等。

（二）训练素材

魏某系××省××市××区人，20××年2月，她通过朋友介绍认识了杨某。杨某自称是文化影视投资公司总经理，认识解放军××部的首长。在随后的交往中，杨某提出让魏某给她25万元，他可以帮助活动，让魏某的女儿进解放军艺术学院就读。在收取了魏某25万元后，杨某又陆续以各种理由和名目收取了魏某共计六十多万元的汇款，而魏某女儿上学的事情始终没有眉目。20××年10月××日，魏某发现无法联系上杨某，自己微信也被杨某拉黑，才意识到自己被骗，随即报警。经当地××省××市公安局××区分局经济犯罪侦查大队初查，于20××年10月××日立案侦查。据调查，杨某在×××省××市开有旅游商品商店，其本人亦在×××省××市活动频繁。魏某还涉嫌将赃款转入其在×××省××市的旅游商品商店进行投资。

四、训练方法和步骤

在指导教师指导下，学生以分组担任侦办案件侦查部门和协助办案侦查部门的侦查人员的形式在训练室或教室进行侦查协作训练，具体方法和步骤如下：

1. 实训指导教师介绍训练内容和要求，发放准备好的案例素材。

2. 学生阅读案例素材，掌握案例素材的相关事实和材料，在指导教师的指导下形成模拟侦查协作方案。

3. 学生以分工负责的形式进行角色分配，具体可按侦查人员（包括办案地侦查员、协作方侦查员）、侦查部门负责人等进行角色模拟分配，实际操作时可根据情况进行添加或删减角色，如添加或删减联络员、受害人、指挥人员等。条件允许的，可以通过模拟网络侦查协作平台，进行网上侦查协作模拟训练。

4. 完成模拟侦查协作情景操作，对素材案例中没能提供的条件，由学生酌情进行合理设计和补充。

5. 整理训练成果，形成书面材料。

五、训练成果

1. 学生以书面形式完成实训报告，提交相关法律文书材料或操作记录。

2. 总结训练成果，写出训练心得体会。

3. 指导教师进行讲评及训练成绩考核、评定。

拓展阅读

参考文献

1. 许细燕、杨辉解：《侦查措施》，中国人民公安大学出版社 2015 年版。

2. 刘涛、杨郁娟：《侦查措施》，中国人民公安大学出版社 2016 年版。

3. 朱吉龙：《侦查措施理论与实践》，中国人民公安大学出版社 2015 年版。

4. 许细燕、王祎：《侦查措施与策略》，群众出版社 2013 年版。

5. 孙延庆：《侦查措施与策略》，法律出版社 2015 年版。

6. 郭晓彬：《侦查策略与措施》，法律出版社 2000 年版。

7. 何理：《侦查措施教程》，警官教育出版社 2006 年版。

8. 马海舰：《刑事侦查措施》，法律出版社 2006 年版。

9. 姚健、孙宇：《警务谋略学》，中国人民公安大学出版社 2017 年版。

10. 中华人民共和国公安部：《公安机关执法细则》，中国人民公安大学出版社 2017 年版。

11. 孟宪文：《刑事侦查学》，中国人民公安大学出版社 2011 年版。

12. 王亮：《狱内侦查实务》，暨南大学出版社 2011 年版。

13. 程小白、瞿丰：《新编侦查学》，中国人民公安大学出版社 2001 年版。

14. 李娟：《刑事侦查办案流程实践指南》，中国人民公安大学出版社 2015 年版。

15. 聂永刚、樊卫国：《侦查讯问理论与实践》，中国人民公安大学出版社 2015 年版。

16. 孙延庆：《狱内侦查学》，法律出版社 2015 年版。

17. 徐天合：《狱内案件侦查实务》，浙江大学出版社 2013 年版。

18. 徐猛：《公安机关人民警察执法图册》，中国人民公安大学出版社 2016 年版。

19. 徐为霞、赵向兵：《侦查学总论》，法律出版社 2015 年版。

20. 马丽霞：《现场勘查》，法律出版社 2015 年版。

21. 张德全：《侦查文书》，法律出版社 2014 年版。

22. 赵昌平：《侦查讯问》，法律出版社 2015 年版。

23. 谢盛坚、庄华：《刑事案件侦查实训指导》，中国人民公安大学出版社 2014 年版。

24. 徐为霞等：《监狱突发事件应对机制与处置实务》，中国检察出版社 2011 年版。

25. 孙延庆：《监狱安全情报信息——狱情分析的理论与实务》，法律出版社 2014 年版。

26. 张明刚等：《危机谈判实务》，中国人民公安大学出版社 2017 年版。

27. 任剑波：《刑侦信息破案实践研究》，中国人民公安大学出版社 2015 年版。

28. 孙展明等：《视频图像侦查》，中国人民公安大学出版社 2014 年版。

29. 彭知辉：《公安情报源与情报收集》，中国人民公安大学出版社 2009 年版。

30. 王禹、黄明方、徐扬：《视频侦查实战技能》，中国人民公安大学出版社 2014 年版。

31. 赵国辉：《网络案件侦查》，中国人民公安大学出版社 2014 年版。

32. 苏爱感：《查缉战术》，中国人民公安大学出版社 2014 年版。

33. 郝宏奎：《反劫持谈判与战术》，中国人民公安大学出版社 2005 年版。

34. 王春：《警务危机谈判》，中国人民公安大学出版社 2016 年版。

35. 杨学武、李文静：《监狱执法文书实用写作》，中国政法大学出版社 2015 年版。

36. 高锋：《反劫持谈判实战技巧》，中国人民公安大学出版社 2006 年版。

37. 陈亮：《公安情报工作实务教程》，中国人民公安大学出版社 2015 年版。

38. 李双其：《审讯技巧》，群众出版社 2015 年版。

39. 李洋：《暴力性案件处置》，中国人民公安大学出版社 2015 年版。

40. 孙长永：《现代侦查取证程序》，中国检察出版社 2005 年版。

41. 王迎春：《200 例常见警情处置规范》，中国人民公安大学出版社 2014 年版。

42. 俞波涛：《秘密侦查问题研究》，中国检察出版社 2008 年版。

43. 谢佑平、万毅：《刑事侦查制度原理》，中国人民公安大学出版社 2003 年版。

44. 马忠红：《侦查中的案情分析研究》，中国人民公安大学出版社 2015 年版。

45. 毛立新：《侦查法治研究》，中国人民公安大学出版社 2008 年版。

46. 郭晓彬：《刑事侦查学》，群众出版社 2002 年版。